PRIVATE WEALTH

私人财富管理实务操作

财富管理工具

贾明军 蓝 艳 主编

法律出版社 LAW PRESS·CHINA
北京

图书在版编目(CIP)数据

私人财富管理实务操作. 财富管理工具 / 贾明军, 蓝艳主编. -- 北京 : 法律出版社, 2022
ISBN 978-7-5197-5990-2

Ⅰ. ①私… Ⅱ. ①贾… ②蓝… Ⅲ. ①个人财产-所有权-研究-中国 Ⅳ. ①D923.24

中国版本图书馆 CIP 数据核字(2022)第 012106 号

私人财富管理实务操作
——财富管理工具
SIREN CAIFU GUANLI SHIWU CAOZUO
—CAIFU GUANLI GONGJU

贾明军　蓝　艳　主编

策划编辑　冯雨春　李沂蔚
责任编辑　李沂蔚
装帧设计　马　帅

出版发行　法律出版社
编辑统筹　法律应用出版分社
责任校对　朱海波
责任印制　刘晓伟
经　　销　新华书店

开本　710 毫米×1000 毫米　1/16
印张　29　**字数**　470 千
版本　2022 年 2 月第 1 版
印次　2022 年 2 月第 1 次印刷
印刷　北京盛通印刷股份有限公司

地址:北京市丰台区莲花池西里 7 号(100073)
网址:www.lawpress.com.cn
投稿邮箱:info@lawpress.com.cn
举报盗版邮箱:jbwq@lawpress.com.cn
销售电话:010-83938349
客服电话:010-83938350
咨询电话:010-63939796

书号:ISBN 978-7-5197-5990-2
定价:138.00 元

凡购买本社图书,如有印装错误,我社负责退换。电话:010-83938349

编 委 会

主　编：贾明军　蓝　艳

副主编：袁　芳　张心仪　郝丹阳

编委会成员：贾明军　蓝　艳　袁　芳

张心仪　郝丹阳　秦卓瑜

主编简介

贾明军

贾明军律师是中伦律师事务所合伙人。在加入中伦前，他是上海沪家律师事务所创始人兼管理合伙人。在那之前，他是上海申浩律师事务所联合创始人。贾律师是华东政法大学特聘教授以及中国人民大学律师学院的客座教授。贾律师还曾被评选为第三届上海市优秀青年律师。

贾律师有超过20年向私人客户提供法律服务的经验。因为具有扎实的法律功底和丰富的诉讼实务经验，贾律师能够更好地结合诉讼实务和财富管理需求为客户提供全面的维权策略和防范建议。贾律师2012年—2021年连续十年被钱伯斯评价为亚太地区领先的“私人客户/财富管理”律师，2017年—2019年连续三年获得《中国法律商务》（China Law &Practice，CLP）年度“最佳私人客户律师”称号。

贾律师的著作包括《上市公司股权分割与传承》《大额保单操作实务》《婚姻家庭纠纷案件律师业务》等。贾律师同时也是全国律协《律师执业基本技能》婚姻法律业务撰稿人。贾律师还经常接受著名媒体包括中央电视台、第一财经、新华社和中国企业家杂志的采访。

贾律师经常受邀在国内知名的院校，比如中欧管理学院、清华五道口、交大EMBA等发表演讲或授课。同时，贾律师也经常为全国各地律协的律师进行培训。近两年也受各大金融机构及家族办公室的邀请，为其高净值客户及客户经理演讲或授课。

蓝 艳

蓝艳律师是中伦律师事务所私人财富规划业务团队的合伙人。在加入中伦前，她是中国国内首家婚姻、继承诉讼专业律师事务所的合伙人兼律所副主任。

蓝律师有超过10年以上婚姻、继承诉讼案件的争议解决的经验，对于高净值客人的婚姻、继承及关联案件的争议解决以及私人财富综合规划具有丰富的理论和实践经验。蓝律师擅长处理涉及多部门法交叉、跨境因素等综合性的婚姻、继承案件的争议解决及财富综合规划项目。蓝律师处理了多起境内外上市公司股权分割与继承案件，所服务的客人包括境内外上市公司控股股东、实际控制人、大型国企及跨国企业的高级管理人及知名民营企业家等。

蓝律师著有《上市公司股权分割与传承》《中国私人财富法律管理最前沿》《法院审理股权转让案件观点集成》等专著。蓝律师曾经获得上海市律师协会第一届学术大赛优秀奖，同时也曾担任上海市律师协会公司与商事业务研究会委员以及上海市浦东新区专业人民调解中心调委会特邀调解员。同时，蓝律师还为各类政府机构、金融机构以及各大院校进行法律专业类的授课、演讲。

副主编简介

袁　芳

袁芳律师是中伦律师事务所上海办公室执业律师，贾明军律师团队的成员，执业领域为私人财富管理。

袁芳律师有多年向私人客户提供法律服务的经验，具有扎实的法律功底和丰富的诉讼实务经验，并且能够用中、英双语为客户提供全方位服务，受到国内外客户的一致好评。

袁律师提供的法律服务主要包括婚姻、继承等家事案件的诉讼和非诉讼服务，同时还为私人客户提供财富传承的规划建议。袁律师尤其擅长处理有涉外因素和涉及股权分割的婚姻与继承案件。袁律师的客户多为中国排名前500的高净值人士和超级富豪，上市公司的主要股东、跨国企业及大型国企的高级管理人员、大型私企的股东等。

张心仪

张心仪女士为华东政法大学国际金融法律学院财富管理法律研究中心特聘研究员。

张心仪在私人财富管理领域具有丰富的理论和实践经验。同时为国内诸多金融机构的财富管理部门提供专业支持，如为平安银行、建设银行、诺亚财富、太平保险、汇丰银行等二十余家金融机构提供法商支持并获得良好口碑。

郝丹阳

郝丹阳律师就职于中伦律师事务所，执业领域为私人财富管理。郝律师有多年向私人客户提供法律服务的经验。因为具有扎实的法律功底和丰富的诉讼实务经验，并且能够熟练运用普通话、英文和粤语为客户提供全方位法律服务，受到国内外客户的好评。郝律师的服务范围主要包括婚姻、继承等家事案件的诉讼和非诉讼服务，同时也为私人客户提供财富传承的规划建议。郝律师处理了多起境内外上市公司股权分割与继承案件，客户多为中国境内的高净值人士，包括境内外上市公司实际控制人、大型国企及跨国企业的高级管理人及知名民营企业家。

序言一

中伦律师事务所一直深耕于私人财富法律管理业务领域，也是中国律所中提供私人财富法律管理律师业务的领军律所。本套书的主编贾明军、蓝艳是我们中伦律师事务所的合伙人，同时也是中伦税法与财富规划小组的成员，多年来在私人财富法律管理业务方面积累了深厚的实务经验。

本套书从私人财富法律管理律师业务的三个不同板块切入，将财富管理工具、婚姻继承争议解决以及综合财富规划等内容紧密结合起来。其出版填补了该业务领域缺乏系统性、专业性、实务性书籍的空白。

对于私人财富法律管理有极大需求的民营企业家来说，无论是企业的初创阶段，还是高速发展时期，抑或是向“二代”传承的关键节点，都需要高度关注私人财富法律管理的问题。尤其是涉及私人财富安全、传承等事宜，一旦处理不慎，甚至会牵连整个“企业王国”的命运。

从本套书的体例上看，通过将私人财富法律管理律师业务分割为三个相对独立但又丝丝相扣的部分，从单一的法律管理工具，到具有对抗性的争议解决，再到综合运用的规划方案，深入浅出地剖析私人财富法律管理业务的全部内容，可供有需求的读者，尤其是企业家或致力于从事该业务领域的律师借鉴与参考。

从本套书的内容上看，结合作者们在私人财富法律管理领域多年的“实战”经验，以及真实、公开的案例分析，带领读者们获得沉浸式的阅读体验。在学习完整套书籍后可以将相应的知识进行充分的运用与实践。

希望本套书能够成为私人财富法律管理业务领域教科书级别的著作，也相信本套书能够成为致力于从事该业务领域的律师在为客户提供专业服务时可供参考的重要依据。

中华全国律师协会 副会长

北京市中伦律师事务所 创始合伙人

序言二

改革开放40余年来，中国的经济社会发生了翻天覆地的变化，日臻完善的市场经济机制和日渐成熟的营商环境造就了一大批新时代民营企业家，他们在华夏神州缔造了无数“财富神话”。民营资本的蓬勃发展也促使私人财富管理业务方兴未艾。

私人财富管理是一个非常专业的领域，具有专业化、跨境化和综合化等特点。而法律是私人财富规划的基石，完备的财富管理方案应秉承系统性思维和基于法律逻辑的顶层设计。律师在私人财富法律管理业务中具有天然的优势，其本身拥有丰富的法律专业知识，同时结合各类私人财富法律管理工具以及综合财富规划方案设计，使私人财富法律管理方案更能经受时空的考验。

中国私人财富管理业务也正在步入市场需求扩张、服务面临升级的“黄金”发展阶段。因为，未来20年将有近40万亿的财富规模从中国民企“一代”创始人传承给民企“二代”；同时，新经济和新行业的快速发展亦使新财富群体不断涌现，从而催生新的市场需求。新时代下，企业家在筹备财富法律管理规划时，往往希望兼顾个人、家族、企业和社会公益各个方面，需要更为专业和可靠的综合性解决方案。

然而，目前该业务领域的系统性研究成果仍非常稀缺。华东政法大学财富管理法律研究中心也始终关注财富管理前沿法治问题，深感该领域进行跨部门法、理论结合实务的系统性研究的必要。本套书正是借由这个契机推出问世。本套书凝聚了作者们数十年丰硕的研究成果和卓越的实务经验，其对于各类私人财富法律管理需求提供了系统性的解决方案，囊括了律师从事私人财富法律管理业务所需要掌握的各类技能。因此，本套书将成为私人财富法律管理领域的一个重要引导。

在此，衷心祝贺本套书出版！也希望其能够成为企业家们在私人财富法律管理方面的可靠参考资料，同时也为更多愿意投身于该业务领域的律师们提供有益的指引与帮助。

华东政法大学国际金融法律学院副教授、
财富管理法律研究中心主任

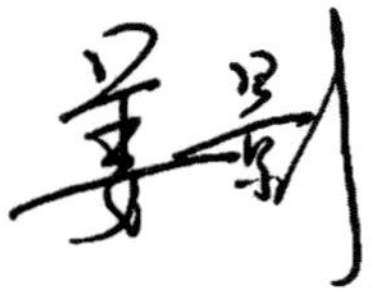

自序

2020年是财富管理与传承领域面临新风险、新挑战、新契机的一年。一场始料不及的“黑天鹅”事件——新型冠状病毒疫情的暴发，让全球的高净值人群都处于一种非常紧张的状态，“现有资产的安全与传承”成为他们最为关心的话题。

情势的变化发展使高净值人群需要面对的风险越来越多，其中既有“外患”，更有“内忧”。家族财富的安全、家族成员的身份管理、家族财富传承与跨境投资风险的不确定性会更强，这种不确定因素对家族财富的影响是巨大的，容易导致家族财富规划的分崩离析。因为疫情的影响，高净值人群及其家族内部也更加容易达成财富管理的共识。

2021年是“十四五”规划的开局之年，是开启全面建设社会主义现代化国家新征程的第一个五年，也是中国共产党建党100周年的重要时期，更是全球经济逐渐复苏的一年，对高净值人群来说也将会是私人财富继续增长的一年。私人财富的增长对于推动私人财富法律管理律师业务也是重要的时间节点。根据我们在私人财富法律管理领域深耕多年的经验看来，经济的蓬勃发展会使私人财富法律管理律师业务出现一个质的飞跃。

目前，专门针对私人财富法律管理律师业务的专著相对不多。本套书将私人财富法律管理业务按照不同的种类分成三大类，包括财富管理工具、婚姻继承争议解决以及综合财富规划。涵盖了私人财富法律管理业务领域中最常用的五类法律管理工具、个人婚姻继承纠纷的争议解决方案以及各类综合性的财富规划方案。

本套书的所有内容集合了我们团队在私人财富法律管理领域近20年的

实践经验，同时汇聚了最高人民法院、各地方法院的司法观点与审判思路，对私人财富法律管理业务领域中可能会出现的各类问题进行了归纳和总结。通过本套书，读者可以在快速了解某一个私人财富法律管理焦点问题的前提下，迅速掌握相对应的解决方案，同时也能够了解到法院的观点和态度，以及裁判的思路。本套书不仅适合从事或打算从事私人财富法律管理业务的律师阅读，也适合所有对私人财富法律管理有需求的高净值人群以及私人银行、信托公司、第三方机构等。

除本套书特别注明外，书中案例均来源于截稿前公开出版物、法律数据库或互联网。考虑到隐私权，书中当事人姓名、案件部分情节在不影响书籍内容的情况下作了必要的改动。书中的部分内容系我们根据实践经验总结而成，如有不足或错漏之处，请予以见谅。

感谢法律出版社的冯雨春女士对于本书出版给予的大力支持与帮助。感谢中伦律师事务所张学兵、赵靖、乔文骏、倪勇军律师等各位领导、同仁以及业界各位良师益友的鼎力支持。感谢团队助手张心仪、秦卓瑜对本书作出的贡献。感谢我们的家人对于我们工作的大力支持。再次衷心感谢在我们发展道路上帮助过我们的所有人！

贾明军　蓝　艳

2021 年 5 月 1 日

缩略语表

本书中法律、行政法规、司法解释名称中的“中华人民共和国”省略，如《中华人民共和国民法典》简称为《民法典》，具体如下：

文件名称	发文日期	简称
《中华人民共和国民法典》	2020.05.28	《民法典》
《最高人民法院关于适用〈中华人民共和国民法典〉婚姻家庭编的解释（一）》	2020.12.29	《〈民法典〉婚姻家庭编解释（一）》
《最高人民法院关于适用〈中华人民共和国民法典〉继承编的解释（一）》	2020.12.29	《〈民法典〉继承编解释（一）》
《最高人民法院关于适用〈中华人民共和国民法典〉物权编的解释（一）》	2020.12.29	《〈民法典〉物权编解释（一）》
《最高人民法院关于适用〈中华人民共和国民法典〉有关担保制度的解释》	2020.12.31	《〈民法典〉担保制度的解释》
《中华人民共和国民事诉讼法》	2021.12.24	《民事诉讼法》
《最高人民法院关于适用〈中华人民共和国民事诉讼法〉的解释》	2020.12.29	《民事诉讼法司法解释》
《中华人民共和国人民调解法》	2010.08.28	《人民调解法》
《中华人民共和国仲裁法》	2017.09.01	《仲裁法》
《中华人民共和国公司法》	2018.10.26	《公司法》
《最高人民法院关于适用〈中华人民共和国公司法〉若干问题的规定（二）》	2020.12.29	《公司法司法解释（二）》
《最高人民法院关于适用〈中华人民共和国公司法〉若干问题的规定（三）》	2020.12.29	《公司法司法解释（三）》

续表

文件名称	发文日期	简称
《最高人民法院关于适用〈中华人民共和国公司法〉若干问题的规定（四）》	2020.12.29	《公司法司法解释（四）》
《中华人民共和国公司登记管理条例》	2016.02.06	《公司登记管理条例》
《中华人民共和国刑法》	2020.12.26	《刑法》
《中华人民共和国刑事诉讼法》	2018.10.26	《刑事诉讼法》
《中华人民共和国律师法》	2017.09.01	《律师法》
《中华人民共和国国籍法》	1980.09.10	《国籍法》
《中华人民共和国户口登记条例》	1958.01.09	《户口登记条例》
《中华人民共和国契税法》	2020.08.11	《契税法》
《中华人民共和国涉外民事关系法律适用法》	2010.10.28	《涉外民事关系法律适用法》
《最高人民法院关于适用〈中华人民共和国涉外民事关系法律适用法〉若干问题的解释（一）》	2020.12.29	《涉外民事关系法律适用法司法解释（一）》
《中华人民共和国证券法》	2019.12.28	《证券法》
《中华人民共和国证券投资基金法》	2015.04.24	《证券投资基金法》
《中华人民共和国信托法》	2001.04.28	《信托法》
《中华人民共和国保险法》	2015.04.24	《保险法》
《最高人民法院关于适用〈中华人民共和国保险法〉若干问题的解释（三）》	2020.12.29	《保险法司法解释（三）》
《中华人民共和国慈善法》	2016.03.16	《慈善法》
《中华人民共和国个人所得税法》	2018.08.31	《个人所得税法》
《中华人民共和国个人所得税法实施条例》	2018.12.18	《个人所得税法实施条例》
《中华人民共和国企业所得税法》	2018.12.29	《企业所得税法》
《中华人民共和国土地增值税暂行条例》	2011.01.08	《土地增值税暂行条例》
《中华人民共和国未成年人保护法》	2020.10.17	《未成年人保护法》

续表

文件名称	发文日期	简称
《中华人民共和国老年人权益保障法》	2018. 12. 29	《老年人权益保障法》
《中华人民共和国母婴保健法》	2017. 11. 04	《母婴保健法》
《中华人民共和国反家庭暴力法》	2015. 12. 27	《反家庭暴力法》
《中华人民共和国收养法》	1998. 11. 04	《收养法》
《中华人民共和国土地管理法》	2019. 08. 26	《土地管理法》
《中华人民共和国城市房地产管理法》	2019. 08. 26	《城市房地产管理法》
《中华人民共和国外汇管理条例》	2008. 08. 05	《外汇管理条例》
《中华人民共和国反洗钱法》	2006. 10. 31	《反洗钱法》
《中华人民共和国会计法》	2017. 11. 04	《会计法》
《中华人民共和国发票管理办法》	2019. 03. 02	《发票管理办法》
《全国法院民商事审判工作会议纪要》	2019. 11. 08	《九民纪要》
《中华人民共和国人民警察法》	2012. 10. 26	《人民警察法》
《中华人民共和国监察法》	2018. 03. 20	《监察法》
《中华人民共和国治安管理处罚法》	2012. 10. 26	《治安管理处罚法》
《中华人民共和国房产税暂行条例》	2011. 01. 08	《房产税暂行条例》
《中华人民共和国企业破产法》	2006. 08. 27	《企业破产法》
《中华人民共和国公务员法》	2018. 12. 29	《公务员法》

简目

第一章 婚姻协议

第二章 股权规划

第三章 家族信托

第四章 保险规划

第五章 代持筹划

详目

第一章 婚姻协议

第二章 股权规划

第三章 家族信托

第四章 保险规划

第五章 代持筹划

第一章

婚姻协议

综 述

我们将婚前协议、夫妻财产约定以及配偶同意函等统称为婚姻协议。这些都是高净值客户缔结婚姻关系前或在婚姻关系存续期间可能会使用到的一种财富筹划工具。婚前协议和夫妻财产约定，主要是通过双方协商的方式将婚前个人财产以及婚后的夫妻财产制度进行规划。此类婚姻协议具有一定的法律依据，不但可以保障双方的合法财产权益，也可以防止婚后双方因财产归属而产生矛盾。但全国各地法院的司法案例中对于此类婚姻协议效力的认定具有不同的解读和判断。因此，在实际操作此类项目时需要熟悉项目内容和流程。此类项目一般应当由婚姻协议、法律意见书（或包含外国法律意见书）及律师见证书三个模块构成。在实际操作中还应当注重对客人需求的记录以及完善律师见证的流程规范，更好地保障协议的法律效力。

本章主要介绍婚前协议、“忠诚协议”、夫妻财产约定、配偶同意函等婚姻协议中较为关键的问题、存在的风险以及签订过程中需要注意的问题，希望高净值客户在选择使用该筹划工具前对其有一定的了解，以便合理地按照自己的需求进行相应的规划。

第一节
婚前协议概述

一、婚前协议的法律效力

从字面上看来，不少高净值客户会误以为“婚前协议”是约定双方结婚前财产归属的法律文件。事实上，根据《民法典》第一千零六十三条的规定，一方的婚前财产即使在双方缔结婚姻关系后也属于一方的个人财产。在具体运用时，虽然名为“婚前协议”且签订于双方婚前，但婚前协议主要还是用来约定双方缔结婚姻关系后的财产关系以及归属的法律文件。

婚前协议是婚前财富筹划的核心文件。在实践中，跨境的婚前财富筹划最为复杂，因可能涉及不同法系、不同法域、不同专业的律师和不同工种的财富管理机构的密切配合，代表了婚前财富筹划的最高水平。

实践中，复杂的跨境婚前财富筹划是极少数客户的法律需求。大量婚前协议涉及的是普通家庭，既有普通再婚家庭、老年“夕阳”婚姻，也有财产主要在境内的家族企业、高净值客户的国内普通婚前协议。普通婚前协议业务是跨境婚前财富筹划业务的基础，因此，掌握普通婚前协议的撰写及协议效力的认定是财富管理律师的“基本功”。

（一）婚前协议概述

1. 婚前协议的概念

在《民法典》颁布以前，我国原《婚姻法》和最高人民法院相关司法解释中，没有对婚前协议的概念作出明确定义。对于婚前协议的概念，学术界各有观点，但总体表述差异不大。尤其是胡康生主编的《中华人民共和国婚姻法释义》之第三章“家庭关系（中）”的内容中提到，夫妻财产约定根据我国的实际情况，对约定的时间不必作更多的限制。约定可以在婚前进行也可以在婚后进行。[①] 这为婚前协议的效力提供了一定的支持。

随着《民法典》于2021年1月1日正式施行，其中第一千零六十五条明确规定："男女双方可以约定婚姻关系存续期间所得的财产以及婚前财产归各自所有、共同所有或者部分各自所有、部分共同所有……"此处将原《婚姻法》第十九条的"夫妻双方"修改成"男女双方"，即涵盖婚前作出约定的情形，用语更为严谨，也进一步确认婚前协议的法律地位。

我们认为，婚前协议是指男女双方对各自婚前、婚后所得的财产性质、所有权归属、家庭关系、人身关系等事项所作的约定。就财产内容来看，约定的内容可以是婚前财产以及婚后所得的财产归各自所有，或共同所有，或部分各自所有、部分共同所有。

2. 婚前协议的法律要件

鉴于男女双方在缔结婚姻关系前就各自的财产进行约定的行为属于民事法律行为，故既要符合《民法典》规定的民事法律行为的一般要件，也要符合《民法典》婚姻家庭编中的相关规定。因此，婚前协议一般情况下应当具有以下要件：

首先，签署婚前协议的双方必须是具有完全民事行为能力的自然人，否则签署的婚前协议将不具备合法性。

其次，婚前协议的内容应当是签约双方的真实意思表示，应当是双方平等、自愿协商一致的结果，不能存在任何胁迫、欺骗、乘人之危等情形，否则将影响婚前协议的效力。

再次，婚前协议的内容应当符合法律、行政法规的强制性规定，也应符合公序良俗，不能有任何限制人身自由的内容；约定的财产范围应限于双方的合法财产，不能借由婚前协议达到逃避债务等非法目的。

最后，签署婚前协议的双方最终应当缔结婚姻关系并取得合法的夫妻身份，否则原则上不能适用《民法典》婚姻家庭编中关于夫妻财产约定的条款。

3. 订立婚前协议的时间和范围

对于订立婚前协议的时间，我国法律并没有明确的规定。根据我国的实际

---

① 《〈中华人民共和国婚姻法释义〉之第三章（中）》，载搜狐网2017年9月13日，https://www.sohu.com/a/191755488_725762。

情况，一般只要缔约双方是夫妻关系，则无论双方在婚前还是婚后签署，原则上对缔约双方均具有约束力。当然，如果缔约双方最终没有成为夫妻关系，则即使签署婚前协议，原则上对双方也无约束力。

对于婚前协议的范围，《中华人民共和国婚姻法释义》① 中也讲到，夫妻财产约定的范围是比较宽松和灵活的，既可以对婚姻期间获得的财产进行约定，也可以对婚前财产进行约定；既可以是全部的夫妻共同财产，也可以是部分的夫妻共同财产；既可以概括地采用某一种财产制度（一般共同制、劳动所得共同制、管理共同制、分别财产制），也可以具体对某一项夫妻财产进行约定；既可以约定财产所有权的归属或者使用权、管理权、收益权、处分权的形式，也可以约定家庭生活费用的负担、债务清偿责任、婚姻关系终止时财产的分割等事项（如果以婚姻关系终止为条件，则婚姻关系终止属于生效要件，在婚前协议中属于成立不生效）。

在法律层面上，我国法院对于婚前协议，总体持宽容和尊重态度。就目前的司法审判实践而言，绝大多数判例对于婚前协议效力认定，还是以财产约定、或是附条件的财产约定为中心，涉及面相对有限。在司法实践中，关于婚前协议的效力仍然存在许多争议。

举例来说，针对婚前财产协议中约定"婚后一方财产完全归另一方所有"的条款是否有效这一问题，由于法官对相关法律条文的理解不同，司法实践中尚存在争议。事实上，如今的婚前协议内容，已经不限于财产，还有关于子女抚养、尊老孝亲、家族事务管理原则等约定。其中，哪些约定有效、哪些约定无效、哪些约定效力待定，都需要律师根据审判实践及执业经验进行把握。当然，司法审判实践也有待进一步发展，其中就包括审判理念的发展。

（二）婚前协议的效力分析

从本质上来说，婚前协议是与身份关系相关联的协议。婚前协议中各条款的效力并非成立即有效，需依据具体情况而定。结合个案中具体的协议，法院大多从单独的条款来认定此条款是否有效，而非认定整个婚前协议是否有效。

1. 婚前协议因违反强制性规定而被认定为无效

陕西省安康市汉滨区人民法院在（2016）陕 0902 民初 341 号案例中认定，

---

① 胡康生主编：《中华人民共和国婚姻法释义》，法律出版社 2001 年版。

婚前协议由于违反婚姻自由的强制性法律规定而无效。该法院认为：“原、被告在《婚前协议》中约定：‘婚前，男方向女方支付定金肆万元，以保证双方对婚姻的坚守，谁违反婚姻的坚守，则按定金定义处罚。’‘非男方原则性错误造成的婚姻破裂，女方双倍退赔婚前男方向女方支付的定金’。原、被告所达成的定金条款违背了婚姻自由原则，属无效协议，原告应退还被告支付的40,000元。”

甘肃省高级人民法院在（2016）甘民申606号案例中认定，婚前协议因违反禁止“借婚姻索取财物”的强制性法律规定而无效。该法院认为：“合法、正常的婚姻关系应当以婚姻自由、男女平等为基础。本案中，申请人袁某某与被申请人汪某某双方签订的‘婚前协议’将房屋、金钱的赠与作为双方缔结婚姻关系的条件，违反‘禁止包办、买卖婚姻和其他干涉婚姻自由的行为。禁止借婚姻索取财物’的规定，对社会道德风尚和婚恋价值观所造成的影响是消极、负面的。为了倡导社会主义精神文明、促进社会和谐稳定，依据我国婚姻家庭的基本制度和基本原则，本院对双方‘婚前协议’的效力不予认定。”

浙江省杭州市拱墅区人民法院在（2015）杭拱民初字第1583号案例中认定，婚前协议因约定间接违反法律强制性规定而无效。该法院认为：“《婚前协议书》的相关约定表面上未限制当事人的离婚自主权，但实际上束缚双方提出离婚的自由，违背婚姻自由的原则，不应受到人民法院的保护，故对被告的该相应请求不予支持。”

2. 有效的婚前协议也并非财产分割的唯一依据

即使认定婚前协议有效，法院也可能酌情判决，并不意味着法院一定会按照婚前协议的内容进行判决。

如婚前协议约定一方的婚前房屋在婚后由双方共有，但不动产的产权变更须以登记为要件，仅有协议约定不等同于产权的变更。虽然法院认定婚前协议有效，但对房产的约定应视为“赠与”，故在不动产未办理变更登记前，赠与人可以撤销赠与。根据《〈民法典〉婚姻家庭编解释（一）》第三十二条的规定：“婚前或者婚姻关系存续期间，当事人约定将一方所有的房产赠与另一方或者共有，赠与方在赠与房产变更登记之前撤销赠与，另一方请求判令继续履行的，人民法院可以按照民法典第六百五十八条的规定处理。”如果以婚前协议的形式约定一方名下个人所有的财产变更为共同财产，法院一般认定为赠与，而赠与是一种要式行为，在实际交付或过户登记之前可以撤销，除非赠与行为是属于具有救灾、扶贫等社会公益、道德义务性质的或者经过公证的。因此，对于此类约定的诉讼请求，法院还需要结合具体情况来判决。

陕西省西安市中级人民法院在（2016）陕01民申12号案例中认为："根据双方婚前协议约定，计某某自愿将其名下两处房产各50%的产权赠与贾某某，但并未办理变更产权登记，也未实际交付，而且贾某某亦未能提供确实有效的证据证明上述赠与行为属于具有救灾、扶贫等社会公益、道德义务性质的赠与合同或者经过公证的赠与合同，原审据此认为计某某请求撤销婚前协议中关于赠与贾某某两套房产各50%产权的约定于法有据，判决依法予以支持正确。"

从上述案例可以看出，我国法院在司法实践中对于有效的婚前协议大多予以尊重，但也存在有效但可撤销、有效但只酌情参考的案例。因此，婚前协议效力的认定也需结合案件的具体情况，进行个案分析。当事人在签订婚前协议时，不能随心所欲，更须仔细斟酌，才能达到签署婚前协议的目的。在司法实践中，签署的婚前协议并非都是有效的，涉及重大、复杂财产关系的婚前协议，尤其应当由专业律师进行指导和参与，更为妥善。

二、婚前协议中"忠诚条款"的效力

"忠诚条款"是指男女双方通过书面约定的方式表示对彼此忠诚，通常还会约定在一方出轨或者做出其他有悖于婚姻忠诚等行为的情况下，过错方应当少分或者不分财产的条款或者协议。如果男女双方在婚前协议中约定了"忠诚条款"，法院将如何认定其效力呢？

案例1－1 袁某某与何某所有权确认纠纷案

一审法院： 江苏省无锡市滨湖区人民法院（2019）苏0211民初2494号

二审法院： 江苏省无锡市中级人民法院（2019）苏02民终3008号

案例主旨： 婚前协议中的"忠诚条款"明显有违公平原则，因而酌情对"忠诚条款"中的分割比例予以调整。

何某与袁某于2011年相识并确定恋爱关系，为结婚准备购置涉案房屋，双方于2012年3月签署婚前协议书，其中约定"双方都应互敬互爱，严于律己，如有一方移情别恋、违规出轨，过失方将不再拥有共同财产"。后两人关系恶化，起诉时仍未办理结婚登记手续。

一审法院认为，从该协议第四条的内容看，该条款包含如果一方移情别恋、违规出轨，过失方将不再拥有共同财产，故该条款属于“忠诚协议”。如果按照此条款分割财产的结果为如果何某违反该条的约定，则不分得任何财产。法院认为男女双方在订立类似“忠诚协议”时，夹杂了基于即将缔结夫妻关系产生的感情因素、人身关系因素等，与普通合同有明显区别，在认定效力时也不应按照关于合同法律关系的效力认定规则予以认定，应当按照民事法律行为的效力认定规则予以认定。该协议的第四条约定明显有违公平原则，法院酌情对该条款的分割比例予以调整，结合何某有对袁某的殴打行为及移情别恋等行为，对未能缔结婚约存在一定过错，在分割双方约定的共同所有财产时，按照何某取得85%，袁某取得15%。

二审法院认为，协议中又约定相互忠诚的内容，而忠诚协议是夫妻双方在结婚前后，为保证双方在婚姻关系存续期间不违反夫妻忠诚义务而以书面形式约定违约金或者赔偿金责任的协议。双方是否忠诚属于情感道德的范畴，故双方订立的忠诚协议由当事人自觉履行，不宜作为分割财产的依据。因双方至今未缔结婚姻不具备家庭关系共同共有的前提基础，故一审依据双方出资额和何某存在的过错酌情确定房屋份额比例并无不当，并最终维持一审判决。

对于“忠诚协议”效力在司法实践中的认定，本章第三节将进行详细的介绍。

三、特殊情况下的婚姻关系披露义务

（一）股东未及时披露“结婚”信息遭受处罚

2016年5月18日，上海证券交易所发布《关于对上海YJ游戏股份有限公司股东刘某、代某予以通报批评的决定》（纪律处分决定书〔2016〕26号）[①]，对于上海YJ游戏股份有限公司（A股证券简称：YJ游戏，A股证券代码：600＊＊＊）的两名股东予以通报批评。

上海证券交易所指出，经查明，YJ游戏股东刘某持有公司有表决权股份85,639,603股，占公司股本总额的10.28%；股东代某持有公司股份77,483,451

① 《关于对上海游久游戏股份有限公司股东刘亮、代琳予以通报批评的决定》载上海证券交易所网2016年5月18日，http://www.sse.com.cn/disclosure/credibility/measures/criticism/c/c_20160520_4116783.shtml。

股，占公司股本总额的9.31%，其中的47,483,451股为有表决权股份，占公司股本总额的5.70%。二人于2015年1月登记结婚。根据《上市公司收购管理办法》第八十三条的规定，二者构成一致行动关系，合计持有的YJ游戏股份比例为19.59%，其中有表决权股份比例为15.99%。

但刘某、代某在结婚后，一直未告知公司，也未披露二者的一致行动关系，亦未及时披露相关的权益变动报告书，直至经上海证券交易所公司监管部门问询后才分别在2016年1月12日和1月19日进行了补充披露。

上海证券交易所认为，刘某和代某的行为构成违规，因此对刘某、代某予以通报批评。

（二）结婚形成一致行动关系属于应披露事项

从上述案例可以看出，上市公司股东形成一致行动关系及其相关的权益变动事项，属于对公司影响重大的事项。相关股东应当及时告知上市公司，并履行相关的信息披露义务。上市公司的股东如果缔结婚姻关系并形成一致行动关系，在结婚后应当告知公司并披露二者的一致行动关系。同时，还应当及时披露相关的权益变动报告书。如果未及时披露，直至经证券交易所问询后才进行补充披露的，可能构成违规。

需要特别指出的是，上市公司股东并非必须要将“结婚”这一情况进行上报，而是由于结婚导致相应的权益变动、形成一致行动关系等情况，才产生上报和披露的义务。

由此可见，在一个公平的制度里，绝对的隐私是不存在的。如果选择在公众公司持股或出任高级管理人员，也就意味着在一定条件下应当披露个人隐私，这也是公众公司股东或高级管理人员在法律法规下必须承担的义务。

四、婚前协议的常见风险及应对建议

（一）极端不公平的条款可能不被法院认可

根据法律规定，男女双方可以约定婚姻关系存续期间所得的财产以及婚前财产归各自所有、共同所有或者部分各自所有、部分共同所有。男女双方在婚前协议中将一方名下的婚前财产自愿作为婚后共同财产、由双方共同共有的约定，系双方真实意思表示的，一般应为合法有效。

在起草婚前协议时，要注意平衡双方的权利义务。如果强势的一方希望加入另一方未来过错导致离婚“净身出户”或相应的惩罚性条款，从司法实践来看，这样的条款可能会面临无效的风险。

案例1-2 陈某与岑某离婚纠纷案

一审法院：上海市杨浦区人民法院（2013）杨民一（民）初字第2108号

二审法院：上海市第二中级人民法院（2013）沪二中民一（民）终字第1382号

案例主旨：婚前协议中的部分条款系完全剥夺对方在财产上的权利，有非常严厉的惩罚性质，最终导致婚前协议被认定为无效。

陈某与岑某系复婚。陈某（乙方）、岑某（甲方）双方于2011年7月2日订立婚前协议书一份，内容为：“甲乙双方情投意合，愿共筑爱巢，白头偕老，将于近期履行结婚登记手续。因双方已有一次婚姻破裂的事实，考虑到上次婚姻破裂的具体情况，为防止婚姻再次破裂，现双方自愿达成如下协议：1. 乙方婚前个人名下财产自愿作为婚后共同财产，双方共同共有。2. 如甲乙双方结婚后再次离婚，离婚后财产和债务按如下方式分配：a）乙方个人名下财产归甲方所有；b）甲乙双方共有财产归甲方所有；c）甲方个人名下财产归甲方所有；d）乙方个人名下所欠债务由乙方负责偿还。3. 如甲乙双方结婚后再次离婚，离婚后甲乙双方婚内所生子女的监护和抚养权归甲方。4. 如甲乙双方结婚后再次离婚，离婚时双方同意乙方只带走当季衣服一套，其余乙方个人所用物品都归甲方所有。5. 甲乙双方同意上述协议内容中如有某些条款或某些部分与国家的法律法规相抵触，协议的其余条款和其余部分仍然有效。”双方在协议上签名。后，双方经常因生活琐事发生争执，致夫妻感情不睦，于是提起离婚诉讼要求离婚并分割夫妻共同财产。

一审法院认为，夫妻可以约定婚姻关系存续期间所得的财产以及婚前财产归各自所有、共同所有或者部分各自所有、部分共同所有。故该婚前协议中陈某将其名下的婚前财产自愿作为婚后共同财产由陈某、岑某共同共有的约定系双方真实意思表示，合法有效。但该协议又规定为防止再次离婚而约定离婚后陈某名下的个人财产和夫妻共同财产全部归岑某所有，而岑某名下的财产归岑某所有，且仅同意陈某只带走当季衣服一套，上述约定系完全剥夺另一方在财产上的权利，有非常严厉的惩罚性质。忠实义务是一种道德上的义务，并非法律上的义务，陈某、岑某所签订的婚前协议并非真正的财产协议，而是一种忠诚协议，该协议中关于离婚后财产分割的约定不应作为确定双方具体民事权利义务的约定，也不应该作为夫妻财产分割的依据。

二审法院认为，陈某在婚前协议中将自己名下的财产作为夫妻共同财产的表示，从常理更会被理解陈某是为了消除第一次失败婚姻给双方带来的阴影。故原审认定该部分协议有效无不当，原审由此在充分考虑照顾女方及子女利益后，酌情判决陈某给付岑某相应房产折价款亦无不妥，最终维持一审判决。

从上述案例可以看出，对于婚前协议内容的效力，法院认可一方将个人财产在婚后转化为共同财产的约定，但是对于离婚时有过错方“净身出户”的类似表述推定为“忠诚协议”条款，法院认定为无效，不赋予强制执行效力。

（二）对婚前协议中签名进行司法鉴定的边界

由于婚前协议涉及个人隐私，则双方在签署婚前协议时一般不会找第三人在场见证，日后则可能会出现一方不认可签字的情形。此时，如果另一方起诉至法院要求确认该婚前协议，则可能会涉及笔迹鉴定的问题。因此，应掌握在申请鉴定时的法律边界，依法主张权利、提出申请，否则也不利于法官自由心证的判断和平衡。

案例 1－3 姚某与杨某离婚纠纷案

一审法院：北京市海淀区人民法院（2014）海民初字第 18930 号

二审法院：北京市第一中级人民法院（2015）一中民终字第 2649 号

案例主旨：对于婚前协议是否系本人亲笔书写，就其文笔轨迹、指纹纹路的物理特征进行鉴定，在鉴定结论的物理特征结论作出后，申请人又再申请对上述文件是否编造进行“化学”鉴定，但未能获得法院允许。

杨某与姚某于 2004 年 4 月 7 日登记结婚，双方均系再婚，婚后无子女，双方在婚前签订《婚前协议书》一份。两人婚后常因琐事争吵，杨某认为姚某有外遇，双方互不信任，致夫妻感情破裂。庭审中，最初双方均同意离婚，后姚某因对笔迹鉴定结论有异议，表示不同意离婚。在诉讼质证时，姚某对上述婚前协议书提出异议，认为婚前协议书的签字和手印是自己的，但系对方通过复印、扫描等方式制作的，要求对该协议书上“姚某”的签字是否为直接书写、

“姚某”签名字迹处的指纹印是否为捺印形成进行鉴定。法院委托北京某物证鉴定中心对此作鉴定，该鉴定中心于2014年11月28日出具的司法鉴定意见书中确认上述婚前协议书上“姚某”签名字迹是直接书写形成的，“姚某”签名字迹处的指纹印是捺印形成的。上述鉴定结论向姚某出具后，姚某又要求对上述文件是否是编造的进行鉴定，但未说明理由，法院不予准许。

一审法院认为，关于夫妻共同财产的分割，因两人在婚前协议书中已对杨某个人婚后购买的房屋作出约定，且姚某虽否认上述协议，但未能提交相应证据，因此判决按照婚前协议书分割房屋。

二审法院认为，姚某在上诉及一审诉讼中均否认上述协议，并提出异议，且要求对该协议书上“姚某”的签字是否为直接书写、签名字迹处的指纹印是否为捺印形成进行鉴定。一审法院曾委托北京某物证鉴定中心对此作鉴定，确认上述婚前协议书上“姚某”签名字迹是直接书写形成的，签名字迹处的指纹印是捺印形成的。此后姚某又要求且在上诉中再次主张对上述文件是否是编造的进行“化学”鉴定，但未说明其理由及科学依据，亦未能提交相应证据支持其理由，一审法院对其再次鉴定的要求未予准许，并认定上述房屋归杨某个人所有，法院亦对其主张进行“化学”鉴定不予支持，最终维持原判。

由此可见，为了避免当事人在离婚纠纷中就婚前协议的真实性产生争议，建议在签署婚前协议时不仅要当事人亲笔签署，而且要尽量搭配录音录像。同时更建议通过律师见证的形式，在律师的指导下签订婚前协议。

（三）法院可酌情对婚前协议内容进行调整

有些法院虽然认定婚前协议有效，但是认为婚前协议的效力仅作为参考，具体还是要结合法律的规定处理，故法院酌情对婚前协议中的内容进行调整适用。

案例1－4 徐某与顾某某离婚纠纷案

一审法院：上海市杨浦区人民法院（2016）沪0110民初3319号

二审法院：上海市第二中级人民法院（2016）沪02民终7190号

案例主旨：我国法律法规对婚前协议的效力没有明确规定，故在处理孩子抚养和财产分割时仅将该协议书作为参考。

2010年2月3日，徐某、顾某某在上海某律师事务所律师见证下签署《婚前协议书》，协议约定如下：“……第八条约定，如果婚后2年内甲方提出离婚，若此时乙方未怀孕或未生育孩子，则甲方提供的50万元从结婚第一天算起每年按5%给乙方（计算至日）；如果婚后2年内乙方提出离婚，若此时乙方未怀孕或未生育孩子，则甲方对乙方立即不再有任何经济责任，乙方承诺向甲方归还50万元的款项。如果款项已经用于购置住房，则住房应按当时市场价格出售，如有增值应按双方对总价承付的份额分配给各方，否则乙方应使用其个人存款、有价证券、工资及其他财产归还款项。第九条约定，如果乙方生育后一方提出离婚，则不管离婚的时间如何，甲方对乙方和孩子每月的经济承付数额和方式等均不变，双方同意孩子未成年时由乙方抚养并担任监护人，甲方有定期或不定期的探视权利。”不仅如此，双方婚后也签订了婚内财产约定，对上述部分财产处置进行变更。

一审法院认为，关于离婚后孩子抚养和财产分割，虽然徐某、顾某某订立了《婚前协议书》，但因我国法律对婚前协议的效力没有规定，故原审法院在处理孩子抚养和财产分割时仅将该协议书作为参考，仍然依照法律的相关规定进行处理。

二审法院认为，就夫妻关系存续期间财产的分割及双方所生育孩子的抚养权、抚养费标准问题，虽然双方在婚前协议中做了约定，但鉴于婚后松花江路房屋的产权发生变更、双方生育的系双胞胎女儿，双方又签订婚后协议对婚前协议的部分内容做了变更，故在上述问题的处理上，婚前协议及婚后协议仅作为参考。

上述案例是在《民法典》生效前作出的，原《婚姻法》没有对婚前协议的效力进行明确规定。但是，我们在起草婚前协议时，还是要注意婚前协议约定与婚内协议的衔接，通过设计合适的条款，才能使得婚前协议最终能够约束签订协议的双方，增加婚前协议被法院认可的概率。在审判实践中，婚前协议可能得到法院的认可，但并不意味着法院必然会完全按照婚前协议的内容对财产分割或者子女抚养等问题进行判决。法院在认可婚前协议效力的同时，也可能酌情对婚前协议的内容进行调整适用。

（四）婚前协议无法适用于离婚诉讼的情形

案例 1－5 李某 1 与李某 2 离婚纠纷案

一审法院：北京市海淀区人民法院（2014）海民初字第 04919 号

二审法院：北京市第一中级人民法院（2014）一中民终字第 8547 号

案例主旨：婚前协议的内容无法直接适用于离婚诉讼，法院将按照法律规定处理双方的离婚财产分割与子女抚养问题。

李某 1 与李某 2 于 2003 年年底经人介绍相识，2004 年 4 月 27 日登记结婚，李某 1 系初婚，李某 2 系再婚，婚后未生育子女。双方曾于 2003 年 12 月 26 日签订婚前协议，内容有："婚后不足三年而中途分手时，财产按原来谁的还归谁；婚后如有子女，将来财产归子女继承；婚后如果无子女，则女方先去，余下归男方；男方先去余下归女方，但女方婚前子女不得继承；如男方先去女方无自立能力，由李某 3 和陈某抚养，财产由抚养人继承；如男方先去女方又无自立能力又无人抚养，女方财产自己处理以求生存；特殊情况下婚姻自便。"后双方因家庭琐事产生矛盾，影响夫妻感情，起诉离婚。

一审法院认为，就夫妻共同财产分割，双方虽签有婚前协议，但协议条款内容均无法适用于本次离婚诉讼情形，故法院将根据法律规定依法予以判定。北京市第一中级人民法院二审后维持原判。

由此可见，在起草婚前协议时，应考虑到各种可能发生的情况。如果在未来发生争议时，不符合婚前协议中约定的适用情形的，将导致婚前协议无法适用，形同虚设。

（五）约定"AA 制"的婚前协议具有法律效力

案例 1－6 杨甲与冯某某离婚纠纷案

一审法院：上海市普陀区人民法院（2010）普民一（民）初字第 5874 号

二审法院：上海市第二中级人民法院（2011）沪二中民一（民）终字第 620 号

案例主旨：双方可以在婚前协议中约定"AA 制"，即婚后各自的收入归各自所有，共同生活的开支由双方分摊，系双方真实意思表示的，具有法律效力。

杨甲、冯某某原系同事关系，于2004年6月确立恋爱关系，2006年11月11日登记结婚，2007年9月30日生育一女杨乙。2006年9月20日，杨甲、冯某某签订一份协议，协议约定："……3. 杨甲、冯某某双方婚后各自的各种性质的收入均归各自所有和支配，婚后夫妻共同生活所发生的日常开支由双方分摊。"后双方离婚，对于离婚财产分割与补偿发生争议，遂诉至法院。

一审法院认为，杨甲、冯某某双方签订的婚前财产协议，系双方真实意思表示，具有法律效力。根据约定，冯某某不主张杨甲名下的股票及银行存款，无不当，予以准许。双方约定，婚后夫妻共同生活所发生的日常开支由双方分摊。双方在实际生活中，家庭开支主要由杨甲承担，考虑到离婚后双方所生之女随杨甲共同生活及双方婚后对婚前协议的履行情况，故对冯某某要求杨甲给予经济补偿、安置费和租房补贴的请求不予支持。

二审法院认为，冯某某上诉要求杨甲给予经济补偿、房屋安置费和租房补贴，鉴于双方有婚前财产协议约定，且冯某某有劳动能力亦不属于生活困难的情形，双方所生女儿已随杨甲共同生活，因此该上诉请求，法院不予支持。

（六）婚前协议中约定放弃继承权的条款有效

案例1-7 刘某1、吕某1继承纠纷案

一审法院：山东省威海市乳山市人民法院（2018）鲁1083民初59号

二审法院：山东省威海市中级人民法院（2018）鲁10民终2571号

案例主旨：双方于再婚前签订婚前协议，约定双方相互不继承彼此遗产、抚恤金等，婚前协议中关于放弃继承权的条款具有法律效力。

刘某（女）与吕某（男）为再婚，婚后未生育子女。吕某于2017年12月5日去世，三被告系吕某的子女。刘某与吕某曾在结婚登记前，对婚前的个人财产、婚后共同财产及遗产作了详尽的约定。刘某在协议中以明示的方式对吕某个人财产的继承权进行放弃，吕某生前的个人财产全部由吕某的子女继承。且在协议中，刘某又自愿放弃吕某去世后相关补助或其他财产的继承权（包括抚恤金等财产）。吕某去世后，留有遗产及相关单位发放的生活补助费、一次性抚恤金、丧葬费等。刘某向法院起诉，要求依法继承吕某的遗产和依法享受应得的遗属待遇。

一审法院认为，本案中的案涉财产协议系由吕某和刘某共同签字确认，并

有两名见证人签字见证，应系在平等自愿的前提下夫妻两人经协商一致达成合意后所为，该份协议有吕某夫妻通过订立契约分配家庭财产的意思表达，亦属夫妻内部财产约定，具有民事合同性质，对双方均具有约束力。该份财产协议真实有效，予以确认，被继承人吕某在财产协议中对其个人遗产的处置合法有效，予以支持，刘某在约定中放弃有关的财产权利，系其对自身权益的处分，应予尊重。

二审法院认为，吕某与刘某双方订立的财产协议内容不仅是处理公民遗产的问题，还涉及吕某、刘某二人对婚前财产、婚姻关系存续期间所得财产和吕某去世后财产等多方面的约定，具有协议性质。双方均认可，并签字、盖印，后双方共同携带该约定找到二位见证人予以见证，三名子女均未参与该协议内容的确定，该协议应认定为双方的真实意思表示，真实有效，双方均应依约履行。刘某在协议上明示放弃对吕某婚前房屋、婚后结余的共同财产、男方去世后相关补助或其他财产及遗产的继承权，应系其真实意思表示，现要求对相关财产进行分割依据不足，法院不予支持，最终维持一审判决。

第二节 婚前协议法律服务流程

一、婚前协议法律服务指南

专业的婚前协议规划作为一个完整、全面的非诉讼项目，应当由婚前协议、法律意见书（包含外国法律意见书）和律师见证书三个模块构成。

（一）律师服务项目之婚前协议

婚前协议是婚前协议法律服务产品的主要内容，律师可以为客户在必备条款的基础上定制个性化的条款，做到量身裁衣。

为了更好地满足客户个性化的需求，律师需要对客户的情况进行全方位的了解，并在与客户充分协商的基础上制订协议方案。为此，律师需要完成以下过程（根据客户需要可酌情安排选项）：

1. 了解案情并制作笔录

对案情的了解应当贯穿于婚前协议法律服务的整个过程，主要目的是了解客户的具体情况，为撰写和提供法律服务打下基础。因为在与客户的交流过程中，可能会发现任何可能引起法律后果的案件事实。对此，律师在与客户的每次洽谈过程中都会做好记录，根据不同的事实情况告知客户法律后果并提供建议。

在了解案情的过程中，客户的态度和想法非常重要，很大程度上也决定了律师的意见和方案。因此，建议客户在与律师的第一次或第二次会谈后，综合律师的意见及配偶的意见明确婚前协议的各项内容。

2. 尽职调查（非实质性）

在正式起草婚前协议前，律师应当根据提供的财产线索以及人物关系线索完成尽职调查，确保列入婚前协议内涉及的财物的合法性，并分析其风险性。

完成尽职调查后，律师结合调查的结果以及客户确定的具体需求制订最终的方案。方案包括需要提供的法律服务项目、服务周期、协议内容、法律意见内容以及律师见证时间表等。

3. 外派尽职调查

如果客户的资产分散在不同地区，客户可以选择让团队律师负责前往不同财产所在地完成尽职调查工作，比如调取公司的工商档案、房产、车辆、证券账户信息等。该项内容也可以由客户自行完成，且如果外派律师尽职调查也会产生相应的费用，因此该内容作为可选服务，由客户根据实际情况自行决定。

4. 起草协议及配套文件

在与客户确认方案后，律师正式开始起草婚前协议以及配套文件。在起草的过程中，如果律师需要向客户进一步征求意见，客户有义务及时给予反馈。

完成此项工作所需的时间，在律师和客户进行完第 1 项内容后即可初步确定。

5. 筛选境外律师修改协议

考虑到婚前协议可能涉及不同国家、地区的管辖及法律适用问题，为了使婚前协议的效力能够在所涉及的法域被认可且能够执行，以中国律师作为主导、征询相关国家、地区律师的法律意见是非常必要的。境外律师通常会以法律意见书（Legal Advice）的形式提供意见，或直接对中国律师起草的协议进行补充或修改。要达到不同法域之间的平衡，补充或修改的过程所涉及的时间通常较长，且因协议的内容非常复杂，不同的婚前协议项目有不同的特殊要求，因此难有统一的流程标准。根据我们此前合作的常见财产所在地（如中国香港特区、新加坡、澳大利亚、美国以及英属维尔京群岛等）律师的经验来看，基本可以确定，由中国律师来主导整个婚前协议项目是可行可控的。

6. 婚前协议的翻译工作

当婚前协议初步定稿以后，为了方便境外律师出具法律意见或对协议进行修改，律师可以集中时间翻译婚前协议。同时，如果境外律师需要专业的翻译机构出具有资质的翻译文件，中国律师也需要配合境外律师提供协议初稿，并完成翻译。

7. 婚前协议修订及沟通

婚前协议从起草到定稿可能需要经历几轮的修订，其中相对耗时且无法完全把握的是境外律师的法律意见出具时间，但鉴于境外律师的法律意见是必备的文件，因此在修订过程中，中国律师必须与境外律师保持密切的沟通。

在修订的过程中，律师与客户之间良好的沟通同样必不可少。需要特别指出的是，如果在整个法律服务项目中需要由境外律师出具法律意见书，则根据境外律师的具体法律意见，婚前协议会作出进行相应的修订，保险起见，协议终稿需要等到境外律师的意见出具以后才能确认。

8. 律师见证婚前协议签署

如果客户选择律师见证服务，则客户及其配偶签署协议与律师见证将同时进行。在与客户确认最终签署时间后，律师将安排地点完成婚前协议的签署及律师见证事宜。同时，考虑到境外律师可能也会要求对婚前协议进行见证或配套签署，因此，律师应当根据具体的情况与境外律师协商如何同时或分批完成婚前协议的签署工作。

（二）律师服务项目之法律意见书

法律意见书，是针对婚前协议的整体以及各部分条款，在特定司法管辖领域下对双方的约束力、强制执行力以及协议整体的效力等法律问题进行分析并出具的法律意见。法律意见书包括针对中国财产及人身关系的约定出具法律意见，也包括针对国外财产或人身关系出具法律意见。

根据我们提供的涉及境外财产或人身关系的婚前协议法律服务来看，法律意见书一般分为境外律师对中国居民签订婚前协议相关内容出具法律意见书和中国律师对非中国居民（如华裔或华侨）签订婚前协议相关内容出具法律意见书。为此，律师需要完成以下流程。

1. 中国律师出具法律意见书流程

（1）法律意见的起草、修订与完善

根据客户确认后的婚前协议的具体内容，律师就婚前协议的整体内容到部分内容的法律效力、执行力以及可能存在的法律风险等问题出具法律意见书，并在团队内部进行讨论和完善。

（2）法律意见书的完稿与存档工作

律师起草法律意见书后，会与婚前协议一起或分别递交给客户，由客户最终保存留档。

2. 境外律师出具法律意见书流程

（1）甄选具有连结点的境外律师

如果婚前协议中涉及的内容包含中国以外的连结点，并且未来可能存在诉讼的风险，中国律师会向客户推荐连结点所在国的境外律师，由客户选择对应的境外律师。在推荐之前，中国律师可以先联系境外律师并进行价格和工作周期的确认。

（2）与境外律师交流起草法律意见书的内容

在确定具体的境外律师后，中国律师会根据婚前协议中具体需要法律意见的部分与境外律师交换意见。交换意见之前，中国律师会将需要与境外律师沟通的问题与客户交流确认。确认具体的内容后，中国律师会进一步安排境外律师就主要的内容出具书面的法律意见书。

（3）法律意见书的完稿与存稿

中国律师应当审阅境外律师出具的法律意见书，并就具体修改内容与境外律师交换意见，最后确认法律意见书的内容。在确认法律意见书的终稿以后，安排境外律师寄回书面的法律意见书，并递交给客户。

（三）律师服务项目之律师见证书

律师见证，主要是为客户提供的见证其协议签署过程的服务。经过律师见证的婚前协议效力要高于未见证的协议，并且可以确保协议签署过程的合法有效。因此，绝大多数客户在选择婚前协议服务时会一并选择律师见证服务。通常，中国律师仅针对中国的婚前协议提供见证服务。

1. 律师见证的准备

婚前协议法律服务项目的律师见证服务需要有 2 名律师作为见证人，同时客户与其准配偶必须到场。整个见证的过程需要录音、录像，并当场签署包括婚前协议在内的若干文件。具体的文件由律师准备，但律师见证工作的场地和时间需要与客户提前进行确认，并且提前安排好相应的设备。

2. 律师见证的过程

整个律师见证的工作包括律师当面宣读见证程序、询问笔录内容、签署协议以及客户最终的陈述，整个过程都将配有录音和录像。

3. 律师见证书

在完成律师见证服务的所有内容以后，律师会根据婚前协议书约定的份数制作包括律师见证书、见证录像的光盘录音等配套的文件，由客户自行保存或由律师代为保存。

二、婚前协议项目谈话笔录模板

时间：××××年×月×日
地点：××律师事务所
接待人：×××、×××（以下简称律）
记录人：×××
谈话人：（以下简称客）
内容：
律：我们是××律师事务所的律师×××、×××。

律：鉴于您与本所签署《法律服务合同》并希望指派我们两人为您提供法律服务。在此之前，我方提供法律服务的主要工作流程和时间计划已经通过电子邮件发送给您。

客：合同以及相关的服务指南均已经收到。今天希望与两位再次沟通一下该项目的详细内容，从而最终决定项目是否继续启动。

律：本次与您沟通，主要是针对婚前协议项目，需要您陈述并提供相关的资料，包括个人与准配偶的相关情况、财产状况等，您应保证您向我们反映的情况是完全真实的，否则，因此而引起的不利后果需要您自行承担。

客：了解，我会将相关的情况如实陈述。

律：首先，我们先向您简要介绍婚前协议的含义：婚前协议主要是婚前对婚后个人财产及其收益、婚后来源于各自的财产属性进行约定。

其次，我们需要告知您撰写婚前协议的主要流程。

关于律师上述的陈述，您是否有疑问或不明白之处？

客：没有。

律：您是否同意我们就您婚前协议项目中的境外法律意见的修订及定稿过程转委托相关境外律师进行服务？

客：同意。

律：我们会代表您筛选境外律师，待最终确定拟提供服务的境外律师之后，我们会和您签订转委托合同，同时我们保证在和境外律师接洽过程中，会本着“保密原则”处理相关事务，但若境外律师在出具法律意见前后，必须了解客户身份信息以避免利益冲突，我们会在转委托的授权范围内，与相关律师事务所签订保密协议。

客：了解。

律：现在我们正式进入“客户调查笔录的制作”，请您依据我们的提问回复。

……（围绕具体案情开展）

律：您对于婚前协议项目还有什么问题需要询问律师？

客：没有了。

律：好，谢谢您！我们将按您的意愿，结合尽职调查后了解到的财产状况，及时开展工作，完成此项法律服务。完成后会马上与您联系，确定具体签署法律文本的时间，同时我们会安排律师对签署法律文本的全过程进行律师见证并提供律师见证书。您对签订婚前协议的时间有无特殊要求?

客：由律师安排即可。

律：好的。再次感谢您对本所及两位律师的信任!

请核对以上笔录，如果无误，请签字确认。

(以下无正文)

客户：

日期：

三、婚前协议律师见证流程模板

×总：

您好!

鉴于您已确定签约时间为××××年××月××日，现将婚前协议律师见证流程具体情况介绍如下：

1. 您及准配偶需要准备的相关事宜

(1) 您的身份证件原件；

(2) 您准配偶的身份证件原件；

(3) 一个会议室。

2. 律师见证流程

(1) 律师调试设备与机器；

(2) 当事人与律师见面并制作谈话笔录；

(3) 律师向当事人提交《婚前协议》中文文本一式×份；

(4) 当事人当场阅读文本；

(5) 当事人确认文本无误，各自在文本的每一页、最后一页及双方财产清单签字并按指印；

(6) 律师宣布协议签署完毕，见证结束；

(7) 当事人确认并签署谈话笔录。

以上时间安排仅供参考，实际过程中若有调整，仍按照实际完成的时间为准。

××律师事务所

×××律师

四、婚前协议的主要内容

婚前协议通常包含以下几部分内容：

第一部分是双方当事人信息。此部分是合同的标准内容，需要把双方当事人的信息填写完整。

第二部分是协议相关定义。此部分主要是对重要的法律词汇进行定义，以界定各个词语的含义。

第三部分是夫妻财产约定。此部分是婚前协议最核心的内容，将双方对于婚前、婚内的财产约定固定下来。

第四部分是双方的权利与义务。此部分是双方的权利和义务，通常拟结婚的双方可能对于婚姻关系存续期间的家务、探望长辈、抚养子女等各方面有特殊的要求，一般我们会将财产约定和除财产之外的权利义务单独分开列举。此部分主要用于陈列双方对于财产之外的其他方面的约定。

第五部分是双方的债权债务。此部分主要是陈述双方的债权债务约定，通常包括个人婚前债权债务，双方婚后债权的享有和债务的内部承担，以及是否向第三方披露该债务约定等内容。

第六部分是其他合同的常见格式条款。包括争议解决、法律适用、协议效力、协议修改、保证条款、保密条款、承诺条款、版本语言以及协议版本等，其中比较重要的是法律适用和管辖问题，尤其是涉外婚前协议项目中，对于法律适用和管辖问题的约定是非常重要的，务必要仔细推敲并和境外律师进行协商。

第三节 婚内“忠诚协议”

一、“忠诚协议”的效力之争

（一）法学界与司法界的观点争鸣

所谓“忠诚协议”，是由夫妻签署、以忠于彼此为义务内容且一般约定了违约责任的协议。婚姻关系中的“忠诚协议”纠纷如果发生在离婚诉讼或婚姻关系终止后，符合法律关于案件受理范围的规定，则法院应当依法受理。在“忠诚协议”效力判定上，可以考虑对婚姻“忠诚协议”进行类型化处理。一般来说，财产类“忠诚协议”可以认定为有效，终止婚姻关系和涉及子女抚养问题的“忠诚协议”则为无效。至于违反“忠诚协议”的认定，法院应当采取多种解释方法对当事人的约定内容进行解释，并结合当事人提交的证据予以判定。①

根据最高人民法院审判业务意见来看，离婚案件中涉及“忠诚协议”效力的认定问题，全国各级法院掌握的尺度不一，迫切需要予以规范。

在司法实践中，有认定“忠诚协议”有效的，也有认定无效的，还有主张“忠诚协议”属于道德、感情范畴，法院不应赋予其强制执行力的。一旦法院认定“忠诚协议”有效，当事人就要费尽心思证明对方具有出轨的行为，势必出现捉奸成风的负面社会效应，不利于婚姻家庭关系的稳定。②

最高人民法院在《中华人民共和国民法典婚姻家庭编理解与适用》一书中明确：“夫妻之间签订忠诚协议，应由当事人本着诚信原则自觉自愿履行，法律不禁止夫妻之间签订此类协议，但也不赋予此类协议强制执行力，从整个社会效果考虑，法院对夫妻之间的忠诚协议纠纷以不受理为宜。理由如下：

第一，如果法院受理此类忠诚协议纠纷，主张按忠诚协议赔偿的一方当事人，既要证明协议内容是真实的，没有欺诈、胁迫的情形，又要证明对方具有违反忠诚协议的行为，可能导致为了举证而去捉奸，为获取证据窃听电话、私拆信件，甚至对个人隐私权更为恶劣的侵犯情形都可能发生，夫妻之间的感情纠葛可能演变为刑事犯罪案件，其负面效应不可低估。

第二，赋予忠诚协议法律强制力的后果之一，就是鼓励当事人在婚前签订一个可以‘拴住’对方的忠诚协议，这不仅会加大婚姻成本，而且也会使建立在双方情感和信任基础上的婚姻关系变质。

第三，忠诚协议实质上属于情感、道德范畴，当事人自觉自愿履行当然极好，如违反忠诚协议一方心甘情愿净身出户或赔偿若干金钱，为自己的出轨行为付出经济上的代价。但是如果一方不愿履行，不应强迫其履行忠诚协议。”

---

① 参见梅夏英、叶雄彪：《婚姻忠诚协议问题研究》，载《法律适用》2020 年第 3 期。

② 最高人民法院民一庭第二合议庭：《关于 2012—2014 年离婚案件相关情况的调查分析报告》，载杜万华主编，最高人民法院民事审判第一庭编：《民事审判指导与参考》（总第 64 辑），人民法院出版社 2016 年版，第 99—100 页。

综合考虑实际情况及权衡利弊，我们更倾向于法院对有关“忠诚协议”问题不予处理，此类协议应当依靠当事人自觉自愿的履行。

（二）全国部分地区司法审判观点

1. 北京地区人民法院的司法观点

2016 年 11 月 2 日北京市第三中级人民法院邀请最高人民法院审判长吴晓芳讲授“婚姻家庭案件处理疑难问题”。后该院民二庭结合培训内容及审判实务，对吴晓芳法官讲课内容进行归纳梳理，经商事专业法官会议讨论，形成了意见。对于夫妻“忠诚协议”的效力如何认定这一问题。该意见认为，对于夫妻间“忠诚协议”中关于子女抚养等身份关系的内容，法院应认定无效；对于夫妻间“忠诚协议”关于财产关系的内容，一般应认定有效，无履行可能或显失公平的，法院可以适当调整。①

2. 上海地区人民法院的司法观点

上海市高级人民法院民一庭在《民事法律适用问答选登（二）》的问题3 中针对这个问题给出意见并认为，忠实义务是一种道德义务，而不是法律义务，夫妻一方以此道德义务作为对价与另一方进行交换而订立的协议，不能理解为确定具体民事权利义务的协议。上海市高级人民法院还针对以下不同的情况提供审判的指导意见：

（1）以对方违反忠实协议或违背忠实义务为依据提起诉讼的，人民法院不予受理；已经受理的，裁定驳回起诉。

（2）对夫妻双方签有忠实协议，现一方仅以对方违反忠实协议为由，起诉要求对方履行协议或支付违约金及赔偿损失的，人民法院不予受理。

（3）除法律规定的情形以外，夫妻一方在离婚案件中以对方违反忠实协议或违背忠实义务为由，要求对方支付违约金或损害赔偿的，审理该案的人民法院对此诉请不予处理。

（4）之前已审结并发生法律效力的相关案件不再调整。

---

① 参见北京市第三中级人民法院民二庭：《婚姻家庭案件法律适用疑难问题研讨》，载个人图书馆网，http：//www. 360doc. com/content/18/0519/08/48909235_ 755128689. shtml。

3. 江苏地区人民法院的司法观点

江苏省高级人民法院在2019年7月19日发布的《家事纠纷案件审理指南（婚姻家庭部分）》第二十五条指出："夫妻双方订立如果夫妻一方发生婚外情、实施家庭暴力、赌博等行为，离婚时放弃财产的协议，不属于夫妻财产约定。离婚时无过错的夫妻一方以夫妻财产约定为由主张据此分割财产的，不予支持。但在分割财产时，应当综合考虑当事人过错情况等对无过错的夫妻一方酌情予以照顾，以平衡双方利益。"在《2019年度江苏法院婚姻家庭十大典型案例》之李某与马某离婚纠纷一案中，两审的法院均认为夫妻之间订立的忠诚协议应由当事人自觉履行，法律并不赋予其强制执行力，不能以此作为分割夫妻共同财产或确定子女抚养权归属的依据。

4. 浙江地区人民法院的司法观点

浙江省高级人民法院民一庭于2016年6月27日发布《关于审理婚姻家庭案件若干问题的解答》，其中第六条指出，婚姻关系存续期间，夫妻双方订立如一方发生婚外情或实施家庭暴力等行为，离婚时放弃财产的协议，或者一方出具的前述内容的承诺或保证书，是对特定条件成就后离婚时夫妻财产分割的约定，并非法律规定的夫妻财产约定。一方在离婚诉讼中反悔的，对此协议、承诺或保证书的效力应不予确认。法院应根据实际情况对财产进行分割。一方存在婚外情、家庭暴力等过错且导致离婚，另一方无过错的，在夫妻共同财产分割时，可综合考虑过错情况等，对无过错方酌情予以照顾，以平衡双方利益。

5. 深圳地区人民法院的司法观点

深圳市中级人民法院于2014年5月21日发布《关于审理婚姻家庭纠纷案件的裁判指引》，其中第二十一条规定："存在同居关系的一方当事人以另一方当事人违反忠诚协议为由提起违约之诉，人民法院不予受理。"同时还附说明：第二十一条是对同居期间能够以违反忠诚协议为由提起违约之诉问题的裁判指引。未婚同居关系并非婚姻法律关系保护的范围，恋人之间相互忠诚属于道德范畴，不宜由法律调整。[①] 第三十七规定："一方当事人以另一方当事人违反忠

① 吴晓芳：《婚姻家庭纠纷审理热点、难点问答》，载《民事法律文件解读》2011年第11辑。

诚协议导致离婚为由请求另一方当事人在离婚时履行其在忠诚协议中所作损害赔偿承诺的，人民法院应予支持，但该忠诚协议约定的损害赔偿数额过高时，人民法院可以适当调整。”并附说明：“第三十七条是对违反婚内忠诚协议引起的纠纷如何处理的裁判指引。法律规定夫妻应当相互忠实。夫妻之间签订的忠诚协议与法律的上述规定意旨并不冲突，亦不违反民法意思自治原则，因此夫妻之间签订的忠诚协议中的赔偿金具有违约赔偿性质，应受法律保护，但该协议存在可撤销或者可变更事由时，应当准许有关当事人行使撤销权。①

二、“忠诚协议”效力认定的案例分析

（一）法院认定“忠诚协议”无效

1. 以离婚为条件的“净身承诺”不生效

案例 1－8 杨 A 与张 B 离婚纠纷案

一审法院：上海市长宁区人民法院（2015）长民四（民）初字第 161 号

案例主旨：双方签订的“忠诚协议”系以离婚为条件，双方最终并未离婚，则该协议并未生效。

原、被告于 2009 年经人介绍相识恋爱，2010 年 1 月 30 日登记结婚。婚后，双方因性生活不和谐以及原告认为被告有家暴、嫖娼和出轨行为，产生矛盾致夫妻关系不睦。双方签订一份《夫妻相互忠诚协议》，约定双方在婚姻存续期间应互相忠诚，如发生不忠诚婚姻的行为，对离婚时关于孩子、财产和赔偿等问题如何处理也一并予以约定。同年 11 月 16 日，被告书写一份婚姻保证证明，自认婚后曾有两次出轨行为及一次招妓行为，并承诺如再犯则同意离婚以及离婚后全部家庭财产归原告并赔偿等。2012 年 7 月 9 日，双方签订一份婚姻承诺书，其中提及被告曾经发生招妓行为。

法院认为，关于双方签订的《夫妻相互忠诚协议》和被告签署的婚姻保证证明，其中所涉财产分割内容，均系以协议离婚为条件。如果双方协议离婚未成，一方在离婚诉讼中反悔的，应当认定该财产分割协议没有生效，并根据实际情况依法对夫妻共同财产进行分割。本案中，被告对上述两份证据均不予认可，故法院认定两份证据中涉及的财产分割内容没有生效。

---

① 吴晓芳：《婚姻家庭纠纷审理热点、难点问答》，载《民事法律文件解读》2011 年第 11 辑。

2. “忠诚协议”成立却不生效但自觉履行除外

案例1－9 原告董某某与被告赵某离婚纠纷案

一审法院： 黑龙江省牡丹江市西安区人民法院（2016）黑1005民初564号

案例主旨： 具有给付内容的婚姻忠诚协议，如当事人自愿履行，人民法院不予干预。但当事人向法院申请按协议赔偿的，法院不予支持。

被告提供证据系原告于2012年11月5日给被告书写的保证书，证明原告曾经背叛婚姻，并向被告书写保证书，承诺如果原告提出离婚，自愿向被告赔偿100万元。原告承认该保证书是其书写，但原告认为这只是夫妻之间开玩笑，不具有法律效力，违反婚姻自由的原则。

法院认为，该协议为具有给付内容的婚姻忠诚协议，如当事人自愿履行，人民法院不予干预，但被告请求法院支持其要求原告按协议赔偿的诉讼请求法院不予支持。

3. 违反“忠诚”的承诺不能按协议约定赔偿

案例1－10 仲某某与刘某某离婚纠纷案

一审法院： 山东省莒县人民法院（2014）莒民一初字第1042号

二审法院： 山东省日照市中级人民法院（2014）日民一终字第835号

案例主旨： 我国法律对于无过错方有权请求对方进行损害赔偿的条件有明确的规定，但没有规定违背一般忠实义务应承担损害赔偿责任，因此不能以“忠诚协议”要求赔偿。

原、被告双方共同生活期间，刘某某曾于2010年书写保证书一份，保证与前妻断绝关系，不单独见面不接电话。如有违反赔偿仲某某30万元，所有财产及房产归仲某某；2010年7月8日，刘某某又书写与上述内容相同的保证书一份；2011年7月24日，刘某某再写保证书一份，保证今后好好过日子。仲某某还提供一份落款为刘某某但未具时间的保证书，约定“刘某某如果背叛或提出分手就赔偿仲某某60万元”。2012年12月17日，刘某某与仲某某签订协议书一份，就家庭生活事宜进行约定，其中第四项约定“刘某某保证今后不再与前妻有任何来往，如有违反，双方资金全部归仲某某所有。另附借条一张（30万元），在违反上述保证时自动生效，且自生效日一周内一次性付清”。

一审法院认为，双方签订的协议书及刘某某书写的保证书均属于夫妻“忠诚协议”的范畴。该协议中约定的“借款 30 万元”和保证书中约定的赔偿 30 万元或 60 万元，并不是实际发生的借款或赔偿金，而是女方为防止男方离婚或与前妻来往而设定的要求对方赔偿的“精神损害赔偿金”。忠实义务是一种道德层面的义务，夫妻一方以此道德义务作为对价与另一方进行交换而订立的协议，不能理解为确定具体民事权利义务的协议。婚姻的本质是两性以共同生活为目的的自愿结合，维系婚姻的纽带是夫妻双方彼此珍惜的情感，通过金钱罚则来预设违约责任，并不能维持婚姻的稳定，反而会导致夫妻关系的异化。限制一方的离婚自由，实际上既违背基本法理，也不符合普通民众的善良风俗。“忠诚协议”涉及身份关系，不属于一般的合同关系。我国法律已经明确规定无过错方有权请求对方进行损害赔偿的条件，但没有规定违背一般忠实义务应承担损害赔偿责任，目前法定的、较为明确的涉及严重违反忠实义务的损害赔偿仅限于重婚和有配偶者与他人同居两种情形。本案中，仲某某并未提供任何证据证明刘某某符合上述任一条件。因此，对仲某某要求刘某某赔偿 30 万元的主张，不符合法律规定，法院不予支持。

二审法院认为，被上诉人于 2012 年 12 月 17 日出具欠上诉人 30 万元的欠条一份，但结合双方同日签订的协议书第四条“刘某某保证今后不再与前妻有任何来往，如有违反，双方资金全部归仲某某所有，另附借条一张（30 万元），在违反上述保证时自动生效，且自生效日一周内一次性付清”的约定以及 2010 年 7 月 8 日保证书等其他证据，可以确定，被上诉人出具的 30 万元欠条并非基于借贷等基础关系形成，而系因 2012 年 12 月 17 日协议约定产生，该协议约定以及之前被上诉人出具的保证书，均系为保证双方婚姻关系存续而对被上诉人的行为作出一定的限制，原审认定属于忠诚协议范畴并无不当，不宜凭该类协议确定双方的权利义务关系。而且，上诉人主张系因被上诉人与前妻联系并有私下约定导致上诉人与被上诉人离婚，并未提供证据予以证实，不足以认定。故，上诉人要求被上诉人支付借款 30 万元的上诉理由不成立。

4. 内容有失公允且使另一方生活困难的不生效

案例1－11 仇甲与张甲离婚纠纷案

一审法院：江苏省南京市玄武区人民法院（2013）玄民初字第21号

二审法院：江苏省南京市中级人民法院（2013）宁民终字第2967号

案例主旨：如果“忠诚协议”约定的违反忠实义务的一方承担的财产责任过于严厉，即使违反忠实义务一方确实为过错方，也有其合法的财产权益。如按“忠诚协议”履行则可能造成一方生活困难，而另一方获利极大，双方利益过于失衡。

夫妻双方于2011年11月15日签订一份“夫妻忠诚协议”，协议的主要内容为：张甲与仇甲在南京市珠江路共有一套房产、马自达牌汽车一辆及存款20万元，双方自愿约定归张甲所有，属其个人财产，若双方离婚，上述财产不作为夫妻共同财产分割（珠江路房屋贷款的主贷人是仇甲，余下房贷由双方共同偿还）；双方确认婚姻关系存续期间任何一方如对外负有债务的，由负债方自行承担。为增加责任感、促进夫妻关系融洽及家庭和睦，双方达成如下协议共同遵守：（1）夫妻双方必须忠诚对待对方，不得有意欺骗对方；（2）必须对对方绝对忠诚，不得有第三者、婚外情与他（她）人同居、通奸；（3）不得有一夜情发生……（9）如发现任何一方有违反以上协议的其中一条行为的（以下把违反规定一方称为负责方，把另一方称为受害方），负责方自动放弃夫妻共有财产、自动净身出户，另给付受害方150万元名誉赔偿金和精神赔偿金，离婚时负责方不得阻挠，并主动放弃对孩子的抚养权和家里房产及其他财产的所有权，并每月支付1万元孩子的抚养费、教育费、医疗费、保险费、生活费等。

一审法院认为，双方签订的“夫妻忠诚协议”是双方自愿签订，是其真实意思表示。虽名为忠诚协议，但其内容实质分为两部分。前一部分约定珠江路房产、车辆及存款20万元归张甲所有，双方各自对外举债各自承担。这一部分内容并未与双方是否违反夫妻忠实义务相联系，而是夫妻双方对于婚姻关系存续期间取得的部分财产的所有权如何归属以及债务如何承担的约定。“夫妻忠诚协议”的后一部分，约定夫妻双方基于忠实义务而不得实施的行为，并约定违反义务一方自动放弃夫妻共有财产、另给付受害方150万元名誉赔偿金和精神赔偿金、主动放弃对孩子的抚养权和家里房产及其他财产的所有权，并每月支付1万元孩子的抚养费、教育费、医疗费、保险费、生活费等。夫妻之间相互忠实既是道德的要求，也是我国法律明文规定的法律义务。夫妻双方可以约定违反该项义务所应承担的财产责任。但本案中双方约定违反忠实义务的一方丧失婚生子的抚养权并每月支付高额的抚养费用，这与法律规定的子女抚养权的确定是从有利于子女身心健康，保障子女的合法权益出发的原则不符，属无效约定。协议约定的违反忠实义务的一方承担的财产责任亦过于严厉。即使仇甲是违反忠实义务的过错方，也有其合法的财产权益。如按此协议履行则可能造成仇甲生活困难，而张甲获利极大，双方利益过于失衡，也对仇甲抚养孩子健康成长不利。故认定不能完全按照双方所签协议的后半部分约定内容履行。张甲诉讼请求中亦未完全按该约定赔偿标准主张权利，仅主张5万元赔偿金，其该项请求远低于协议约定的150万元及仇甲书面承诺的200万元的赔偿标准，考虑到仇甲的实际给付能力，应予支持。

二审法院对于一审法院对“忠诚协议”效力的认定予以认同。

5. 为维持家庭关系所签订的“忠诚协议”不生效

案例1－12 王某、赵某1离婚纠纷案

一审法院：山东省烟台市芝罘区人民法院（2016）鲁0602民初5423号

二审法院：山东省烟台市中级人民法院（2017）鲁06民终1233号

案例主旨：一方出具“忠诚协议”的真实目的是维护家庭和睦，为了稳定婚姻关系，而不是为了对财产进行约定，其有关财产的承诺不是真实意思表示，故不产生法律效力。

原、被告双方于2015年签订协议书一份，内容为：“我赵某1婚后一切财产都无条件给予我的妻子王某，不管以后为什么事情离婚，我赵某1都净身出户，财产自动转为我妻子王某名下，以此协议证明。”

一审法院认为，在双方争吵不休的情况下，被告出具承诺书的真实目的是维护家庭和睦，为了稳定婚姻关系，而不是为了对财产进行约定，其有关财产的承诺不是真实意思表示，故不产生法律效力。

二审法院认为，本案诉争协议书是在王某与赵某1发生争吵后出具，并不是双方为协议离婚而就财产达成的约定，之后双方仍继续共同生活，故赵某1关于签署该协议的真实目的是维护家庭和睦、稳定婚姻关系的主张，符合实际，

应予采信。且该协议是附条件的民事法律行为，现赵某1不同意按该协议履行，该协议不能当然作为人民法院处理离婚案件的直接根据。王某主张应按诉争协议处理夫妻财产，理由不成立。

6. “出轨”即净身出户的约定不生效

案例1-13 尹某与王某甲离婚纠纷案

一审法院：安徽省淮北市相山区人民法院（2016）皖0603民初1265号

案例主旨：夫妻一方以道德义务作为对价与另一方进行交换而订立的“忠诚协议”，不能理解为确定具体民事权利义务的协议，故协议无效。

尹某请求将共同财产中的四套房屋及车辆全部归其所有，理由是其与王某甲在2014年8月16日签订一份协议书，该协议约定如王某甲做出对家庭造成伤害、被尹某发现有出轨的现象（不管是肉体还是心里有），都必须净身出户，包括所有的房产、汽车和存款都是另一方的。

法院认为，我国法律规定夫妻应当互相忠实、互相尊重，从立法本意上讲，是一种道德义务，而不是法律义务，夫妻一方以此道德义务作为对价与另一方进行交换而订立的协议，不能理解为确定具体民事权利义务的协议，故该协议无效。

（二）法院认定“忠诚协议”有效

在各地的司法审判实践中，也存在认定“忠诚协议”有效的案例。此类案件中，法院认为“忠诚协议”未违反禁止性规定，因而有效。

1. “忠诚协议”系双方真实意思表示而有效

案例1-14 刘某、杨某离婚后财产纠纷案

一审法院：四川省成都市金牛区人民法院（2018）川0106民初8237号

二审法院：四川省成都市中级人民法院（2019）川01民终1078号

案例主旨：“忠诚协议”系双方当事人真实意思表示，不违反法律、行政法规的禁止性规定，亦无证据证明存在受胁迫、受欺诈、显示公平等情形，合法有效。

二审法院认为，刘某、杨某均为具备完全民事行为能力的成年人，签订的

《婚内忠诚协议》系双方当事人真实意思表示，不违反法律、行政法规的禁止性规定，亦无证据证明存在受胁迫、受欺诈、显示公平等情形，合法有效，一审法院予以确认。根据生效法律文书确认的事实，杨某在婚姻关系存续期间违反上述协议约定，故应按上述协议约定承担“全部婚前财产及男女双方的夫妻共同财产将自愿赠与无过错方，归无过错方所有”的后果。

案例 1－15 谢某某与张某某离婚纠纷案

一审法院：辽宁省沈阳市和平区人民法院（2016）辽 0102 民初 2585 号

二审法院：辽宁省沈阳市中级人民法院（2016）辽 01 民终 7141 号

案例主旨：“忠诚协议”系真实意思表示，同时亦不违反法律法规的强制性规定，应认定其合法有效。

一审法院认为，双方于婚姻关系存续期间签订“忠诚协议”一份，其中明确“在婚姻内，如一方出轨”，将“自愿放弃所有夫妻共同财产”。该协议系夫妻间就双方婚姻关系存续期间互相负有忠诚义务的书面约定，体现真实意思表示，同时亦不违反法律法规的强制性规定，应认定其合法有效。后上诉人未对双方于婚姻关系存续期间签订“协议”的效力问题提出上诉主张，二审法院最终维持原判。

2. 签署“忠诚协议”属于合法民事法律行为

案例 1－16 陈某某、杨某某离婚纠纷案

一审法院：广东省中山市第二人民法院（2012）中二法民一初字第 1112 号

二审法院：广东省中山市中级人民法院（2013）中中法民一终字第 71 号

再审法院：广东省中山市中级人民法院（2016）粤 20 民再 15 号

案例主旨：夫妻忠诚协议内容不违反法律强制性规定，也不违反社会公序良俗，并且约定的责任承担方式具有可操作性，应当认定为有效。

二审法院认为，杨某某与陈某某签订的协议实为夫妻忠诚协议，本质上是一种民事法律行为，杨某某与陈某某均具备完全民事行为能力，签订夫妻忠诚协议为双方真实意思表示，不存在欺诈、胁迫等情形，且夫妻忠诚协议内容不违反法律强制性规定，也不违反社会公序良俗，并且约定的责任承担方式具有可操作性，因此杨某某与陈某某于 2006 年 3 月 2 日签订的协议应当有效。陈某

某上诉认为我国法律规定的忠实义务，是一种道德义务，而不是法律义务，然而，即使法律规定的夫妻忠实义务并非权利义务规范，而是一种倡导性规范，也不妨碍夫妻双方为赋予忠实义务以法律强制力而自愿以民事协议的形式将此道德义务转化为法律义务，只要此种协议不违背法律、行政法规的禁止性规定，不违背公序良俗，法律就应当承认其效力。

再审法院也认为，陈某某和杨某某于2006年3月2日签订的协议是双方真实意思表示，不违反法律的强制性规定，亦不违反社会公序良俗，因此协议对双方具有约束力。

3. “忠诚协议”依据有关合同法律关系的规定而有效

案例1－17 陈某与高某离婚纠纷案

一审法院：河北省泊头市人民法院（2013）泊民初字第585号

二审法院：河北省沧州市中级人民法院（2015）沧民终字第268号

案例主旨：如果“忠诚协议”符合一般合同的生效要件，且是当事人的合意，法律应认可其效力。

一审法院认为，原、被告签订的《夫妻忠诚协议》是原、被告真实意思表示。夫妻间应予相互忠实。原告所举被告与他人的聊天记录内容能证明被告违背忠诚协议的约定，被告的行为应受道德范畴及相关法律约束。

二审法院认为，双方所签《夫妻忠诚协议》的法律效力问题，目前学界存在争议，司法实践中对于此种协议的认定亦无统一标准。忠诚协议是当事人的合意，法律应认可其效力。忠诚协议的缔结实际上正是当事人就私生活订立合同的体现。换言之，只要忠诚协议是双方在平等自愿未受任何胁迫的前提下做出的真实意思表示，且内容没有违反法律的禁止性规定，也不损害他人和社会公共利益，符合一般合同的全部生效要件，就应当受到法律的保护。再者，忠诚义务规定的道德内容属于法律的调整范围，认定忠诚协议有效符合立法精神，有利于维护平等和睦文明的婚姻家庭关系。

4. “忠诚协议”有效但应酌情调整赔偿数额

案例1－18 胡某甲与叶某离婚纠纷案

一审法院：浙江省磐安县人民法院（2014）金磐民初字第131号

二审法院：浙江省金华市中级人民法院（2014）浙金民终字第723号

案例主旨：双方订立“忠诚协议”并约定，一方违反忠实义务的，应向另一方支付精神损害赔偿，系双方对忠实义务的量化，没有违反法律的禁止性、效力性规定。

2009年8月12日，夫妻双方签订《约定》一份，约定：“……一、双方必须以家为重，忠诚于家；二、如一方有违约行为，过错方必须赔偿无过错方人民币伍拾万元整；三、做人要诚实守信，不得违背诺言。”2009年9月5日，原、被告双方再次签订《协议书》一份，约定：“双方如有证据证明对方有不忠于夫妻感情的事情（包括但不限于婚外情、嫖赌、重婚、与他们同居），而且由过错方先提出离婚的，必须承担以下责任：一、过错方必须净身出户，且承担家庭的所有债权债务。二、过错方应支付无过错方精神损害赔偿金人民币50万元（大写：伍拾万元整）……”

一审法院认为，夫妻一方存在婚外情，违反夫妻忠实义务，情节达到“重婚”和“与他人同居”等严重程度，导致离婚的，无过错方有损害赔偿请求权。本案原告先后与曹某某、陈某某关系暧昧，且与陈某某开房同居，但未达到“重婚”或“与他人同居”等情节严重的情形，该情形下，被告可否要求损害赔偿，法律未明文禁止。原、被告双方经过协商约定，一方违反忠实义务的，应向另一方支付精神损害赔偿，系双方对忠实义务的量化，没有违反法律的禁止性、效力性规定。

二审法院认为，一方违反忠实义务的，应向另一方支付精神损害赔偿，该约定并未违反法律的禁止性、效力性规定。原审法院根据民事侵权精神损害赔偿数额的确定原则，结合双方约定及当地社会经济水平，酌情确定精神损害赔偿的数额并无不当。

(三) 法院认定系夫妻财产约定

案例1-19 康某某与姚甲离婚纠纷案

一审法院： 上海市闵行区人民法院（2015）闵民一（民）初字第5079号

案例主旨： 双方订立的协议中虽然有关于“忠诚义务”的内容，但实际内容为夫妻对财产的约定，应当认定为双方关于婚内夫妻财产的分割意见并确认有效。

2014年2月2日，原告作为乙方，被告作为甲方，签订《婚内财产约定协议书》，载明：“甲乙双方于……办理婚姻登记，现双方为合法夫妻……五、对于离婚的约定：1. 如果男方今后有过错（包括但不限于婚外情、婚外性、与他人同居、重婚、家庭暴力、吸毒、严重赌博等越轨或违法行为）造成夫妻感情破裂而离婚的（包括协议离婚、男方或女方向法院提起离婚），夫妻财产按以下约定处理：(1) 男方自愿放弃家庭全部财产，净身出户。(2) 现在的3套房产归女方所有，如果在离婚之时，房贷仍未付清，则由女方付清。现在的车辆归男方所有，如果在离婚之时，车贷仍未付清，则由男方付清。(3) 夫妻共同财产全部归女方所有（包括以后再购置的房产以及其它价值在10,000元以上的大件物品）。(4) 男方应向女方赔偿精神损失30万元，在办理离婚相关手续时直接以现金支付给女方。2. 如果女方今后有过错按正常离婚进行分配。六、签订本协议的目的是男女双方和睦相处，互敬互爱，衷心希望双方能白头偕老……”

法院认为，夫妻约定财产是我国法律确定的一项夫妻财产制度，只要是夫妻双方自愿真实的意思表示，未违反法律禁止性规定，未损害国家、集体或第三者的合法权益，其夫妻约定财产归属的协议，应属合法有效，受法律保护。

首先，原、被告以书面的方式确定婚姻存续期间的财产归属，且明确系为“和睦相处，白头到老”，原、被告在庭审中亦明确签订协议系为和好，故该原、被告签订的上述《婚内财产协议书》及《补充协议》系不以离婚为目的的夫妻财产约定，而非离婚协议，其形式亦符合法律规定。

其次，被告与原告签订上述两份关于夫妻共同财产归属的协议，被告作为完全民事行为能力人应当对签署协议所产生的后果有所预计，其在协议上签字的意思表示应当视为其对协议的内容已进行过考虑并同意协议的内容。

最后，关于该协议是否显失公平。判断协议是否显失公平，不能仅看表面利益是否严重失衡，还要看协议双方当事人在签订协议时，一方是否利用其优势地位或对方没有经验。本案中原、被告系夫妻关系，故不存在此情形。且根据协议内容可看出该协议是双方经友好协商达成协议，慎重的考虑，非轻率所形成。且夫妻财产约定有一定的人身属性，夫妻双方在对婚姻存续期间所得的财产进行约定时，通常还考虑多方面内容，故不能因表面的利益有些不平衡，就认定该协议显失公平。

综上，原、被告双方签订的《婚内财产协议》及《补充协议》的方式、时间及财产范围符合法律规定，且系原、被告双方的真实意思表示，亦未存在任何一项民事行为无效的情形，故法院应认定原、被告签订的《婚内财产协议》及《补充协议》为合法有效，约定财产制优先于法定财产制，故原、被告关于婚姻存续期间财产的分割应当遵循上述协议。

第四节 夫妻财产约定

一、以夫妻财产约定赠与房产的效力

（一）赠与人拥有法定的任意撤销权

根据《〈民法典〉婚姻家庭编解释（一）》第三十二条的规定：“婚前或者婚姻关系存续期间，当事人约定将一方所有的房产赠与另一方或者共有，赠与方在赠与房产变更登记之前撤销赠与，另一方请求判令继续履行的，人民法院可以按照民法典第六百五十八条的规定处理。”夫妻一方将婚前财产或婚内财产约定归另一方所有，是一种赠与行为，符合《民法典》合同编关于赠与的规定，《民法典》合同编中关于赠与的规定并没有把夫妻身份排除在外，对于不动产的赠与未经公证或者未履行物权变动手续的，赠与人可以行使任意撤销权，这与《〈民法典〉婚姻家庭编解释（一）》的规定并不矛盾。因此，夫妻一方将个人房产约定为共同共有或按份共有，赠与人在为变更登记之前可以行使任意撤销权。

对夫妻之间赠与城市房产而言，其应按照《城市房地产管理法》第六十一条第三款的规定，向有关房产管理部门办理房产变更登记手续。在赠与房产转让过程中，存在着未办理过户登记即已交付的情况，对此，不能认定房产所有权已经转移，赠与人仍可以撤销赠与。办理房产过户登记后，房产所有权才合法转移给受赠人，同时赠与人的任意撤销权也归于消灭。①

当然，上述观点在司法实践中也存有争议，亦存在不同司法观点的判例。对于夫妻之间赠与房产的夫妻财产协议纠纷案件，法院无论优先适用哪一个部门法，都应当基于对该夫妻财产协议的内容、签订背景和原因、夫妻双方的家庭角色、夫妻对争议财产和家庭的贡献、是否存在过错等多种情节，综合判断该夫妻财产协议是否具有身份性或道德性，是否属于特殊的财产关系，再进一步确定具体的法律适用问题。

（二）法院关于夫妻赠与房产的典型案例分析

1. 夫妻间赠与婚前房产未交付或公证则有权撤销

案例 1－20 侯某梅与冯某强夫妻财产约定纠纷案

一审法院：河南省郑州市中原区人民法院（2011）中民一初字第 1693 号

二审法院：河南省郑州市中级人民法院（2011）郑民二终字第 1222 号

案例主旨：夫妻间的房产赠与如果未办理变更登记或公证，则赠与人有权撤销。

侯某梅、冯某强于 2009 年 2 月 10 日登记结婚。2010 年 5 月 15 日，冯某强书写便签条一份，载明："我冯某强现自愿将婚前婚后的全部财产给妻子侯某梅，郑州买的房子房产证户主改为妻子的名字。"当天，冯某强另书写便签条一份。载明："我冯某强现自愿将婚前婚后全部财产给予妻子侯某梅所有，房产证下来后户主改为妻子的名字。"侯某梅另提交一份侯某梅、冯某强签名但是没有签署日期的夫妻协议，约定："1. 冯某强要做到当爸爸、丈夫的责任和义务，无论什么时候都是，不能故意失踪，借口工作说谎；2. 从今以后为妻子儿子尽心尽力，尽职尽责，不能再说半句谎；3. 工资当天发当天就交给妻子；4. 丈

---

① 参见最高人民法院民事审判第一庭编著：《最高人民法院婚姻法司法解释（三）理解与适用》，人民法院出版社 2015 年版，第 110—112 页。

夫冯某强的一切财产都归妻子、儿子所有，冯某强分文不要；5. 我冯某强愿意把一切财产给妻子。”

一审法院认为，冯某强书面承诺将房子过户至侯某梅名下，过户的结果必然会导致房子所有权的转移，故其实质是冯某强承诺将房子赠与侯某梅。法律规定，赠与人在赠与财产的权利转移之前可以撤销赠与，房子没有过户至侯某梅名下之前，房子所有权没有转移，故冯某强有权撤销赠与。一审法院据此驳回原告侯某梅的诉讼请求。

二审法院认为，侯某梅、冯某强系夫妻关系。在二人婚姻关系存续期间，冯某强出具便条二张、夫妻协议一份，载明的主要内容为“冯某强愿意将自己的房产等财产全部给侯某梅所有”。冯某强承诺将自己所有的财产无偿给予侯某梅，侯某梅愿意接受的行为系赠与性质。赠与人在赠与财产的权利转移之前可以撤销赠与。侯某梅依据冯某强的承诺，提起诉讼，要求冯某强将涉案房产所有权过户至自己名下。冯某强以出具的便条、夫妻协议的内容不是真实意思表示为由，拒绝将自己的房产过户至侯某梅名下。冯某强明确表示不同意办理房产所有权转移手续的行为应认定为撤销赠与行为，故维持原审法院的判决。

2. 夫妻间的房产赠与应当认定为夫妻财产约定

案例 1－21 马某与张某甲离婚纠纷案

一审法院：山东省青岛市城阳区人民法院（2014）城民初字第4103号

二审法院：山东省青岛市中级人民法院（2015）青民五终字第1307号

案例主旨：夫妻间的房产赠与应当认定为夫妻财产约定。

原告马某与被告张某甲于2012年12月21日签订协议书一份，载明：“位于瑞麟公馆×号楼×单元×室的房屋产权由张某甲和马某共同共有。”

一审法院认为，因涉案房屋系被告婚前购买，且登记在被告名下，应视为被告婚前个人财产，对于双方签订的协议书，应视为双方签订房屋赠与合同。本案中，原、被告在签订协议书后，并没有到相关部门办理房地产权利转移登记手续，被告依法享有撤销赠与的权利，故对原告要求享有涉案房屋50%份额的主张，法院不予支持，因此，该房屋应归被告所有。

青岛市中级人民法院在二审中对一审判决进行改判。二审法院认为协议书应为双方的真实意思表示，被上诉人对自己签字的行为应承担相应的民事责任。本案中双方在婚姻关系存续期间对房产作出约定，按照约定该房产应为双方的共同共有财产。

3. 夫妻书面约定房产属于共有的协议有效

案例 1-22 马某1与张某离婚纠纷案

一审法院：北京市通州区人民法院（2013）通民初字第9554号

二审法院：北京市第三中级人民（2014）三中民终字第5398号

案例主旨：夫妻约定房产属于夫妻共同财产且约定不存在欺诈、胁迫等情形的，应当按照夫妻共同财产分割。

2011年9月29日，双方签订协议一份，载明："……8. 现丈夫马某1名下北京市通州区××小区402房屋，需在2011年10月15日之前将房产的所有权加上妻子张某，房屋属夫妻双方共同财产……"

一审法院认为，夫妻可以约定婚姻关系存续期间所得的财产以及婚前财产归各自所有、共同所有或部分各自所有、部分共同所有，夫妻对婚姻关系存续期间所得的财产以及婚前财产的约定，对双方具有约束力。对于402号房屋，张某与马某1签署协议约定该房屋属于夫妻共同财产，且马某1未提供证据证明其签署该份协议存在欺诈、胁迫等情形，故应当按照夫妻共同财产进行分割。

二审法院认为，关于402号房屋，马某1主张其与张某签订协议，将个人单独所有的房屋的一半产权赠与张某，但因未办理过户，故其行使赠与人的撤销权，该房屋仍应属其个人所有，张某仅能分得共同还贷部分相应的增值利益。夫妻可以约定婚姻关系存续期间所得的财产以及婚前财产归各自所有、共同所有或部分各自所有、部分共同所有，约定应采用书面形式。现马某1与张某采用书面形式对该房屋的产权状况进行约定，该约定不违反法律法规的强制规定，应予认可。马某1虽主张其系受迫于张某而签订协议，但未提交证据证明其存在欺诈、胁迫等情形。原审法院在确认402号房屋为夫妻共同财产的基础上，结合该房屋的市场价值、还贷数额和房屋使用情况，判决该房屋归马某1所有，马某1支付张某相应折价款并无不当，应予维持。

二、“土豆条款”的法律效力

（一）格式化“土豆条款”效力的不确定性

私募股权投资中的“土豆条款”往往以配偶同意函的形式存在。2011 年“土豆网”创始人的离婚案被认为是“国内资本市场离婚第一案”。公司创始人的离婚影响一家优秀创业公司的上市，这一点在这一案件之前是不可想象的。因该离婚案所诞生的“土豆条款”，充分说明婚姻关系的稳定性对于 IPO 企业股权结构清晰、不存在潜在争议的要求。在高离婚率的当下，一些私募律师安排投资创业者与配偶签署配偶同意函的环节。这个想法的出发点是为了保障投资人的利益，但能否实现其目的尚存争议。

以某私募项目中的配偶同意函为例，在核心条款中，某私募律师设计的条款为：“本人为 A 先生的配偶，本人确认对 A 先生持股的 X 公司不享有任何权益（A 先生为 X 公司的创始股东），且保证不就公司的股权提出任何主张。本人进一步认可，A 先生履行股权投资相关文件的签署及修订、终止并不需要本人另行授权或同意。作为 A 先生的配偶，本人承诺将无任何条件配合相关必要文件的签署……”

该核心条款貌似对婚变影响股权结构进行安排，但实质问题不少，主要有以下几点：

1. 该条款并没有明确该公司股权及相关权益、收益形成过程，以及出资、收益性质。一旦配偶双方产生争议，是否能将该条内容认定为夫妻财产约定，进而确认该公司股权及相关的权益、收益归 A 先生个人所有，存在法律认定的风险。

2. 若配偶能举证证明，A 先生持股的股权，从出资及收益的形成时间、性质应属夫妻共同财产的结论，则可以推导出其“确认不享有 X 公司的任何权益”的表述属于自己认识错误，该种“自认”完全存在被证据推翻的可能性。

3. 虽然配偶保证及承诺不提出任何主张，但是该承诺无法限制配偶的诉权，配偶如果在提起诉讼的时候同时申请查封目标公司（在“VIE”结构下可能是 ICP 持证公司）股权，则 X 公司在国内 A 股或者海外证券交易所的上市申请有很高概率是难以通过审核的。

4. 该格式条款中关于“配偶配合签署相关文件”的内容从法律上来说不具有强制执行力，一旦配偶拒绝配合，无法强制其签署文件或配合行动。

（二）“土豆条款”的核心内容与实质认定

1. “土豆条款”并非为保护持股配偶一方而生

在没有夫妻财产约定（或没有婚前协议安排）的情况下，创始人“婚变”必然影响公司的资本运作，股东对家庭和睦关系的疏忽或大意导致的代价不可避免。“土豆条款”从目的上来说，其实不是为了保护配偶一方（一般为男方持股）而诞生，而是为了预防由于创始人股东婚变给投资人、其他股东、公司造成经营风险之外的附加风险。

因此，“土豆条款”本质是为了保护配偶双方之外的相关利益人，尤其是投资人的权益，而不是直接为了保护创业者持股配偶一方。如果非持股一方（一般为女方）认为“土豆条款”是投资人与公司“合谋”损害自己的利益，这样的认识是不客观和片面的。当然，作为持股一方的配偶往往因单方起草的“土豆条款”而获益，这可以说是在解决和平衡争议中的利益让渡。实际上该条款的设计目的是避免“后院失火，殃及池鱼”，而并非保护夫妻中的任何一方。

2. “土豆条款”与“夫妻 AA 制”的本质区别

“土豆条款”侧重的是商业领域中对于企业资本运作利益各方的保护，特别是对投资人的保护；而夫妻财产约定中常见的“AA 制”，则是配偶双方对于在婚姻关系存续期间的财产性质、归属的明确约定。两者之间，虽然可能有包容与被包容关系，但侧重和目的性都不一样。

（三）各阶段公司签署“土豆条款”的要点

1. 初创“种子期”的公司

配偶一方在婚姻关系存续期间创业设立公司，即使没有签订过婚前协议或婚内夫妻财产约定的，也完全可以单独就投资公司之初，以单项财产约定的形式，完成“土豆条款”的设置。而且越是初创期的公司，非持股另一方的认可度与配合度往往越高，就越能够达成共识。对于私募机构来说，不仅仅有必要对创业公司的高级管理人员和股东进行尽职调查与培训，而且对于创始股东的婚姻、身体状况、家庭状况进行尽职调查及相关教育、培训也是应该予以重视与考虑的。

2. 快速成长期的公司

已经进行A轮或B轮融资的公司，如果公司健康成长且具有进一步融资的可能性，则在下一轮融资之前，应对公司主要股东或高级管理人员的婚姻继承因素进行评估，并建议出具《融资家事因素风险报告》，此时的“亡羊补牢”为时并不晚。而在这个阶段所签署的“土豆条款”的核心内容，是对于配偶一方名下目标公司股权的性质进行约定。例如，一方名下的公司股权是属于个人财产，还是共同财产，这实质上是“夫妻财产约定”的范畴。应当特别提醒的是，即使配偶一方持有的股权在缔结婚姻关系前就已经取得，也不要认为就不需要做“土豆条款”的安排。我国《〈民法典〉婚姻家庭编解释（一）》第二十六条规定：“夫妻一方个人财产在婚后产生的收益，除孳息和自然增值外，应认定为夫妻共同财产。”也就是说，虽然一方名下的股权为婚前取得，即公司“出资”源于婚前，或虽为婚后取得但出资源于婚前财产，但只要该股权的收益源自婚后，则股权演变为“出资+收益”的混合体，即一方出资变成“个人财产+共同财产”的混合体。

更要强调的是，私募中的“股权估值”与夫妻财产分割的股权价值认定不是一个概念。“股权估值”在很多情况下，不是依照财政部《企业会计准则》中的财务方法审计和评估而来，而是结合更多复杂的因素，包括投资人与被投企业的谈判因素。夫妻财产分割中的股权“价值”应该有相对明晰的客观标准，但私募股权融资中对目标企业的估值往往含有“主观”因素，并且一般股权估值要远远大于会计准则对股权的评估认定。

3. 成熟期的创业公司

在这个时期，公司往往已经完成上市公司股权分置改革，即由有限责任公司变更为股份有限公司，或“红筹”境外上市的公司股权架构搭建业已完毕，甚至企业已经在首次公开募股（Initial Public Offering，IPO）排队进入“窗口”期。若此时再补签“土豆条款”将会非常敏感，非持股配偶一方的心理期望与谈判筹码已经随着过会、上市的可能以及公司市盈率的翻倍而提升。一旦夫妻感情进入“危险区”，非持股配偶一方的一纸诉状或一张查封申请，甚至一封律师函，均可能将企业IPO的进程拖入泥潭。

对于投资人而言，不能将自己的可期待收益寄希望于创业者之间的夫妻感情；对于持股配偶一方来说，较为理智的做法是客观分析夫妻感情走向，多放精力在配偶及家庭上面，观察和分析婚姻家庭关系变化对企业 IPO“致命”阻却的可能性。如果这种可能性存在，需要持股配偶有“让渡”的心态，不能抱着“企业是我打拼出来、另一方没啥贡献”的心态谈判与解决问题。可以通过“原始出资均等分割、后期收益有条件兑现”等“一揽子”协议方式确定夫妻财产分配的比例和条件等，同时再结合信托、保险等综合财产管理工具，解决配偶之间对于股权的处理。

需要特别指出的是，实践中“配偶内部约定股权代持”的做法可能也会存在风险，即配偶双方在婚内约定，持股配偶一方名下的股权在婚内做出财产分割，即作了“婚内财产约定”，但同时保持原持股一方继续持有，不做工商变更手续，也不对外披露，甚至券商、发行人律师都不知晓。这种处理方式与原始股东、IPO 公司应承诺股权不存在“代持”、股权结构清晰是否存在一定的冲突，且是否属于证券交易所证券上市规则禁止及过会的障碍还无法确认。毕竟如果持股一方名下的公司股权确实属于夫妻共同财产，而双方通过夫妻财产约定在内部将财产的份额约定清楚，即使没有办理股权变更登记，也不一定就当然被认定为存在所谓“代持”问题。

IPO 企业因婚姻、继承等原因导致上市受挫已逐渐成为法律界研究的重点领域。在资本市场上，私募股权投资中投资人与创业者夫妻关系利益的博弈必将持续存在。客观上说，“土豆条款”不仅是需要持股人与配偶夫妻双方的协议安排，公司章程的规定、私募股权投资流程的规则等也应予一并考虑。公司经营的风险与股东婚变、继承的风险，本质上来说，都是社会风险的体现，应进行统一的规制与筹划。私募基金的“亡羊补牢”与“未雨绸缪”相比更为重要。

“土豆条款”在本质上不是某一“条款”，而是一系列的夫妻财产筹划与安排。“土豆条款”不是简单地确认是否系共同财产，而是在正确认识财产性质前提下的共同约定。“土豆条款”与“夫妻财产约定”有异曲同工之妙，但又侧重不同。世面上流行的私募股权投资安排中的“土豆条款”存在严重的潜在风险，投资人和创业者必须予以高度重视。

三、配偶同意函在借贷关系中的效力

在日常生活和经济往来中，因举债、借款常见的配偶同意函可以分为连带型配偶同意函与放弃型配偶同意函。而在大多数人的印象中，一般只有在借贷的时候会要求夫妻一方签订配偶同意函，但是在票据纠纷中，配偶之间也被要求签订配偶同意函。①

案例 1－23 某某银行（中国）有限公司厦门分行与蔡某设等票据纠纷案

一审法院：福建省厦门市思明区人民法院（2015）思民初字第9155号

案例主旨：一方签署的配偶同意函中明确承诺以夫妻共同财产承担连带清偿责任，应当对债务承担连带清偿责任。

2014年12月23日，被告蔡某设、蔡某林与原告某某银行（中国）有限公司厦门分行签订《个人持续性保函（有限保证）》，同意为被告ZY公司履行其商业承兑汇票项下的全部义务提供连带责任保证。被告王某琴、周某萍分别作为被告蔡某设、蔡某林的配偶，向原告出具配偶同意函，同意以其与担保人的共有财产承担保函项下的义务。

法院认为，被告王某琴、周某萍在向原告出具的配偶同意函中，明确承诺以夫妻共同财产承担连带清偿责任，故被告王某琴、周某萍分别应对上述ZY公司的债务以其夫妻共同财产为限承担连带清偿责任。

因此，不仅要在借贷活动（如将房产抵押给银行、将股权质押给信托公司等）和股权融资活动中注意签订配偶同意函，在公司的日常经营活动中，如果涉及大额的票据，也可能会涉及签订配偶同意函，因而也会对家庭的财富安全带来潜在影响。

在大多数人的固有印象当中，往往是向银行借钱的时候，银行会要求配偶签订配偶同意函，要求配偶作为共同借款人或者保证人承担连带责任。但是随着经济的发展，经济交易业务日益复杂，配偶同意函出现的情况日益增多，如配偶一方向银行或信托公司借贷、票据流转、股权融资、信托安排等。

借贷活动中签订配偶同意函已经为公众所知，而日常经营中为保证票据顺利承兑要求配偶签订配偶同意函却往往容易被忽视。

另外，在设立家族信托的过程中，由于要转移财产的所有权，因此，信托

---

① 此部分内容引用了上海市君悦律师事务所刘琪律师《从私人财富筹划角度解读〈配偶同意函〉》一文中的部分观点，载新浪博客，blog. gina. com. /s/blog－600/317640102y3jb. html，在此表示感谢！

公司会要求信托设立人的配偶签订配偶同意函，其中所涉及的条款可能不仅限于财产的放弃，而且还会涉及一些信托的权利安排。

四、夫妻财产约定的效力

（一）夫妻财产约定的法律效力

最高人民法院吴晓芳法官在《婚姻家庭纠纷审理热点、难点问答（二）》一文中指出①："夫妻财产约定的法律效力可以分为对内效力和对外效力。对内而言，夫妻财产约定一旦生效，婚姻当事人双方均受此约定约束，夫妻双方都必须依照约定行使权利、履行义务，不得随意变更和撤销。确实需要变更撤销的，须由夫妻双方协商一致后，同样以书面的形式予以确定。如果原来的约定经过公证机构进行公证也需要经过公证机构公证才能变更和撤销。对外而言……'夫妻对婚姻关系存续期间所得的财产约定归各自所有的，夫或妻一方对外所负的债务，第三人知道该约定的，以夫或妻一方所有的财产清偿'。因此，在夫妻财产约定中，凡第三人事先知道该约定的，具有对抗第三人的效力。如果第三人不知晓的，婚姻当事人的约定不得对抗第三人，即夫妻任何一方不得以债务非自己所欠、夫妻有约定而不承担该债务。至于第三人是否知道夫妻之间的财产约定，夫妻一方对此负有举证责任。"

最高人民法院还指出②，在婚姻登记机关办理离婚登记手续的男女双方，离婚协议中关于财产分割的条款或者当事人就财产分割达成的协议，司法解释只规定"对双方当事人有约束力"，而没有写成"具有法律效力"。司法解释强调的是在协议合法有效的情况下，对双方当事人具有约束力。

实践中，因对夫妻财产约定不了解，导致约定轻率、约定不明确、意思表示不真实、签署后反悔从而引发纠纷的情况较为常见。2020 年 2 月 27 日，北京市第三中级人民法院召开线上新闻通报会，对涉夫妻财产约定纠纷典型案例进行通报。③ 北京市第三中级人民法院副院长薛法官在会议上表示，实践中夫妻财

---

① 吴晓芳：《婚姻家庭纠纷审理热点、难点问答（二）》，载《民事法律文件解读》2012 年第 5 期。

② 参见最高人民法院民事审判第一庭编著：《最高人民法院婚姻法司法解释（二）的理解与适用》，人民法院出版社 2004 年版。

③ 《北京三中院召开涉夫妻财产约定纠纷通报会 约定分别财产制，离婚时应对家庭主妇予以补偿》，载国务院妇女儿童工作委员会网，http：//www. nwccw. gov. cn/2020 - 03/04/content _ 280686. htm。

产约定的表现形式多种多样，可以从以下角度进行划分：

一是时间角度，包括婚前财产约定和婚内财产约定。

二是形式角度，包括一般书面形式约定、公证约定、人民调解协议约定等。实践中常见的“忠诚协议”，虽然目的是保证夫妻双方在婚姻关系存续期间不违反忠实义务，但在责任形式上往往课以违约金、赔偿金或者财产倾斜分配、“净身出户”等内容，这些与财产处置相关的约定在实质上也属于夫妻财产约定。

三是权属角度，法律规定夫妻双方可以将财产约定为各自所有、共同所有或者部分各自所有、部分共同所有。因部分各自所有、部分共同所有的财产安排更为灵活，实践中此种方式也比较常见。例如，夫妻双方约定婚姻关系存续期间取得的房产、汽车等大额财产为共同共有，其他财产为各自所有。

四是内容角度，包括对财产权属进行原则性、笼统约定。如约定实行分别财产制，双方婚后各自所取得的财产均归各自所有；对特定财产权属进行约定，如就房产、汽车等特定财产的权属单独约定。

五是范围角度，包括对婚前财产进行约定、对婚后财产进行约定、对未来取得的财产进行约定等。只要属于夫妻双方具有处分权的财产，均可就其权属进行约定。

人民法院受理案件中涉及夫妻财产约定的情形日益增多，主要包括：一是离婚纠纷、离婚后财产纠纷中涉及夫妻财产约定的。该种情形占据相关纠纷的主流。二是夫妻双方之间的合同纠纷涉及财产约定的。该种情形往往是离婚纠纷或者离婚后财产纠纷的伴生诉讼。此外，亦存在婚姻关系存续期间夫妻一方不起诉离婚而单独提起夫妻财产约定的履行、变更、撤销、确认无效等诉讼，如一方起诉要求另一方就特定财产办理加名或者更名手续。三是夫妻一方或双方与第三人之间的债务纠纷涉及夫妻财产约定的。四是析产、继承纠纷中涉及夫妻财产约定的。

薛法官还指出：“虽然涉及夫妻财产约定的纠纷类型多样，但在具体案件的裁判中，核心都是对于夫妻财产约定效力的判断。”一是判断夫妻财产约定是否有效；二是判断夫妻财产约定是否生效；三是判断夫妻财产约定是否可以撤销与变更；四是判断夫妻财产约定的效力范围。

关于涉及夫妻财产约定案件的司法裁判思路，北京市第三中级人民法院民四庭庭长宋毅从五个方面进行介绍：

第一，夫妻财产约定兼具身份与财产属性，在效力判断上应兼顾善良风俗与意思自治。夫妻双方达成明确的财产约定，且系双方真实意思表示的情况下，原则上应当予以尊重，发生纠纷后可以适用该约定作出裁判。但如果夫妻财产约定存在欺诈、胁迫情形的，将对约定效力产生影响，原则上允许当事人主张撤销。相较于一般契约，夫妻财产约定受到的道德约束更大，对其是否违背公序良俗的考察更为严格。例如，公民享有婚恋自由的权利，如果夫妻双方在离婚财产约定中附加“一方不得与特定对象恋爱”的条件，则该约定限制一方的婚恋自由，可能会被认定为无效。

第二，注重对夫妻财产约定所附条件进行审查，并据此确定夫妻财产约定的效力。除了以协议离婚为生效条件的约定外，实践中较为常见的还包括以离婚为解除条件的夫妻财产约定。例如，为维护婚姻稳定，夫妻双方约定在婚姻关系存续期间一方的婚前财产归属于双方共同所有，在此情况下，如果双方离婚，则该约定应视为解除，不能作为确定离婚财产分割的依据。

第三，夫妻财产约定不能对抗第三人，亦不直接产生改变物权归属的法律效力。夫妻财产约定是否具有物权效力在实践中往往存在争议。夫妻财产约定对外和对内均不具有物权效力，物权的转移仍需依据法律的规定进行登记，第三人对物权登记公示公信力的信赖应受法律保护。但是，对于夫妻二人而言，夫妻财产约定具有法律的约束力，双方就产权归属产生的争议应当依据约定解决，受益方可以要求对方履行协议，进行权属变更登记。

第四，夫妻财产约定涉及股权等权利的，应当注重与相关商事法律的衔接与协调。因股权本身具有复合性，司法裁判应当考虑到公司法的相关规定。上市公司股票具有流通性，转让一般没有主体资格的限制，仅在特定情况下有限售期的约束。如夫妻双方对股票的权属有明确约定，且不存在限售期的情形，可以依据约定直接判决过户。有限责任公司则不同，其具有封闭性、人合性的特征，股权转让具有主体资格限制。如果夫妻财产约定涉及股权归属，则在裁判中应当注意保护公司其他股东的利益。

第五，夫妻财产约定导致双方利益显著失衡的，一方有权请求另一方予以补偿。二孩家庭日益增多，为更好地照顾家庭、抚育子女，部分女性选择担任全职家庭主妇。如果夫妻双方约定分别财产制，在离婚时，应当考虑家庭主妇的贡献，对其劳务付出予以补偿。

北京市第三中级人民法院民四庭副庭长李春香对夫妻财产约定行为作出如下风险提示：

首先，夫妻财产约定在效力判断上较为严格，最好采用书面形式。我国法律并不禁止电子方式成立合同，但实践中由于电子证据容易篡改、销毁等，在证明力上比起书证要相对弱一些。如夫妻双方确有财产约定的意思表示，应尽量形成纸质的书面协议文本。通过公证或者人民调解方式形成夫妻财产约定的，可以作为更优的选择。

其次，夫妻财产约定可以附条件，但相关条件不得违反法律规定，不得违背公序良俗，亦不得损害第三人的利益。夫妻财产约定建立在婚姻关系这一特定人身关系的基础上，其中亦往往涉及夫妻忠实义务、子女抚养等复杂因素，对夫妻财产约定不适用一般的契约公平判断规则，司法裁判中往往对善良风俗有更多考量。因此，夫妻财产约定虽然可以附条件，但相关条件不得违背公序良俗，如允许事实上的“多偶制”、对生活困难的夫妻一方不进行扶养、放弃对子女的探视等，此类条件可能会导致夫妻财产约定被认定为无效。

再次，签订协议时要注意区分财产制约定和特定财产约定。夫妻双方可以对婚姻关系存续期间的财产制度进行约定，也可以对特定财产的归属进行约定。即便双方约定分别财产制，仍然可以将特定财产约定为共有，在此情况下，对于该特定财产的约定最好单独进行。

最后，夫妻财产约定没有物权变动效力，最好及时进行权属登记，否则约定内容不能对抗第三人。实践中，夫妻双方约定共同财产归属于一方所有或者一方个人财产归属于双方共有的，如果未进行权属变更登记，一方擅自处分相关财产的，另一方不得以夫妻财产约定对抗善意第三人。

（二）通过夫妻财产约定可确认“财产 AA 制”

案例 1-24 黄某与叶某离婚纠纷案

一审法院：江苏省南京市秦淮区人民法院（2014）秦民初字第 2341 号

二审法院：江苏省南京市中级人民法院（2016）苏 01 民终 3862 号

案例主旨：夫妻财产约定系双方真实意思表示，不违反法律规定，应属有效。

某年 5 月，黄某与叶某签订协议一份，约定：“1. 婚前财产归各自所有（另列清单）；2. 婚后各自经济独立……”

2008 年 2 月 11 日，双方根据婚前共同约定，婚后各自经济独立的原则达成协议："1. 甲方婚后的投资、收益、债务均由自己承担，乙方没有权利和义务……"

双方对两份协议的真实性均予以认可，叶某主张双方约定婚后投资、经营、债务由各自承担，黄某不应享有权利和义务；但黄某辩称双方没有按照协议履行。

一审、二审法院均认为，本案中，某年5月黄某与叶某在婚前签订书面协议，明确约定双方婚前财产归各自所有，婚后各自经济独立。后双方于2008年2月11日又签订书面协议，约定叶某婚后的投资、收益、债务均由自己承担，黄某没有权利和义务，上述协议均系双方真实意思表示，不违反法律规定，应属有效，应认定双方就各自婚前及婚姻关系存续期间的财产已作出归各自所有的明确约定，上述约定对双方均具有法律约束力。黄某对上述协议的真实性并无异议，其虽主张上述协议均无效且未实际履行，但其提交的叶某代为领取黄某公积金等相关证明，并不足以证明双方在婚后经济完全混同，双方均未按照协议约定履行，故黄某主张双方之间不存在夫妻财产约定，婚后所取得的财产全部应按照夫妻共同财产进行分割处理的意见，缺乏依据，法院对此不予支持。

（三）未采用书面形式的夫妻财产约定无效

案例1-25 张某某与穆甲离婚后财产纠纷案

一审法院：上海市松江区人民法院（2013）松民一（民）初字第9353号

案例主旨：夫妻财产约定未采用书面形式的无效。

原、被告于1973年初登记结婚，于1982年协议离婚，于1985年1月10日登记复婚，于2013年11月11日经法院调解离婚。庭审中，原、被告确认一致双方复婚后经济上各自独立。复婚后，被告出资购买三间平房，故被告不同意该三间平房作为夫妻共同财产进行分割。

法院认为，我国法律明确规定夫妻财产约定应当采用书面形式。由于双方没有采用书面形式对婚姻关系存续期间所得的财产予以明确的约定，故法院依法认定，被告出资购买的三间平房，以及被告出资购买的其他财产，应为夫妻共同财产。

（四）可事先在夫妻财产约定中确定管辖权

案例 1-26 陶某、张某夫妻财产约定纠纷案

一审法院：广东省高级人民法院（2018）粤民初97号

二审法院：最高人民法院（2019）最高法民辖终231号

案例主旨：通过夫妻财产约定的方式确定管辖权的，只要是双方当事人的真实意思表示，且不违反民事诉讼法对级别管辖和专属管辖的规定，则可以适用该协议管辖的规定。

最高人民法院认为，陶某与张某在2018年5月16日签订的《补充协议》中约定，“因履行《夫妻婚内财产协议书》及本协议所产生的争议纠纷双方应友好协商解决，协商不成，交原告所在地人民法院裁决”。该约定系双方当事人的真实意思表示，且不违反民事诉讼法对级别管辖和专属管辖的规定，本案可以适用上述协议管辖的规定。因此，本案应由原告即张某一方住所地法院管辖。

（五）未完全披露财产的夫妻财产约定亦不可撤销

案例 1-27 张某与万某夫妻财产约定纠纷案

一审法院：重庆市九龙坡区人民法院（2019）渝0107民初167号

二审法院：重庆市第五中级人民法院（2019）渝05民终6815号

案例主旨：夫妻财产约定只是概括性描述，并未要求对协议签订前各自的财产状况和债务情况作详细描述和告知。一方不能以另一方未告知协议签订前的财产情况为由要求撤销夫妻财产约定。

一审法院认为，一方以欺诈手段使对方在违背真实意思的情况下订立的合同，受损害方有权请求人民法院撤销。本案中，张某在2014年11月9日以按揭贷款方式购买位于重庆市九龙坡区彩云大道11号×幢×预售商品房的过程中，其在办理贷款时提交的离婚协议书、离婚证、无婚姻登记记录查询证明明显与万某、张某尚为夫妻关系的事实不符，均为虚假材料，虽张某辩称前述材料并非由其本人制作、提供，但张某认可前述材料均由其签字。故一审法院认为，张某通过前述虚假材料以其个人名义办理购房贷款，并将房屋登记在其个人名下，在万某、张某于2016年8月20日签订协议书时，万某知晓张某名下有前述房产的举证责任应由张某承担，否则张某应承担举证不利的后果。万某称其签订协议书时对张某购买前述房屋的事实并不知情亦符合常理及日常生活经验，一审法院予以采信，现张某举示证据不足以证明签订协议书时万某知晓张某名下有房产的情况。一审法院认为，张某在与万某签订协议书之前通过虚假材料以其个人名义办理购房贷款，并将房屋登记在其个人名下，在与万某签订协议书时，隐瞒其名下有房产的事实，亦构成欺诈，使万某违背真实意思表示基于前述情况与张某签订协议书约定“男、女双方婚内以各自姓名登记（署名）的不动产属于男、女双方各自所有”，万某合法权益受到侵害，其有权请求法院撤销前述约定。

但二审法院撤销一审法院的判决并认为，万某、张某通过协议书，不仅对婚姻关系存续期间所得的不动产归属进行约定，双方还对婚姻关系存续期间所得的动产、存款、股票、基金、银行理财、保险、信托等有价证券及其收益归属进行约定，同时双方还约定双方婚内各自的工资、奖金及其他劳动所得归各自所有，各自的债务由各自承担。

万某和张某在签订的协议仅有“不动产、动产、存款、股票、基金、银行理财、保险、信托等有价证券及其收益属于男、女双方各自所有”的概括性描述，双方并未对协议签订前各自“不动产、动产、存款、股票、基金、银行理财、保险、信托等有价证券”的状况和债务情况作详细描述，现万某也并未举示证据证明双方在签订协议时已将自己的财产和收入情况如实向张某进行陈述和告知。

2012年张某到重庆工作后，双方各自的收入已实际归各自所有，除支付子女生活费外，双方并无大额的经济往来。万某和张某从2012年开始，双方已各自对自己的财产享有独自支配的权利而无须告知另一方，并且于2016年通过协议的方式约定婚姻关系存续期间各自所得的财产以及财产全部归各自所有的夫妻分别财产制。现万某以协议签订时张某未告知其购房的事实为由仅要求撤销协议书中“男、女双方婚内以各自姓名登记（署名）的不动产属于男、女双方各自所有”的条款的理由不能成立，法院不予支持。

（六）夫妻财产约定不能对抗强制执行

案例1-28 焦某与HY公司、牛某案外人执行异议案

二审法院： 江苏省高级人民法院（2018）苏民终516号

再审法院： 最高人民法院（2019）最高法民申240号

案例主旨：婚内夫妻财产约定的效力不能对抗案外人的强制执行效力。

最高人民法院认为，焦某并未举证证明其对案涉房产享有足以排除强制执行的民事权益。首先，根据本案查明的事实，焦某购买的案涉房产，虽已付清全部购房款，但焦某并未取得该房屋所有权证，不能证明该房产归其个人所有。其次，案涉房产系焦某在夫妻关系存续期间购买，购房首付款290余万元系从牛某的银行账户中支出，且双方在婚姻关系存续期间亦共同使用焦某银行账户，故该房屋属于夫妻共同财产。此外，焦某虽提交夫妻婚内财产协议，但并未提交该协议原件而无法核实。退一步讲，即便该协议属实，依法只对夫妻双方具有约束力。由于焦某、牛某均未提交证据证明HY公司知晓该协议，故该协议并不能证明案涉房产已归焦某个人所有。因此，HY公司有权对牛某与焦某于夫妻关系存续期间购买的共同房产申请执行。

（七）夫妻财产约定赠与子女财产不可撤销

案例1－29 王某与陶某1、陶某2夫妻财产约定纠纷案

二审法院：北京市第二中级人民法院（2019）京02民终6694号

再审法院：北京市高级人民法院（2020）京民申436号

案例主旨：夫妻均已认可夫妻财产约定内容，应对自己的行为承担相应后果。

二审法院认为，第一，就签订协议是否系真实意思表示一节，在本案审理中，经当庭询问，王某明确表示在签订《声明协议》时系其在与陶某1协商后自愿署名，陶某1、陶某2当时并不曾对其胁迫。同时，在一、二审中，王某亦未举证证明陶某1、陶某2在其签订协议时就协议所指内容对其存在欺诈情形。

第二，《声明协议》主要内容之一即关于401号房屋的权属所作约定。而根据401号房屋产权登记及变更情况来看，401号房屋系双方婚后所购，且在王某与陶某1于2016年10月签订第一份《夫妻财产分配协议》之前，401号房屋产权已经变更登记于陶某1名下，经询，王某认可该变更登记系双方自愿申请并共同办理的。

第三，根据《声明协议》所载文字内容，该协议签署的背景包括“近期家庭发生一系列经济纠纷及矛盾……”等，签订协议除“为稳定婚姻关系并建立彼此信任”，还涉及“就原已协商各自名下财产归各自所有前提下”的“补充

修改”，即该协议与前述第一份双方协议的内容有前后衔接之义。而经询，各方对第一份协议之效力均无异议。

第四，在前述第一份协议和《声明协议》中，各方均未明确约定若一方提出离婚即解除合同或撤销赠与等条件。

第五，关于《声明协议》签订的主体，王某称其在签订协议时并未见到陶某2签字，但亦认可该《声明协议》原件为一份，陶某2则主张在双方签字后自己亦在场签字确认。故根据以上情况综合考量，王某与陶某1、陶某2作为完全民事行为能力人，在签订《声明协议》时，均了解协议内容，并系以前述已经完成房屋所有权变更登记为前提，在王某与陶某1均已认可的第一份协议基础上达成《声明协议》之一致意见，故均应对自己的行为承担相应后果。鉴于王某在一、二审中均未能举证证明《声明协议》签订之时存在法定撤销或导致无效之情形，故王某关于《声明协议》自始没有法律约束力的诉讼主张无法成立。

再审法院认为，王某与陶某1、陶某2作为完全民事行为能力人，在签订2017年2月11日《声明协议》时，均了解协议内容，并系以前述已经完成房屋所有权变更登记为前提，在王某与陶某1均已认可的2016年10月10日《夫妻财产分配协议》基础上，达成《声明协议》之一致意见，故均应对自己的行为承担相应后果。鉴于王某在一、二审中均未能举证证明《声明协议》签订之时存在法定撤销或导致无效之情形，故二审法院认定王某关于《声明协议》自始没有法律约束力的诉讼主张无法成立，判决驳回其诉讼请求，并无不当。再审法院依法驳回王某的再审申请。

第二章

股权规划

综　述

股权是股东对公司享有人身权、财产权的一种复合型权利。根据我国《公司法》的规定，股东通过向公司出资获得股权，从而依法享有资产收益、参与重大决策和选择管理者等权利。股权比例是股东在公司中的投资份额，股权比例的大小直接影响股东对于公司的控制权与决策权，同时也是股东获得分红等资产收益的重要依据。高净值客户必须重视对股权的规划，否则将实际影响其合法权益。

高净值客户在进行股权规划时可以借鉴较为成熟的股权设计模式，尤其是在企业设立之初就需要注意构建股权结构的要点，避免股权争斗、股权不明晰等问题，影响企业的正常经营和发展。企业正常经营和发展的同时，也离不开公司的妥善治理，包括对公司印章的管理、对公司章程的设计、妥善管理公司账户、避免公司资产与股东个人资产混同，等等。

本章节主要介绍股东身份登记、权利与义务的相关规定，以及部分特殊股权结构设计的要点，同时还对于公司治理过程中需要注意的要点以及股权转让、质押、传承过程中需要注意的问题进行阐述。

第一节
股东身份登记及出资义务

一、无须办理股东身份变更登记的情形

《公司登记管理条例》[①] 第九条规定，有限责任公司股东或者股份有限公司发起人的姓名或者名称属于公司法定的登记事项。因此，股东的身份原则上需要在市场监督管理部门进行登记。但在实践操作中，也出现股东身份“无须登记”的例外情形。

（一）股东内部转让且名称不变的情况

上述《公司登记管理条例》的规定中并没有要求公司在认缴和实缴的出资额发生变动而股东名称未发生变化时，要办理变更登记。因此，如果仅仅是公司股东之间的股权转让，且股权转让的行为并未引起股东名称或者姓名发生变化，从理论上来说此类股权转让并非必须办理工商变更登记。虽然股东之间的股权转让并未引起股东名称的变化，但股权比例势必会有所变化，并且应当体现在公司章程中。因此，根据《公司登记管理条例》第三十六条的规定，公司章程修改未涉及登记事项的，公司应当将修改后的公司章程或者公司章程修正案送原公司登记机关备案。

当然，如果公司的“股东名称或者姓名”因各种原因发生变化（如股权转让、继承、离婚分割、赠与等行为），则应当根据《公司登记管理条例》的规定办理相应的工商变更登记。

（二）股份有限公司股份发生变化的情况

《公司法》第一百三十六条规定，股份有限公司发行新股募足股款后，必须

---

① 1994 年 6 月 24 日中华人民共和国国务院令第 156 号公布；根据 2005 年 12 月 18 日《国务院关于修改〈中华人民共和国公司登记管理条例〉的决定》第一次修订；根据 2014 年 2 月 19 日《国务院关于废止和修改部分行政法规的决定》第二次修订；根据 2016 年 2 月 6 日《国务院关于修改部分行政法规的决定》第三次修订。

向公司登记机关办理变更登记并公告。《公司登记管理条例》第九条规定，股份有限公司登记事项的范围为“发起人的姓名或者名称”。

从《公司法》及《公司登记管理条例》的规定分析，非上市股份有限公司的股份发生变化时，原则上无须办理工商变更登记。在实务操作中，目前上海的市场监督部门通常不受理非上市股份有限公司股份变更登记的业务，但根据《关于浙江省非上市股份有限公司股份变更章程备案的操作意见》（浙工商企〔2010〕8号）[①] 的规定：“非上市股份有限公司股份变更并相应修改公司章程和股东名册中有关股东及其股份记载事项的，应当依法办理章程备案登记。”因此，浙江地区的市场监督部门一般要求非上市股份有限公司股份办理变更登记手续。

由于各地市场监督部门的管理要求不一，在实际操作中存在的差异较大。因此，在具体办理案件时，针对非上市股份有限公司股份变更登记事宜，需要与公司所在地的市场监督部门提前进行沟通，以便确定具体的操作流程和手续。

另外，在不办理变更登记的情况下，如何确定非上市股份有限公司的股东身份？

根据《公司法》的规定，如果发起人需要转让非上市股份有限公司的记名股票，则需要以背书方式或者法律、行政法规规定的其他方式转让；转让后由公司将受让人的姓名或者名称及住所记载于股东名册。如果发起人需要转让非上市股份有限公司的无记名股票，直接由股东将该股票交付给受让人即可。因此，拥有记名股票的股东身份通常可以通过股东名册的内容来判断。

关于非上市股份有限公司股权转让。以上海为例，根据《上海市非上市股份有限公司股权转让试行规则》的规定，非上市股份有限公司的股权转让，在上海联合产权交易所进行。国有股权转让和国有企业受让股权的，应当在上海联合产权交易所进行。同时，也鼓励其他性质的非上市股份有限公司的股权转让在上海联合产权交易所进行。而根据《国务院办公厅关于严厉打击非法发行股票和非法经营证券业务有关问题的通知》，我国严禁任何公司股东自行或委托他人以公开方式向社会公众转让股票。

---

① 浙江省市场监督管理局：《关于浙江省非上市股份有限公司股份变更章程备案的操作意见》，载浙江省市场监督管理局（知识产权局）官网，http：//zjamr. zj. gov. cn/art/2013/12/30/art_1228969896_41971891. html。

二、股东认缴出资“加速到期”的情形

我国《公司法》至今为止已经经历四次修订。2014 年 3 月 1 日施行的《公司法》第一次明确公司注册资本采取“认缴制”的原则，并取消有限责任公司注册资本的最低限额。这一举措极大地提升了投资者的创业激情，并且使得整个经营环境焕发新的活力。但“认缴制”确实也带来许多新的挑战，尤其是对债权人的保护问题。如果公司章程中约定股东出资期限尚未届满，但公司确已资不抵债的情况下，债权人的利益将受到极大的威胁。“保护公司、股东和债权人的合法权益”一直都是公司法的立法宗旨之一，但如何平衡这三方主体的权益，确实是需要积极思考的问题。

根据最高人民法院发布的《九民纪要》，结合《公司法》《企业破产法》及相关司法解释，“股东出资加速到期”一般要遵循以下原则。

（一）股东无须实际缴纳出资的阶段

《公司法》第二十六条规定：“有限责任公司的注册资本为在公司登记机关登记的全体股东认缴的出资额。法律、行政法规以及国务院决定对有限责任公司注册资本实缴、注册资本最低限额另有规定的，从其规定。”

第八十条规定：“股份有限公司采取发起设立方式设立的，注册资本为在公司登记机关登记的全体发起人认购的股本总额。在发起人认购的股份缴足前，不得向他人募集股份。股份有限公司采取募集方式设立的，注册资本为在公司登记机关登记的实收股本总额。法律、行政法规以及国务院决定对股份有限公司注册资本实缴、注册资本最低限额另有规定的，从其规定。”

根据上述规定，除《公司法》特别规定以外，公司的注册资本原则上采取认缴制，全体股东所认缴的出资额构成公司的注册资本。股东在认缴期限届满之前无须向公司实际缴纳注册资本，同时也不需要验资机构出具验资报告。

另外，最高人民法院在《九民纪要》也指出：“在注册资本认缴制下，股东依法享有期限利益。债权人以公司不能清偿到期债务为由，请求未届出资期限的股东在未出资范围内对公司不能清偿的债务承担补充赔偿责任的，人民法院不予支持。”

（二）可申请股东加速出资到期的情形

《公司法司法解释（三）》第十三条第二款规定：“公司债权人请求未履行

或者未全面履行出资义务的股东在未出资本息范围内对公司债务不能清偿的部分承担补充赔偿责任的，人民法院应予支持；未履行或者未全面履行出资义务的股东已经承担上述责任，其他债权人提出相同请求的，人民法院不予支持。”

《企业破产法》第三十五条规定：“人民法院受理破产申请后，债务人的出资人尚未完全履行出资义务的，管理人应当要求该出资人缴纳所认缴的出资，而不受出资期限的限制。”根据该条的规定，如果公司已经被法院受理破产申请的情况，则股东的出资义务不再受认缴期限的“保护”，而是应当提前履行出资义务，为公司清偿所有债务，以确保公司债权人的合法权利。

《公司法司法解释（二）》第二十二条规定：“公司解散时，股东尚未缴纳的出资均应作为清算财产。股东尚未缴纳的出资，包括到期应缴未缴的出资，以及依照公司法第二十六条和第八十条的规定分期缴纳尚未届满缴纳期限的出资。公司财产不足以清偿债务时，债权人主张未缴出资股东，以及公司设立时的其他股东或者发起人在未缴出资范围内对公司债务承担连带清偿责任的，人民法院应依法予以支持。”根据该条的规定，如果公司已经面临解散，则股东的出资义务也将提前到期。

虽然《九民纪要》第六条对“股东出资加速到期”采取较为谨慎的否定态度，但也规定两个例外情形。其中一个情形即为“公司作为被执行人的案件，人民法院穷尽执行措施无财产可供执行，已具备破产原因，但不申请破产的”。

《九民纪要》第六条对认可“股东出资加速到期”的另一个例外情形是：“在公司债务产生后，公司股东（大）会决议或以其他方式延长股东出资期限的。”在这种情况下，公司通过“股东（大）会决议”等“人为”的方式延长股东的出资时间，实质上是公司通过恶意延长股东的出资义务，损害公司债权人的合法权益。债权人可以依法行使撤销权。

案例 2-1 王某杰、LC 公司、郭某与曲某等民间借贷纠纷案

一审法院：上海市嘉定区人民法院（2018）沪 0114 民初 10899 号

二审法院：上海市第二中级人民法院（2019）沪 02 民终 10503 号

案例主旨：公司产生债务后，未经债权人同意擅自修改出资到期时间，实质损害债权人的期待利益，故公司股东不能据此免责。

二审法院认为，注册资本认缴制下，股东虽依法享有期限利益，然而债权

人亦享有期待权利。涉案借款发生于2015年12月，借款到期日为2016年12月，此时工商登记载明的LC公司股东的出资认缴期限为2018年12月31日，也就是说，在LC公司未按时还款的情况下，王某杰可以期待2018年12月LC公司股东出资认缴期限届满时以股东出资获得还款。且不论目前郭某并无证据证明其以公司章程、股东会决议或其他合法合规的方式办理认缴期限变更的手续，即使其确实办理了变更，因该变更系在LC公司债务产生后，未经债权人同意的情况下所进行，实质损害债权人的期待利益，故作为LC公司的股东亦不能据此免责。

（三）公司不能清偿到期债务的救济措施

根据上述规定以及分析可知，当公司不能清偿到期债务时，债权人不能直接要求公司股东的出资“加速到期”。在公司符合破产条件时，债权人应当及时申请公司破产。如果债权人已将公司列为被执行人，则在执行过程中应当积极申请追加未足额缴纳出资的股东承担责任，或冻结未足额缴纳出资股东的财产。

根据《公司法司法解释（三）》第十三条第二款的规定，债权人仅可以要求股东在未出资本息范围内对公司债务不能清偿部分承担补充赔偿责任。但对于未届出资期限的股东，则不能直接将其列为共同被告主张权利。

但根据《最高人民法院关于民事执行中变更、追加当事人若干问题的规定》第十七条的规定：“作为被执行人的营利法人，财产不足以清偿生效法律文书确定的债务，申请执行人申请变更、追加未缴纳或未足额缴纳出资的股东、出资人或依公司法规定对该出资承担连带责任的发起人为被执行人，在尚未缴纳出资的范围内依法承担责任的，人民法院应予支持。”因此，一旦案件进入执行阶段，则公司无法清偿到期债务的事实已经形成，故债权人可申请法院追加未届出资期限的股东作为被执行人。

另外，江苏省高级人民法院针对债权人对于未届出资期限的股东应采取何种执行措施，也在《关于执行疑难若干问题的解答》第八条中作出明确规定：“股东认缴出资的期限未到，可以先采取保全措施，待认缴期限届满后再采取执行措施。”

三、股权转让与股东出资义务的关系

我们在处理案件的过程中发现，不少人对于股东出资义务存在一种误解。

他们认为，股东将名下的股权转让后，便不再负有出资义务。但事实上，股权转让并不必然导致股东出资义务的消失。一旦处理不慎将引发一系列的风险。

《公司法司法解释（三）》第十八条规定："有限责任公司的股东未履行或者未全面履行出资义务即转让股权，受让人对此知道或者应当知道，公司请求该股东履行出资义务，受让人对此承担连带责任的，人民法院应予支持；公司债权人依照本规定第十三条第二款向该股东提起诉讼，同时请求前述受让人对此承担连带责任的，人民法院应予支持。受让人根据前款规定承担责任后，向该未履行或者未全面履行出资义务的股东追偿的，人民法院应予支持。但是，当事人另有约定的除外。"

案例 2－2 陈某建与 PT 公司破产管理人追缴出资款纠纷案

一审法院： 江苏省扬州市中级人民法院（2017）苏 10 民初 156 号

二审法院： 江苏省高级人民法院（2018）苏民终 502 号

案例主旨： 股东未履行出资义务即转让股权的，应当继续履行出资义务。

法院认为，陈某建未履行出资义务即将其股权转让给王某山、孙某河，PT 公司管理人诉请其履行出资义务，具有事实和法律依据。人民法院受理破产申请后，债务人的出资人尚未完全履行出资义务的，管理人应当要求该出资人缴纳所认缴的出资，而不受出资期限的限制。本案中，尽管根据 PT 公司章程规定，陈某建原认缴 900 万元出资的缴纳期限尚未届满，但法院已裁定受理对 PT 公司的破产申请，陈某建的出资义务已加速到期。故陈某建应当履行 900 万元的出资义务，而无权以出资期限作为抗辩理由。

从上述案例可以看出，我国《公司法》明确规定，股东应当履行向公司出资的义务，即股东的出资义务是法定义务。如果股东在股权转让时仍然存在出资不实的情况，原股东应当承担补足出资的义务。鉴于该义务直接关系到公司债权人的权益，包括受让股东、公司在内的任何人，均无权以任何方式免除该项法定义务。另外，根据《公司法司法解释（三）》第十八条的规定，受让股东知晓或应当知晓该补足出资义务的，相关的法律后果是由出让股东与受让股东对于补足出资义务向公司承担连带责任；公司可以选择向两者中任何一人主张权利，亦可要求两者承担连带责任。

四、股东作为清算义务人的风险防范

如果仅在投资的公司中担任小股东是否风险会比较小呢？由于这些股东长期未参与公司的经营活动，故从未想到要掌握公司的财务账册，甚至多年以来都对公司不闻不问。殊不知，这其中也是有很大的风险。对于这类股东来说，不但投入的资本可能血本无归，甚至还可能被债权人追究无限责任。

（一）有限责任公司的清算主体

《公司法》和《公司法司法解释（二）》对于股份有限公司和有限责任公司的清算义务人作不同的规定。有限责任公司的清算义务人是全体股东，而股份有限公司的清算义务人则是公司董事和控股股东。如此而言，投资者如果是股份有限公司的小股东，既不担任董事职务，也不参与公司的经营和管理，则无须承担清算义务。但投资者如果是有限责任公司的小股东，即使其不参与公司经营，仍需承担清算义务。

股份有限公司和有限责任公司具有不同的特点。股份有限公司尤其是上市公司，其特点是资合性强、股东人数众多、流动性强。如果法律规定所有股东均需要承担公司解散后的清算责任，既不具有可操作性也不存在必要性。因此，在股份有限公司中，小股东往往不参与公司的经营，也就谈不上对债权人利益的损害，甚至小股东的自身利益也常常受到各种潜在的侵害。在这样的情况下，如果让小股东承担清算义务有失公平。而有限责任公司的特点则是以人合性为主兼具资合性，股东之间往往是基于相互信任才合作开办公司。因此，有限责任公司的清算义务人应当由全体股东一同担任。

（二）股东履行清算义务的必要条件

公司的财务账册记载并反映公司的生产经营情况和资产状况，是财务核算的依据，也是公司清算的依据。在公司进行清算时，作为清算义务人的股东如不能提供财务账册，势必导致公司经营情况和资产状况无法查清，公司财产独立性和股东有限责任的基础便不复存在。这样一来，股东就有义务对外部债权人承担赔偿责任。对于有限责任公司的股东来说，并非在如实出资的情况下就必然以出资额为限对公司承担有限责任。如果在需要履行清算义务时未掌握公司财务账册，有可能要对公司的债权人承担无限责任。

另外，股东作为清算义务人也应当妥善保管并保护好公司的财务资料。根据《公司法司法解释（二）》第十八条第二款的规定："有限责任公司的股东、股份有限公司的董事和控股股东因怠于履行义务，导致公司主要财产、账册、重要文件等灭失，无法进行清算，债权人主张其对公司债务承担连带清偿责任的，人民法院应依法予以支持。"

（三）清算义务人的风险防范

首先，应当谨慎选择成为有限责任公司的合作股东。

其次，在公司章程或股东会决议中规定公司或控股股东需按期向公司所有股东提交财务报表。

再次，股东要多关注自己参股公司的实际运营情况，定期、主动地行使股东知情权，必要时应委托相关专业人员（如会计师、律师等）核查公司的财务运营情况。在发现公司的控股股东存在不承担清算义务的迹象时，要设法掌控公司的财务账册、主要资产和重要文件。

最后，在公司具备解散、清算条件时，应当主动启动解散、清算程序。

五、股东出资纠纷案件的裁判规则

（一）股东出资后又转为公司借款的性质认定

案例2-3 万某裕与HR公司等股东资格确认纠纷案

二审法院：云南省高级人民法院（2012）云高民二终字第89号

再审法院：最高人民法院（2014）民提字第00054号

案例主旨：股东出资转变成借款的行为是根本上改变股东对公司出资性质的违法行为，会导致股东抽回出资并退股的法律后果，这是有违公司法的禁止性规定的，因而行为应为无效。

最高人民法院认为，万某裕打入HR公司账户的510万元性质上为出资款，且为HR公司章程所确认，该510万元进入HR公司的账户后，即成为HR公司的法人财产，无论是万某裕主动要求HR公司将其出资转变为借款，还是唐某某代表HR公司向万某裕出具借条并将出资作为借款偿还，抑或是万某裕与HR公司协商一致，将出资转变为借款而归还，本质上都是根本改变万某裕对HR公司出资性质的违法行为，都会导致万某裕抽回出资并退股的法律后果，这是有违公司法的禁止性规定的，因而上述行为均应无效，万某裕的股东身份自然也不应因此种无效行为而改变。最高人民法院尤为强调的是，抽逃出资并不限于抽逃注册资本中已经实缴的出资，在公司增资的情况下，股东抽逃尚未经工商部门登记，但已经成为公司法人财产的出资同样属于抽逃出资的范畴，亦在公司法禁止之列。故此，二审法院关于HR公司并未将万某裕出资的510万元登记为公司注册资本，HR公司或者万某裕将510万元转变为借款并非抽逃出资的认定不当，最高人民法院予以纠正。

（二）股东抽逃出资后补足出资的认定

案例2－4 王某平等与赵某伟、HXX公司等买卖合同纠纷案

一审法院： 江苏省无锡市惠山区人民法院（2013）惠前商初字第0070号

二审法院： 江苏省无锡市中级人民法院（2014）锡商终字第0384号

案例主旨： 股东的补资行为是否具有明确的补足出资的意思表示，应考虑实质上是否具有增加公司偿债能力的功能，并且形式上是否已经合法地记载于公司的财务账册。

一审、二审法院均认为，判断股东是否在抽逃出资后向被抽逃公司补足出资，应着重考察抽逃出资的股东的补资行为主观上是否具有明确的补足出资的意思表示，实质上是否具有增加公司偿债能力的功能，并且形式上是否已经合法地记载于公司的财务账册。本案中，应认定赵某伟、林某斌、王某平、赵某锋、卞某平抽逃注册资金499万元后未有合法有效的补足出资行为，理由为：（1）从合同、增值税发票、付款凭证等40份书证内容来看，价值为517万元，但相应的主体均为HXX公司，无法证明40份书证所载明的资金来源系林某斌、王某平、赵某锋、卞某平对HXX公司的补足出资；（2）从补足出资的形式要件来看，林某斌、王某平、赵某锋、卞某平无证据证明已具有合法记载于HXX公司的财务账册的补足出资行为；（3）从卞某平提供的协议来看，卞某平向HXX公司交付的款项不具有股东出资款的性质与功能，应认定为卞某平出借款项给HXX公司，并且在卞某平将股权转让给陆某娟后已由HXX公司归还卞某平；（4）从退股时所收受的存单内容来看，林某斌、王某平、赵某锋、卞某平在将股权转让给赵某伟后，均收到HXX公司以公司资产给付的价款，而作为股权受让人的赵某伟、陆某娟却未提供向股权出让人给付相应对价的证据，该行为表明即使林某斌、王某平、赵某锋、卞某平向HXX公司交付相应的款项，该款项的性质也应认定为借款，不具有补足投资款的性质与功能，并且相应借款已由HXX公司归还林某斌、王某平、赵某锋。

（三）其他股东知晓并协助抽逃出资的责任

案例2-5 方某涛与BS公司、王某富追收抽逃出资纠纷案

二审法院：广东省高级人民法院（2014）粤高法民二破终字第106号

再审法院：最高人民法院（2015）民申字第1467号

案例主旨：股东从公司取款但未用于公司经营的，构成抽逃出资。其他股东知晓并协助抽逃出资的，将产生承担连带责任的法律后果。

最高人民法院认为，一、二审判决根据BS公司举出的证据，查明在BS公司成立后不到半年的期间内，方某涛及其父亲方某森分多次从BS公司账户取出100万元款项。

《公司法》第三十五条规定："公司成立后，股东不得抽逃出资。"《公司法司法解释（三）》第十二条规定："公司成立后，公司、股东或者公司债权人以相关股东的行为符合下列情形之一且损害公司权益为由，请求认定该股东抽逃出资的，人民法院应予支持：（一）制作虚假财务会计报表虚增利润进行分配；（二）通过虚假债权债务关系将其出资转出；（三）利用关联交易将出资转出；（四）其他未经法定程序将出资抽回的行为。"第十四条第一款规定："股东抽逃出资，公司或者其他股东请求其向公司返还出资本息、协助抽逃出资的其他股东、董事、高级管理人员或者实际控制人对此承担连带责任的，人民法院应予支持。"根据上述规定，股东是否构成抽逃出资，系以股东是否损害公司的财产权益为认定标准，而与其他股东对抽逃出资行为是否知晓无关。因此，无论王某富是否知晓或同意方某涛从BS公司账户中取出100万元，只要方某涛不能证明取出的款项用于BS公司的生产经营，即不影响方某涛构成抽逃出资的认定。而其他股东知晓并协助抽逃出资的，将产生承担连带责任的法律后果。

第二节 股东的权利与义务

一、股东知情权的主张与行使

（一）股东知情权的范围

《公司法》第三十三条规定："股东有权查阅、复制公司章程、股东会会议记录、董事会会议决议、监事会会议决议和财务会计报告。股东可以要求查阅公司会计账簿。股东要求查阅公司会计账簿的，应当向公司提出书面请求，说明目的……"《公司法司法解释（四）》第七条规定："股东依据公司法第三十三条、第九十七条或者公司章程的规定，起诉请求查阅或者复制公司特定文件材料的，人民法院应当依法予以受理。"

上述《公司法》以及相关司法解释对股东知情权的范围进行规定。由于要求对公司的财务账簿进行审计不属于《公司法》规定的法定权利范畴，如果公司章程或出资协议没有明确规定股东可以申请对账簿进行审计的，股东无权要求对公司账簿进行审计。但股东仍可通过查阅、复制公司的会议资料、财务报告以及查阅公司的会计账簿，对公司的财务状况进行了解，以维护权益。

案例2-6 黄某与甲公司股东知情权纠纷案

一审法院：上海市长宁区人民法院（2013）长民二（商）初字第405号

二审法院：上海市第一中级人民法院（2013）沪一中民四（商）终字第1007号

案例主旨：司法审计并不属于股东知情权的范围，但股东可以通过行使股东知情权对公司的财务状况进行了解和核实，从而保护自己的合法权益。

二审法院认为，《会计法》第十五条规定，会计账簿包括总账、明细账、日记账和其他辅助性账簿。该项规定应属于强制性规定，各个企业须恪守。《公司法》明确规定，股东可以要求查阅公司会计账簿。黄某要求查阅甲公司的总账、明细账、现金日记账、银行日记账及其他辅助性账簿在内的财务账簿，属于《会计法》规定的会计账簿的范畴，亦属于公司法规定的股东行使知情权的范围，应予准许。黄某作为公司的小股东，并不负责公司的财务管理，故在举证证明甲公司设立总账以及其他辅助性账簿上具有难度。但甲公司作为依法设立的企业，应当严格依据《会计法》的上述规定设置公司的会计账簿。原审法院仅以甲公司辩称不存在总账和其他辅助性账簿为由不支持黄某要求查阅甲公司的总账及其他辅助性账册的诉求有所不当，二审法院依法予以纠正。

对于黄某提出申请要求对甲公司的财务状况进行审计。一方面，司法审计并不属于股东知情权的范围；另一方面，黄某通过行使知情权、查阅、复制甲公司的会议资料、财务报告以及查阅公司的会计账簿，也可以对公司的财务状况进行了解和核实，以保护自己的合法权益，故法院对其提出的对甲公司的财务状况进行司法审计的主张依法不予支持。

（二）股东知情权的行使

根据《公司法》第三十三条的规定，只有在“公司有合理根据认为股东查阅会计账簿有不正当目的，可能损害公司合法利益的”情形时，公司才可以拒绝向股东提供查阅，并应当自股东提出书面请求之日起 15 日内书面答复股东并说明理由。

案例 2-7 李某某、吴某、孙某、王某某诉 JD 公司股东知情权纠纷案

一审法院： 江苏省迁市宿城区人民法院（2009）宿城民二初字第 00448 号

二审法院： 江苏省宿迁市中级人民法院（2009）宿中民二终字第 319 号

案例主旨： 股东查阅权行使的范围应当包括会计账簿和会计凭证，但股东仅享有查阅权，而并不享有复制的权利。

一审法院认为，固然股东调查公司的财务状况是其正当权利，然而一方面从被告 JD 公司的工商登记材料来看，四原告声称“对公司经营现状一无所知”显然不属实；另一方面，即便四原告查阅会计账簿具有了解公司经营状况的正当目的，但同时四原告的查阅很可能具有放任损害公司正当利益的主观故意，而目前正在审理的 JD 公司的仲裁案件，标的额巨大，对比四股东的知情权，在二者发生冲突时，两者相害取其轻，应优先保护公司的权益。四原告可以在仲

裁案件结案后或者在证明已经排除查阅会计账簿与张某林的关联性之后，再行主张自己对会计账簿的知情权。四原告要求行使知情权不仅超出法定范围，且其关于查阅会计账簿的起诉违反法定前置程序，同时被告JD公司有合理根据表明四原告行使该权利可能损害公司合法利益，故对四原告的诉讼请求不予支持。四原告后向二审法院提出上诉。

二审法院认为，关于四上诉人要求行使知情权是否具有不正当目的。由于股东的知情权涉及股东和公司之间的利益冲突，在保护股东利益的同时也应适当照顾公司的利益，使双方利益衡平，故知情权的行使应当符合一定的条件并受有一定的限制。本案中，四上诉人向被上诉人JD公司提出书面请求说明其行使知情权的目的是了解公司实际经营现状，显属其作为有限责任公司股东应享有的知情权。JD公司以四上诉人具有不正当目的为由拒绝其查阅，则应对四上诉人是否具有不正当目的并可能损害其合法利益承担举证责任。

被上诉人JD公司认为四上诉人查阅会计账簿的目的是收集并向某公司提供工程款纠纷仲裁一案中对JD公司不利的证据，损害JD公司及其他股东的合法利益，其主要证据是四上诉人提交的申请书、诉状及授权委托书中均有张某林代李某君签名，而张某林的身份系某公司派驻JD公司工程的项目经理，且直接参与某公司与JD公司的仲裁一案。二审法院认为JD公司所举证据不足以证明四上诉人查阅公司会计账簿具有不正当的目的，且可能损害JD公司合法利益。

关于四上诉人主张行使知情权的范围是否符合法律规定。四上诉人请求查阅、复制被上诉人JD公司的会计账簿、议事录、契约书、通信、纳税申报书等(含会计原始凭证、传票、电传、书信、电话记录、电文等)所有公司资料。被上诉人JD公司辩称其已向四上诉人提交自公司成立起的全部工商设立、变更、年检登记文件及审计报告等资料，履行配合股东行使知情权的法定义务。对此，法院认为，股东知情权是股东享有对公司经营管理等重要情况或信息真实了解和掌握的权利，是股东依法行使资产收益、参与重大决策和选择管理者等权利的基础性权利。从立法价值取向上看，其关键在于保护中小股东合法权益。公司法规定账簿查阅权是股东知情权的重要内容。股东对公司经营状况的知悉，最重要的内容之一就是通过查阅公司账簿了解公司财务状况。《会计法》第九条第一款规定："各单位必须根据实际发生的经济业务事项进行会计核算，填制会计凭证，登记会计账簿，编制财务会计报告。"第十四条规定："会计凭证包括原始凭证和记账凭证。办理本法第十条所列的各项经济业务事项，必须填制或者取得原始凭证并及时送交会计机构……记账凭证应当根据经过审核的原始凭证及有关资料编制。”第十五条第一款规定：“会计账簿登记，必须以经过审核的会计凭证为依据，并符合有关法律、行政法规和国家统一的会计制度的规定……”因此，公司的具体经营活动只有通过查阅原始凭证才能知晓，不查阅原始凭证，中小股东可能无法准确了解公司真正的经营状况。根据会计准则，相关契约等有关资料也是编制记账凭证的依据，应当作为原始凭证的附件入账备查。据此，四上诉人查阅权行使的范围应当包括会计账簿（含总账、明细账、日记账和其他辅助性账簿）和会计凭证（含记账凭证、相关原始凭证及作为原始凭证附件入账备查的有关资料）。对于四上诉人要求查阅其他公司资料的诉请，因超出公司法规定的股东行使知情权的查阅范围，不予支持。关于查阅时间和地点，公司法赋予股东知情权的目的和价值在于保障股东权利的充分行使，但这一权利的行使也应在权利平衡的机制下进行，即对于经营效率、经营秩序等公司权益未形成不利影响。因此，四上诉人查阅的应当是和其欲知情的事项相互关联的材料，而并非对公司财务的全面审计，故查阅应当在公司正常的业务时间内且不超过10个工作日，查阅的方便地点应在JD公司。

关于四上诉人要求复制被上诉人JD公司会计账簿及其他公司资料的诉讼请求。公司法赋予了股东获知公司运营状况、经营信息的权利，但同时也规定了股东行使知情权的范围。公司法将股东有权复制的文件限定于公司章程、股东会会议记录、董事会会议决议、监事会会议决议和财务会计报告。而仅规定股东可以要求查阅公司财务会计账簿，但并未规定可以复制，而JD公司章程亦无相关规定，因此四上诉人要求复制JD公司会计账簿及其他公司资料的诉讼请求既无法律上的规定，又超出了公司章程的约定，不予支持。

（三）股东可委托专业人员协助

案例2-8 崔某荣与HC公司股东知情权纠纷案

一审法院：江苏省海安县人民法院（2013）安商初字第0348号

二审法院：江苏省南通市中级人民法院（2014）通中商终字第0105号

案例主旨：法律并未禁止股东委托专业人士协助查阅公司财务资料，且这些资料具有很强的专业性和复杂性，如果不允许股东委托专业人士进行查阅，股东知情权将无法行使，流于形式。但股东在行使股东知情权时应谨慎并不能影响公司正常经营或泄露商业秘密等。

一审法院认为，公司法未规定股东可以委托注册会计师和律师查阅会计账簿。另外，为保护公司的商业秘密需要，公司可以拒绝外人查阅会计账簿。当然，崔某荣作为公司监事发现公司经营情况异常时，可以聘请会计师事务所协助其检查公司财务情况，但崔某荣并未举证证明HC公司出现该种情况，同时崔某荣是以股东身份而不是以监事身份来主张该权利的，故崔某荣要求委托注册会计师和律师查阅公司会计账簿的请求，一审法院不予支持。

二审法院却认为，一方面，公司的会计账簿、会计凭证等财务资料具有很强的专业性和复杂性，作为股东，未必具有专业的会计知识，如果不允许股东委托专业人士进行查阅，股东知情权将无法行使；另一方面，《公司法》明确规定股东的查阅权，但并未禁止股东委托专业人士进行查阅。委托代理人实施民事法律行为是公民的应有权利，除非依照法律规定或按双方当事人的约定不得委托的事项。本案中，崔某荣委托注册会计师、律师查阅会计账簿等公司资料的行为显然不符合前述除外情形。至于崔某荣作为HC公司监事，可以聘请会计师事务所对公司编制的会计财务报表进行审计，则属于公司监事行使监督权的范畴，与本案崔某荣作为股东行使知情权无涉。HC公司认为允许他人代为查阅可能侵犯公司的商业秘密，但并未举证证明。崔某荣请求委托注册会计师、律师查阅公司会计账簿等资料于法有据，最终二审法院予以支持。

但二审法院也同时提醒，股东在行使股东知情权的过程中，应当谨慎行使权利，并在合理时间内完成，对于委托的注册会计师、律师，应当向公司出示身份证明及授权委托手续，并不得有干扰公司正常经营、泄露公司商业秘密等有损公司合法权益的情形。

鉴于上述案例判决时《公司法司法解释（四）》尚未出台，根据《公司法司法解释（四）》第十条第二款的规定："股东依据人民法院生效判决查阅公司文件材料的，在该股东在场的情况下，可以由会计师、律师等依法或者依据执业行为规范负有保密义务的中介机构执业人员辅助进行。"

（四）如何认定股东"具有不正当目的"

根据《公司法司法解释（四）》第八条的规定，所谓"不正当目的"主要包括："（一）股东自营或者为他人经营与公司主营业务有实质性竞争关系业务的，但公司章程另有规定或者全体股东另有约定的除外；（二）股东为了向他人通报有关信息查阅公司会计账簿，可能损害公司合法利益的；（三）股东在向公司提出查阅请求之日前的三年内，曾通过查阅公司会计账簿，向他人通报有关信息损害公司合法利益的；（四）股东有不正当目的的其他情形。”因此，除非公司有明确的证据证明股东具有“不正当目的”，否则股东有权向公司要求行使股东知情权。一旦公司无正当理由拒绝的，股东可以请求人民法院要求公司配合。在司法实践中，法院会根据实际情况对股东行使知情权是否具有“不正当目的”进行判断。

1. 股东是公司的同业竞争者

案例 2－9 刘某与 HRT 公司股东知情权纠纷案

一审法院：江苏省苏州工业园区人民法院（2012）园商外初字第 0026 号

二审法院：江苏省苏州市中级人民法院（2013）苏中商外终字第 0007 号

案例主旨：当股东成为公司的同业竞争者、竞业公司的股东或高级管理人员时，可认为股东行使知情权具有不正当目的，公司可拒绝其行使账簿查阅权。

一审法院认为，其一，原告对被告会计账簿及原始凭证行使知情权的目的兼具正当性和不正当性，需要通过举证责任的分配来平衡股东和公司的利益，对正当性目的的举证由股东完成，对不正当性的举证则由公司完成。本案中，一方面，原告已举证证明被告与 AFI 公司、ETC 公司存在大额关联交易，被告提供的两份利润表记载不一致且数额相差巨大，为了判断关联交易是否不当以及财务报告的真实性，原告只有通过查阅会计账簿和原始凭证才能实现。据此，可认定原告行使账簿查阅权具有目的正当性。另一方面，原告新设立的 LX 公司的经营范围与 HRT 公司重合，可认定两者具有竞争关系。而 HRT 公司的会计账簿和原始凭证中必然会涉及其以往产品的销售渠道、客户群、客户交易习惯、销售价格、原材料成本、原材料来源等经营信息，此种信息中有可能还包含着商业秘密。现原告不仅是 LX 公司股东，还是该公司的执行董事和总经理，其一旦掌握了被告的商业秘密，在经营过程中，极可能故意或过失地使用之，取得不应有的竞争优势，从而损害被告公司的利益，因此，可认定原告行使账簿查阅权的目的具有不正当性。其二，应将股东知情权的范围限于其正当目的范围内。股东账簿查阅权的行使在一定程度上会与公司的商业秘密保护形成紧张关系，而问题的关键在于如何控制股东知情的范围。本案中，原告行使知情权的主要目的之一为调查关联交易是否损害公司利益，要满足该目的只要向其披露与AFI公司、ETC公司有关的会计账簿和原始凭证即可，而AFI公司、ETC公司与HRT公司为同一投资方控制的关联公司，原告不可能使用HRT公司的商业秘密帮助LX公司取得竞争优势，从而直接与AFI公司、ETC公司进行交易。因此，即使将与AFI公司、ETC公司有关的会计账簿和原始凭证向原告披露，亦不存在损害被告利益的可能。而其他会计账簿，如向原告披露，有可能会造成LX公司使用被告商业秘密，直接从事与被告相竞争的业务，故不适合向原告作披露。

二审法院认可一审法院的观点并认为，股东查阅目的正当与否是判定股东是否有权查阅公司账簿的基础之一。而目的正当性要求股东查阅公司账簿具有善意，即其所要查阅的资料应与其意图直接相关。刘某行使查阅权的主要目的在于调查HRT公司与关联公司之间的交易是否损害公司利益，这种查阅具有目的正当性，应予以肯定，但除此之外的公司账簿和原始凭证则其无权查阅。首先，从社会常识和商业管理来看，会计账簿和凭证必然反映公司的重大经营信息，该类信息一旦泄露，势必对公司竞争产生不利影响。其次，刘某辞任HRT公司董事、总经理职务后又另行设立了经营范围与HRT公司重合的LX公司，该公司与HRT公司间存在竞争关系，不能排除刘某获知被告经营信息后再行利用这些信息为LX公司服务，进而取得不应有的竞争优势，从而损害HRT公司利益。最后，当公司有合理根据认为股东查阅账簿有不正当目的，可能损害公司合法利益的，即可拒绝提供查阅，但目的不正当性的举证应由公司完成。本案中，HRT公司已证明刘某设立了与其有直接竞争关系的LX公司，再允许其查阅公司账簿和凭证显然有可能损害被告利益，被告行使拒绝权符合法律规定。

2. 股东近亲属与公司存在竞争关系

案例2－10 张某禄诉某工艺品公司股东知情权纠纷案

一审法院： 北京市西城区人民法院（2011）西民初字第27482号

二审法院： 北京市第一中级人民法院（2012）一中民终字第2247号

案例主旨： 股东近亲属经营的公司与股东所在公司存在竞争关系时，股东要求查阅公司会计账簿，可认定构成有“不正当目的”的情形。

二审法院认为，法律规定股东基于正当目的可以要求查阅会计账簿，但也对股东的查阅权作出了必要的限制，即在公司有合理根据认为股东查阅会计账簿有不正当目的，可能损害公司合法利益时，可以拒绝股东查阅。从而在保护股东权利的同时防止股东滥用权利损害公司利益，以平衡股东和公司之间的利益关系。LZ 公司的经营项目与某工艺品公司相近似，两公司在客观上存在着竞争的可能。张某禄虽然不是 LZ 公司的股东，但该公司系由其妻子、女儿、儿子以及儿媳共同出资设立并经营。基于张某禄与 LZ 公司股东之间的特殊身份关系，若允许其查阅某工艺品公司的会计账簿，将有可能导致某工艺品公司具有商业秘密性质的信息被 LZ 公司所知悉。虽然张某禄主张其在景泰蓝行业具有很高的声望和影响力，不需要通过查阅会计账簿了解某工艺品公司的商业信息，但根据其现有证据，并不能证明其对某工艺品公司会计账簿中所包含的价格信息等商业秘密均已掌握，仅凭张某禄的个人声望和影响力并不能合理排除其查阅会计账簿会对公司利益造成损害的可能性。最终法院认定允许张某禄查阅会计账簿将有可能损害某工艺品公司的利益，并据此驳回张某禄要求查阅某工艺品公司相关会计账簿的诉讼请求。

二、未实缴出资的股权转让后的责任

案例 2－11 认缴亿元注册资本但股权转让后仍需承担连带责任案

怀揣创业梦想的李某想注册一个公司，工商代办中介和他说注册公司不用实际出钱，注册资本金越大越显示公司有实力。李某抑制不住自己的虚荣心，成立了注册资本金一亿元的方圆公司。方圆公司营业执照上的成立日期是 2015 年 1 月 1 日，章程约定的出资期限是 2045 年 1 月 1 日之前。

方圆公司注册快一年了，李某也没找到合适的项目。这时李某的朋友张某正好想开个装修公司，李某就做了个顺水人情，把方圆公司的股权零对价转让给了张某。没想到一年后李某收到法院传票。传票的内容是：提供装修原材料的吉光公司要求方圆公司支付欠付的装修材料款，并要求李某和张某在注册资本金未实缴范围内承担连带责任。收到传票的李某很是生气，心想“我花几千块钱成立了方圆公司，免费转给了我的朋友张某，方圆公司已与我无关，为何让我为方圆公司的债务承担连带责任?”

其实李某所遭遇的问题近年来并不少见。2014 年 3 月 1 日起，我国开始施行公司注册资本认缴制，放宽了公司注册资本登记条件。在此背景下，很多人误以为注册公司不用实际出钱。这样一来认缴的注册资本高也能“彰显”公司的雄厚财力，同时也不需要向公司砸下“真金白银”，可谓一石二鸟。于是实践中新增了很多认缴注册资本金非常大的公司。但是，认缴制下的高注册资本真的没有风险吗？股东在认缴期限届满前转让股权，其出资义务是否随之转让？转让股权的“历史股东”是否仍有承担公司债务的风险？对于这个问题，目前司法实践中存在“肯定说”与“否定说”两种观点。

（一）出资期限届满前转让仍应承担出资义务

案例2-12 HF公司、KL公司、JH公司股东出资纠纷案

一审法院：安徽省芜湖市三山区人民法院（2018）皖0208民初760号

二审法院：安徽省芜湖市中级人民法院（2019）皖02民终95号

案例主旨：股东虽有权将其持有的股权转让给第三人，但其认缴的出资义务并不能当然随之转移。出资义务的转移应当取得该义务的相对权利人的同意，即应当取得股东所在公司以及其他股东、债权人的同意。

二审法院认为，HF公司向JH公司转让股权时，其认缴的600万元出资尚有420万元未实际缴纳。根据《公司法司法解释（三）》第十三条第一款的规定，股东未履行或者未全面出资义务，公司或者其他股东请求其向公司依法全面履行出资义务的，人民法院应予支持。HF公司作为KL公司股东未全面履行出资义务，将其持有的股权转让给JH公司，KL公司现主张HF公司继续履行其出资义务，应予支持。HF公司称，KL公司章程约定HF公司2013年5月4日到期的420万元出资，在股权转让时尚未到期，不应视为HF公司未全面履行出资义务，该420万元的出资义务应由受让人JH公司承担。由于HF公司作为KL公司的股东，其虽享有对其持有的KL公司股权的处分权，也负有履行其认缴的出资义务，HF公司虽有权将其持有的KL公司股权转让给JH公司，但其认缴的出资义务并不能当然随之转移。基于民法原理，义务的转移应当取得该义务的相对权利人的同意，即应当取得KL公司及其股东和公司债权人的同意，本案中HF公司并未就此提供证据予以证明。再者，股东认缴出资的行为实质是其对公司及公司债权人承诺的担保行为，若未经公司及其债权人同意任意转移该担保责任，可能损害公司及其债权人的利益，导致公司债权人的债权不能实现。为此，HF公司仍应履行其420万元的出资义务，故对HF公司的主张，法

院不予支持。

（二）出资期限届满前转让不用承担出资义务

案例2－13 AH控股、AT资本、ZN控股等企业借贷纠纷案

二审法院：河南省高级人民法院（2015）豫法民一终字第00120号

再审法院：最高人民法院（2016）最高法民再301号

案例主旨：在出资义务尚未到期的情况下转让股权，不属于出资期限届满而不履行出资义务的情形，不应再对公司承担出资责任。

最高人民法院认为，AH控股是AT资本的大股东，认缴出资9900万元，到2015年2月1日缴付完毕。2013年5月28日，AH控股与ZN控股签订《股权转让协议》，将其持有的AT资本99%的股权转让给ZN控股，并将股东的权利义务一并转让。故AH控股在出资义务尚未到期的情况下转让股权，不属于出资期限届满而不履行出资义务的情形，AH控股不应再对公司承担出资责任。

（三）认缴注册资本金额的注意要点

基于上述分析，司法实践中对于认缴但未出资的情形下股权转让后是否仍需承担出资责任这一问题存在不同的观点。因此，注册公司时应当注意以下几点：

首先，注册资本金数额的确定需量力而行。股东必须理解，认缴出资并不等于不出资，股东应当根据自己的经济能力、行业的发展前景和公司规模等因素，谨慎确定注册资本金金额。

其次，股东最好在完成注册资本金的实缴之后再进行转让，同时在《股权转让协议》中明确，转让后股东的出资义务由受让方承担。

最后，如果公司有外部债权人的，在进行股权转让时，最好将公司股权转让事宜告知债权人，并设定相应的异议期。

三、未实缴出资的公司盈余分配问题

案例2－14 龚某木与徐某红、JY公司等公司盈余分配纠纷案

一审法院：浙江省义乌市人民法院（2017）浙0782民初10657号

二审法院：浙江省金华市中级人民法院（2018）浙07民终313号

案例主旨：股东参与公司分红并不必然以实缴出资为前提，公司不得以股东未认缴出资阻碍其享有盈余分配的权利。

一审法院认为，被告JY公司在2008年至2016年，每年均将公司经营收入用于向股东人均发放过节费，被告JY公司的该行为其实质即为对公司的经营利润进行分配，而该分配所依据的决议已为被告公司临时股东大会通过，且绝大部分股东均已按照决议领取了相应款项，认定上述决议为有效决议。原告虽因无效的《关于收回部分股权的决议》被退还了2000元出资，但其经司法程序确认仍系被告公司股东，故有权要求被告公司依照决议向其分配利润。

第三节 特殊股权结构设计

一、“红筹架构”的设计与运作

（一）“红筹架构”概述

“红筹架构”是自20世纪90年代起较为常用的一种私募交易架构。由于当时中国境内资本市场低迷，上市公司采取严格的指标管理制度。部分中国境内的企业想寻求中国境外上市的机会，所以“红筹架构”成为跨境私募与境外上市的首选架构。尤其是2003年中国证监会取消了对境内企业海外上市的“异议函”制度，直接促使诸多企业利用“红筹架构”实现海外上市的梦想，诸如新浪、网易、搜狐等知名企业均采用了“红筹架构”赴海外上市。直到2006年8月，商务部等六部委发布《关于外国投资者并购境内企业的规定》（此规定于2009年修订）（以下简称“10号文”），这股“红筹上市风”才算渐渐停下来。

“红筹架构”主要的模式为：首先由位于中国境内的企业股东在境外注册离岸公司（法律上称为“特殊目的公司”），然后将境内企业的股权、资产等通过收购或协议控制等形式转移至前述境外的离岸公司，直接通过该境外离岸公司来持有境内企业的股权、资产或控制境内企业的权益等，最终以该境外离岸公司为融资平台发售优先股或者可转股贷款给基金进行私募融资，或者以该境外离岸公司的名义在境外的交易所（如香港联合交易所、纽约证券交易所、伦敦证券交易所、法兰克福证券交易所、纳斯达克证券交易所、新加坡证券交易所等）申请上市。

（二）基本运作方式

1. 设立壳公司

首先境内企业控股股东在境外设立多层特殊目的公司（Special Purpose Vehicle，SPV）。比如在英属维尔京群岛（The British Virgin Lslands，B. V. I）设立第一层特殊目的公司。出于灵活性、税务筹划等多方面的考虑，在 SPV 和最终控制公司之间可能还有一层或多层特殊目的公司（开曼公司与 B. V. I 公司的母子关系是可以互换的，通过较为便利的换股安排，可实现将两地母子公司的关系互换）。

2. 并购境内企业

境外公司收购境内企业的股权，将境内企业变更为外商投资企业。

3. 境外公司支付股权对价款

在境内企业变更为外商投资企业后，境内、外公司在创设的平台上进行合资，向境内企业的控股股东支付对价款。

4. 境外公司将资金注入境内企业

境外公司再将其余资金投入境内外商投资企业。至此，境内企业的红筹私募融资正式完成。有的公司会更进一步，选择在境外申请上市。

以上步骤为“红筹架构”较为常见的操作流程。有些公司还会有对赌协议或者是其他私募股权融资等特殊安排，将会根据公司的实际需求进行特殊的制度和程序设计。

二、“10 号文”对股权结构设计的影响

SOHO 中国于 2007 年在香港上市。上市前夕，潘某某将他持有的股份全部转给香港籍的妻子张某，自己名下没有保留任何股份。2012 年，俏 JN 计划在香港上市，实际控制人张某将国籍从中国改为圣基茨和尼维斯联邦。LG 地产于 2013 年在香港上市。上市前夕，实际控制人纪某某将他持有的股份全部转给圣

基茨和尼维斯联邦籍的女儿，自己名下没有保留任何股份。2018 年，海 DL 赴港上市前夕，实际控制人张某夫妇移民新加坡，放弃中国国籍。

这些公司的实际控制人/大股东是出于什么样的考量，纷纷选择在公司上市前转让股权或者改变国籍呢？其实这与境内民营企业赴香港上市主要采用的两种方式即 H 股上市或者通过“红筹架构”上市有关。

H 股模式指注册在中国内地的公司直接向香港联合交易所申请发行境外上市外资股（H 股）股票并在香港联合交易所上市交易的境外上市模式。此种上市模式无须搭建“红筹架构”，但需要获得中国证监会的批准。

红筹模式包括外资协议控制和外资股权控制。2006 年 9 月“10 号文”生效。在“10 号文”生效前，民营企业利用“红筹架构”在境外上市没有其他实质性的障碍。但是“10 号文”生效以后，其中第十一条规定：“境内公司、企业或自然人以其在境外合法设立或控制的公司名义并购与其有关联关系的境内的公司，应报商务部审批。当事人不得以外商投资企业境内投资或其他方式规避前述要求。”且在 2009 年的修订版本中仍然保留了该规定，目前仍是有效的。鉴于该规定，如果境内企业的实际控制人在境外注册了离岸公司并以该公司名义收购自己在境内企业，像这种跨境的关联并购必须报商务部审批。而商务部对于该类交易的审批一直处于停滞状态，导致企业实质上很难获得审批通过。

正是在这样的背景之下，那些继续选择通过“红筹架构”上市的民营企业为了避免“10 号文”的监管，同时也希望可以顺利地将境内企业的权益输送到境外，便衍生了许多变通的做法，如控股股东通过移民改变身份、实际控制人将股权转让给外籍家人等。

三、构建公司股权结构的要点

（一）股权结构的重要性

1. 股权结构是企业的根本

一个企业最重要的基础一般有两方面：其一是开创企业的人，其利用自己的学识、人脉、能力、创意甚至是注册公司的初始资金等，一手促成了企业的诞生；其二就是公司股权，毕竟股东所拥有的公司价值都体现在公司股权上。而公司的股权结构就是将两个方面串联起来的纽带，是企业的根本、命脉。

2. 股权结构的构建具有不可逆性

既然股权结构是企业的根本，在设计的最初就应当制订最佳的方案。如果“地基”打得不够扎实，则会影响股权结构的稳定。如果等公司发展到一定的程度才发现股权结构出现问题，往往会造成不可逆的后果，甚至直接导致企业的“死亡”。

3. 股权结构的构建应成为企业的“标配”

在我国市场经济刚刚萌芽的阶段，创业者往往都采取“个人战”的形式保证决策的效率。在这种情况下根本谈不上股权结构构建的问题。现如今已不再是“一人打天下”的年代，新的市场环境下讲究的是多人合作、团队合作，单人的力量再也无法轻易与团队的力量抗衡，合伙创业已经成为大势所趋。在这样的背景下，合作者之间的股权结构就成为企业最重要的部分。完善合理的股权结构不但可以促进合作者之间的和谐，也能保障各方在发生矛盾时也有很好的解决机制。如果不重视股权结构，则可能导致整个企业陷入危机。

（二）构建股权结构的九大要点

1. 企业必须明确核心人员的股权

一个企业在“萌芽”时势必需要由企业的核心人员引领才能逐渐“发芽”。而企业构建股权结构的第一步就必须明确核心人员的股权结构。实践中，部分企业就是对核心人员的股权不够明晰，导致了核心人员之间的股权争斗，最终将辛苦创建的企业生生拖垮。某知名餐饮公司就是较为典型的案例。而一些知名企业的核心人员，都会通过各种合理、合法的方式明确自己对公司的控制地位，如阿LBB的“合伙人制度”、京D的“AB股计划”等。虽然我们倡导企业决策的民主化，但是在企业内部发生争议时，还是需要核心人员及时站出来做最后的决定，这样企业才能在关键时刻作出有效的决策。

2. 核心人员的股权比例必须合理

在过去，许多企业是靠个人创立起来的，充满了创始人的个人英雄主义色彩；而现在，企业更多地愿意选择抱团合作，尤其是核心人员之间必须建立长期有效的合作。公司的核心人员只有携手并进、群策群力，才能共同面对激烈的市场竞争，让自己的企业脱颖而出。但实践中，许多公司对于核心人员的重视还不足够，甚至没有给予他们足够的股权保障。企业核心人员之间应当根据各自的贡献、付出以及能力等因素直接对应合理的股权比例，不能仅以大家之间的信任为依靠。只有合理的股权结构设计，才能真正保障各个核心人员之间的信任以及对于企业的忠诚与信心。

3. 核心人员的股权比例可不参照出资

企业核心人员在企业设立时可能主要对公司项目的参与、发展的规划、公司的经营等方面付出较多，但并非对公司出资较多。如果公司的股权设计完全以出资额作为依据，则对于核心人员来说是极为不公平的。虽然公司的发展一定程度上是依赖于资金的投入，但是更多的是来自项目的优劣、发展战略的眼光、公司经营的情况等。因此，企业对于核心人员的股权比例设计不应当完全参照出资的情况，而是应当通过对公司的贡献度、对项目的参与度、承担的企业风险等综合因素来决定股权的分配。

4. 应当及时形成书面的股权分配协议

企业核心人员一起共同创设企业往往是带着对彼此的信任与认可。但落实到企业股权的分配则不应仅仅停留在口头上，而是应当切实的落实到书面上，即形成书面的股权分配协议。书面的股权分配协议一般应当包括股权比例、股权分红条件、股权激励、股权退出机制等。如果核心人员能一直在一起创业，则合理的股权比例设计以及分红机制等，能使大家都分享到企业的“胜利果实”；如果部分核心人员因为各种原因想要离开企业，则可以利用事先确定的股权退出机制“和平分手”，也不会影响到企业的正常经营。

5. 应当妥善设立合理的股权退出机制

虽然企业的理想状态是核心人员之间永远保持良好的合作关系，共同促进企业的不断发展、壮大。但实际上，核心人员在实际经营的过程中可能会出现分歧、争执、矛盾、猜忌，导致关系的破裂。在这种情况下，部分核心人员可能会选择退出企业。如果企业没有设计合理的退出机制，则可能会引发核心人员之间的股权争斗，最终将会直接影响到企业的正常运转。因此，在企业的创设初期就应当对于未来的股东退出机制进行书面约定。

在设立企业时，企业还没有太多的收益，而股权的价值也没有特别巨大，较为适合沟通退出机制的内容。一旦企业价值变大，股权价值也随之“水涨船高”，股东之间可能对于股权价值的认识也会改变，再来沟通退出机制就无法轻易达成共识。

例如，在企业设立时可将核心人员的部分股权与公司服务期限、公司业绩、公司项目的成功数量等具体要求相互挂钩。如果未来核心人员希望退出公司，则符合要求的股权可以选择保留或出售给公司其他股东或由公司回购；不符合要求的股权则必须由公司按照约定的价格进行回购。这样既可以保障核心人员根据其对公司过往的付出得到应有的回报，同时其没有兑现的承诺或未达成的业绩所对应的股权也不会被轻易带走。这样对仍然留在公司的核心人员也是较为公平的安排。

6. 合理设计投资者与核心人员的股权比例

企业核心人员可能在创设企业时并没有太多的资金，需要引进外部投资者来解决企业的资金运作问题。此时合理的股权结构就显得更加重要了。如果公司在创设初期就按照出资比例分配股权，则会导致投资者占有大量股权，而核心人员仅占少数股权。但实际上公司完全由核心人员负责运营，投资者仅仅付出了金钱，却成为控制公司的大股东。一旦公司发展到一定的规模，则很可能会出现“鸠占鹊巢”的情况，核心人员辛辛苦苦创设的公司很可能就会被投资者轻易掌控。另外，如果企业在发展的过程中需要引进其他合作伙伴或投资者，核心人员也无法拿出更多的股权来作为引进的条件了，这样对企业的长远发展也是极为不利的。

7. 合理分配“特殊人员”的股权比例

一个企业的发展除了需要资金以外，也需要依靠人脉、社会地位等资源。而对于这类“特殊”资源提供者的股权分配也需要特别注意。例如，有些公司在设立初期可能会寻求一些具有社会资源的人士的帮助，但这些社会资源一方面无法折算价值，另一方面也无法完全计算出其对于企业发展的真正作用。因此，对于这类投资者首先应当考虑直接分配经济利益而非股权，避免其与企业建立太深的关系；若该投资者坚决要求分配股权且该社会资源对企业发展确实至关重要，则也应当在股权的变现以及退出机制上进行适当的限制。

8. 建立管理团队与员工的股权激励机制

对于企业发展来说，人才的流失是最为头疼的事情。而企业吸引并稳固人才最重要的手段就是股权激励。一旦企业的管理团队或员工获得了股权，就会对企业产生归属感，毕竟企业的好坏直接影响了其手中股权的价值，当然也不会轻易地背叛或出卖企业。因此企业在设计股权结构时应当预留股权激励的部分，为日后稳定人才或招募新人做好准备。

9. 核心人员应对家庭风险进行控制

企业核心人员作为掌握企业命脉的人，通常是全身心地投入和参与公司的经营管理活动。因此就会忽略家庭、尤其是配偶的重要性。而根据我国《民法典》婚姻家庭编的规定，一方在婚姻存续期间的财产首先将被推定为夫妻共同财产，除非双方提前进行了约定。如果企业核心人员与配偶离婚，则其在婚姻存续期间所获得的股权很有可能会遭到分割，最终将可能导致公司实际控制人的变化。著名的“土豆条款”就是投资者们专门设计出来明确企业核心人员与配偶之间关于企业股权归属权的文件。因此，企业核心人员应当时刻注意自己家庭的状况，在条件允许的情况下，与配偶协商就企业股权与家庭资产分离的安排方案，尽可能减低家庭变故对于公司正常经营发展的影响。

四、“同股不同权”在资本市场的实践

（一）中国资本市场的“同股不同权”

1. 科创板“同股不同权”的尝试

随着科创板的推出和我国资本市场的进一步改革，我国A股市场最终也选择接纳“同股不同权”企业。针对“同股不同权”的企业上市，科创板额外设置了两套标准：一是预计市值不低于人民币100亿元，二是预计市值不低于人民币50亿元且最近一年营业收入不低于人民币5亿元。

2019年9月27日，上海证券交易所科创板上市召开了第27次审议会议，审议通过了优KD等三家企业的科创板首发上市申请。值得关注的是，优KD是科创板受理的首家“同股不同权”企业，也是科创板第一家首发申请获通过的“同股不同权”企业。

在2019年3月17日，优KD召开了2019年第一次临时股东大会，表决通过《关于〈优KD科技股份有限公司关于设置特别表决权股份的方案〉的议案》，设置了特别表决权股份。根据公司的表决权差异安排，共同实际控制人——季某、莫某和华某三人，合计持有9768.82万股特别表决权股份，公司剩余2.66亿股为普通股份，特别表决权股份拥有的表决权是普通股的5倍。因此，上述三人对应的表决权比例分别为33.67%、15.52%和15.52%。2020年1月20日，优KD正式在上海证券交易所科创板挂牌上市，被誉为中国A股市场第一家“同股不同权”的上市公司。

2. 深圳经济特区所有公司均可设置“同股不同权”

2020年11月1日，经深圳市人大常委会会议表决通过的《深圳经济特区科技创新条例》在国内立法中首次确立非上市公司的“同股不同权”制度。根据第九十九条的规定，在深圳注册的科技企业可以设置特殊股权结构，在公司章程中约定表决权差异安排，在普通股份之外，设置拥有大于普通股份表决权数量的特别表决权股份。有特别表决权股份的股东，可以包括公司的创始股东和其他对公司技术进步、业务发展有重大贡献并且在公司的后续发展中持续发挥重要作用的股东，以及上述人员实际控制的持股主体。设置特殊股权结构的公司，其他方面符合有关上市规则的，可以通过证券交易机构上市交易。

但是“科技企业”并非法律概念，且《深圳经济特区科技创新条例》也未对“科技企业”的定义、类别、外延、准入门槛作出规定，存在模糊地带，比如科技企业是否包括全部“高新技术企业”，科技企业是否以主管部门审批/备案的名册为准等。在实际操作的过程中还具有一些不确定性。

2021年3月1日，《深圳经济特区商事登记若干规定》正式实施，这标志着“同股不同权”的制度将被扩大至深圳注册的所有公司。其中第四条第三款规定，公司依法设置特殊股权结构的，应当在章程中明确表决权差异安排。虽然《公司法》从未禁止有限公司设置“同股不同权”，只要章程可以另行规定即可。但实践中，各地市场监督部门实际上并不允许公司在章程中做出太多个性化的条款设置。

如果公司可以设置“同股不同权”的制度，首先就可以切实保障创始股东的控制权，不再局限于“资本多数决”的框架中。随着商业形态的调整，许多企业正在从传统行业转变至新经济行业，且公司又多以轻资产的情况居多。在这种情况下，公司的融资主要依靠股权来吸引投资人。随着企业的不断壮大，需要更多的资金投入，不可避免地需要引进多轮股权投资。如果企业创始股东的持股比例不断被稀释，就会导致对公司失去控制权。这样并不利于公司的技术发展和有序经营。如果公司可以设置“同股不同权”的制度，则既可以保障投资者的收益权，同时也可以使得创始股东利用较小的持股比例享有对公司的控制权，这样有利于保护创始股东的利益。

另外，如果创始人/团队获得了具有特殊表决权的股权，即使投资者所持有的普通表决权的股权被他人恶意收购，也不会对整个公司的控制权产生任何实质性的威胁，保障了公司的稳定。

3. 中国香港资本市场的“同股不同权”

2013 年香港证券交易所因无法接受阿 LBB“合伙人制度”下设置的不同投票权制度，最终否决了阿 LBB 向其申请上市的要求。2018 年 4 月 30 日，香港交易所推出上市新规，首次允许拥有不同投票权架构的公司在港上市。

不同投票权架构（Weighted Voting Rights，WVR）是一种特殊的公司架构。在此种架构下，公司至少会发行两类股份，每类股份的每股投票权会存在差异，比如，发行给一般投资者的股份可以设定为一股一票，而发行给创始人和管理层的股份，则可以设定为一股多票。这样一来，创始人和管理层即便未拥有高比例的股权，依然可以影响公司的决策，如董事会成员提名、管理层任命等。

2018 年小 M、M 团等一大批中国互联网的独角兽企业在香港证券交易所上市。小 M 是香港证券交易所新规实施后上市的第一家“同股不同权”企业。在招股说明书中，小 M 披露了上市前的持股比例情况。其中，小 M 公司创始人、董事长兼 CEO 雷先生持股 31.41%，通过双重股权架构，A 类股投票权是 B 类股的 10 倍，雷先生的表决权比例超过 50%，实现了对公司的实际控制，为小 M 公司的实际控制人。

（二）美国资本市场的“同股不同权”

在美国上市的很多中国企业采取了双层股权架构，例如百 D 的创始人李先生所持的 1 股对应 10 股的投票权，虽然仅持有 15.9% 股权，却有 53.5% 投票权；阿 LBB 利用“合伙人制度”控制了不同投票权。

我们以京 D“AB 股”结构进行具体分析。根据京 D 公开的招股说明书可以看出：京 D 的创始人刘先生所持有的股权称为“B 类股”，即 1 股对应 20 倍的投票权，故刘先生以 20.7% 的股权直接控制了京 D83.7% 的投票权。同时京 D 还针对“AB 股”进行了其他设计。如“A 类股”可直接上市交易，但“B 类股”不可上市交易；“A 类股”不可转换成“B 类股”，但“B 类股”可以随时转为“A 类股”；刘先生所持有的“B 类股”在其卸任京 D 董事兼 CEO 或发生其他特定情况时，则自动转为“A 类股”。刘先生正是凭借着这些特殊股权设计将京 D 的命脉牢牢地抓在自己的手中。

第四节 公司治理

一、公司印章的管理与规范措施

（一）公司印章常见种类

1. 公司公章

公司公章是一种法人权利的象征，通常情况下可以代表法人的意志。如果在对外签订的合同或其他法人文件上加盖公章，除非有特殊情况，否则应由公司承担相应的法律责任。

2. 财务章

财务章主要用来与银行等金融机构办理业务时使用，如银行的各种凭据、汇款单、支票的用印，也会用于财务往来的结算等情况。

3. 合同专用章

鉴于公司公章需要在公司对外进行的许多经营活动中使用。有些公司为了办理业务的便利，会专门设置一枚合同专用章，在公司对外签订合同时使用。

4. 发票专用章

公司在购买和开具发票时需要加盖发票章，其中一般包含公司单位名称、发票专用章字样、税务登记号。

5. 法定代表人签名章

法定代表人是依法代表法人行使民事权利，履行民事义务的主要负责人，所以一些公司法定代表人也会设置自己的签名章，方便公司办理业务。

上述印章是公司运营中的常见必备印章。除此之外，部分公司为了满足实际需求，还会刻制其他印章，如部门章、项目章等。根据《国务院关于国家行政机关和企业事业单位社会团体印章管理的规定》（以下简称《印章管理规定》）第二十二条的规定，企业事业单位的其他专用印章（包括经济合同章、财务专用章等），在名称、式样上应与单位正式印章有所区别，经本单位领导批准后可以刻制。但公司印章的种类及数量越多，相应的管控难度就越大，进而导致法律风险也越高。我们建议公司除了经营活动必备的印章之外，应尽量减少其他印章。

（二）公司公章的防伪措施

根据《印章管理规定》第二十三条、第二十四条的规定，企业事业单位刻制印章应到当地公安机关指定的刻章单位刻制。如因单位撤销、名称改变或换用新印章而停止使用时，应及时送交印章制发机关封存或销毁，或者按公安部会同有关部门另行制定的规定处理。

在实务中，公司公章被仿制的现象不在少数，如此前轰动全网的某视频网站与某酱料公司合同纠纷就是由于刻制假章而引起的。根据警方通报，系有人伪造某酱料公司印章与某视频网站签订合同，骗取游戏礼包码并转卖。为减少此种风险，我们建议在公章刻制完成后至备案使用前，事先对公章实施适当的“防伪”措施。比如在公章上的文字或图形做细微的调整，使得该公章具有独特的印记，方便日后识别真伪。同时该“防伪”措施的知情人应当控制在一定的范围内，并要求其对此严加保密。

（三）印章使用的规范流程

公司印章的规范使用可以从以下几个方面着手：

第一，使用印章时必须进行书面的用印申请，并且列明使用单位或/和实际经办人。

第二，用印的书面申请必须按照公司的管理规则由相应的管理人员进行批准后方能用印。

第三，用印的时间应当进行详细的记录，并在用印申请书上记载该文件的签署时间，切记不可留有空白部分。

第四，对于整个用印过程都应当留下完整的记录，包括用印申请人、批准人、相对方、用印时间及用印数量等。

第五，对于采购、销售、服务等日常经营项目可以考虑使用电子印鉴，方便网上审核，同时也方便保留相关的记录。

（四）公司印章的保管

企业家一定要选好、选对保管公司印章的人选，要综合考虑安全性、责任心和稳定性等因素。公司应实行印章专柜保管的制度，设置保险柜用以保管印章。放置印章的保险柜一般不宜直接置放在保管人的办公桌边。如果条件允许，应当在公司内设置相对独立的区域，在该区域设置单独的视频监控，记录印章取用的全过程，同时注意对视频监控记录的保存。

（五）印章管理的其他问题

1. 空白文件的用印问题

很多公司知道空白文件用印的风险，但有时为了业务处理的方便，还是会有这样的情况发生。如果确有必要在空白文件上用印，则应当注意以下事项：

（1）必须由公司负责人、项目负责人以及其他相关的负责人共同审批并形成书面的审批文件，尽可能地避免风险。

（2）由指定人员申请空白文件的用印并负责整个用印、交付以及文件回收的流程，防止文件多番转手后出现不必要的风险。

（3）对空白文件的用印设置专门的申请流程并对空白文件进行特别的编码。若未来发生纠纷，方便追溯。

（4）指定人员在申请空白文件用印后，必须在条件允许的情况下，第一时间将内容补齐并通过扫描、拍照等方式交给公司再次批准。经公司最终批准后才能正式对外交付。禁止直接将用印后的空白文件向任何第三方交付。

（5）若空白用印文件最终并未使用，则指定人员应当立刻将文件带回公司并与管理人员进行交接或销毁，交接和销毁都应当留下记录。

2. 携带公章外出用印问题

通常情况下，公司公章应当在公司内使用并禁止携章外出。若确因业务的需要而将公章带出公司使用，则应当指定专人保管公章，同时委派相关的管理人员一并前往监督用章。公章被带离公司前应当用密封袋保管，使用后应当立刻加封。

3. 资产或股权转让时的公章转移

若公司发生资产转让，公司公章不宜直接交付给受让方。而公司控股权发生转让时，可以将原公司公章进行封存，同时由新股东重新刻制新公章，且新公章的外观或图形最好与原公司公章有所区别，防止旧公章被冒用的风险。若确实需要转交原有公章的，则应当在合同中注明公章转移的流程以及相关责任的承担。同时在转交公章时，一定要由接收方进行书面签收并注明签收的时间和地点，以免未来发生纠纷。

（六）加盖伪（变）造公章的合同效力

1. 最高人民法院的审判意见

最高人民法院在《九民纪要》中就“盖章行为的法律效力”指出：“司法实践中，有些公司有意刻制两套甚至多套公章，有的法定代表人或者代理人甚至私刻公章，订立合同时恶意加盖非备案的公章或者假公章，发生纠纷后法人以加盖的是假公章为由否定合同效力的情形并不鲜见。人民法院在审理案件时，应当主要审查签约人于盖章之时有无代表权或者代理权，从而根据代表或者代理的相关规则来确定合同的效力。

“法定代表人或者其授权之人在合同上加盖法人公章的行为，表明其是以法人名义签订合同，除《公司法》第16条等法律对其职权有特别规定的情形外，应当由法人承担相应的法律后果。法人以法定代表人事后已无代表权、加盖的是假章、所盖之章与备案公章不一致等为由否定合同效力的，人民法院不予支持。

“代理人以被代理人名义签订合同，要取得合法授权。代理人取得合法授权后，以被代理人名义签订的合同，应当由被代理人承担责任。被代理人以代理人事后已无代理权、加盖的是假章、所盖之章与备案公章不一致等为由否定合同效力的，人民法院不予支持。”

最高人民法院民二庭第18次法官会议纪要也指出：“在合同书上加盖公司公章的法律意义在于，盖章之人所为的是职务行为，即其是代表或代理公司作出意思表示。但章有真假之分，人也有有权无权之别，不可简单根据加盖公章这一事实就认定公章显示的公司就是合同当事人，关键要看盖章之人有无代表权或代理权。盖章之人为法定代表人或有权代理人的，即便其未在合同上盖章甚至盖的是假章，只要其在合同书上的签字是真实的，或能够证明该假章是其自己加盖或同意他人加盖的，仍应作为公司行为，由公司承担法律后果。反之，盖章之人如无代表权或超越代理权的，则即便加盖的是真公章，该合同仍然可能会因为无权代表或无权代理而最终归于无效。”

2. 最高人民法院的典型案例

（1）表见代理行为由公司承担后果

案例2-15 ZY公司与杨某海、沈某峰买卖合同纠纷案

二审法院：山东省高级人民法院（2016）鲁民终2229号

再审法院：最高人民法院（2017）最高法民申1722号

案例主旨：公司员工的行为构成表见代理，相应的法律后果应由公司承担。

最高人民法院认为，关于在案证据能否认定沈某峰签订买卖合同的行为构成表见代理的问题。其一，沈某峰具有代理ZY公司签订合同的外观表象。ZY公司系某项目的承包人，沈某峰系实际施工人并在工地负责施工，该工地没有其他施工队，故沈某峰具备代表ZY公司向杨某海购买模板、方木的外观表象。其二，杨某海已尽到善意第三人的注意义务，有理由相信沈某峰有代理权。2012年8月30日，杨某海与沈某峰在涉案工地签订《材料购销合同》，该合同落款处加盖了ZY公司工程项目部的印章，虽然该印章并非ZY公司真实印章，但杨某海无法辨别印章的真伪，可以认定杨某海有理由相信沈某峰有代理权。杨某海提交的“送（销）货单”显示，杨某海将模板、方木送到了涉案工地，并要求涉案工地收料人孟某梅、陶某华签字确认，亦要求沈某峰签字确认，已尽到谨慎注意义务。其三，ZY公司虽然主张杨某海实际供应的模板、方木的数量远远低于案涉工地所需数量，但本案系买卖合同关系，无法通过对施工工程量的鉴定来确定杨某海供货数量，且沈某峰为杨某海出具的多份欠条及双方签

订的《结算协议书》相互印证，数额一致，ZY公司未能举证证明杨某海没有按照合同约定供货，其主张不能成立。综上，沈某峰的行为构成表见代理，相应的法律后果应由ZY公司承担。

（2）无法人资格的公司部门借款由法人偿还

案例2－16 JT公司与吴某明、左某安、文某建民间借贷纠纷案

二审法院：湖南省高级人民法院（2016）湘民终754号

再审法院：最高人民法院（2017）最高法民申2929号

案例主旨：借款行为若具有代表公司之表象，则出借方有理由相信该款项系公司所借。不具有法人主体资格且不能独立承担民事责任的公司部门作为借款人，应当由公司依法承担还款责任。

最高人民法院认为，根据本案已查明的事实，某项目部是JT公司为了开发某项目成立的临时机构，该机构非经依法设立，也未领取营业执照，不具备独立承担民事责任的能力，其对外从事民事活动所产生的法律后果应由设立该机构的JT公司承担。根据《某某某项目开发承包合同》的约定和JT公司的陈述，左某安为该项目开发部经理，文某建负责项目部财务，均为JT公司的工作人员。而且，JT公司亦同意“JT公司某项目部”印章的刻制。可见，左某安、文某建使用项目部印章是经过JT公司许可和授权的，该二人使用项目部印章的行为属职务行为。不管JT公司与左某安、文某建就使用该印章有何特殊约定，或者该二人有无私刻印章并被JT公司收缴行为的发生，其均属于JT公司内部管理行为，对外没有公示性。虽然左某安、文某建与JT公司在《某某某项目开发承包合同》中就对外合同签订、财务管理、债权债务及利润如何分配等作了约定，但该约定是左某安、文某建与JT公司双方的内部约定，不能对抗善意第三人。

本案中，左某安、文某建在任职某项目部期间，以该项目部建设等需要为由，向吴某明借款，并在借据上加盖该项目部印章，无论该印章是否为私刻，结合左某安、文某建系JT公司工作人员身份的确定性、某项目的真实性等因素，左某安、文某建的借款行为具有代表JT公司之表象，吴某明有理由相信该款项系JT公司某某某项目部所借。因此，原判决认为左某安、文某建向吴某明的借款行为构成表见代理并无不当。因项目部不具有法人主体资格，不能独立

承担民事责任，故作为设立该项目部的JT公司依法应承担还款责任。

(3) 无效代表行为且无事后追认则公司不担责

案例2-17 XF公司与JD公司、孙某生等合同纠纷案

二审法院：浙江省高级人民法院（2011）浙民提字第46号

再审法院：最高人民法院（2012）民提字第208号

案例主旨：法定代表人的代表行为不构成有效代表行为且事后公司未对其行为进行追认，该代表行为无效，公司不承担法律责任。

最高人民法院认为，虽然孙某生作为JD公司法定代表人可以对外代表公司进行活动，但其应在法律、公司章程等规定的权限范围内活动。根据二审确认的JD公司章程中第十四条第（十）项、第三十三条等规定，JD公司房产的出租及转让的价格，公司重大资产的处置等均应由公司股东会作出决议，没有股东会的同意，公司股东或公司的法定代表人均不得自行决定。孙某生未经股东会决议，擅自与XF公司签订协议，以JD公司资产抵偿其个人及其关联企业YD公司的债务，并将其私刻的公章加盖在协议落款处甲方（JD公司）栏内，超越了法定代表人的权限，违反了JD公司章程的上述规定，属越权代表行为。

法定代表人越权代表行为的效力，应根据相对人是否善意作出判断，也就是相对人是否知道或者应当知道其超越权限。孙某生以JD公司名义与XF公司签订协议将属JD公司所有的房地产转让给XF公司，但转让款却与孙某生自己以及关联企业YD公司的债务相抵扣。按XF公司起诉主张，至协议签订日借款本金及利息合计28,591,491元，足以抵付合同约定的2740万元转让款。JD公司在该买卖合同中仅承担义务，而不享有权利。该买卖合同的履行，将使JD公司的资产大为减损，严重损害公司及公司其他股东的利益。XF公司（林某松）从协议内容分析即应当知道孙某生签订该协议系超越权限而为。

至于XF公司在诉讼中主张转让协议涉及的房产价值与JD公司分立后孙某生（YD公司）实际分得的房产价值相当，协议并未损害JD公司除孙某生（YD公司）外其他股东的利益。但因JD公司分立及资产分割等事实发生在协议订立之后，该事后发生的事项不影响之前协议性质的认定。孙某生的代表行为不构成有效代表行为。鉴于事后JD公司或其分立后承受权利义务的公司均未对其行为进行追认，该代表行为无效，转让协议对JD公司并无法律约束力。

(4) 公司明知公章伪造但不防范的需承担责任

案例2-18 重庆QZ公司与汪某雄、朱某德建设工程施工合同纠纷案

二审法院： 云南省高级人民法院（2015）云高民一终字第231号

再审法院： 最高人民法院（2016）最高法民申255号

案例主旨： 公司对公章的存在、使用是知晓的情况下，即使公章是伪造的，但其在明知该公章存在并使用的情况下，未采取措施防止相对人的利益损害，使用该公章签订履行合同的行为应当认定为公司的行为。

最高人民法院认为，重庆QZ公司在设立云南分公司时，向工商行政管理局提交《分公司设立登记申请书》，明确云南分公司负责人为梁某霖，该申请书盖有重庆QZ公司认可的公章及法定代表人名章。重庆QZ公司内部文件《关于成立重庆QZ公司云南分公司的通知》（渝群实集司发〔2011〕15号）不仅明确重庆QZ公司成立云南分公司而且任命梁某霖为云南分公司总经理。因此，重庆QZ公司对云南分公司的存在、梁某霖代表该分公司进行经营活动明知且认可。重庆QZ公司云南分公司有权委托朱某德开展经营活动，朱某德接受重庆QZ公司云南分公司委托，使用编号为“50010218011375”的重庆QZ公司印章签订履行合同的行为之法律后果应当由重庆QZ公司承担。

相关证据表明，重庆QZ公司对该公章的存在、使用是知晓的。尽管其主张公章系伪造，但其在明知该公章存在并使用的情况下，未采取措施防止相对人的利益损害，朱某德使用编号为“50010218011375”的重庆QZ公司印章签订履行合同的行为应当认定为重庆QZ公司的行为。

(5) 公司未自行或授权加盖变造公章不需要承担责任

案例2-19 ZJ公司与某行上海浦东分行、上海ZY公司借款合同纠纷案

一审法院： 上海市高级人民法院（2001）沪高经重字第2号

二审法院： 最高人民法院（2001）民二终字第155号

案例主旨： 担保书中法定代表人签名系伪造、公章系由其他公章变造盖印形成的，且经当事人举证和法院查证均不能证明该变造的公司章系公司自己加盖或者授意他人加盖的，不能认定或者依法推定为公司真实意思表示。

最高人民法院认为，当事人的签字或盖章都可以使合同成立。当事人的签

字，包括自然人本人或其委托代理人签字，企业法人或者其他经济组织的法定代表人、负责人或其委托代理人签字。企业的法定代表人签字的合同代表了企业的意思表示，可以产生合同成立的法律效果。

本案讼争的《不可撤销担保书》有法定代表人的签字，不存在委托代理人代理行为，但是法定代表人薛某的签字系他人伪造，薛某不应对不是由其签名的行为负责，也不能据此认定《不可撤销担保书》的内容反映了ZJ公司的意思。因此，伪造的签名不能使本案讼争的《不可撤销担保书》成立生效，ZJ公司不因伪造的法定代表人签字而产生民事责任。

盖章也可以产生合同成立的效果。合同书上盖章的意义在于证明该合同书的内容是印章记载当事人的意思表示，此时合同书上的印模具有证据的作用。加盖真实印章的合同，其权利义务由该当事人承受。

本案讼争的《不可撤销担保书》，加盖的是以ZJ公司贸发部的印章变造后的ZJ公司印章，不是ZJ公司的正式印章，《不可撤销担保书》并不当然代表ZJ公司的意思，当然也不代表ZJ公司贸发部的意思。

ZJ公司是否应当依据《不可撤销担保书》承担担保责任，需要根据本案的相关事实综合判定。如果加盖变造印章的行为是ZJ公司本人所为，则该印章虽为变造，但仍能代表ZJ公司的意思表示，ZJ公司应当承担担保责任。但是，ZJ公司贸发部的印章在出具《不可撤销担保书》时为ZY集团持有，某行上海浦东分行经办业务人员虽称《不可撤销担保书》是交给ZJ公司办公室主任章某某、由该公司盖章，但在原审庭审过程中不能辨认章某某，其所称的《不可撤销担保书》上的变造印章系由ZJ公司加盖的事实不能得到印证。因此，某行上海浦东分行所称《不可撤销担保书》加盖变造印章系ZJ公司所为没有证据佐证。

某行上海浦东分行不能证明系ZJ公司加盖的变造印章，而变造印章的多次使用本身并不产生当然代表ZJ公司意思表示的效果，况且，某行上海浦东分行在接受《不可撤销担保书》时，并不知道该印章曾多次被使用，该行是在争议发生后，才收集到有关证据。可见，某行上海浦东分行在接受《不可撤销担保书》时，并未将该印章的多次使用作为其相信该印章可以代表ZJ公司意思表示的理由。某行上海浦东分行作为专业性的金融机构，在从事金融业务时，本应尽到谨慎的注意义务，但其经办人员疏于履行职责，接受加盖变造印章的担保，对此，ZJ公司无过错，不应承担《不可撤销担保书》项下的义务。

综上所述，经法院委托司法鉴定认定某行上海浦东分行《不可撤销担保书》上ZJ公司法定代表人签名系伪造、公章系由其他公章变造盖印形成，且经当事人举证和法院查证均不能证明该变造的ZJ公章系ZJ公司自己加盖或者授意他人加盖，不能证明ZJ公司明知该担保书的存在而不作否认表示，也不能证明ZJ公司自己在其他业务活动中使用了该变造的ZJ公章或者明知他人使用该变造的ZJ公章而不作否认表示，《不可撤销担保书》上的签名和变造的ZJ公章均不能认定或者依法推定为ZJ公司真实意思表示，因此该《不可撤销担保书》不成立，ZJ公司不应承担上海ZY公司对某行上海浦东分行450万美元借款本息的担保责任。

（七）“虚假印章”的认定标准及举证责任

1. “虚假印章”的认定标准

（1）经备案的印章具有公示性不宜轻易认定为虚假

案例2-20 ZSY公司与彭某兵、ZSY重庆分公司等建设工程施工合同纠纷案

二审法院：重庆市高级人民法院（2014）渝高法民终字第00209号

再审法院：最高人民法院（2015）民申字第1748号

案例主旨：基于工商登记的公示效力，公司未举证设立分公司的行为系他人私刻或盗用公司印章而产生，则应当对分公司的债务承担补充清偿责任。

最高人民法院认为，基于工商登记的公示效力，本案债权人彭某兵没有对ZSY重庆分公司注册登记时使用的印章是否与ZSY公司印章一致的审查义务。二审判决以ZSY重庆分公司的工商登记设立档案中，明确记载了系ZSY公司申请设立，ZSY公司未举示证据证明该设立行为系他人私刻或盗用ZSY公司印章而产生，ZSY重庆分公司的债务应认定为ZSY公司分支机构的债务为由，判令ZSY公司对于ZSY重庆分公司的债务承担补充清偿责任，符合本案查明的事实，依据充分，并无不当。ZSY公司请求法院调取的西安市碑林区公安司法鉴定中心（西）公（碑）鉴（文）字〔2015〕09号鉴定文书，虽显示ZSY重庆分公司工商登记材料中的印章与ZSY公司印章不符，但亦不足以推翻ZSY重庆分公司系依据ZSY公司授权使用其印章而设立的事实。

（2）实际使用的公章可视为代表公司真实意思表示

案例2-21 XK公司与薛某盟等民间借贷纠纷案

二审法院： 山东省高级人民法院（2014）鲁民一终字第573号

再审法院： 最高人民法院（2016）最高法民再194号

案例主旨： 公司实际使用的公章并非只有在公安部门备案的一枚，故公司在担保函上加盖该公司公章印文体现了公司的真实意思表示。

最高人民法院认为，XK公司作出的案涉担保函上加盖的XK公司的公章印文虽然与该公司在公安机关备案的公章印文不一致，但经鉴定，与XK公司向相关国家机关报送的材料上加盖的公章印文是一致的。山东省济南市中级人民法院（2014）济民五终字第648号民事判决亦认定XK公司在向案外人出具的《借款保证合同》上使用了与该公司备案公章印文不一致的公章。以上事实可说明XK公司实际使用的公章并非只有在公安部门备案的一枚，XK公司关于案涉担保函上加盖的该公司公章印文不真实的主张不能成立。

案涉担保函上加盖的XK公司的公章印文虽然与该公司在公安机关备案的公章印文不一致，但亦是该公司实际使用的公章。XK公司并未举出有效证据证明案涉担保函的出具违背其真实意愿，其提交的《关于香港某公司股权交割的协议》仅可证明该公司股东香港某公司发生了股权变动，但不影响XK公司已经作出的意思表示的效力及担保责任的认定。另外，案涉担保函出具时XK公司的公司章程并未规定该公司对外担保须经该公司股东香港某公司的同意，XK公司与债权人薛某盟之间亦未对担保合同效力问题作出其他特殊约定，薛某盟接受XK公司担保已尽注意义务，并无过错。

（3）"虚假印章"的构成要件

根据上述最高人民法院的案例，如果各方能够举证证明或相关刑事案件的调查结果等足以证明公司印章确实存在被他人私刻、伪造、变造、冒用等情况，且不存在该公司印章未经过备案、曾被使用或公司知晓等情形的，则该公司印章原则上可以被认定为"虚假印章"，即不代表所属单位的真实意思表示。

2. “虚假印章”的举证责任分配

(1) 以“谁主张、谁举证”为基本原则

在“虚假印章”争议案件中，应根据“谁主张、谁举证”的原则。在一方否认所涉文件中印章是其印章及由其加盖情形下，对方当事人应承担争议印章是真实的举证责任。也就是说，主张印章真实有效的一方应承担争议印章为对方印章或由对方加盖印章的举证责任，从而证明合同已订立并生效。

案例2-22 唐某与程某莉买卖合同纠纷案

原审法院： 重庆市高级人民法院（2009）渝高法民提字第272号、重庆市第五中级人民法院（2008）渝五中民再终字第3号、重庆市第五中级人民法院（2007）渝五中民终字第1676号、重庆市九龙坡区人民法院（2007）九民初字第2265号

终审法院： 最高人民法院（2012）民抗字第55号

案例主旨： 私章所代表的一方否认该私章效力，即否认与对方成立合同关系时，应由主张合同关系成立的一方当事人承担举证责任。

最高人民法院认为，自然人的私章没有登记备案的要求，对外不具有公示效力，在私章所代表的一方否认该私章为其所有，盖章行为是其所为时，该方当事人实质是否认与对方当事人达成合意成立了合同关系，此时就涉及就合同关系是否成立的举证责任的分配问题。在合同纠纷案件中，主张合同关系成立的一方当事人对合同订立的事实承担举证责任，即在双方当事人就合同关系是否成立存在争议的情况下，应由主张合同关系成立的一方当事人承担举证责任。因此，在私章所代表的一方否认该私章为其所有，盖章行为是其所为，即否认与对方成立合同关系时，应由主张合同关系成立的一方当事人承担举证责任，该方当事人应当举证证明该枚私章为对方所有及盖章的行为为对方所为或对方委托他人所为。

本案中，唐某否认与程某莉签订过房地产买卖合同，程某莉未能充分举证证明其与唐某之间就涉案房屋成立了买卖合同关系，应该承担举证不能的法律后果。唐某否认合同书上的私章为其所有，也否认在合同书上盖过私章，实质是否认与程某莉订立过涉案房屋买卖合同，在此情况下，程某莉应该举证证明

其与唐某之间成立了房屋买卖合同关系，即私章为唐某所有且盖章行为也为唐某所为。原审判决认定唐某在本案中未举示充分的证据证明其与程某莉之间的房屋买卖行为以及过户登记申请不是其真实意思表示，从而将该举证责任分配给唐某是错误的。原判决在举证责任的分配及适用法律上存在错误，应予以纠正。

（2）印章与备案或实际使用的不同由主张印章真实方举证

在案件审理的过程中，如果当事人通过申请鉴定或提供其他证据，已证明争议印章与备案印章、正在使用的印章不一致。在这种情况下，应由主张争议公章真实的一方继续承担举证责任。

案例 2－23 某行青岛分行（原某行山东分行）与 ZH 公司等买卖合同纠纷案

一审法院：山东省青岛市中级人民法院（2014）青金商初字第 287 号

二审法院：山东省高级人民法院（2017）鲁民终 104 号

案例主旨：有证据证明争议公章非真实且当事人否认债务的，则主张公章真实一方继续承担举证责任。

一审法院认为，某行青岛分行主张 ZH 公司应当承担偿付责任的依据是应收账款债权转让确认书，但该应收账款债权转让确认书上 ZH 公司的印章经法院委托鉴定与 ZH 公司所使用的公章不是同一枚公章所盖，某行山东分行对应收账款债权转让确认书上的公章系 ZH 公司所盖印未提交相应的证据予以证明。并且 TD 公司亦确认 ZH 公司现不欠其应收账款，某行山东分行又未能提交其他证据证明 ZH 公司欠 TD 公司的应收账款。因此，某行山东分行要求 ZH 公司应当承担偿付责任无事实和法律依据，一审法院不予支持。最终二审法院也维持了一审法院的判决结果。

（八）公司印鉴证照返还纠纷

1. 侵占公司印鉴拒不返还构成民事侵权

案例 2－24 WJ 公司与王某、王某丽等公司证照返还纠纷案

二审法院：江苏省连云港市中级人民法院（2016）苏 07 民终 1472 号

案例主旨：公司印鉴属于公司财产，公司有权要求返还。

二审法院认为，公司的印鉴，是企业法人经相关法定机关登记备案确认的宣示性法律凭证，有代表公司对外进行意思表示的功能，是公司进行对外经营、对内管理的专有物品。公司印鉴不仅以其本身的物品属性体现了其有形财产的特性，更具有公司民事权利能力与行为能力标志的无形财产价值，属于公司专有的重要财产，公司印鉴的运用只能依附于公司的法人行为，其由何人、采取何种方法保管、使用虽属公司内部意思表示范畴，不属于人民法院民事诉讼受案的范围，但有限责任公司作为独立的企业法人，享有独立的法人财产权，公司印鉴与固定资产、货币等同属公司财产。在有限责任公司作出明确意思后，公司可以基于物权或侵权法律关系，向公司意志以外的持有人请求返还或停止侵权，公司其基于财产请求权或侵权请求权而对他人提起的诉讼，属于人民法院民事诉讼调整范畴。

公司的相关经营管理人员，在经过公司的授权以后，可以保管相关印鉴，但其仅仅是暂时持有人和保管者，并不取得该印鉴的财产所有权。基于公司财产的独立性，任何人不得侵占公司印鉴，不论是股东、董事、经理或其他人员，在公司作出新的意思表示或法定代表人基于法定职权要求前期相关持有人返还印鉴后，相关人员应当立即返还，若持有人拒不返还，则构成民事侵权行为。本案中，WJ公司已经通过股东会决议方式作出新的公司印鉴保管方案，王某在以该股东会决议无效而提起的诉讼被生效判决所驳回后，其即应当遵照公司决议向公司交还印鉴。WJ公司虽在本案二审审理期间启用了公司新的印鉴，但不影响公司原有印鉴权属的财产属性，WJ公司对公司财产的权利并不丧失，故王某仍对WJ公司负返还责任。

2. 法定代表人有权代表公司起诉返还公章

案例2－25 成都某公司因与蒋某如公司证照返还纠纷案

一审法院：四川省成都市金牛区人民法院（2017）川0106民初9915号

二审法院：四川省成都市中级人民法院审理的（2018）川01民终3787号

案例主旨：公司印章失去控制时，法定代表人有权代表公司提起返还之诉。

一审法院认为，郭某鹏系成都某公司的法定代表人，有权代表公司对外行使权利并参加诉讼。法律没有明确规定公司公章必须由公司法定代表人保管，成都某公司章程也未对公章保管进行明确约定，公司就公章保管事宜也未形成股东会决议；成都某公司称蒋某如乱用公章损害公司利益，并未提供充分的证据予以证明。蒋某如作为公司监事有权行使监察权利，维护公司利益，故蒋某如拿走公司公章并不违反法律及公司章程的规定。

但二审法院撤销了一审法院的判决并认为，公司印章属于公司财产，由公司享有所有权。在公司印章失去控制时，法定代表人有权代表公司提起返还之诉。蒋某如主张不应返还印章，应就其享有印章合法持有权承担举证责任。蒋某如以查账为由领走印章，并非公司将印章交由其保管，蒋某如在使用完印章后，应及时归还印章。蒋某如公司监事的身份，也不能成为其保管印章的理由。蒋某如称，2017 年 8 月 13 日公司临时股东会决定由其保管印章。鉴于蒋某如提交的临时股东会会议纪要仅有蒋某如、郭某贵、刘某明三人签字，不符合公司章程关于“出席股东会的股东必须超过全体股东表决权的半数以上，方能召开股东会”的约定，故该会议纪要不能作为蒋某如有权保管公司印章的依据。蒋某如还称，印章在公司保险柜里，由蒋某如保管，其他人需要签字后使用，不存在返还的问题。对此法院认为，公司印章是否由公司占有，不能仅根据印章所处的物理位置判断。只要没有证据证明蒋某如已将印章实际交给公司法定代表人或公司指定保管人，即不能说明其已归还印章。故成都某公司要求蒋某如归还印章的诉讼请求应得到支持。

3. 股东代表公司请求证照返还需遵循法定前置程序

案例 2－26 ZY 公司与富某某公司证照返还纠纷案

二审法院：辽宁省高级人民法院（2014）辽民三终字第 00029 号

再审法院：最高人民法院（2015）民申字第 2767 号

案例主旨：股东代表公司请求原执行董事返还证照，应当履行股东代表诉讼的法定前置程序。

最高人民法院认为，《公司法》规定了股东代表诉讼制度，公司董事、监事、高级管理人员以及他人侵害公司合法权益的，公司股东有权向人民法院提起诉讼，但要遵循前置程序的要求，即股东应书面请求监事会或者不设监事会的有限公司的监事、董事会或执行董事提起诉讼；监事会、监事或者董事会、执行董事收到书面请求后拒绝提起诉讼，或者自收到请求之日起 30 日内未提起诉讼，或者情况紧急、不立即提起诉讼将会使公司利益受到难以弥补的损害的，股东有权为了公司的利益以自己的名义直接向人民法院起诉。该前置程序是一项法定的强制性义务，除非存在情况紧急不立即诉讼公司将会受到不可弥补的损害的情形，才可免除前置程序。本案中，ZY 公司代表 ZY 市政请求原执行董事返还证照，但未履行股东代表诉讼的法定前置程序，其无充分证据证明本案存在免除前置程序的例外情形，原裁定据此驳回其起诉并无不当。

4. 公司证照归属应依有效的公司意志进行判断

案例 2-27 钟某、贺某安、黄某月、黄某莲与 MZD 百货公司、刘某宁公司证照返还纠纷案

一审法院：广西壮族自治区南宁市青秀区人民法院（2013）青民二重字第 11 号

二审法院：广西壮族自治区南宁市中级人民法院（2014）南市民二终字第 259 号

案例主旨：只有当公司证照被非法侵占时，即持有人的持有行为违反公司意志时，公司才得以起诉要求予以返还。

一审法院认为，公司证照一般具有对外代表公司意志的表象，是公司外在意志的代表标识。公司对其证照享有所有权，可依其意志决定公司证照的保管人，由保管人按照公司的规定进行管理和使用。公司证照由谁持有，法律没有作出强制性规定，因此产生的纠纷涉及公司内部治理，应依有效的公司意志作出判断。本案中，原执行的《MZD 百货公司印章及印鉴临时保管使用规定》（以下简称《临时保管使用规定》）因故已无法使用，势必影响公司的正常经营。现除 HBL 公司之外的其他 MZD 百货公司的股东均签署《关于同意 MZD 百货公司公章及其他重要印鉴、证照交由公司法定代表人刘某宁保管的意见》（以下简称《保管意见》）。而 HBL 公司除钟某 1、钟某 2 之外的股东亦签署上述意见，同意刘某宁保管 MZD 百货公司证照。而法定代表人保管及使用公司证照具备合法性、正当性。因此，该意见应为 MZD 百货公司的有效公司意志，钟某、贺某安、黄某月、黄某莲等人继续保管 MZD 百货公司的证照已不符合上述意见，缺乏合法依据。关于钟某、贺某安、黄某月、黄某莲辩称公章及证照应当向公司返还而非刘某宁的问题。首先，公司是拟制法人，不能持有公司的公章证照，需要由自然人代表其行使该项权利，而法定代表人是公司股东选举出的

代表公司的自然人，有权代表公司行为，包括持有公司证照；而且，MZD百货公司股东亦同意由刘某宁代表公司行使持有公章证照的权利。综合上述条件，刘某宁作为MZD百货公司的法定代表人，代表公司持有公司公章证照合理合法。

但二审法院撤销了一审法院的判决并认为，公司证照的持有，属于由公司内部管理机制调整和决定的事项，也是公司意志表达的结果，公司应通过公司章程、股东会决议或者其他有效的公司内部制度予以明确，法律和行政法规对此并未作明确的规定。只有当证照被非法侵占时，即持有人的持有行为违反公司意志时，公司才得以起诉要求予以返还。

首先，本案讼争的MZD百货公司企业法人营业执照和税务登记证的正本目前悬挂于公司的行政办公区域内，并未脱离MZD百货公司的控制范围，不存在移交和返还的情形。营业执照、税务登记证的副本、行政公章、财务公章、法定代表人名章（法人印鉴）分别由贺某安、黄某月、黄某莲持有和管理。因此，钟某并未持有本案讼争的公司证照，MZD百货公司和刘某宁对钟某的诉讼请求缺乏事实依据。

其次，贺某安、黄某月、黄某莲持有公司证照的依据是2010年11月17日钟某和刘某宁等人签订的《临时保管使用规定》。钟某作为MZD百货公司的总经理，根据该公司章程，负责公司日常经营管理工作，包括拟定公司内部管理机构设置方案、基本管理制度，制定公司的具体规章。由于证照的管理和使用属于对公司事务的管理行为，钟某有权拟定和制定相关制度，签订《临时保管使用规定》也是其职责范围内的行为。而且，MZD百货公司亦从未否定过《临时保管使用规定》的效力。此外，贺某安、黄某月、黄某莲作为分管MZD百货公司行政和财务的高级管理人员，其职务并未被MZD百货公司解除，其依据《临时保管使用规定》持有和使用公司证照既符合公司制度的规定、也未超出其职权范围。因此，本案讼争的公司证照并未被非法侵占。

再次，公司可以通过自行制定的规章和制度，规定证照由相关机构或者部门的人员持有和管理，公司的法定代表人并非法定必然且应当持有公司证照的人员。因此，在MZD百货公司已经对证照的持有和管理作出规定的情况下，刘某宁不得仅以其法定代表人的身份主张返还公司证照。

最后，即使MZD百货公司不同意公司的证照继续由贺某安、黄某月、黄某莲持有，也应该依据公司的股东会、董事会决议或者总经理的决定要求其返还证照。MZD 百货公司和刘某宁提供了保管意见，以表明 MZD 百货公司已经作出了公司证照应由刘某宁保管的意思表示。但是，保管意见并不具有相应的证明效力。

综上，贺某安、黄某月、黄某莲目前仍然为 MZD 百货公司的管理人员，其依据公司的临时管理制度持有公司证照的行为不具有非法侵占的性质，公司的证照尚未脱离公司的监管。MZD 百货公司起诉所依据的保管意见，尚不足以认定为 MZD 百货公司的真实意思表示，MZD 百货公司不得据此要求人民法院判决并执行。一审判决关于 MZD 百货公司的证照应由其法定代表人刘某宁持有的认定，缺乏事实和法律依据，应予以纠正。

5. 保管人员身份发生变化后应及时将公章证照返还公司

案例 2－28 SX 公司与邢某某公司证照返还纠纷案

一审法院： 山东省青岛市市南区人民法院（2015）南商初字第 30845 号

二审法院： 山东省青岛市中级人民法院（2016）鲁 02 民终 3806 号

案例主旨： 占有公司公章、证照的权利丧失后应及时向公司返还。

二审法院认为，营业执照和公章等证章是确认公司独立以自己名义对外进行活动享有权利、承担义务的法律凭证。邢某某取得山东分公司相关证章是基于其与 SX 公司签订的《承包经营协议》及延期协议，在承包经营期内，邢某某通过控制相关证章实现对山东分公司的管理和对外经营，但这不能改变相关证章为山东分公司的所有权归属。承包经营期满后，双方当事人对继续合作无法达成一致意见，则双方的承包合同关系终止，未经 SX 公司同意，邢某某无权继续以山东分公司的名义对外开展新的业务，SX 公司虽然通过刊登遗失公告的方式办理了新的证章，但这并不妨碍邢某某向 SX 公司返还原来的证章，否则将使山东分公司的民事行为能力受到限制，财产安全处于风险之中。SX 公司虽附有协助邢某某履行其与案外人签订的合同的义务，但该协助义务并不意味着邢某某可继续占有山东分公司证章，因此邢某某继续占有、使用证章为履行其与案外人签订的合同所必须的工具的主张不能成立，法院不予支持。

二、单位出具证明材料的形式要件

单位出具的证明材料应当符合证据的形式要求。《民事诉讼法司法解释》第一百一十五条规定：“单位向人民法院提出的证明材料，应当由单位负责人及制作证明材料的人员签名或者盖章，并加盖单位印章。人民法院就单位出具的证明材料，可以向单位及制作证明材料的人员进行调查核实。必要时，可以要求制作证明材料的人员出庭作证。单位及制作证明材料的人员拒绝人民法院调查核实，或者制作证明材料的人员无正当理由拒绝出庭作证的，该证明材料不得作为认定案件事实的根据。”如果不符合形式上的要求，可能影响证明材料的效力。

最高人民法院在（2016）最高法民再109号案例中认为，针对当事人在再审期间提交的一组新证据由某市中分局某派出所出具的证明，即以“从《证据》的形式上看，没有制作人员或单位负责人的签名或者盖章，不符合单位出具证明材料的形式要件”为理由之一，并认定该证据“不能作为有效证据采信”。

最高人民法院在（2017）最高法民申2001号案例中认为，殷某志二审提交的新证据是ZC公司出具的证明，该证明仅有ZC公司的印章，没有单位负责人及制作证明材料的人员签名或盖章，不符合单位出具证明材料的形式要件规定。

三、公司账户与股东账户混同的风险

（一）“金税三期”与“资税总账户”的建设

2016年，“金税三期”在全国税务系统上线；2018年国地税合并后，原国税、地税两个“金税三期”系统成功实现并库。如今，“金税三期”系统拥有北京和南海两大数据中心，已建成为一个网络覆盖率达100%，支持年事务处理量近100亿笔、税务机关内部用户超过80万人、纳税人及外部用户超过亿人（户），能够对外提供1328个服务接口，占全部业务服务的90%以上的全国税务部门统一适用的税收管理信息系统。[①]

2017年5月，我国《个人收入和财产信息系统建设总体方案》审议通过[②]，标志着国家层面的公民个人“资税总账户”建设全面拉开帷幕。

以2019年5月10日修订的《国家税务总局广东省税务局自然人税收管理办法》（国家税务总局广东省税务局公告2019年第4号）为例，有以下几个方

① 《国家税务总局：税收信息化助“非接触式”办税走向常态》，载国家税务总局官网2020年5月13日，http：//www. chinatax. gov. cn/chinatax/n810724/c5148900/content. html。

② 参见《习近平主持召开中央全面深化改革领导小组第三十五次会议》，载中华人民共和国中央人民政府官网，http：//www. gov. cn/xinwen/2017－05/23/content_ 5196189. htm。

面值得特别关注：

第一，自然人纳税人是指法律、行政法规规定负有纳税义务的个人。个人独资企业、合伙企业自然人投资者的生产、经营所得和对企事业单位的承包经营、承租经营所得个人所得税以及个体工商户的税收管理均不属于该管理办法的适用范围。

第二，依法进行涉税信息管理。采集自然人纳税人基础信息，包括姓名、身份证件类型、身份证件号码、国籍、性别、户籍地址、居住地址、联系方式等。纳税人有中国公民身份号码的，以中国公民身份号码为纳税人识别号；纳税人没有中国公民身份号码的，由税务机关赋予其纳税人识别号。扣缴义务人扣缴税款时，纳税人应当向扣缴义务人提供纳税人识别号。

第三，积极推动地方政府建立、健全自然人涉税信息交换共享机制，及时从政府部门和公共服务单位获取自然人纳税人收入、财产、投资等涉税信息。这就意味着，税务机关不仅可以知晓自然人的工资收入、银行存款情况，同时也可以知晓自然人购买的不动产、动产、有价证券、理财产品等其他财务信息。

第四，依法实施自然人纳税人分类分级管理。自然人纳税人分类以收入和资产为主，兼顾外籍个人、台港澳人士及特定管理类型。自然人纳税人按照收入和资产分为高收入、高净值自然人纳税人和一般自然人纳税人。高收入、高净值自然人纳税人是指按照省、市税务机关确定的，收入或资产净值超过一定额度的自然人纳税人。一般自然人纳税人是指除高收入、高净值自然人纳税人以外的自然人纳税人。高收入、高净值自然人纳税人的税收风险管理，以省、市税务机关为主开展风险分析识别，以省、市、县税务机关为主开展风险应对。一般自然人纳税人的税收风险管理，主要由县税务机关按照便利自然人、集约化征管的要求组织实施。

（二）个人账户与公司资产混同的风险

1. 公司可能被认定为匿报销售收入

有些公司为了达到少缴税款的目的，会采取利用公司股东个人账户收取公司销售款的行为。一旦税务机关对此类企业进行检查或稽查，若发现公司所开具的销售发票与公司出库凭证、送货单或销售凭证、记账凭证等无法对应的情况，则该公司将被认定为匿报销售收入偷逃税收。此时，税务机关不但要向企业追缴税款，同时还将对公司进行罚款，并加收滞纳金。例如，江苏省宁波市某区一家钢铁贸易公司被举报存在隐匿销售以达到偷税的违法行为。税务机关对该企业实施突击检查，当场查获若干销售台账及出库单据等资料。随后，通过与该公司账面申报情况比对，发现其实际销售金额和账面开票数不符，隐匿销售达300余万元。公司负责人承认，公司在经营期间，将开票业务在财务账面核算，而将部分无须开票业务通过其私设的个人账户运作，以此达到少缴税款之目的。最终税务机关以该公司匿报销售收入偷逃税收为由，依法追缴税款50余万元，同时处以相应罚款，并按规定加收滞纳金。①

税务机关在检查或稽查企业时，还可能会要求公司实际控制人、股东以及财务人员提交其名下的个人银行账户明细，并查看是否有个人代收公司销售款的情况。例如，上市公司北京CSF电子股份有限公司于2017年8月4日所发布的公告（公告编号：2017－022）显示：北京市通州区国家税务局稽查局对公司实际控制人、法定代表人李某某在两家银行开立的个人账户进行检查，发现两个账户用于收取客户汇入的购货款，其中有部分属于该公司应申报而未申报的应纳税所得额。北京市通州区国家税务稽查局最终决定对该公司少缴增值税、企业所得税分别处以0.5倍的罚款。

2. 股东可能对公司债务承担连带责任

如果股东个人账户中有大量与公司账户的资金往来或利用其个人账户收取公司的销售收入，则会导致公司财产与股东财产无法进行区分，进而使公司失去独立承担债务的基础。如果在公司面临债权人的债权追索时，根据《公司法》第二十条的规定，如果股东的行为已经严重损害公司债权人利益的，则应当对公司债务承担连带责任。

最高人民法院在（2017）最高法民申2646号案例中指出：“我国实行银行账户实名制，原则上账户名义人即是账户资金的权利人。同时，根据《会计法》《税收征收管理法》《企业会计基本准则》等相关规定，公司应当使用单位账户对外开展经营行为，公司账户与管理人员、股东账户之间不得进行非法的资金往来，以保证公司财产的独立性和正常的经济秩序。”

---

① 参见王珏：《一企业销售收入走个人账户 被追缴50余万税款》，载北仑新闻网，http：//blnews. cnnb. com. cn/system/2014/07/30/011013312. shtml。

3. 股东及管理人员可能被追究刑事责任

除了上述风险以外，股东或公司其他经营管理人员利用自己个人账户收取属于公司的钱款，还可能会导致刑事责任。

（1）职务侵占罪

根据《刑法》第二百七十一条的规定，如果公司股东或其他经营管理人员利用职务上的便利，将公司财物非法占为己有，数额较大的，则构成职务侵占罪。一旦构成犯罪，则处三年以下有期徒刑或者拘役；如果侵占的财物数额巨大的，处三年以上十年以下有期徒刑，并处罚金；数额特别巨大的，则处十年以上有期徒刑或无期徒刑，并处罚金。

（2）挪用资金罪

根据《刑法》第二百七十二条的规定，如果公司股东或其他经营管理人员利用职务上的便利，挪用公司资金归个人使用或者借贷给他人，数额较大、超过三个月未还的，或者虽未超过三个月，但数额较大、进行营利活动的，或者进行非法活动的，则构成挪用资金罪。一旦构成犯罪，则将处三年以下有期徒刑或者拘役；挪用本单位资金数额巨大的，处三年以上七年以下有期徒刑；数额特别巨大的，处七年以上有期徒刑。

（三）公司资产被认定为股东财产的风险

1. 股东个人将承担个人所得税

根据中国人民银行《金融机构大额交易和可疑交易报告管理办法》第五条的规定，对于个人现金存款达人民币 5 万元以上，或者境内个人与个人、个人与单位之间的金额人民币 50 万元以上的款项划转都是属于应当监管的大额和可疑交易。而税务机关可以通过与银行之间进行信息交换，从而了解到股东个人账户的钱款收入情况。

如果股东确实是暂时利用个人账户为公司代收钱款，但实际上却没有或遗失了相关的证明文件确认该钱款确实属于公司的钱款。公司股东所代收的钱款则可能被视为公司对于股东个人的分红，需要缴纳 20% 的个人股息红利所得税。

第一，如果股东主张其代收的钱款是向公司所借的款项，则根据《财政部、国家税务总局关于规范个人投资者个人所得税征收管理的通知》（财税〔2003〕158 号）第二条的规定，若股东在“该纳税年度终了后既不归还，又未用于企业生产经营的，其未归还的借款可视为企业对个人投资者的红利分配，依照‘利息、股息、红利所得’项目计征个人所得税”。第二，如果股东将所谓“借款”用于购置房屋或其他财产的，则根据2008年6月10日《财政部、国家税务总局关于企业为个人购买房屋或其他财产征收个人所得税问题的批复》规定，企业投资者个人、投资者家庭成员或企业其他人员向企业借款用于购买房屋及其他财产，将所有权登记为投资者、投资者家庭成员或企业其他人员，且借款年度终了后未归还借款的，取得的上述所得，视为企业对个人投资者的红利分配，按照‘利息、股息、红利所得’项目计征个人所得税。

案例2-29 BH公司与HS市地方税务局稽查局税务处理决定纠纷案

一审法院：安徽省黄山市屯溪区人民法院（2014）屯行初字第00021号

二审法院：安徽省黄山市中级人民法院（2015）黄中法行终字第00007号

再审法院：安徽省高级人民法院（2017）皖行申246号

案例主旨：纳税年度终了后未归还且未用于企业生产经营的借款应按照红利分配计征个人所得税。

再审法院认为，《财政部、国家税务总局关于规范个人投资者个人所得税征收管理的通知》第二条的目的是防止个人投资者以借款的形式掩盖红利分配，其征税对象是纳税年度终了后未归还且未用于企业生产经营的借款。从本案的情形来看，2010年年初，BH公司分别借款给其股东苏某和300万元、洪某南265万元、倪某亮305万元，以上借款未用于BH公司的生产经营。虽然该三人于2012年5月归还了借款，但该借款显然超过了一个纳税年度未归还，符合上述通知规定的征税情形，BH公司应当履行代扣代缴税款义务。HS市地方税务局稽查局责令BH公司补扣补缴174万元个人所得税的处理决定并无不当，二审法院维持HS市地方税务局稽查局黄地税稽处〔2014〕5号税务处理决定中责令BH公司补扣补缴174万元个人所得税的决定正确。

2. 股东个人或构成逃税罪

如果税务机关将股东个人代收公司的钱款认定为股东个人所得，但其并未依法申报和缴纳个人所得税。则根据《刑法》第二百零一条的规定，逃避缴纳税款数额较大并且占应纳税额10%以上的，处3年以下有期徒刑或者拘役，并处罚金；数额巨大并且占应纳税额30%以上的，处3年以上7年以下有期徒刑，并处罚金。

3. 被认定为夫妻共同财产予以分割

如果股东以个人账户代公司收取钱款，但又无明确的证据证明该钱款确实属于公司所有，则通常会被推定为个人财产。若这些财产是股东在与配偶婚姻关系存续期间收取的，则将被推定为夫妻共同财产。一旦股东与配偶之间发生离婚纠纷，则该部分财产将可能成为夫妻共同财产并面临被分割的风险。

李某是武汉一家商贸公司法定代表人，其将本应入公司账户的415万元货款，存入了自己的个人账户。后李某与配偶发生了离婚诉讼。一审法院认定该贷款属夫妻共同财产，判决分给女方一半即207.5万元。虽然最终二审法院以该货款涉及案外人不宜在离婚案件中处理为由，撤销了一审法院的判决结果，但是只要李某无证据证明该货款确实属于公司的资产，可能仍然逃不过与配偶共同分割的结局。[①]

四、股东意思表示与公司章程的协调

（一）股东投资协议与公司章程的协调

1. 两者的法律关系

上海市第二中级人民法院在（2012）沪二中民四（商）终字第65号案例中认为："股东投资协议通常是指公司设立前，由全体投资者所共同参与订立的协议，其主要作用在于表明发起人设立公司的目的、确定公司的基本性质和结构，以及分配和协调发起人之间的权利义务关系，其协议本质应属于合同。至于在公司设立过程中，由认缴注册资本的股东签署的公司章程，则具有公司自治规范的性质，依法属于我国《公司法》所规制的范围，并对签署股东、公司以及公司董事、监事等人员具有规范和约束的效力。因此，股东投资协议与公司章程系由投资者形成的两种在本质存在不同的协议安排，两者之间应为相互平行而非前后承接的法律关系。基此，股东投资协议的效力存续与否，同公司章程

---

① 参见余皓：《老总公司货款走个人账户 离婚险被分走207万元》，载中新网，http://www.hb.chinanews.com/news/2018/0105/295718.html。

的制定不存在效力上的关联性，依法只受限于该协议本身的约定条款内容以及相关法律的调整规范。事实上，在投资者订立的股东投资协议中，既有调整公司设立完成之前的事项，同时又有调整公司成立后股东之间、公司与股东之间的权利义务关系，以及公司治理结构的内容。且基于各种原因，其中的许多内容并未被纳入之后所订立的公司章程之中。况且，有时股东投资协议中确实存在某些不便载入公司章程的约定内容。此外，往往还由于工商行政管理部门要求按照其统一制定的样本格式起草公司章程的原因，造成许多股东间特别约定的协议内容无法被载入公司章程之中。在此情形下，股东投资协议实际承担了公司章程之外的规则性协议的功能。因此，在公司完成工商登记设立后，由全体投资者所共同参与订立的股东投资协议仍具有法律效力，其中涉及以公司成立后的股东之间、股东与公司之间的权利义务关系为调整对象的协议内容，只要未违反法律的强制性规定或与公司章程的规定相冲突，对各缔约投资股东依法具有规范和约束的效力。需要说明的是，在我国公司立法中体现有这种效力的认定精神，我国《公司法》第八十四条（现为第八十三条）第二款规定：‘发起人不依照前款规定缴纳出资的，应当按照发起人协议承担违约责任。’上述规定表明，在公司成立后发起人协议的法律效力仍被确认。上述分析意见表明，公司成立后，股东投资协议在没有被修改、变更、解除以及与公司章程的内容相悖的情况下，其效力并不自然终止或被公司章程的效力所取代，只是在具体个案的司法诉讼中，两者具有不同的证明和适用对象，不存在以两者中哪个为准的问题。”

根据上述审判意见，我们认为在公司治理中应当对股权投资协议以及公司章程进行提前设计和安排，避免两者之间产生冲突。

首先，在公司成立后、制定公司章程前，应当尽可能将股东投资协议中的特殊条款都列在公司章程中，使得相关条款在股东投资协议和公司章程中保持一致。

其次，如果实操中确有困难的，可以在公司章程和股东投资协议中加上兜底条款，即“公司章程和股东投资协议约定不一致的，以股东投资协议为准”。

2. 两者的效力冲突适用

根据上海市第二中级人民法院在（2013）沪二中民四（商）终字第733号案例中的意见：“公司章程作为对公司重要和基本问题均作出明确规定的公众法

律文件，对公司股东以外的债权人以及其他社会公众来说是其赖以了解公司的基本依据，但对股东之间来说，公司章程仅是股东之间的一种契约，股东可以通过其他合意且在不违反强制性规定的情况下进一步明确各自的权利义务，甚至否定公司章程的约定，故在股东之间应以股东的真实意思合意为准。”

由上述审判意见可知，如果股东投资协议与公司章程产生了根本上的效力冲突，即股东投资协议的内容完全否定了公司章程的约定。从股东内部来说，应当以股东间的真实意思合意即股东投资协议的内容为准。但对于公司股东以外的债权人以及其他社会公众而言，原则上还是应当以公司章程为准。

（二）章程约定表决权行使方式冲突处理

案例2-30 朱某美等六股东HMM公司等公司决议撤销纠纷案

一审法院：广西壮族自治区南宁市兴宁区人民法院（2012）兴民二初字第569号

二审法院：广西壮族自治区南宁市中级人民法院（2014）南市民二终字第339号

案例主旨：有限责任公司股东就表决权的行使先后制定两个意思冲突的章程，而工商备案的章程签订时间在后，股东未就备案章程仅为工商备案、对内不代表股东真实意思表示共同达成合意，应以备案章程确定股东表决权。

二审法院认为，根据《公司法》第四十二条“股东会会议由股东按照出资比例行使表决权；但是，公司章程另有规定的除外”的规定，出资与表决权可以适度分离，股东表决权如何行使可归于公司自治权。本案中，HMM公司在工商备案的6.8章程与未备案的6.5章程关于股东表决权的规定不一致，朱某美等10名自然人与东宇公司在两个版本的章程上均签名盖章，而6.8章程的签订时间在后，且6.5章程亦规定“公司登记事项以公司登记机关核定的为准”，故6.8章程为HMM公司各股东最终合意的结果，是当事人的真实意思表示，不违反法律和行政法规的规定，亦未损害他人的利益，应属有效。根据6.8章程，东宇公司出资605.7万元，占注册资本比例60.57%，享有根据出资份额行使表决权的股东权利。

五、公司章程中股权安排的设计要点

（一）常见股权安排事项

1. 股权比例的设置

如果设立公司时只打算设置一个股东，即可以成立一人有限责任公司。如果是两个及以上股东一起成立有限责任公司，则需要对股权结构进行合理的设计，以免导致公司僵局或无法形成有效决议。如果公司只有两个股东，则应当尽量避免各占一半股权比例的股权结构。如果公司有三个股东，则应当尽量避免各占1/3的股权结构。如果公司有两名以上股东，且股东想要对公司拥有绝对的控制权，则其持股比例应当超过2/3。

2. “同股不同权”的设置

《公司法》第四十二条规定：“股东会会议由股东按照出资比例行使表决权；但是，公司章程另有规定的除外。”第四十三条规定：“股东会的议事方式和表决程序，除本法有规定的外，由公司章程规定。股东会会议作出修改公司章程、增加或者减少注册资本的决议，以及公司合并、分立、解散或者变更公司形式的决议，必须经代表三分之二以上表决权的股东通过。”

根据上述规定，公司章程可以规定股东在股东会会议中行使表决权的方式，否则将按照“股东会会议由股东按照出资比例行使表决权”的法定规则来确定。由于股东行使表决权是参与公司经营决策的重要途径，因此，股东们应当谨慎规划表决权比例的调整方式。如有些公司的创始人为了引进投资伙伴，可能会将自己名下的股权作为代价转让给投资伙伴。最终该创始人可能会成为公司的“小股东”。此时，如果提前通过公司章程规定该创始人拥有特殊的表决权比例即“同股不同投票权”或为其创设“一票否决权”制度，即使其持股量小，也能实际“控制”公司。当然，在具体设计时还需要结合公司的实际情况以及投资伙伴的需求与态度等综合因素进行考量。

如果公司章程没有特殊规定，则通常情况下股东会会议由股东按照出资比例行使表决权。这就意味着公司章程可以突破“按照出资比例行使表决权”的设置，并按照公司的实际情况来设置表决权行使的方式。如公司的小股东所占出资比例较少，但人数较多，则可以在公司章程中要求按照股东人数行使表决权，这样可以防止大股东利用出资比例的优势侵害小股东的权益。

3. 分红与增资的特别约定

《公司法》第三十四条规定："股东按照实缴的出资比例分取红利；公司新增资本时，股东有权优先按照实缴的出资比例认缴出资。但是，全体股东约定不按照出资比例分取红利或者不按照出资比例优先认缴出资的除外。"可见《公司法》将企业的分红权也赋予了公司章程的约定。

根据上述规定，股东按照出资比例分红及增资是《公司法》的基本原则。但全体股东可以通过公司章程约定不按照出资比例分取红利或者不按照出资比例优先认缴出资。但实践中，每个公司都有不同的情况，比如有些公司股东对于公司所作的贡献非常巨大，但为了吸引投资或公司融资，可能其名下的股权不得不进行稀释。如果完全按照股权比例来分红或增资，则可能无法满足该公司股东的要求。因此，法律允许股东可以通过共同约定的方式变更公司分红和增资的规则。股东可以对公司分红的分配比例、分配方式以及增资的比例等内容进行灵活的约定，以满足公司、股东以及其他投资者的要求，共同促进公司的长足发展。

另外，《公司法》并未要求必须在公司章程中明确红利分配、增资认缴的约定。因此，股东也可以以其他方式就该部分内容进行约定。但为了使外部债权人及股东以外的其他第三人了解该内容，建议还是一并在公司章程中进行明确约定，这样也方便与市场监督、税务等部门进行解释和沟通。

（二）特别股权安排事项

1. 股权转让的特别约定

《公司法》第七十一条第四款规定："公司章程对股权转让另有规定的，从其规定。"因此，有限责任公司章程对于股权转让可以进行自由的约定。如果涉及的是对夫妻共有股权进行分割，则法官会先对有限责任公司的章程进行审查，并对其他股东进行必要的询问和调查。如果公司章程另有约定的，一般应按公司章程的约定进行处理。

基于有限责任公司的人合性特点，如果公司发生股权转让，公司股东之间的关系以及股权结构将发生变动。一旦处理不当，则会影响公司的稳定性以及股东之间的和谐性。因此，《公司法》对于公司股东内部之间的股权转让并未作过多的规定，主要是针对对外转让股权设置了“股东优先购买权”制度。股东对外转让股权的，应经其他股东过半数同意，且应当按照“人数”的半数而非“股权比例”的半数。同时，对外转让股权的股东应当通过书面的方式通知其他股东关于其股权转让的事宜。一旦股权转让人依法履行了通知义务，则应当由其他股东依法行使“优先购买权”。如果其他股东未按时回复或虽表示不同意但也没有购买股权的，都应当视为同意转让。但《公司法》第七十一条第四款还特别规定“公司章程对股权转让另有规定的，从其规定”。这就意味着，如果公司章程有特殊的规定，原则上也可以突破“优先购买权”的限制。当然，如果公司章程约定完全禁止股东对外转让股权的，则由于该约定限制了股东的权利，原则上应当无效。

2. 限制股份有限公司股份转让的效力

关于公司章程是否可以限制股份有限公司股份转让的问题。江苏省高级人民法院在（2005）苏民二终字第198号案例中认为，对于章程能否对股份转让设限，《公司法》区别对待有限责任公司和非上市股份有限公司的立法意图明显。依《公司法》关于“公司章程对股权转让另有规定的，从其规定”的规定，有限责任公司章程可以自由约定对股份转让的限制。但《公司法》未在股份有限公司立法中作出类似的原则性规定。《公司法》在第一百三十七条确立了股份有限公司“股东持有的股份可以依法转让”的原则后，仅在第一百四十一条就发起人及董事、监事、高级管理人员所持本公司股份的转让作了法定限制，并例外规定“公司章程可以对公司董事、监事、高级管理人员转让其所持有的本公司股份作出其他限制性规定”。综合分析《公司法》就有限责任公司和股份有限公司股份转让的不同规定，可以揭示出这样的立法精神：是否允许股份有限公司章程限制股份转让属于立法政策问题，如果法律允许章程设限，将会明确作出规定，否则不得以章程设限。

根据上述法院的审判意见，并结合《公司法》的立法精神来看，股份有限公司原则上不能以公司章程的形式对股份的转让作出限制。因此，根据江苏省高级人民法院审判意见：“是否允许股份有限公司以章程限制股份转让属于立法政策问题，除非立法有明文规定，否则司法不宜肯定。现行公司立法未明文许可股份有限公司可以章程限制股份转让，相反却规定‘股份可以依法转让’，在此情形下，除非公司章程本身提供了相应的救济手段，否则认可其效力将使得拟转让股份的股东丧失救济渠道，与股份有限公司的特性及立法精神相违。”

但包括我国最高人民法院法官、知名学者在内的公司法领域的专家的主流观点却一致认为非上市的股份有限公司的章程可以规定限制股份转让。

最高人民法院的部分法官认为：“有限责任公司和非上市的股份有限公司的章程限制股权转让的，从章程的约定。而在上市公司的章程中限制股权转让的无效，即股东可以自由转让其股份。公司章程虽然是发起人或者原始股东的意思自治表示，但是对公司的所有股东均具有约束力。”① 同时，最高人民法院的部分法官认为：“应该允许股份有限公司在其章程中对股份转让规定限制性条款，但是这种限制性条款主要适用于非上市股份，而不适用于上市股份；主要适用于记名股东，而不适用于无记名股东。”中国政法大学赵旭东教授针对“股份转让是否可以由公司章程给予限制”的问题也认同前述最高人民法院法官的意见。②

3. 股权继承的特别约定

《公司法》第七十五条规定：“自然人股东死亡后，其合法继承人可以继承股东资格；但是，公司章程另有规定的除外。”

根据上述规定，自然人股东死亡后，合法继承人可以“当然继承”股东资格。但是公司章程可以通过约定的方式排除这种“当然继承”的方式。由于股权具有财产和人身的双重属性，而股权的人身属性具有较强的特殊性。如果该股东生前是公司重要的管理人员，但其继承人却从未参与公司的经营管理。一旦放任了这种“当然继承”的方式，则可能会对公司造成严重的影响。同时，如果继承人人数众多，还会造成股权的分散，不利于公司决策。因此，公司章程可以直接规定继承人不能取得股东资格，也可以规定继承人只能在符合一定条件的前提下取得股东资格。一旦公司章程规定继承人不能取得股东资格的，则应当就继承的股权如何作价处理进行详细的约定，以便于继承人获得股权的财产价值。

六、公司章程中其他自由规定事项

根据《公司法》第十一条的规定：“设立公司必须依法制定公司章程。公司

① 金剑锋等：《公司诉讼的理论与实务问题研究》，人民法院出版社2008年版，第356页。

② 参见赵旭东：《公司法学》，高等教育出版社2004年版，第357页。

章程对公司、股东、董事、监事、高级管理人员具有约束力。”通常来说，除了《公司法》第二十五条以及第八十一条所规定的有限责任公司及股份有限公司章程必须记载的事项以外，公司章程可以对公司的其他事项进行自由的规定。

（一）股东知情权的范围

《公司法司法解释（四）》第七条规定，股东可依据公司章程的规定，起诉请求查阅或者复制公司特定文件材料的，人民法院应当依法予以受理。这就意味着，在《公司法》第三十三条、第九十七条所规定的股东知情权范围之外，也可以通过公司章程约定未来行使股东知情权的范围。尤其是小股东，可以在订立或修订公司章程时争取就股东知情权的范围进行自由约定，如约定股东可以查阅公司会计凭证原件、股东可以委派专业人员协助查阅并复制公司的财务资料等内容。通过我们在本章节已分析的股东知情权纠纷可知，如果公司章程没有事先约定股东知情权的范围，则部分法院就会严格按照法定的范围进行判决，最终可能无法实现股东了解公司真实经营状况的目的。

（二）法定代表人的人选

《公司法》第十三条规定：“公司法定代表人依照公司章程的规定，由董事长、执行董事或者经理担任，并依法登记。公司法定代表人变更，应当办理变更登记。”由于法定代表人依法代表公司行使民事权利，履行民事义务，且法定代表人能直接代表公司进行各项活动，其行为结果则由公司承担。因此，公司在公司章程中需要就法定代表人的人选进行谨慎的选择。通常来说，公司的董事长或执行董事都是实际管理经营公司的核心人物，所以实践中大多数的公司会选择由董事长或执行董事来担任法定代表人。

（三）对外投资及担保的限制

《公司法》第十六条规定，公司章程可以规定“公司向其他企业投资或者为他人提供担保”由董事会或者股东会、股东大会决议决定。通常情况下，公司对外投资或担保都是公司较为重要的决议事项，应当由全体股东即股东会、股东大会进行决策，才能体现公司谨慎决策的态度。但如果公司股东人数众多且较为分散或董事会成员实际上与股东竞合，则可以考虑由董事会决策。董事会从召开会议的程序要求上也比股东会、股东大会更加简单和灵活。尤其是对外投资的决策，往往有很强的时效要求，如果决策程序太过复杂，则可能会丧失投资的良机。

对外投资需要使用公司的资产，为他人提供担保则可能为公司增加负债。除了要规定合理的决策机制以外，还应当依据《公司法》第十六条的规定，对投资或者担保的总额及单项投资或者担保的数额的限额都进行严格的规定。一旦公司章程有明确的规定，则对外投资和担保均不得超过该规定的限额。

（四）股东出资义务及责任承担

1. 股东的出资义务

《公司法》第二十八条规定，公司章程可以规定股东的出资方式、出资额和出资时间。因此，公司股东应当按照公司实际经营、未来发展以及股东的个人情况进行综合考量，通过公司章程的约定酌情确定股东的出资方式、出资额和出资时间。

股东应当按期足额缴纳公司章程中规定的各自所认缴的出资额。如果股东以货币出资的，应当将货币出资足额存入公司账户；如果股东以非货币财产出资的，应当依法办理其财产权的转移手续。如果股东认为需要延长出资时间的，则在不侵害债权人合法权益的前提下，可以修改出资时间。

2. 股东出资不足的责任

根据《公司法》第二十八条第二款的规定："股东不按照前款规定缴纳出资的，除应当向公司足额缴纳外，还应当向已按期足额缴纳出资的股东承担违约责任。"但法律并未规定该违约责任的具体细则，股东可以在公司章程中指定具体的违约责任计算标准、计算方式以及履行方式等。

根据《公司法》第二十七条第二款的规定，对作为出资的非货币财产应当评估作价，核实财产。股东应当在公司章程中对于非货币财产的价值进行明确的记载。根据《公司法》第三十条的规定："有限责任公司成立后，发现作为设立公司出资的非货币财产的实际价额显著低于公司章程所定价额的，应当由交付该出资的股东补足其差额；公司设立时的其他股东承担连带责任。"如果公司章程提前对非货币出资股东的补足义务以及公司设立股东之间的追偿机制提前进行约定，则其他股东承担连带责任后，也可以继续向该名出资不足的股东继续追责。

（五）股东会会议的召开与通知

根据《公司法》第三十九条的规定，公司章程可以规定股东会的定期会议召开的时间、频率以及召开地点等内容。《公司法》规定了诸多必须由股东会行使的职权。公司实际经营过程中，需要通过股东会会议进行决议的事项不在少数。公司可以按照实际情况规定召开的时间及频率，如每年一次或每半年一次或每季度一次，以保障公司的稳定经营和股东沟通渠道，避免公司股东产生矛盾，最终导致公司僵局。通常召开地点可以规定在公司固定的会议室中。

根据《公司法》第四十一条的规定，公司章程或全体股东可以约定股东会召开通知的要求，如通知时间、通知方式等。否则必须按照法律的要求“于会议召开十五日前通知全体股东”。一旦未履行通知义务，则会影响股东会决议的效力。因此，我们建议在公司章程中明确召开股东会会议通知的时间要求和通知方式，如明确每个股东需要向公司提供明确的邮箱地址和实名制手机号码，只要公司向该邮箱地址成功发送电子邮件或向该手机号码成功发送手机短信，则视为向该名股东发送了会议通知。这样既可以提升会议通知的效率，也可以防止股东以未及时收到通知为由，故意不参加会议。

（六）股东会议事方式和表决程序

《公司法》第四十三条规定，除法律强制规定必须经代表2/3以上表决权的股东通过的股东会决议以外，公司章程可以规定公司股东会的议事方式和表决程序。股东可以根据公司的实际情况就不同的表决内容设置不同的议事方式和表决程序。比如在公司章程中增加需2/3以上表决权的事项，防止控股股东滥用控股地位侵害其他股东的利益。同时也可以对一些特殊事项设置“一票否决权”，提高决策的效率。如果公司的股东较为分散或遭遇到类似2020年新冠疫情的情况，股东们客观上确实无法聚集在一起开会。为了保证股东会决策的效率，则可以灵活设置股东会召开的方式和程序，如利用视频会议、电话会议等方式。

（七）董事会的设置规则

1. 董事会的组成人员

《公司法》第四十四条规定，除了股东人数较少或者规模较小的有限责任公司以外，有限责任公司应设董事会，其成员为 3 人至 13 人。董事会设董事长 1 人，也可以设置副董事长，人数不限。公司章程可以规定董事长、副董事长的产生办法。由于董事长可以作为公司的法定代表人，所以对于董事长的产生办法应当在公司章程中予以明确规定，以免无法及时选出董事长，影响了公司的正常经营。另外，我们在实践中也发现，部分公司对于副董事长的任命并不是很重视。有些公司的副董事长在公司的实际经营过程中担任比较重要的位置，但只有副董事长之名，实际上并没有经过合法有效的选举程序。这很有可能会影响副董事长履行职责的效力。

2. 董事的任期

《公司法》第四十五条规定，董事任期由公司章程规定，但每届任期不得超过三年。但董事任期届满，连选可以连任。由于董事会承担着公司经营管理的责任，是公司最重要的决策机构。为了保障公司经营管理的稳定，通常情况下建议将董事的任期定为三年。另外《公司法》第四十五条还规定，如果董事在任期届满没有及时改选，或董事在任期内辞职导致董事会成员低于法定人数的，则原董事应当继续履行职务，直到新董事改选完成。公司章程不能单方面免除原董事继续履职的义务。

3. 董事会的职权

《公司法》第四十六条规定，董事会对股东会负责，除了十项法定职权以外，公司章程也可以规定董事会的其他职权。除法定职权以外，董事会的职权主要是通过股东会的授权，体现了全体股东对于董事会的信任。因此，公司章程若需要扩张董事会的职权则应当更为谨慎。公司股东需要根据对董事会控制的程度以及便于公司决策的角度来确定对于董事会授权的范围。

4. 董事会议事方式和表决程序

《公司法》第四十八条规定，董事会除了《公司法》第四十七条规定的召集方式以外，其他的议事方式和表决程序均可以由章程规定。但董事会的表决方式与股东会的不同，只能采用法定的“一人一票”的方式。鉴于董事会承担了公司大部分的经营决策事项，应当在公司章程中尽量明确所有的议事方式和表决程序，同时也需要保障其具有较强的可操作性和灵活性，便于提高决策的效力。由于公司董事可能存在侵害公司利益的情况，对于董事会决议有不同意见的董事，应当将其意见完整的记录在案。一旦未来发生纠纷，便于追究相关的责任。

5. 执行董事的职权

《公司法》第五十条规定，股东人数较少或者规模较小的有限责任公司可以不设董事会，而改为设置一名执行董事履行董事的职责。执行董事的职权可完全由公司章程规定。但为了防止执行董事“独揽大权”，我们建议公司章程可以将重大事项的决策权保留在股东会中，同时股东会对于执行董事的授权也需要谨慎。

6. 经理的职权

《公司法》第四十九条规定，有限责任公司董事会决定聘任或者解聘经理，且公司章程可以全权对经理职权进行规定。虽然公司法对于经理的职权进行了规定，但如果公司章程有其他规定的，则应当依照公司章程的内容为准。这和董事会的法定职权是有明显的区别的。公司可以根据实际需要，自主决定经理的权限范围。

（八）监事会的设置规则

1. 监事/监事会的组成人员

《公司法》第五十一条第一款、第二款规定：“有限责任公司设监事会，其成员不得少于三人。股东人数较少或者规模较小的有限责任公司，可以设一至二名监事，不设监事会。监事会应当包括股东代表和适当比例的公司职工代表，其中职工代表的比例不得低于三分之一，具体比例由公司章程规定。监事会中的职工代表由公司职工通过职工代表大会、职工大会或者其他形式民主选举产生。”因此，公司章程可以按照公司的具体情况调整股东代表和公司职工代表的比例。

2. 监事的任期

《公司法》第五十二条规定：“监事的任期每届为三年。监事任期届满，连选可以连任。监事任期届满未及时改选，或者监事在任期内辞职导致监事会成员低于法定人数的，在改选出的监事就任前，原监事仍应当依照法律、行政法规和公司章程的规定，履行监事职务。”虽然监事的任期是法定的，但公司章程中还是需要提前规定好监事补选、改选的规则，但公司章程无法免除原监事在没有更换人选的情况下，应继续履职的法定义务。

3. 监事/监事会职权

《公司法》第五十三条规定，除了公司法规定监事应当行使的六项职权以外，公司章程还可以规定监事的其他职权。监事或监事会主要的职责是：检查公司财务；对公司董事和高级管理人员的职务行为进行监督、提出罢免建议、纠正其损害公司利益的行为、提出诉讼；提议召开临时股东会会议，在董事会不履行本法规定的召集和主持股东会会议职责时召集和主持股东会会议，并向股东会会议提出提案。一般情况下，公司的中小股东通常会被委任为监事。为了提升对董事、高级管理人员的制约，应当在公司章程中增加监事/监事会的职权，有助于中小股东监督由大股东指派或控制的董事、高级管理人员的行为，保障中小股东的合法权益。

4. 监事会议事方式和表决程序

《公司法》第五十五条第一款、第二款、第三款规定，监事会每年度至少召开一次会议，除公司法明确规定以外，公司章程可以规定监事会的议事方式和表决程序。监事会决议应当经半数以上监事通过。

由于监事会是中小股东监督和制约董事和高级管理人员的重要渠道，也是其参与公司经营管理的重要方式。公司章程需要合理涉及表决方式、程序等内容，这样有助于提高监事会议的效率。

七、股东知情权的限制与剥夺

司法实践中，有的公司会通过公司章程或者股东会决议对股东的知情权加以限制或者剥夺。根据《公司法司法解释（四）》第九条的规定："公司章程、股东之间的协议等实质性剥夺股东依据公司法第三十三条、第九十七条规定查阅或者复制公司文件材料的权利，公司以此为由拒绝股东查阅或者复制的，人民法院不予支持。"针对这一问题，我们也搜寻了多个案例，各级法院基本上对于这种限制或剥夺行为持否定态度。法院普遍的观点均认为，公司章程、股东会决议等不得对股东的知情权进行剥夺或者加以限制。

北京市第一中级人民法院在（2018）京01民终2778号案例中认为："股东

知情权是公司股东基于其出资和股东身份享有的固有权利，是股东参与公司决策、参与经营管理和进行分配利润的基础，除了公司法规定的限制条件外，不应以任何形式剥夺或者以多数决形式对股东的知情权予以限制。公司章程规定股东行使知情权需召开临时股东会会议，并经三分之二以上表决权股东同意，是以资本多数决的形式对小股东的知情权进行限制，将导致小股东无法行使知情权，无法了解公司的经营、管理情况，一审法院认定公司章程的上述规定在实质上剥夺了股东知情权，对公司的主张未予支持，并无不当。”

江苏省南京市中级人民法院在（2017）苏01民终3737号案例中认为：“股东知情权属股东法定权利，具有固有权属性，既不能被剥夺、限制，也不能由股东通过协议主动放弃，否则无效。”

湖北省武汉市中级人民法院在（2018）鄂01民终1324号案例中认为：“股东知情权是法律赋予股东的一项重要的、独立的权利，是股东参与公司管理的前提和基础，是保障股东及时、准确地获得公司的经营管理信息，维护自身合法权益的法定权利，公司章程对股东知情权不得剥夺或予以限制。公司认可胡某波、同某平的股东身份，却又认为胡某波、同某平未按公司章程规定‘提供证明其持有公司股份种类以及持股数量的书面文件’，其实质是在变相限制胡某波、同某平的权利。”

北京市第三中级人民法院在（2017）京03民终9849号案例中认为：“公司以股东会决议内容为由限制王某相关知情权利，亦缺乏事实及法律依据……”

第五节 股权转让与质押

一、股权转让过程中常见的法律风险

（一）签署股权转让协议的法律风险

股权转让行为作为一种民事法律行为，应当符合《民法典》关于民事法律行为的成立要件。《民法典》第一百三十四条第一款规定，民事法律行为可以基于双方或者多方的意思表示一致成立。因此，股权转让交易双方就股权转让的意思表示达成一致时，股权转让行为成立。

同时，股权转让还应当符合《民法典》关于民事法律行为的形式要件。《民法典》第一百三十五条规定，民事法律行为可以采用书面形式、口头形式或者其他形式。鉴于股权转让系一种较为复杂的民事法律行为，股权交易各方应当订立一份详细、全面的书面股权转让协议，更清晰地展现交易各方的意思表示，减少不必要的纠纷。但实践中，股权转让的各方由于不够重视或欠缺法律意识等各方面原因，订立了具有“缺陷”的股权转让协议，更有甚者只有口头的股权转让约定。一旦发生纠纷，很可能会造成极大的经济损失。

1. 仅达成口头股权转让协议的效力

案例 2-31 毛某洋与梁某、康某柱股权转让纠纷案

一审法院： 山西省太原市小店区人民法院（2019）晋 0105 民初 8022 号

二审法院： 山西省太原市中级人民法院（2020）晋 01 民终 1886 号

案例主旨： 根据当事人之间关于达成股权转让合意的其他证据也可以证明双方当事人存在口头协议约定股权转让事宜。

一审法院认为，根据微信聊天记录、转账凭证、企业信用信息公示报告、通话记录可以证明双方当事人存在口头协议约定由梁某、康某柱以一定对价向毛某洋转让特定权益，毛某洋主张该权益为代理权，山西 YBY 贸易有限公司的企业信用信息显示该公司于 2019 年 1 月 22 日公示过变更 50% 的股权给毛某洋，毛某洋给梁某发送的“起草 YBY 与开拓者之间投资协议”含有“YBY 公司名称如何使用”，此外，梁某、康某柱提供的陕西某汽车有限公司与山西 YBY 贸易有限公司签订的《2019 年经销商合作协议》及陕西某汽车有限公司 2019 年经销商授权书，该代理权系陕西某汽车有限公司授予山西 YBY 贸易有限公司，故法院认定双方当事人系协议转让山西 YBY 贸易有限公司的股权。

2. 以股东会决议约定股权转让事项的效力

案例 2-32 黄某展、禤某子与张某义、陈某东等股权转让纠纷案

一审法院： 广东省广州市越秀区人民法院（2019）粤 0104 民初 9820 号

二审法院： 广东省广州市中级人民法院（2019）粤 01 民终 22124 号

案例主旨： 在各方对于股权转让事项约定不明且依据现有证据无法认定各方对后续处理方案已形成有效共识的情况下，股权转让合同关系不成立。

黄某展、禤某子依据2017年8月19日股东会决议主张其与张某义、陈某东之间股权转让合同关系成立。二审法院认为，第一，该股东会决议虽约定黄某展、禤某子将其持有的WY公司全部或大部分股权转让给张某义、陈某东，但对于该部分股权在张某义、陈某东之间如何进行分配，并无明确约定。黄某展、禤某子主张应为平均分配，张某义在微信中虽提到“平均处理”，但未得到陈某东的认可。可见，各方对此事项约定不明。第二，2017年8月19日股东会决议形成后，各方之间因WY公司经营中的问题产生了矛盾，并形成2018年3月24日股东会决议，拟注销WY公司，最终各方于2018年6月20日共同将各自所持有的股权转让给了案外人，即2017年8月19日股东会决议所涉股权转让事项并未得到实际履行。第三，在上述事件发生期间，各方并未就对外转让WY公司后，其内部原股权转让事项如何处理进行过有效磋商或形成共识。第四，从各方于2018年3月24日共同签署的《WY公司债务分担协议》的内容来看，系对WY公司对外所欠债务的处理方案，其中未涉及股权转让对价的支付问题。因此，法院认为，在各方对于股权转让事项约定不明且依据现有证据无法认定各方对后续处理方案已形成有效共识的情况下，黄某展、禤某子要求确认涉案股权转让合同关系已成立并依据《WY公司债务分担协议》主张张某义承担股权转让款的支付责任，理据不充分，法院不予支持。

3. 签署瑕疵的股权转让协议的效力

案例2-33 沈某与叶某某、王某某、XR公司与企业有关的纠纷案

一审法院： 福建省上杭县人民法院（2016）闽0823民初774号

二审法院： 福建省龙岩市中级人民法院（2017）闽08民终998号

案例主旨： 在股东不知情情况下，假冒其签名签订的股权转让协议无效。

二审法院认为，在叶某某不知情的情况下，沈某、王某某、XR公司假冒叶某某签名签订股权转让协议，将叶某某的本案讼争股权非法转让给沈某、王某某，并办理了股权变更登记手续。该股权转让的行为侵犯了叶某某的合法权益，该股权转让协议无效，沈某、王某某应返还叶某某名下股权并办理股权变更登记手续。

司法实务中，还可能存在股权转让方委托他人代为办理股权工商变更登记、代为签署股权转让协议的情况。如果转让方在办理了股权转让变更登记手续后又反悔，则往往会利用股权转让协议上的签署瑕疵，主张该股权转让并非其真实的意思表示，从而否认股权转让的有效性。如果股权受让方没有其他证据证明，该代签股权转让协议的行为确实是由股权转让方授权的，则法院通常会认定该股权转让协议并非股权转让方签署而导致无效。

4. 多份意思抵触的股权转让协议效力

案例2－34 FJG公司与BYD公司、吴某莲股权转让纠纷案

一审法院：上海市崇明区人民法院（2019）沪0151民初1042号

案例主旨：若多份股权转让协议就股权转让对价约定不一致的，则其中仅为办理工商变更登记所需而达成的协议，并非当事人之间关于股权转让对价的真实意思表示的真实协议。

法院认为，就本案股权转让存在三个转让价格的协议，即转让价为20万元的《股权转让协议》、27万元的《股权转让承诺书》以及0元转让用于登记备案之《股权转让协议》。20万元的《股权转让协议》、27万元的《股权转让承诺书》均签订于2018年11月19日，而0元转让的《股权转让协议》签订于2018年12月5日，仅就时间先后顺序而言，同一股权转让的，应按最后签订的协议履行。但FJG公司否认0元《股权转让协议》的真实性，称本应登记备案的是20万元《股权转让协议》，但不符合工商登记的格式要求，故于2018年12月5日用统一格式重新签订了《股权转让协议》，转让金额仍为20万元，现吴某莲提供的0元《股权转让协议》的第一页被擅自替换。

对此，法院认定0元《股权转让协议》并非当事人关于股权对价的真实意思表示的事实理由为：（1）两被告提交的答辩状及在法院组织的第一次证据交换中，从未提及0元《股权转让协议》，两被告的抗辩意见始终围绕原告的出资款已经通过列支各种费用的方式收回，20万元的股权转让款不合理，希望与原告重新协商股价。（2）从2018年12月30日及2019年4月吴某莲与刘某某的微信聊天记录看，针对刘某某的催款，吴某莲从未以0元转让进行抗辩，反而有多次关于应打款的表述。（3）0元《股权转让协议》中将股权作价0元，但同时又约定受让方应于本协议签订之日起30日内，向出让方付清全部股权转让价款，内容之间存在矛盾。(4) 0元《股权转让协议》的签订时间与BYD公司申请股权变更登记的时间系同一天，原、被告双方并不持有该份协议原件，被告提供的证据系从公司登记机关登记备案材料中复印。(5) 吴某莲曾当庭陈述，签订0元《股权转让协议》的目的是避税。

上述事实说明，即便0元《股权转让协议》确系FJG公司所签，亦仅为办理工商变更登记所需，而非当事人之间关于股权转让对价的真实意思表示。

20万元的《股权转让协议》、27万元的《股权转让承诺书》签订的时间、地点相同，难以区分签约的先后顺序。并且27万元价格的形成并没有双方讨价还价的过程，按吴某莲在庭审中的表述，系其动了恻隐之心，因此，原告所称27万元系吴某莲单方自愿出价的可信度高。从刘某某与吴某莲的微信聊天记录来看，原告始终按《股权转让协议》要求被告支付20万元转让款。原告法定代表人在2019年4月17日的聊天记录中虽有“某某公司中某某某的所有股权全部放弃，股权全部归你，也作为对你多给7万元的回报”的表述，但该内容并未体现在27万元的《股权转让承诺书》中，也就是说，《股权转让承诺书》中对于27万元股价未附加其他条件。因此，仅就内容而言，《股权转让承诺书》约定的转让款27万元更有利于原告的经济利益。现原告选择以价格较低的《股权转让协议》，要求被告履行20万元付款义务，并无不妥。

5. 股权转让协议约定不明的认定

案例2－35 DT公司与ZZ公司股权转让纠纷案

一审法院：江苏省苏州工业园区人民法院（2015）园商初字第01354号

案例主旨：公司存在两名股东且未明确股权转让的主体的，属于约定不明。

法院认为，在ZZ公司存在两名股东的情况下，协议并未明确将哪个股东的股份转让给原告，张某兵虽在协议上签名，但其是以ZZ公司法定代表人身份签名，原告并无证据证明张某兵作出转让股权的意思表示，至于被告ZZ公司、张某兵称约定转让的为范某彬的股权，但ZZ公司与张某兵未能举证证明取得范某彬的授权委托转让其股权，故股权转让协议约定不明。

在司法实践中，股权转让协议约定不明通常有两类情况：第一类情况是在股权转让协议中遗漏了相关内容，如股权转让的标的，转让款的金额、支付方式、支付期限、支付条件，工商变更登记的办理时间和义务方，违约责任等，这些往往都是股权转让协议中最为核心的条款，最终可能导致整个股权转让协议的无效。第二类情况则是具体的条款约定不明，如虽然双方就协议中的某一事项作出了约定，但由于意思表达不够准确，在双方发生争议时，导致理解上产生歧义。

6. 股权转让主体资格混淆的认定

案例 2－36 JP 公司、赵某朋、李某彬与贺某成股权转让纠纷案

一审法院：云南省昌宁县人民法院（2016）云 0524 民初 55 号

二审法院：云南省保山市中级人民法院（2016）云 05 民终 316 号

案例主旨：公司不是股权转让的主体，公司资产属于公司所有，不得用于抵偿股东个人债务。

法院认为，股权转让合同当事人为转让人贺某成与受让人赵某朋、李某彬，公司不是股权转让主体，而股权转让合同的效力仅在于约束双方当事人。对双方约定由公司支付股权转让费的行为，根据我国《公司法》第三条第一款的规定："公司是企业法人，有独立的法人财产，享有法人财产权。公司以其全部财产对公司的债务承担责任。"股东作为出资的财产一旦投入公司，就属于公司的法人财产，股东不得对该财产再主张权利。本案公司股东或者法定代表人以公司的财产抵偿其个人债务的行为侵犯了公司的财产权，该约定为无效条款，即股权转让费应由股东赵某朋、李某彬共同支付给贺某成。

《公司法》规定，除法定情形以外，公司不得收购本公司股份。法定的情形包括减少公司注册资本、与持有本公司股份的其他公司合并、将股份用于员工持股计划或者股权激励、股东因对股东大会作出的公司合并或分立决议持异议并要求公司收购其股份、将股份用于转换上市公司发行的可转换为股票的公司债券以及上市公司为维护公司价值及股东权益所必需。除此之外，股权转让的主体应当为公司股东而并非公司。如果在公司股东转让股权时，同时将股权转让方列为公司，则容易产生主体资格及协议效力的争议。

（二）股权权属瑕疵的法律风险

1. 夫妻共有股权转让的效力

关于夫妻一方单方转让夫妻共有股权的效力，最高人民法院曾经分别作出

（2013）民四终字第40号（以下简称40号案件）及（2014）民二终字第48号（以下简称48号案件）民事判决。虽然都是夫妻一方“擅自”转让股权，但40号案件判决股权转让无效（维持原审判决，原审判决认定股权转让因为侵害了配偶一方的夫妻共同财产而无效），而48号案件判决股权转让有效（维持原审判决，原审判决认定股权转让符合《公司法》及原合同法的规定有效）。

根据最高人民法院的司法案例，涉及夫妻一方转让夫妻共有股权的，如果符合以下情形，原则上将被法院认定为无效。

第一，股权转让时，股权转让方与其配偶之间的夫妻关系已经恶化，可能已经走上离婚诉讼之路，或即将踏上离婚诉讼之路。

第二，股权受让方与股权转让方具有非同一般的亲属关系，即可能是父母、同胞兄弟姐妹，也可能是姑舅姨表等远房亲戚。对于试图恶意转移夫妻共同财产而非正常的股权交易一方来说，转让给毫不相干的第三人其心存顾虑，毕竟股权回转存在风险，难免造成“假戏真做”“人财两空”尴尬境地。

第三，股权转让价款较低、平价甚至是无对价，即可能是无偿赠与，或者是名为转让实为转移，也可能是以出资额为对价进行平价转让。

2. 有质押等权利负担的股权转让效力

《民法典》第四百四十三条第二款规定：“基金份额、股权出质后，不得转让，但是出质人与质权人协商同意的除外。出质人转让基金份额、股权所得的价款，应当向质权人提前清偿债务或者提存。”因此，转让方在转让已设立质权的股权时应当经过质权人的同意，否则质权人可以以股权转让侵害其质权为由主张股权转让无效。另外，法律仅禁止出质人处分已出质的股权，但并未禁止出质人就该出质股权与他人签署股权转让协议。因此，股权质押原则上不应当影响股权转让协议的效力。但是如果在办理股权变更登记时，质押登记仍未撤销，则无法办理相应的手续。另外，股权转让款需按照法律的规定向质权人提前清偿债务或者提存。

案例2-37 杨某平与THGF公司、舒某香等合同纠纷案

一审法院：湖北省宜昌市伍家岗区人民法院（2015）鄂伍家岗民初字第01079号

案例主旨：未经质权人同意所签订的股权转让协议不发生法律效力。

法院认为，股权出质后，不得转让，但经出质人与质权人协商同意的除外。被告舒某香将其持有的被告THGF公司的45%的股权已设立质押登记后，未经质权人同意擅自于2014年7月15日欲将该股权转让给第三人王书贵签订的《股权转让协议》，不能发生法律效力。

3. 出资瑕疵的股权转让效力

（1）出资瑕疵不影响股权转让协议的效力

案例2-38 韩某志等诉刘某海等股权转让纠纷案

一审法院：吉林省白城市中级人民法院（2016）吉08民初20号

案例主旨：法律没有禁止瑕疵股权的转让，经合法程序所达成的股权转让协议具有法律效力。

法院认为，《公司法》没有明文禁止瑕疵股权的转让，应当视为瑕疵的股权可以转让。由于股东出资瑕疵不影响股权的设立和享有，瑕疵出资股权仍具有可转让性，若未经过合法的除权程序，瑕疵出资股东具有股东资格，有权向外转让其持有的股权。本案中，虽然韩某志、张文某在注册成立吉林BD公司时存在虚假出资行为，但其股东资格已经工商管理部门注册登记，在未经合法的程序除权的情况下，其股东资格不因瑕疵出资而丧失，亦有权转让其享有的股权，不影响股权转让合同的效力。

（2）出资瑕疵方为补足出资的最终责任者

案例2-39 曹某书与董某军等股权转让纠纷案

一审法院：江苏省连云港市海州区人民法院（2017）苏0706民初3066号

二审法院：江苏省连云港市中级人民法院（2017）苏07民终3495号

案例主旨：原股东因出资瑕疵转让股权的，其是补足出资的最终责任者。若其与股权受让方无特殊约定，不得要求受让方承担补足出资的义务。

法院认为，首先，生效裁判文书已经确认，曹某书未履行出资义务，应对QRD公司承担补足出资责任。董某军作为明知该事实的受让股东，在QRD公司或公司债权人对其主张权利时，应对曹某书的补足出资责任承担连带责任。

但本案并非 QRD 公司或公司债权人向董某军主张权利，曹某书要求董某军承担补足出资责任缺乏法律依据。其次，退一步讲，即使受让人董某军根据上述规定承担责任后，也可以向未履行出资义务的股东曹某书追偿，可见曹某书仍是补足出资责任的最终责任者，其无权就此向董某军主张权利。同时，当事人另有约定的除外。但如前所述，曹某书与董某军在转让股权时并未另作约定。因此，曹某书主张其有权向董某军追偿的观点无法律依据。

（三）股东优先购买权的法律风险

1. 未依法履行书面通知义务

《公司法》第七十一条规定，有限责任公司股东向股东以外的人转让股权，应当经其他股东过半数同意。股东应就其股权转让事项书面通知其他股东征求同意。股东对外转让股权时必须通过书面的方式向其他股东征求意见，否则就侵害了其他股东的优先购买权，进而影响到股权转让的效力。

案例 2-40 段某强等诉段某刚等股权转让纠纷案

二审法院：吉林省吉林市中级人民法院（2015）吉中民三终字第 137 号

案例主旨：转让股东与非股东受让方之间的股权转让合同具有独立性，股东优先购买权的存在及行使与否均不影响股权转让合同是否生效，只能影响转让合同能否履行。

法院认为，虽然段某刚向董某霞、董某莉转让股权时没有通知段某强，段某强亦没有书面同意，违反了《公司法》第七十一条的规定，但《公司法》第七十一条没有规定违反此条款的转让合同无效，仅规定“公司章程对股权转让另有规定的，从其规定”，由此可见，该条款不属于效力性的强制性规定，不能就此认定股权转让合同无效。由于《公司法》对于侵犯股东优先购买权的股权转让合同效力没有明确规定，因此，探讨其效力应当从合同效力的一般规定入手。本案股权转让协议的订立和履行涉及的是个人之间的权利义务关系，不存在合同无效的情形。即便段某强的股东权益受到侵犯，侵犯其权益的是转让人段某刚，其可依法向段某刚主张权利，段某强请求确认段某刚与董某霞、董某莉股权转让协议无效没有法律依据。

2. 未明确书面通知义务的标准

《公司法》并未明确规定股权转让方向其他股东所发送的书面通知中具体应当包含的内容。通常来说书面通知书中应当至少包含拟受让股权方的情况、拟转让的股权数量以及价格、股权转让履行的方式等。但在实际交易的过程中，由于股权转让涉及的内容比较复杂，而通知义务的标准可能也会因人而异。故转让方与受让方之间可能会因为通知义务的标准发生争议，继而影响股权转让的进程。

案例2-41 厦门TZ公司、何某庆与上海TZ公司股权转让纠纷案

一审法院：上海市虹口区人民法院（2017）沪0109民初17554号

二审法院：上海市第二中级人民法院（2018）沪02民终8952号

案例主旨：法律规定的股东的优先购买权只是指在同等条件下，而同等条件一般是指转让股东与受让人签订的股权转让合同的全部内容。若其他股东要求在排除部分条件的情况下才愿意购买股权，已不再是同等条件下的转让，依法不能支持。

一审法院认为，股东的优先购买权是指股东享有的同等条件下优先购买其他股东拟转让股权的权利。股东转让股权的交易对象和交易条件是符合转让股东的经济利益或者其他利益的，支付对价不仅限于金钱，有可能是其他公司股权、专利技术、房地产等有一定价值的实物财产，甚至是抵销股东个人债务，等等。本案中，厦门TZ公司和何某庆达成的《公司清算及股权转让协议》已被生效判决确定为有效的协议，该协议有抵销之前公司债务、邓某晓个人债务等情形。何某俊要求行使优先购买权，则应该按照该协议的内容履行。因为法律规定的股东的优先购买权只是指在同等条件下，而同等条件一般是指转让股东与受让人签订的股权转让合同的全部内容。若何某俊要求分割《公司清算及股权转让协议》中利润分配结算、债权抵销，仅计算股价才愿意购买股权，已不再是同等条件下的转让，依法不能支持。

二审中，法院已查明何某俊系何某庆之父，但何某俊与何某庆一致陈述，双方仅为老乡关系，二人的虚假陈述行为有违诚信，宜推定何某俊于2015年6月10日《公司清算及股权转让协议》签订时，即已知晓协议约定的股权数量、价格、支付方式及期限等全部条件，并同意股权转让事宜，待到何某俊于2017

年7月14日提起本案诉讼时，距该协议的签订已超过两年，故一审法院未支持何某俊关于行使优先购买权的主张，并无不当，二审法院予以确认。

（四）“隐名持股”的法律风险

1. “隐名股东”签署股权转让协议的效力

（1）无股东身份的“隐名股东”无权转让股权

案例2－42 LYS公司与马某股东名册记载纠纷、请求变更公司登记纠纷案

二审法院：新疆维吾尔自治区乌鲁木齐市中级人民法院（2017）新01民终3475号

再审法院：新疆维吾尔自治区乌鲁木齐市中级人民法院（2018）新01民再97号

案例主旨：股权受让人仅与实际出资人签署股权转让合同不引起股权转让的法律效力

法院认为，名义股东具有股东身份，实际出资人并不具有股东身份。实际出资人可以依据法定程序要求取得股东身份，但在其依法取得股东身份之前并不具有股东身份。因此，所谓的股权转让合同中的受让人并不能因为与实际出资人签订了所谓的股权转让合同而取得相应的股权。

（2）受让人明知且“显名股东”无异议的股权转让有效

案例2－43 焦某成等与毛某随股权转让纠纷案

二审法院：最高人民法院（2016）最高法民终18号

案例主旨：受让第三人明知隐名股东身份的情形下，对于隐名股东转让其股权的行为，只要显名股东没有提出异议，该转让应发生法律效力。

最高人民法院认为，对公司外部而言，公司的股权应当以对外公示的工商登记为准；而在公司内部，有关隐名股东身份及持股份额之约定等属于公司与实际出资人或名义股东与实际出资人之间形成的债权债务的合意，除非隐名股东要求变更为显名股东以外，该约定不会引起外界其他法律关系的变化，亦不会破坏有限责任公司的人合性，故一般应当认可其有效性。在案涉的《股权认购协议书》中，ST煤炭公司确认了毛某随享有12%的股权，明确了其投资份额，无论此协议的签订是基于其他实际出资人股权之转让抑或是其他原因，该协议所确定之内容均不违反法律法规的效力性强制性规定，应当依法确认其合法性。因此，就本案纠纷而言，毛某随依据《股权认购协议书》享有以隐名股东身份持有12%的股权。

2. 名义股东直接转让代持股权的效力

（1）“名义股东”可以直接对外转让股权

案例2-44 潘某平与管某贵股权转让纠纷案

一审法院： 浙江省临海市人民法院（2019）浙1082民初8513号

二审法院： 浙江省台州市中级人民法院（2019）浙10民终3138号

案例主旨： 法律并未限制名义股东转让股权，名义股东是否实际投资不影响股权转让。

法院认为，潘某平认为管某贵没有实际投资，不是真实权利人，并提供《合伙企业股权转让协议》证实管某贵只是名义股东无权转让股权，但法律并未限制名义股东转让股权，故管某贵是否为实际投资者并不影响其向潘某平转让股权。

（2）“名义股东”擅自转股后需向“隐名股东”赔偿

案例2-45 林某与吴某乐、吴某损害股东利益责任纠纷案

一审法院： 福建省福清市人民法院（2017）闽0181民初893号

二审法院： 福建省福州市中级人民法院（2018）闽01民终7309号

案例主旨： 代持股权乃实际出资人出资所致，股权最终归属于实际出资人，名义股东可以代为行使股东权利，但不能擅自处分该股权，股权的处分必须取得实际出资人同意。

一审法院认为，本案的争议焦点为被告吴某乐无偿转让代持股权份额的行为是否侵害原告林某的权益并造成损失。首先，原告林某、吴某作为实际投资者虽享有收益权，但并非公司股东，因此不享有除投资收益以外的其他公司法上的股东权利。两原告以其实际出资为由，主张享有股权处分权，被告吴某乐未经其同意处分股权构成侵权，缺乏法律依据。其次，股权转让的对价为零元并不必然导致对原告林某的股权及收益造成损害。股权是一种财产性质的权利，

但其与一般动产权利或不动产权利有所不同，具有风险的不确定性。实践中，因公司亏损、资金严重不足等原因，即可能发生零元转让股权的情形。受让方需对股权相关的公司经营的未来风险承担相应责任，所受让标的股权的收益未必为正，也可能是负收益，受让方对该风险的承担，也是受让股权的对价。最后，即使原告林某的隐名股权可能受到损害，所受损失也应为相应的隐名股权的价值，而股权价值并不等同于初始投资股份20万元，相应股权价值应在对ZD贸易公司股权转让时的资产进行评估后予以确定。本案中，ZD贸易公司转让时未进行清算，现该公司2011年10月19日至2012年12月18日的财务状况无法进行审计，原告林某所持股权价值、是否存在损失等一审法院均无法认定，故原告林某要求被告吴某乐赔偿转让股权对其造成的损失20万元，证据不足，应承担不利的后果。两原告不服一审法院的判决并提出上诉。

二审法院撤销了一审判决并认为，名义股东虽代实际出资人行使股权，但由于该股权之取得乃实际出资人出资所致，股权最终归属于实际出资人，名义股东可以代为行使股东权利，但不能擅自处分该股权，股权的处分必须取得实际出资人同意。因此，一审法院认定林某、吴某不享有除投资收益以外的其他公司法上的股东权利错误，应予以纠正。基于ZD贸易公司转让前的财务资料由吴某乐、吴某和一方掌控的事实，ZD贸易公司财务状况由吴某乐、吴某和进行举证，方为公平合理，一审法院将ZD贸易公司转让前的财务状况无法进行审计的后果分配由林某承担不当，应予以纠正。根据《公司法司法解释（三）》“名义股东处分股权造成实际出资人损失，实际出资人请求名义股东承担赔偿责任的，人民法院应予支持”的规定，吴某乐擅自处分林某的股权，已构成侵权，应当承担赔偿责任。林某主张自其出资之日起计算利息损失，于法无据，应于股权被转让之日起计算。林某、吴某共出资50万元，于股权转让前领回出资款10万元，股权转让后，吴某乐于2012年12月28日向林某转账5万元，故林某、吴某尚余出资款35万元未领回。因林某、吴某已离婚，上述35万元由二人各分得17.5万元。

（3）受让人不符合善意取得制度无权获得代持股权

案例2-46 ZJ公司与HR公司等股权转让纠纷案

一审法院：上海市普陀区人民法院（2017）沪0107民再3号

二审法院：上海市第二中级人民法院（2018）沪02民再54号

案例主旨：名义股东擅自转让代持股权属于无权处分，受让人必须满足善意取得的要件，否则无权取得代持股权。

法院认为，名义股东转让股权，除要符合公司法规定的程序要件外，受让方能否取得股权，还取决于是否符合善意取得制度，是否同时满足善意取得三要件。

首先，HR 公司受让股权时并非善意。2010 年 5 月 31 日，上海仲裁委员会受理 ZJ 公司向刘某毅、高某林提起的仲裁案（0452 号），要求确认刘某毅名下 DP 公司 72.9% 股权的实际权利人为 ZJ 公司、刘某毅向其交付并过户。在该仲裁案审理过程中，经 ZJ 公司申请，法院于 6 月 1 日冻结了刘某毅名下 DP 公司所有股权。2010 年 6 月 17 日，DP 公司 5 名股东起诉刘某毅与 ZJ 公司股权转让纠纷。而 HR 公司与刘某毅签订股权转让合同的时间为 2010 年 6 月 23 日，作为 DP 公司第二大股东的 HR 公司称对上述仲裁案、诉讼案、股权被冻结这些涉公司重大事项不知情，不合常理，推定其知道或应当知道，即使未有足够证据证明 HR 公司知情，其也存在未尽合理谨慎注意义务的过错，不能认定其受让股权时主观上为善意。

其次，HR 公司未支付合理的对价。刘某毅与 HR 公司约定系争股权转让价为 898 万元，HR 公司只支付了（提存）10 万元，余款未到支付条件，故 HR 公司尚未支付完毕对价。

最后，系争权股尚未变更登记到 HR 公司名下。上海市普陀区人民法院在 2015 年 5 月 20 日作出（2015）普执字第 1551－2 号执行裁定，将刘某毅名下 53.801% 的股权执行变更登记至 HR 公司名下。而这个时间已是本案再审期间，原变更股权的判决书已被中止执行。HR 公司不顾再审案件中止案件执行的裁定，违法申请执行股权变更，显然不发生股权转让的效力。故应认定争议发生时，系争股权未变更登记至 HR 公司名下。

综上，法院认为刘某毅无权转让系争股权，HR 公司不符合善意取得条件，不能取得系争股权。

（4）“名义股东”与“隐名股东”间可直接转让代持股权

案例 2－47 张某友与徐某菊股权转让纠纷案

一审法院：浙江省临海市人民法院（2016）浙 1082 民初 9459 号

二审法院：浙江省台州市中级人民法院（2017）浙 10 民终 1051 号

再审法院：浙江省高级人民法院（2017）浙民申3884号

案例主旨：隐名股东将隐名股权转让给实际股东，不违反法律、行政法规的禁止性规定。

一审法院认为，被告张某友辩称《股权转让协议书》未经公司股东会讨论通过，且没有扣除股权转让款应当代扣的个人所得税，违反宁陵县YT置业有限公司章程的有关规定，还侵害了公司其他股东的利益，应被撤销。一审法院认为，《股权转让协议书》系原告与被告经平等协商自愿达成的一致意见，属双方真实意思表示。原告是隐名于被告名下的股东，对外本来就是以被告的名义。公司章程只能约束实际股东，因此，隐名股东将隐名股权转让给实际股东，不违反法律、行政法规的禁止性规定。实际股东张某友个人愿意受让原本隐名于其名下的股权，并由其个人按约定支付隐名股东徐某菊相应价款，并不侵害宁陵县YT置业有限公司和其他公司股东的合法权益。故《股权转让协议书》合法有效，受法律保护。

二审法院认为，徐某菊并非公司登记的股东，其仅是隐名在张某友名下的隐名股东。隐名股东与显名股东就代持股份归属在两人之间作出约定，只要显名股东的公司股东资格及在公司股份中所占的比例、金额不发生变化，就不会影响和损害公司及其他股东利益，也不需以公司及股东的同意为前提，不能以公司法有关股东资格及股份转让的规定和公司章程作为处理张某友与徐某菊之间的股权转让效力的依据。股权转让协议是否有效，应当从协议签订是否系双方当事人真实意思表示方面衡量。

再审法院认为，该股权转让协议实际系张某友和徐某菊之间形成的有关债权债务的合意，徐某菊将其对宁陵县YT置业有限公司的全部投资权益转让给张某友，并未侵害该公司本身及该公司其他股东的权益，并未违反法律、行政法规的强制性规定，合法有效。公司法及公司章程关于股权转让的规定并不适用于本案隐名股东向名义股东转让股权的情形。本案股权转让发生时，宁陵YT置业有限公司的注册资本为800万元，已全部实缴。徐某菊并非宁陵YT置业有限公司的显名股东，其向张某友转让股权并不会对公司的资本总额造成影响，故张某友有关该股权转让协议实际因变相抽逃出资而无效的再审申请理由不能成立。

最终二审法院以及再审法院均认可了一审法院的判决结果。

3. 出资但不“显名”可能被认定为股权转让

案例2－48 尤某浅与尤某默股东出资纠纷案

一审法院：云南省宣威市人民法院（2019）云0381民初4880号

二审法院：云南省曲靖市中级人民法院（2020）云03民终207号

案例主旨：股东以个人名义收取款项，承诺代他人持有公司股权，应视为其个人向他人转让所持有的股权，实属股东与非股东之间进行股权转让。

法院认为，股东出资是指公司股东在公司设立或增加资本时，按照法律、公司章程的规定以及认股协议的约定，向公司交付财产或履行其他给付义务以取得股权的行为。尤某默不是宣威市ZC投资管理有限公司的股东，向尤某浅给付资金200万元，该款项没有存入宣威市ZC投资管理有限公司在银行开设的账户，也没有引起公司的注册资本和股东的股权比例发生变化，并非基于股东出资而产生纠纷。尤某浅以个人名义收取款项，承诺尤某默可享有宣威市ZC投资管理有限公司的10%，应视为其个人向尤某默转让所持有股权中的10%股权，实属股东与非股东之间进行股权转让引发的纠纷，本案案由应变更为股权转让纠纷。

股权是股东享有的一种综合性的独立性权利，能够依法转让是其重要内容之一。因此，股东之间、股东与非股东之间可以依照法律规定进行股权转让。本案中，尤某浅收取了尤某默给付的资金200万元，向尤某默转让所持有股权中的10%股权，双方之间形成有效的股权转让法律关系。但尤某浅向股东以外的人转让股权，未经其他股东过半数同意，致使尤某默受让10%股权及取得股东资格的目的不能实现，尤某默请求返还投资款200万元，于法有据，应予支持。

4. “隐名股东”不得强制“名义股东”转股

案例2－49 马某斌与JC公司、何某、柯某军股东资格确认纠纷案

一审法院：湖北省云梦县人民法院（2019）鄂0923民初1463号

案例主旨：“隐名股东”与“名义股东”之间仅存在合同关系，不能主张对名义股东的股权强制转让。

法院认为，如果名义股东与隐名股东之间没有达成股权转让合意，即不存

在股权转让行为的前提下，即使名义股东与隐名股东在合同中约定名义股东负有将股权转让给隐名股东的义务，该约定的法律效果，也只产生名义股东转让股权的义务，不能直接等同于或解释为名义股东处分其股权的意思表示。隐名股东只能基于其与名义股东之间的合同关系，请求名义股东承担违约责任，而不能主张对名义股东的股权强制转让。

（五）股权投资中的法律风险

公司股权作为一种重要的投资方式，股权转让实际上是一种收回投资成本、实现投资收益的方式。在此过程中股权转让双方都应当积极履行信息披露义务、注意区分股权转让的合法标的等，同时受让方还应积极支付股权转让款，否则将产生许多风险。

1. 转让方未履行基本披露义务

股权转让方在出售标的公司股权时应当向受让方履行信息披露的义务，包括公司的资产状况、经营状况、对外诉讼情况、对外担保以及负债清单等基本信息。如果股权转让方故意隐瞒、虚构或不及时告知受让方相关的信息，则可能会成为受让方解除股权转让协议的正当性事由。但是受让方需对转让方未履行披露义务进行举证，同时还需要证明转让方的行为已经构成了根本违约，并导致该股权转让协议无法继续履行，否则也不能主张解除股权转让协议。

案例2－50 QN公司、QN能源公司与TY公司等股权转让纠纷案

一审法院： 山东省高级人民法院（2015）鲁商初字第31号

二审法院： 最高人民法院（2016）最高法民终224号

案例主旨： 未能证明股权转让方的违约行为导致受让方无法实现合同目的，无权解除合同。

最高人民法院认为，关于案涉相关股权转让协议是否应予解除的问题。QN公司、QN能源公司提出据以解除合同的事由主要为两个方面：其一是因为股权转让方TY公司、HX公司、KD公司、WY公司存在虚构、隐瞒XH煤矿实际情况等违约行为，致使QN公司、QN能源公司无法实现合同目的，故其依法有权解除合同。其二则系依据情势变更原则，QN公司亦可主张解除股权转让相关

协议。

但由于QN公司、QN能源公司提出TY公司等股权转让方虚构、隐瞒XH煤矿改扩建工作报审重大问题的主张欠缺相应事实依据，不能成为TY公司等股权转让方严重违约导致QN公司、QN能源公司无法实现合同目的的原因。而QN公司、QN能源公司以政策变化作为情势变更的事由诉请解除合同的上诉理由亦欠缺事实与法律依据，依法不能成立。最高人民法院认为，一审法院对于QN公司、QN能源公司主张解除合同的诉请未予支持并无不当。

2. 股权转让与资产转让混淆

股权转让的主体是公司股东个人，而资产转让的主体为目标公司，两者存在本质的区别。如果交易的标的是公司股权，则受让人直接成为目标公司的股东，享受权利、履行义务。但如果交易的标的是公司资产，则受让人只能获得公司资产的所有权，而无权成为该公司的股东，享受股东的权利。

案例2-51 陈某良、徐某文诉应某平等股权转让纠纷案

一审法院： 安徽省阜阳市中级人民法院（2013）阜民一初字第00084号

二审法院： 安徽省高级人民法院（2014）皖民二终字第00414号

案例主旨： 双方签订协议约定转让公司全部资产，同时由新股东接管公司，原股东退出公司，但公司本身的名称、主体资格、资产均不变，只有股东发生变化的，该种协议的性质应为股权转让协议。

法院认为，对案涉《TP公司整体转让协议》的定性需要审查资产转让协议与股权转让协议的区别。本案所争议的2013年5月10日协议名为《TP公司整体转让协议》，但其法律性质与2013年5月21日协议的性质是一致的，即均为股权转让协议。首先，从签约主体来看，《TP公司整体转让协议》系公司股东应某平和陈某良、徐某文签订的，并非TP公司与陈某良、徐某文签订的。其次，从该协议约定的内容来看，在约定转让公司资产的同时也约定了产权交割，即转让后由陈某良、徐某文全权接管公司，公司股东为陈某良、徐某文，应某平退出公司。再次，从协议的履行情况来看，该协议的履行结果体现为转让方和受让方相应资产的增加和减少，而非公司资产发生变化，协议履行过程中，公司的名称、法人主体资格及资产所有权均未发生变动，仅公司的股东发生变

更。最后，从合同目的来看，陈某良、徐某文与应某平签订《TP公司整体转让协议》，是欲通过受让股权的方式取得TP公司的实际控制权，并利用该公司经营取得收益，而非仅仅是获得公司资产的所有权。另，双方当事人签订的《TP公司股份转让合同》约定的转让价款、付款方式与《TP公司整体转让协议》约定的内容完全一致。基于上述事实，案涉《TP公司整体转让协议》符合公司法上原股东与新股东之间转让公司100%股权的特征，且双方也办理了股权变更登记手续，故该协议的性质应认定为股权转让协议。

3. 股权投资协议中的法律要点

（1）注意区分投资款的性质

股权投资协议中一般需要明确投资双方对于所投款项的性质。不同性质的款项所适用的法律关系并不相同。一旦发生争议，即使是同一笔款项，只要适用的法律规则不同，也会出现完全不同的法律后果。

广东省深圳市中级人民法院在（2019）粤03民终26399号案例中指出："黎某萍作为具有完全民事行为能力的成年人，其理应清楚投资款与借款在法律性质及法律后果上的区别。黎某萍在其向刘某惠转账支付的其他款项均未备注为投资款的情况下，将该笔款项特别备注为投资款，明显是将该笔款项在性质上与其他款项相区别。一审未将该笔款项计入黎某萍出借给刘某惠的借款总额并无不当。黎某萍和刘某惠就该笔款项如有争议，可另循法律途径解决。"

（2）注意明确股权投资方式

实践中股权投资的方式非常多，包括向目标公司新增资本、向目标公司提供借款、与目标公司股东进行股权转让等。股权投资者在确定了具体的投资方式之后，一定要注意对于具体内容的约定，如通过股权转让方式投资的，则需要明确股权转让的比例、数额、价格以及股权转让款的支付方式，同时还需要明确办理股权转让登记的义务主体、期限以及股权交割的程序、双方的权利及义务等。

（3）明确是否需要参与公司经营

股权投资通常情况下有两种情况：一种是纯粹的商业投资，即不过多参与公司的经营决策；另一种则是需要进入公司的核心管理层并直接参与公司经营。如果股权投资者需要采取后一种方式进行股权投资的，则需要在股权投资协议中明确公司经营治理的规则，从而约束目标公司及其他股东的行为，如股权投资者是否可以进入董事会，是否可以对公司监事、高级管理人员拥有提名权，是否可以约定特殊的分配红利方式，等等。尤其是在投资者拟持有目标公司的股权数额较小的情况下，很可能在公司重大事项表决中不具有话语权。因此，通过在股权投资协议中约定自己可以实际参与公司经营管理和决策，可以更有利地保障自己的合法权益。

（4）注意股权转让的先决条件

在股权交割及支付股权转让款前，目标公司及股权转让的股东有可能会有一些必须完成的事项或有些因素会最终影响股权的正常交易，如股权转让协议是否由合适的签约主体进行签字并生效；标的公司内部是否就该股权转让事项进行必要的股东（大）会或董事会决议；目标公司股权转让如果需要有权机构审批或授权的，是否已经完成了审批或获得了授权；拟对外转让股权的股东是否已经向其他股东发送了书面通知并就股权转让事宜取得了同意；股权受让方是否已经完成了对标的公司的尽职调查；等等。

上述事项如果没有落实或确认，则随时有可能影响股权投资的顺利进行。我们建议应当在股权投资协议中就上述事项的落实方、义务方、责任方以及产生变化时的违约责任等内容进行提前约定，并将其设置为股权交易的前提，以保障股权投资方的利益。

（5）标的公司与股东的承诺与保证

即使股权投资方在股权交易之初就对于目标公司以及股东进行了尽职调查，但毕竟外部调查的范围和深度、广度都是有限的。此时股权投资方应当要求标的公司与股东自主承诺和保证与股权投资交易的相关事项的真实性。一般包括以下几个方面：

第一，目标公司应当承诺自己的主体资格合法有效，并且已经获得公司正常经营所有必要批准、执照和许可；股东应承诺自己的股东身份合法有效且自身具备完全的民事权利能力和行为能力。

第二，目标公司及股东应保证所签署的股权投资协议不违反任何法律、行政法规的强制性规定以及公司章程等。

第三，股东应保证其转让的股权没有任何权利瑕疵，没有对外抵押、质押等，也没有遭受司法冻结或其他权利负担，保证投资者受让股权后不会因第三人追索而受到损失。

第四，在股权交易尚未完成之前，目标公司通常不应将利润分配给原股东或利用资本公积转增股本，以此变相的损害投资者应当共享的合法权益。同时目标公司的资产应当没有任何的权利瑕疵，包括未设置抵押、质押、留置等权利负担。另外，目标公司也不能在投资者尚未正式成为股东前，提前处置公司主要资产或发生非正常经营需要的大额债务。目标公司还需要保证在投资者正式成为公司股东前，公司的经营状况和财务状况不应发生重大的不利变化。

第五，目标公司以及股东应当保证其在与投资者签署股权投资协议时所提供的信息都是真实、有效的，并没有故意的隐瞒、虚构、误导等行为。如果股东在转让股权之前确实有未披露的债务、税收以及其他可能引起投资者损失的情况，则应由其承担相应的责任。

（6）合理设置“反稀释”条款

目标公司为了不断扩大公司经营和发展，往往需要获取更多投资者的资金。一旦投资者的数量变多，每一轮投资就会引发股权稀释的问题。为了保证自己的投资利益，同时防止公司创始股东利用稀释股权的方式损害投资者的合法权益，甚至在获取融资后将自己淘汰出局，投资者一般都会在股权投资协议中设置股权“反稀释”条款。“反稀释”条款是一种对投资者股权比例和股权价格的保护机制。比较常见的“反稀释”条款有以下两种：

第一，针对股权比例的“反稀释”条款，即目标公司在该投资者之后因融资需要而增发新股或者原公司股东对外转让股权时，在同等的条件下，该投资者可以按照其投资的股权比例优先购买新股或受让股权，以确保其持股比例不会因发行新股或股权转让而被降低。投资者也可以自主放弃该权利，目标公司或原公司股东无权强制要求投资者必须购买新股或受让股权。另外，如果投资者选择购买新股或受让股权，则其就同时拥有了两种类型的股权。通常情况下这两类股权会被区别对待：投资者初始投资的股权应当继续按照其原先签署的股权投资协议享受权利，但其新购买或受让的股权则应当按照新达成的股权投资协议享受权利。由于投资的阶段不同、投资价格不同，股权所对应的权利义务也会有所区别，如果不加以区分，则对于其他新的投资者会造成不公平的待遇。

第二，针对股权价格的“反稀释”条款，即目标公司在该投资者投资后，如果需要以任何一种方式引进新的投资者，都应当保证新投资者的投资价格不得低于该投资者所支付的投资价格。一旦目标公司向新投资者提供的投资价格低于该投资者的，则可以要求目标公司的控股股东或实际控制人以股权或现金补偿的方式，使得投资者的投资价格与新投资者保持一致。

另外，目标公司的创始人、控股股东以及实际控制人应当控制反稀释条款的适用范围与适用期限，尽量与投资者协商并设置部分不适用反稀释条款的例外条件，以免投资者滥用“反稀释”条款，阻碍公司的正常经营与融资计划，如设置触发“反稀释”条款的最低投资价格，避免只要低价融资就必然触发“反稀释”条款；设置合理的适用期限，避免投资者无止尽地适用；设置适用“反稀释条款”的范围，如只有投资者参与新融资的情况下方能适用“反稀释”条款等。

（7）“对赌条款”的设置

“对赌条款”又称估值调整条款，指投资者与融资者在达成股权性融资协议时，为解决交易双方对目标公司未来发展的不确定性、信息不对称以及代理成本而设计的包含了股权回购、金钱补偿等对未来目标公司的估值进行调整的条款。

根据《九民纪要》的规定，如果投资者与目标公司的股东或者实际控制人订立的“对赌条款”的，则如无其他无效事由，法院应认定有效并支持实际履行；如果投资者与目标公司订立“对赌条款”的，在不存在法定无效事由的情况下，目标公司仅以存在股权回购或者金钱补偿约定为由，主张“对赌协议”无效的，人民法院不予支持，但投资者主张实际履行的，人民法院应当审查是否符合公司法关于“股东不得抽逃出资”及股份回购的强制性规定，判决是否支持其诉讼请求；如果投资者请求目标公司承担金钱补偿义务的，人民法院应当依据《公司法》第三十五条关于“股东不得抽逃出资”和第一百六十六条关于利润分配的强制性规定进行审查。经审查，目标公司没有利润或者虽有利润但不足以补偿投资者的，人民法院应当驳回或者部分支持其诉讼请求。今后目标公司有利润时，投资者还可以依据该事实另行提起诉讼。

（8）投资者退出保护条款

股权投资作为一种风险较高的投资项目，目标公司可能因经营不善或连年亏损导致投资价值的减少或丧失，此时投资者可能会寻求退出目标公司的方式。

首先，投资者可能会希望通过股权转让的方式出售股权，尽量收回投资成本。由于投资者的投资初衷可能是基于对公司创始人、控股股东以及实际控制人的信任或看好这些人的业务能力，但投资者本身往往没有实际经营目标公司的能力。一旦这些人想放弃公司并出售自己的股权，则投资者将陷入非常被动的境地。因此，投资者可以在股权投资协议中设置与这些人所持有的股权共同绑定出售的机制。如果这些人打算向第三方出售股权的，则必须得到投资者的同意且在同等条件下第三方应当优先收购投资者的股权，以保障投资者与这些人一同退出公司，保障自己的权益。

其次，《公司法》第一百八十六条第二款规定："公司财产在分别支付清算费用、职工的工资、社会保险费用和法定补偿金，缴纳所欠税款，清偿公司债务后的剩余财产，有限责任公司按照股东的出资比例分配，股份有限公司按照股东持有的股份比例分配。"前述条款规定了股东之间应按照出资比例或股份比例分配剩余的公司财产。如果投资者无法通过前述的分配弥补其投资成本，则可以通过事先在股权投资协议中约定由公司创始人、控股股东以及实际控制人自愿补足其未能收回的投资成本。由于该条款是投资双方自愿达成的约定，也不存在损害公司财产或其他股东利益的情形，原则上应当有效。

（六）公司为股权转让担保的法律风险

1. 公司为他人提供担保欠缺合法程序

《公司法》第十六条规定："公司向其他企业投资或者为他人提供担保，依照公司章程的规定，由董事会或者股东会、股东大会决议；公司章程对投资或者担保的总额及单项投资或者担保的数额由限额规定的，不得超过规定的限额。公司为公司股东或实际控制人提供担保的，必须经股东会或者股东大会决议。前款规定的股东或者受前款规定的实际控制人支配的股东，不得参加前款规定的事项的表决。该项表决由出席会议的其他股东所持表决权的过半数通过。"

根据上述规定，如果在股权转让中由公司提供担保的，则双方均有义务审查公司担保的程序以及内容是否符合法律或公司章程的规定。

案例 2－52 严某敏等与 FZ 公司、吴某昌等股权转让纠纷案

一审法院： 浙江省诸暨市人民法院（2012）绍诸商初字第 3472 号

二审法院： 绍兴市中级人民法院（2013）浙绍商终字第 646 号

再审法院： 浙江省高级人民法院（2015）浙商提字第 51 号

案例主旨： 无证据证明公司作出了提供担保的意思表示，公司担保不成立。

法院认为，本案公司担保并不成立。理由如下：

其一，补充协议上的公章系事后加盖，不能代表公司之意思。印章是公司的意思表示的外在推定形式，对于公章是否必然代表公司法人的意思，不能一概而论，应作具体分析。案涉补充协议签订时，FZ 公司并未承诺提供担保。而被申请人提交的补充协议上的公章系事后加盖，不能代表公司之意思。

其二，虽然 FZ 公司新老股东均在补充协议上签字，但也难以认定已经形成了公司法人之意思。2012 年 3 月 18 日股权转让时形成了一份股东大会决议。该书证记载的决议事项仅为同意案涉股权转让、对公司章程作相应修正以及对董事作相应调整等三项内容，并未涉及公司为股权转让提供担保事宜。若各股东有以 FZ 公司提供担保的合意，应在该股东大会决议中有所反映。可见并不存在公司提供担保的意图。

综上，本案补充协议上的公章无法认定系公司法人的意志，而各当事人在协议上的签字也不能认定形成了同意公司担保之决议。本案并无证据证明公司作出了提供担保的意思表示，故讼争的公司担保并不成立。原审以公章真实且公司法定代表人和全体股东均在补充协议上签字确认为由，认定 FZ 公司为讼争股权转让提供担保的意思表示真实明确、应按约承担保证责任，缺乏事实与法律依据。

2. 法定代表人擅自为他人担保

《九民纪要》第十七条明确规定，法定代表人未经授权擅自为他人提供担保的，构成越权代表。如果债权人不知道或者不应当知道法定代表人超越权限订立担保合同的，属于善意方，则担保合同有效；如果债权人属于恶意方，合同应当无效。

根据《〈民法典〉担保制度的解释》第七条的规定，如果法定代表人在未依据公司对外担保决议程序的情况下，超越权限代表公司与相对人所订立的担保合同并不必然无效，需要依照受让人是否善意作为判断合同效力的标准。如果相对人在订立担保合同时不知道且不应当知道法定代表人超越权限，或者有证据证明自己已对公司决议进行了合理审查且公司无证据证明相对人知道或者应当知道决议系伪造、变造的，则该担保合同有效。相对人可以请求公司承担担保责任。但公司在承担责任之后，可以要求法定代表人承担赔偿责任。

《公司法》第十六条对关联担保和非关联担保的决议机关作出了区别规定，相应地，在善意的判断标准上也应当有所区别。

一种情形是为公司股东或者实际控制人提供关联担保。《公司法》第十六条明确规定必须由股东（大）会决议，未经股东（大）会决议，构成越权代表。在此情况下，债权人主张担保合同有效，应当提供证据证明其在订立合同时对股东（大）会决议进行了审查，决议的表决程序符合《公司法》第十六条的规定，即在排除被担保股东表决权的情况下，该项表决由出席会议的其他股东所持表决权的过半数通过，签字人员也符合公司章程的规定。

另一种情形是公司为公司股东或者实际控制人以外的人提供非关联担保。根据《公司法》第十六条第一款的规定，公司可以通过章程约定是由董事会或股东（大）会决议，但公司章程的约定不能直接对抗善意第三人。根据《民法典》第六十一条第三款关于“法人章程或者法人权力机构对法定代表人代表权的限制，不得对抗善意相对人”的规定，只要债权人能够证明其在订立担保合同时对董事会决议或者股东（大）会决议进行了审查，同意决议的人数及签字人员符合公司章程的规定，就应当认定其构成善意，但公司能够证明债权人明知公司章程对决议机关有明确规定的除外。

债权人对公司机关决议内容的审查一般限于形式审查，只要求尽到必要的注意义务即可，标准不宜太过严苛。公司以机关决议系法定代表人伪造或者变造、决议程序违法、签章（名）不实、担保金额超过法定限额等事由抗辩债权人非善意的，人民法院一般不予支持。但是，公司有证据证明债权人明知决议系伪造或者变造的除外。

二、剥夺股东优先购买权的股权转让效力

案例2－53 吴某崎与吴某民、吴某磊确认合同无效纠纷案

一审法院：江苏省江阴市人民法院（2014）澄商初字第0699号

二审法院：江苏省无锡市中级人民法院（2014）锡商终字第0627号

再审法院：江苏省高级人民法院（2015）苏商再提字第00068号

案例主旨：为了规避公司法关于其他股东优先购买权的规定，股东以极其悬殊的价格前后两次转让股权，导致其他股东无法实际享有在同等条件下的优先购买权，股权转让无效。

法院认为，吴某民和吴某磊在7个月的时间内以极其悬殊的价格前后两次转让股权，严重损害吴某崎的利益。吴某民和吴某磊第一次转让1%的股权价格

为15万元，第二次转让59%的股权实际价格62万元（以此测算第二次股权转让价格约为每1%价格1.05万元），在公司资产没有发生显著变化的情形下，价格相差达14倍以上，其目的在于规避公司法关于其他股东优先购买权的规定，从而导致吴某崎无法实际享有在同等条件下的优先购买权，即首次转让抬高价格，排除法律赋予其他股东同等条件下的优先购买权，受让人取得股东资格后，第二次完成剩余股权转让。吴某民在一审庭审中亦明确表示“第一次股权转让吴某磊不是公司股东，吴某民必须考虑同等条件的优先权”，“（第一次）比后面的要价要高，目的是为了取得股东身份”。这表明吴某民对其与吴某磊串通损害吴某崎利益的意图是认可的。如果认可上述行为的合法性，公司法关于股东优先购买权的立法目的将会落空。综上，民事活动应当遵循诚实信用的原则，民事主体依法行使权利，不得恶意规避法律，侵犯第三人利益。吴某民与吴某磊之间的两份股权转让协议，目的在于规避公司法关于股东优先购买权制度的规定，剥夺吴某崎在同等条件下的优先购买权，当属无效。

杭州市中级人民法院在（2015）浙杭商终第1247号案例中也认为：“本案前后两次股权转让存有密切关联，系一个完整的交易行为，不应因马某雄分割出售股权的方式而简单割裂。该两次交易均发生在相同主体之间，转让时间相近，且转让标的均系马某雄持有的WG公司的股权，股权转让人与受让人事先对于拟转让的股权总数量以及总价格应当知晓。马某雄在签订2013年4月26日第一次的股权转让协议前，虽向KQ公司告知了拟对外转让股权的事宜，但隐瞒了股权转让的真实数量及价格，存在不完全披露相关信息的情形，造成了以溢价达30倍（与WG公司注册资本相比）的价格购买WG公司0.09%的股权，显然有违合理投资价值的表象。故本院认为，该股权转让人实际是以阻碍其他股东行使优先购买权条件之‘同等条件’的实现，来达到其排除其他股东行使优先购买权之目的，系恶意侵害其他股东优先购买权的行为。”

为了避免上述案例中的情况出现，公司股东在进行股权转让时，一定要按照法律的要求保障其他公司股东的优先购买权。公司原股东如果发现其他股东采用了上述方式侵害了自己的优先购买权，则应当及时向法院提起确认合同无效之诉，以维护自己的合法权益。而股权的受让方在购买公司股权之前，则应当积极审查目标公司其他股东是否已明确放弃优先购买权，最好让股权转让方出具书面的证据，如其他股东签署的同意函。同时还应当在股权转让协议中明确，若转让方无法取得其他公司股东的同意，则应当承担相应的违约责任。

三、低价转股的股东对公司债务的清偿责任

案例2-54 YDX公司与XD钢铁公司、HZ集团买卖合同纠纷案

一审法院：吉林省高级人民法院（2016）吉民初17号

二审法院：最高人民法院（2017）最高法民终87号

案例主旨：在无人格混同情况下，基于股东财产与公司财产的分离，股东转让股权是股东对自有权利的处分，对公司财产和其对外偿债能力并不产生直接影响，股东不因极低价格转让公司股权而对公司债务承担连带清偿责任。

最高人民法院认为，控股股东以极低价格转让公司股权是否属于《公司法》第二十条第三款规定的滥用公司法人独立人格和股东有限责任、损害债权人利益的行为，应从公司人格与股东人格是否混同、股权转让行为是否造成公司责任财产的不当减少从而降低公司对外偿债能力、损害债权人利益等方面进行分析判断。

结合XD钢铁公司的工商登记资料、公司章程及其与HZ集团的企业法人营业执照等证据来看，HZ集团与XD钢铁公司在财产、业务、组织机构、住所地等方面是分离的，不存在人格混同情形。股权与公司财产相分离，股东转让股权是股东对自有权利的处分，影响的是股东自身权益，对公司财产并不产生直接影响。股权转让价格的高低在一定程度上反映公司的经营状况，对此HZ集团在本案二审庭审中也陈述低价转让股权的原因是XD钢铁公司存在巨额负债，经营状况严重恶化，有重组需要。从之后不久XD钢铁公司即被债权人申请破产、破产债权人有近200家的事实来看，HZ集团所陈述的低价转让股权的原因具有一定的可信度。本案并无证据证明HZ集团通过低价转让股权的方式处分了XD钢铁公司的财产，导致该公司责任财产减少从而降低偿债能力，损害了债权人YDX公司的利益。因此，HZ集团低价转让股权的行为不属于《公司法》第二十条第三款规定的股东滥用公司法人独立人格和股东有限责任，逃避债务，损害债权人利益的情形，HZ集团不因极低价格转让公司股权而对XD钢铁公司的债务承担连带清偿责任。

四、股权转让纠纷中的善意取得制度

案例2-55 钱某许等与张某涛等股权转让合同纠纷案

二审法院：山东省高级人民法院（2016）鲁民终516号

再审法院：最高人民法院（2016）最高法民申1594号

案例主旨：受让股权符合善意取得的构成要件，可善意取得无权处分的股权。

最高人民法院认为，本案中，案涉股权登记在张某涛名下，钱某许没有证据证明宋某军受让案涉股权时知道张某涛无处分权。虽然钱某龙并未举证证明其在与宋某军进行案涉股权转让交易时有张某涛的相应授权委托，但这与张某涛是否为案涉股权的真实权利人以及宋某军对此事实是否知道或应当知道并无直接必然的联系。实际上，就案涉股权从张某涛名下转移登记至宋某军名下等事实看，宋某军有合理理由相信钱某龙有权代理张某涛处分案涉股权，而且张某涛事后也对钱某龙转让股权的行为予以认可。故钱某龙代张某涛转让案涉股权给宋某军的行为并不影响宋某军受让股权的善意。因此，钱某许主张宋某军受让股权是非善意的证据不足，其相应主张不能成立。此外，根据已查明的案件事实，宋某军已经支付了300万元股权转让款，钱某许虽主张该对价因低于XT公司股权的现值而不合理，但对此缺乏证据证明，故可认定该股权转让的对价是合理的。另，案涉股权已经登记至宋某军名下。因此，宋某军受让案涉股权符合善意取得的构成要件，原判决认定宋某军已经善意取得案涉股权并无不当。

五、股东放弃转让股权不受其他股东限制

案例2-56 周某勇与张某等股权转让纠纷案

二审法院：江苏省南京市中级人民法院（2011）宁商终字第619号

再审法院：江苏省南京市中级人民法院（2013）宁商申字第7号

案例主旨：有限责任公司股东履行征询公司其他股东是否同意转让及是否行使优先购买权后，公司其他股东主张购买的，转让股东仍依法享有对自己财产的自由处分权，可以放弃股权转让。

法院认为，经股东同意转让的股权，在同等条件下，其他股东有优先购买权。本案中，周某勇在2009年4月21日南京某工程建筑设计院有限公司股东大

会上，不同意张某向第三人转让公司股权，并主张在同等条件下的优先购买权，其行为符合法律规定。但此后张某与第三人协商解除了《股权转让协议》，张某仍系股权持有人。因南京某工程建筑设计院有限公司是有限责任公司，根据有限责任公司的人合性特征，以及股东意思自治和股权转让自由的原则，张某解除股权转让协议是其作为转让股东的自由意志，故张某作为股权持有人享有自由处分其股权的权利。根据法律规定，其他股东行使优先购买权的前提是股东同意转让股权，如果转让股东解除与第三人的股权转让协议，其他股东行使优先购买权的基础便不存在。鉴于张某明确表示放弃转让股权，周某勇主张优先购买权的前提已经丧失，因此，法院认定周某勇的诉讼主张缺乏事实和法律依据。

六、以股权转让方式获得土地使用权的效力

最高人民法院将“以股权转让形式实质转移土地使用权的行为”所产生的纠纷定义为民事纠纷，并适用民事法律进行处理。最高人民法院在（2013）民一终字第138号案例中认为：“薛某玶主张，案涉《股权转让协议》实质是以股权转让形式实质转移土地使用权的行为，系以合法形式掩盖非法目的，应认定为无效。本院认为，公司股权转让与作为公司资产的土地使用权转让为两个独立的法律关系，现行法律并无效力性强制性规定禁止以转让房地产项目公司股权形式实现土地使用权或房地产项目转让的目的。薛某玶的该项主张无法律依据，本院不予支持。”

通过上述案例可以看出，最高人民法院认为，从民商法的角度来看，即便股权转让的目的是转让土地使用权，由于股权转让合同的内容和形式未违反法律法规的强制性规定，应当认定股权转让合同为合法有效。

七、股权转让纠纷中常见的税务问题

（一）为避税而签署的“阴阳合同”的效力

1. “避税条款”无效不必然导致股权转让协议无效

案例2－57 JL公司与SCH公司、刘某良等股权转让纠纷案

一审法院：四川省高级人民法院（2011）川民初字第2号

二审法院：最高人民法院（2013）民二终字第54号

案例主旨：股权转让协议部分条款因损害国家税收利益而无效，但不影响其他协议条款的效力。

最高人民法院认为，SCH公司、刘某良及JL公司于2009年7月22日签订的《股权转让协议》中关于“不论在任何情况下，SCH公司、刘某良不须、亦不应就或为本协议项下的任何股权转让价款等向JL公司提供任何形式的发票，但需出具SCH公司、刘某良自行签发的收据或收条”的约定及同年10月22日签订的《补充协议》第八条关于“JL公司同意并保证，在办理过户手续时，只向相关审批机构提供《股权转让协议》的附件二所列的股权转让协议而非《股权转让协议》或《补充协议》，否则，应视为JL公司单方违约，JL公司应向SCH公司、刘某良支付定额违约金2000万元”的约定，均以损害国家税收利益为目的，应为无效条款。《股权转让协议》及其《补充协议》中的其余内容系各方当事人的真实意思表示，根据相关法律规定“合同部分无效，不影响其他部分效力的，其他部分仍然有效”的规定，《股权转让协议》及其《补充协议》的其他条款不违反法律、行政法规的强制性规定，合法有效，对当事人具有法律约束力。

2. “避税行为”属于行政处罚范围不导致股权转让无效

案例2-58 YC公司与BF公司等企业出售合同纠纷案

一审法院：云南省高级人民法院（2011）云高民二初字第3号

二审法院：最高人民法院（2012）民一终字第98号

案例主旨：股权转让行为应缴纳相关税费而未缴纳，其属于行政处罚调整的范围，并不导致股权转让协议无效。

最高人民法院认为，从本案双方当事人签订的《整体收购BF公司协议》、《股权转让协议》及相关补充协议内容看，双方当事人的真实意思系转让BF公司的全部股权，YC公司因此取得BF公司及其全部资产的控制权，包括属于无形资产的探矿权。股权转让均会随着资产控制权的主体发生变化。由于目前尚无对此类变化应办理相关审批手续的规定，因此，以转让公司及股权的方式实现企业资产转让的，不违反国家强制性规定。关于逃避税收问题，如果依照国家税收管理规定，当事人的转让行为应缴纳相关税费而未缴纳，其属于行政处罚调整的范围，并不导致转让协议的无效。故一审判决认定双方当事人签订的《整体收购BF公司协议》、《股权转让协议》及相关补充协议有效是正确的。

（二）无偿转让未实缴的股权也需要缴个人所得税

某公司股东持有某公司20%的股权，其在股权转让时并未向公司实缴任何注册资本，那该股东的股权价值是否为零，其转让股权时是否可以不缴税呢？

根据《国家税务总局关于发布〈股权转让所得个人所得税管理办法（试行）〉的公告》的规定，申报的股权转让收入明显偏低且无正当理由的，主管税务机关可以核定股权转让收入。申报的股权转让收入低于股权对应的净资产份额的，视为股权转让收入明显偏低，主管税务机关应依次按照净资产核定法、类比法以及其他合理方法核定股权转让收入。以现金出资方式取得的股权，按照实际支付的价款与取得股权直接相关的合理税费之和确认股权原值。

根据上述规定，该股东在股权转让时，需要根据公司资产负债表所列之净资产数额作为其股权价值的计算依据，核定股权转让收入并计算其转让所得，即以股权转让收入减除取得股权时的原值和合理费用后的余额为应纳税所得额，按“财产转让所得”项目缴纳个人所得税。

（三）股权已变更但未获转让款的也需缴税

《国家税务总局关于贯彻落实企业所得税法若干税收问题的通知》（国税函〔2010〕79号）第三条就股权转让所得确认和计算问题进行了明确：“企业转让股权收入，应于转让协议生效、且完成股权变更手续时，确认收入的实现。转让股权收入扣除为取得该股权所发生的成本后，为股权转让所得。”因此，即使股权转让方尚未收到股权转让款，但只要股权转让协议生效且已经配合办理了股权变更登记手续的，就应当依法缴纳税款。故在股权转让协议中务必要将收取股权转让款的权利和配合办理股权变更登记的义务约定清楚。

（四）收回转让的股权是否可退还已缴纳个人所得税

根据《国家税务总局关于纳税人收回转让的股权征收个人所得税问题的批复》（国税函〔2005〕130号）的规定：“股权转让合同履行完毕、股权已作变更登记，且所得已经实现的，转让人取得的股权转让收入应当依法缴纳个人所得税。转让行为结束后，当事人双方签订并执行解除原股权转让合同、退回股权的协议，是另一次股权转让行为，对前次转让行为征收的个人所得税款不予退回。”“股权转让合同未履行完毕，因执行仲裁委员会作出的解除股权转让合同及补充协议的裁决、停止执行原股权转让合同，并原价收回已转让股权的，由于其股权转让行为尚未完成、收入未完全实现，随着股权转让关系的解除，股权收益不复存在，根据个人所得税法和征管法的有关规定，以及从行政行为合理性原则出发，纳税人不应缴纳个人所得税。”

（五）以企业原盈余积累转增股本的个人所得税征收

根据《国家税务总局关于个人投资者收购企业股权后将原盈余积累转增股本个人所得税问题的公告》（国家税务总局公告2013年第23号）的规定，一名或多名个人投资者以股权收购方式取得被收购企业100%股权，股权收购前，被收购企业原账面金额中的“资本公积、盈余公积、未分配利润”等盈余积累未转增股本，而在股权交易时将其一并计入股权转让价格并履行了所得税纳税义务。股权收购后，企业将原账面金额中的盈余积累向个人投资者（以下简称新股东）转增股本，有关个人所得税问题区分以下情形处理：

（1）新股东以不低于净资产价格收购股权的，企业原盈余积累已全部计入股权交易价格，新股东取得盈余积累转增股本的部分，不征收个人所得税。

（2）新股东以低于净资产价格收购股权的，企业原盈余积累中，对于股权收购价格减去原股本的差额部分已经计入股权交易价格，新股东取得盈余积累转增股本的部分，不征收个人所得税；对于股权收购价格低于原所有者权益的差额部分未计入股权交易价格，新股东取得盈余积累转增股本的部分，应按照“利息、股息、红利所得”项目征收个人所得税。

新股东以低于净资产价格收购企业股权后转增股本，应按照下列顺序进行，即先转增应税的盈余积累部分，然后再转增免税的盈余积累部分。

（六）股权转让过程中获得违约金也需缴纳个人所得税

根据《国家税务总局关于个人股权转让过程中取得违约金收入征收个人所得税问题的批复》（国税函〔2006〕866号）的规定：“股权成功转让后，转让方个人因受让方个人未按规定期限支付价款而取得的违约金收入，属于因财产转让而产生的收入。转让方个人取得的该违约金应并入财产转让收入，按照‘财产转让所得’项目计算缴纳个人所得税，税款由取得所得的转让方个人向主管税务机关自行申报缴纳。”

（七）个人以股权参与上市公司定向增发需缴纳个人所得税

根据《国家税务总局关于个人以股权参与上市公司定向增发征收个人所得税问题的批复》（国税函〔2011〕89号）的规定："南京浦东建设发展有限公司自然人以其所持该公司股权评估增值后，参与苏宁环球股份有限公司定向增发股票，属于股权转让行为，其取得所得，应按照'财产转让所得'项目缴纳个人所得税。"

（八）个人以非货币性资产对外投资的个人所得税缴纳

根据《财政部、国家税务总局关于个人非货币性资产投资有关个人所得税政策的通知》（财税〔2015〕41号）的规定，个人以非货币性资产投资，属于个人转让非货币性资产和投资同时发生。对个人转让非货币性资产的所得，应按照"财产转让所得"项目，依法计算缴纳个人所得税。个人以非货币性资产投资，应按评估后的公允价值确认非货币性资产转让收入。非货币性资产转让收入减除该资产原值及合理税费后的余额为应纳税所得额。个人以非货币性资产投资，应于非货币性资产转让、取得被投资企业股权时，确认非货币性资产转让收入的实现。

八、个人合伙终止或退伙后的财产分割

（一）合伙财产的分割

个人合伙解散后是否需要清算才能分割合伙财产份额，由于我国并没有专门针对普通自然人之间的个人合伙关系的法律，故司法审判实践中存在不同的审判意见。

1. 个人合伙可视为特殊合伙企业故需进行清算

案例2-59 崔某某与阴某某合伙协议纠纷案

二审法院：山西省太原市中级人民法院（2016）晋01民终3368号

再审法院：山西省高级人民法院（2018）晋民申930号

案例主旨：个人合伙的本质与合伙企业并无明显区别，故可将其视为特殊的合伙企业，即合伙关系终止或一方退伙时，全体合伙人应对合伙的财产、生产的成本、债权债务、盈利亏损等费用进行清算。

法院认为，《合伙企业法》中虽未明确规定个人合伙解除的条件及程序，但个人合伙的本质与合伙企业并无明显区别，故可将其视为特殊的合伙企业，崔某某

虽主张其与阴某某合伙协议的解除应适用合同解除的规定，但根据法律适用特殊法优于一般法的规则，法院在无明确法律规定的情况下，参照合伙企业解散的程序，即合伙关系终止或一方退伙时，全体合伙人应对合伙的财产、生产的成本、债权债务、盈利亏损等费用进行清算，对合伙期间的盈亏、债权债务作出合理公平的分配来处理本案。本案中，法院在崔某某并未提供相应证据证明其与阴某某对合伙期间的账目进行清理、清算的情况下，作出驳回崔某某诉讼请求的判决并无不当。

2. 解散个人合伙无法清算的可分割合伙财产

案例 2－60　张某国与侯某田合伙协议纠纷案

一审法院：山东省德州市中级人民法院（2013）德中民初字第 164 号

二审法院：山东省高级人民法院（2015）鲁民一终字第 483 号

案例主旨：在双方无法提供合伙期间的账目等资料且客观上也无法委托第三方清算的情况下，可以直接对能够确认的合伙财产进行分割。

法院认为，合伙人退伙时，通常情况下，应当首先对合伙经营状况进行清算，在此基础上按照双方约定或者出资份额对合伙财产进行分割。但在本案中，双方对清算达不成一致意见，也均未申请进行司法审计。同时，因双方提供不了合伙期间的账目等资料，客观上也无法委托第三方进行清算。因此，法院在对双方提供的证据进行审核的基础上，结合相关事实，对能够确认的合伙财产进行分割并无不当。关于合伙财产的分割方式，对于合伙财产，在扣除债务及必需费用后有盈余的，应当先退还出资款，还有盈余的，作为利润分配。本案中，双方均未提出尚有债务未还清，法院基于双方经营的定点屠宰厂专营的性质，综合双方提交的证据，认定在张某国起诉时，屠宰厂仍在盈利，因此对于出资款先予退还，对于利润按照双方约定平均分配并无不当。

（二）非现金出资的取回

1. 非现金出资已计入合伙财产的不可直接取回

案例 2－61　李某与杨某某合伙纠纷案

一审法院：湖南省洪江市人民法院（2014）洪法民一初字第 27 号

二审法院：湖南省怀化市中级人民法院（2014）怀中民二终字第 158 号

案例主旨：合伙人的非现金出资已计入合伙财产，合伙人不能直接取回或要求折抵现金取回。

法院认为，2011 年 11 月，李某与杨某某等 5 人合伙销售柑橘，李某以现金 150,173 元和实物价值 68,215 元的柑橘出资，合伙出资金额计 210,822 元。从李某实物出资 68,215 元的柑橘属性看，李某是以价值 68,215 元的柑橘抵68,215 元现金出资，已计入合伙人出资的合伙财产，销售所得收益归全体合伙人共有，在未减少李某相应合伙出资的情况下，全体合伙人无须向李某支付柑橘价款。故李某上诉提出实物出资的柑橘应计算 68,215 元的合伙支出，并作为投资款返还，缺乏事实和法律依据。

2. 非现金出资的处分权可由出资人支配的可取回

案例 2－62 甘某洪与冯某英、何某仔合伙协议纠纷案

一审法院：广东省佛山市顺德区人民法院（2018）粤 0606 民初 11082 号

二审法院：广东省佛山市中级人民法院（2018）粤 06 民终 10345 号

案例主旨：以劳务出资的，停止提供劳务视为抽回对合伙的出资，并以行动表明退伙。

法院认为，甘某洪系以劳务形式出资，其因提供劳务而享有涉案小食店三分之一的年终利润分配权。甘某洪因交通事故受伤后，再未回到涉案小食店提供劳务，应视为其已经抽回了对合伙体的出资，双方合伙关系已无继续存在的基础；虽然双方未签订书面退伙协议，但由于甘某洪抽回了劳务出资，该行为表明其已经退伙。因此，甘某洪上诉请求确认其对涉案小食店享有三分之一的合伙份额，已无事实依据。

（三）经营亏损的分担

案例 2－63 谭某林与梁某照合伙协议纠纷案

二审法院：广东省江门市中级人民法院（2013）江中法民一终字第 81 号

再审法院：广东省江门市中级人民法院（2014）江中法民再字第 24 号

案例主旨：个人合伙所产生的经营亏损应当按照合伙份额按比例分担。

再审法院认为，就本案而言，某某厂亏损双方均无异议，该亏损可分为两部分：一是货币亏损，二是劳动技术即所谓机会成本亏损。

货币亏损方面，总投资为60万元，剩余资产为443,477.58元，亏损156,522.42元，依合伙协议，谭某林应承担51%，梁某照承担49%。

对梁某照劳动技术亏损问题，亏损的是机会成本等无形资产，虽然合伙协议对劳动技术未作价，但梁某照以技术性劳务融入应收款及存货折价中，依双方合伙合同约定，梁某照应当占有49%的份额。

综上所述，谭某林与梁某照合伙设立某某厂，达成的合伙协议有效，双方同意散伙，该合伙协议应予解除。梁某照请求谭某林赔偿20万元及谭某林反诉请求梁某照赔偿20万元均不予支持。谭某林投资60万元的利息应予计算，对外债务双方应互负连带责任，周某不应与梁某照共同承担连带责任，二审对此认定正确，再审应予维持。但二审一方面认为某某厂亏损，另一方面又认为资本余额、应收款项、存货属于积累的财产，并予以分割不当；认为梁某照以劳务出资不需承担亏损亦属不当。

第六节 股权传承

一、有限责任公司股权继承的法律要点

（一）能否直接继承通过公司间接持有的股权

案例2-64 企业家突然去世引发股权继承纠纷案

企业家A持有B公司80%的股权，而B公司持有某上市公司的股票以及C公司的50%的股权。后来，企业家A因交通意外突然去世，其继承人可否要求直接继承上市公司股票和C公司的股权？

根据《公司法》第七十五条的规定：“自然人股东死亡后，其合法继承人可以继承股东资格；但是，公司章程另有规定的除外。”上述案例中，如果B公司的公司章程并没有特殊的约定，则企业家A的继承人可以直接继承B公司80%的股权。但继承人不能直接要求继承企业家A通过B公司间接持有的上市公司股票和C公司股权。

《民法典》第一千一百二十二条规定“遗产是自然人死亡时遗留的个人合法

财产”，即遗产必须是自然人名下的个人合法财产。而根据《公司法》第七十五条的规定，能够被合法继承股东资格的对象也仅限于自然人股东。因此，继承人所继承的股权原则上应当是自然人名下属于其个人所有的股权。另外，B公司所持有的上市公司股票以及C公司股权系属于B公司的资产，完全独立于企业家A的个人财产。因此，企业家A的继承人不能因为该部分资产系企业家A间接持有，而要求直接继承。

（二）属于夫妻共同财产的股权如何继承

上述案例中，如果企业家A所持有的B公司的股权系婚后所得，那企业家A的妻子以及其他合法继承人该如何继承B公司的股权呢?

根据《民法典》第一千一百五十三条第一款的规定：“夫妻共同所有的财产，除有约定的外，遗产分割时，应当先将共同所有的财产的一半分出为配偶所有，其余的为被继承人的遗产。”因此，如果企业家A与妻子之间并未就B公司股权的归属进行特别的约定，且无任何证据证明B公司股权属于企业家A的个人财产，则A的妻子应当先分得一半的股权，剩余的一半股权将作为A的遗产按照法定或遗嘱继承。

（三）对继承的股权可否主张优先购买权

根据《公司法》的规定，股东向公司股东以外的第三人出售股权时，公司股东享有法定的优先购买权。股权继承是否也可以被认为是一种向第三人出售股权的特殊方式，从而可以主张优先购买权呢?

根据《公司法司法解释（四）》第十六条的规定：“有限责任公司的自然人股东因继承发生变化时，其他股东主张依据公司法第七十一条第三款规定行使优先购买权的，人民法院不予支持，但公司章程另有规定或者全体股东另有约定的除外。”因此，只有在公司章程或者全体股东共同约定的情况下，公司股东才能在继承人继承股权时主张优先购买权。除此之外，继承人继承股权均不需要征求公司股东的同意，公司股东也不享有优先购买权。

（四）由第三人代持的股权能否直接继承

如果企业家A生前委托第三人代持了其对D公司的股权，则其合法继承人能否直接继承该第三人名下D公司的股权呢?

案例2-65 李某硕等股东资格确认纠纷案

二审法院：广东省清远市中级人民法院（2012）清中法民三终字第55号

再审法院：广东省高级人民法院（2013）粤高法审监民提字第65号

案例主旨：股权代持中的投资权益不同于股东权益，投资权益可以直接继承，但是股东权益不得直接继承，依法需要其他股东过半数同意。

再审法院认为，梁某庸是清远市DYRX五金电镀有限公司的实际出资人。李某展、梁某斌、梁某杰依法可继承梁某庸所占的投资份额。但是为了保障公司的人合性，维护公司内部关系，法律对于实际出资人股东资格的确认给予一定的限制。在隐名投资的情形下，如果不加限制地认可实际出资人的股东资格，对于因信任显名股东而合作的其他股东而言是不公平的，因此，实际出资人未经公司其他股东半数以上同意，实际出资人不具有显名股东资格。实际出资人的投资权益不同于股东权益，其股东权益只能由名义股东直接行使，通过名义股东来实现其投资权益。对此，检察机关抗诉理由成立，再审法院予以采纳。一、二审判决认定李某展、梁某斌、梁某杰为清远市DYRX五金电镀有限公司的隐名股东，适用法律不当，再审法院予以纠正。

根据上述法院的观点，如果企业家A根据《公司法司法解释（三）》第二十四条的规定确实是D公司的实际出资人并享有投资权益，则其继承人可以直接继承该投资权益。但如果继承人希望直接成为D公司的股东，则需要公司其他股东过半数同意。

（五）外籍继承人能否直接继承国内公司股权

如果企业家A的子女已经加入了外籍，他们是否可以继承A名下的公司股权呢？

根据《关于外国投资者并购境内企业的规定》第五十五条的规定："境内公司的自然人股东变更国籍的，不改变该公司的企业性质。"因此，如果外籍继承人继承中国境内公司股权时，该公司股权所对应的原始出资来源并没有发生变化，原则上应当不会影响公司的性质。但如果该公司需要符合《外商投资准入特别管理措施（负面清单）》所列出的股权要求、高管要求等外商投资准入方面的特别管理措施的，则可能会影响外籍继承人直接继承该公司股权。

（六）被继承人去世后可否利用章程限制继承

案例2－66 胡小某与四川省ZX食品工业有限责任公司等股权转让纠纷案

一审法院： 成都市青羊区人民法院（2005）青羊民初字第2128号

二审法院： 四川省成都市中级人民法院（2008）成民终字第1936号

案例主旨： 公司章程对股权继承进行限制仅限于被继承人死亡之前所通过的章程；如果公司股东在被继承人死亡后对公司章程进行修改，原则上不能对继承人发生法律效力。

法院认为，虽然2005年11月26日的《股东会决议》和《章程》明确了离开公司包括股东死亡，股东资格的继承需达到三分之二股东的同意，但该《股东会决议》和《章程》均形成或修改于胡某死亡之后，胡某及其继承人不应受此限制，本案应适用于胡某生前参与和制定的《股东会决议》和《章程》。原《股东会决议》作出的股东未达到一定条件离开公司不保留股份的决议，应是针对股东因各种原因主动或被动离开公司的情形，是股东个人有意识的活动，而胡某因车祸死亡，造成了胡某离开公司工作岗位的后果，属客观事件，显然区别于股东离开公司的行为，原《股东会决议》和《章程》未对此特殊情况作出规定，胡小某继承胡某的股份并不违背当时股东的集体意志，也不违反当时《公司法》的禁止性规定，所以胡小某要求继承胡某该部分股份的请求应当支持。

根据上述案例可以看出，如果需要通过公司章程对股权继承进行限制的，应以被继承人死亡之前所通过的公司章程为准。公司股东在被继承人死亡后对公司章程的修改，原则上应当不能对继承人发生法律效力。因此，有限责任公司如果需要通过公司章程排除继承人的对于公司股权的继承权，从而维护公司股东之间的人合性、防止继承人加入公司后影响公司的发展的，则应当在公司成立之初就在公司章程中对股权继承作出限制约定。如果等到股东去世并发生股权继承时，才想到公司章程的作用，很可能就“回天乏术”了。

（七）注册资本未缴足的股权可直接继承

案例2－67 胡小某与四川省ZX食品工业有限责任公司等股权转让纠纷案

一审法院： 成都市青羊区人民法院（2005）青羊民初字第2128号

二审法院： 成都市中级人民法院（2008）成民终字第1936号

案例主旨：被继承人在生前未实缴出资，不影响股权的继承，但公司可以向继承人主张缴足出资。

法院认为，胡某的出资款虽未足额到位，但并不因此影响其持有四川省ZX食品工业有限责任公司21%股份的权利。其未足额缴纳部分，公司可向该股份的继承人主张。

根据上述法院的观点，在继承人继承公司股权时，实际继承的是被继承人的股东资格。即使被继承人对于股权的出资款尚未足额到位，也不会影响其股东资格。因此，继承人继承股权，不应以被继承股权的注册资本实缴到位为前提。当然，一旦继承人继承股权并成为公司新股东后，则公司可以继续向该继承人主张足额缴纳认缴注册资本的义务。同时继承人也需要承担所继承股权对应的全部股东义务。

（八）特殊身份主体能否直接成为公司股东

《公务员法》第五十九条规定，公务员不得违反有关规定从事或者参与营利性活动，在企业或者其他营利性组织中兼任职务。但司法实践中对于公务员作为隐名股东投资公司的行为并未完全禁止，如上海市第二中级人民法院在（2014）沪二中民四（商）终字第489号案例中认为："关于公务员不得'从事或者参与营利性活动，在企业或者其他营利性组织中兼任职务'的规定，属管理性禁止性规范，并不属于效力性强制性规范。公务员若违反了该规范，应由其管理机关追究其相应责任，但并不能以此影响合同效力。""《公务员法》的前述管理性禁止性规范，是与当事人的'市场准入'资格有关，该类规范目的之一在于由特定管理机关依法履行其管理职能，以维护社会秩序。有鉴于此，陈某斌、张某霞上诉提出请求成为具有公示效力的工商登记股东的主张，与前述法律规定相悖，不能成立，本院不予支持。尽管陈某斌、张某霞不能成为工商登记股东，但是其在涉案股东协议项下相应股权所对应的财产权益应当可以享有。"

因此，公务员等特定身份人群可能因管理性禁止性规范而不能直接被登记成为公司股东，但如果其通过股权代持的方式进行投资的，则该股权所对应的财产权益原则上可以享有。

（九）因股权继承而可能发生的税务问题

继承人在继承股权后，需要将股权变更登记到自己的名下，该行为原则上可以等同于股权转让。2002 年《财政部、国家税务总局关于股权转让有关营业税问题的通知》（财税〔2002〕191 号）中明确股权转让不征收营业税。而根据《股权转让所得个人所得税管理办法（试行）》第四条的规定："个人转让股权，以股权转让收入减除股权原值和合理费用后的余额为应纳税所得额，按'财产转让所得'缴纳个人所得税。"而股权继承的过程中通常不存在所谓"财产转让所得"的问题，从理论上来说继承人继承股权时可能并不需要缴纳个人所得税。在继承人将被继承股权变更登记到自己名下时，通常需按照股权注册资本的 0.05%缴纳印花税。

（十）股权继承对公司控制权的影响

如果被继承人有数位继承人且并未订立遗嘱，则所有继承人都可以均等继承被继承人的所有公司股权。如果被继承人生前是该公司的控股股东或实际控制人，由于继承人分散继承股权，则会导致公司股权过于分散。如果各个继承人之间对于经营公司的想法不同，则可能导致公司无法作出有效的决策，甚至会直接丧失对公司的控制权。面对这样的情况，被继承人和公司都需要"防患于未然"。

首先，被继承人应当就公司股权的继承事先订立遗嘱，挑选合适的继承人继承公司股权，防止因股权过于分散而造成控制权的不稳定。

其次，公司应当提前在公司章程中就股权继承的问题进行约定。如果公司股东愿意接受股权继承的，则应当将公司股权的继承人的人数限定在一人。

最后，如果被继承人没有订立遗嘱且公司章程也没有作特殊约定的，则公司其他股东需要尽量与各个继承人保持良好的沟通，协商出妥善处理公司股权的方案，以保障公司的正常经营与发展。

二、实际控制人死亡对 IPO 的影响和筹划

（一）中国证监会关于实际控制人的认定

2020 年 6 月 10 日中国证监会对《首发业务若干问题解答》部分条款进行了补充完善和修订。其中对于 IPO（Initial Public Offering）中实际控制人的认定提供了最新的指引。

1. 基本原则

实际控制人是拥有公司控制权的主体。在确定公司控制权归属时，应当本着实事求是的原则，尊重企业的实际情况，以发行人自身的认定为主，由发行人股东予以确认。保荐机构、发行人律师应通过对公司章程、协议或其他安排以及发行人股东大会（股东出席会议情况、表决过程、审议结果、董事提名和任命等）、董事会（重大决策的提议和表决过程等）、监事会及发行人经营管理的实际运作情况的核查对实际控制人认定发表明确意见。

发行人股权较为分散但存在单一股东控制比例达到30%的情形的，若无相反的证据，原则上应将该股东认定为控股股东或实际控制人。存在下列情形之一的，保荐机构应进一步说明是否通过实际控制人认定而规避发行条件或监管并发表专项意见：（1）公司认定存在实际控制人，但其他股东持股比例较高与实际控制人持股比例接近的；（2）第一大股东持股接近30%，其他股东比例不高且较为分散，公司认定无实际控制人的。

2. 共同实际控制人

法定或约定形成的一致行动关系并不必然导致多人共同拥有公司控制权的情况，发行人及中介机构不应为扩大履行实际控制人义务的主体范围或满足发行条件而作出违背事实的认定。通过一致行动协议主张共同控制的，无合理理由的（如第一大股东为纯财务投资人），一般不能排除第一大股东为共同控制人。实际控制人的配偶、直系亲属，如其持有公司股份达到5%以上或者虽未超过5%但是担任公司董事、高级管理人员并在公司经营决策中发挥重要作用的，保荐机构、发行人律师应说明上述主体是否为共同实际控制人。

共同控制人签署一致行动协议的，应当在协议中明确发生意见分歧或纠纷时的解决机制。对于作为实际控制人亲属的股东所持的股份，应当比照实际控制人自发行人上市之日起锁定36个月。保荐机构及发行人律师应重点关注最近三年内公司控制权是否发生变化，存在为满足发行条件而调整实际控制人认定范围嫌疑的，应从严把握，审慎进行核查及信息披露。

（二）实际控制人因死亡而产生的变动

根据2020年6月10日发布的《首发业务若干问题解答》的规定，实际控制人为单名自然人或有亲属关系多名自然人，实际控制人去世导致股权变动，股份受让人为继承人的，通常不视为公司控制权发生变更。其他多名自然人为实际控制人，实际控制人之一去世的，保荐机构及发行人律师应结合股权结构、去世自然人在股东大会或董事会决策中的作用、对发行人持续经营的影响等因素综合判断。

（三）实际控制人死亡对企业 IPO 的影响

案例 2－68 企业 IPO 前夕实际控制人突然去世或导致上市受阻案

X 家居企业是国内非常著名的民营企业，曾获得上海民营企业 100 强、全国著名商标等诸多荣誉。其品牌，质量，营销也都做得很不错。X 家居企业正处于 IPO 过程中，并已向证监会报送了招股说明书（申报稿）。此时突然发生了实际控制人王总突然意外去世的悲剧。

根据公开披露的信息显示：王总有五个亲兄弟姐妹；王总与夫人谢某育有儿子王大龙、女儿王二凤、王三凤、王四凤。王总家族成员均在公司持有股份，但王总持股最多。其中王大龙、王三凤、王四凤均已结婚。

目前各家族成员在 X 家居企业的持股情况为：王总 29%（包括直接和间接持股的总数）；王总夫人 1%。王总的兄弟姐妹各自持有 3%—10% 不等；王大龙持有 3.35%；王二凤 3%；王三凤、四凤均为 2.3%。而根据任职情况来说，王总及王总的兄弟姐妹在公司任高级管理人员，王总的夫人及子女并没有在公司任高级管理人员，王大龙和王二凤只是在公司的部门任主管领导。王总可能也曾有意培养接班人，但认为时间尚早因而还没有交接企业的经营权和控制权，谁知意外来得突然而没有机会交接了。

因公司实际控制人意外去世而引起的 IPO 受阻、争产闹剧已有不少先例，那么 X 家居企业实际控制人去世又会引发什么后果呢？

在这一事件中，主要有两个焦点问题：首先，家族企业的 IPO 进程是否会受阻？其次，家族成员之间是否会在股权传承及企业控制权上发生分歧？

依据《首次公开发行股票并上市管理办法》、《创业板首次公开发行股票注册管理办法（试行）》以及《科创板首次公开发行股票注册管理办法（试行）》的规定，中国证监会要求发行人最近 3 年（创业板、科创板为 2 年）内实际控制人没有发生变更。前述规定旨在以公司控制权的稳定为标准，判断公司是否具有持续发展、持续盈利的能力，以便投资者在对公司的持续发展和盈利能力拥有较为明确预期的情况下作出投资决策。由于公司控制权往往能够决定和实质影响公司的经营方针、决策和经营管理层的任免，一旦公司控制权发生变化，公司的经营方针和决策、组织机构运作及业务运营等都可能发生重大变化，给发行人的持续发展和持续盈利能力带来重大不确定性。

根据2020年6月10日发布的《首发业务若干问题解答》规定，首发规则中的“最近3年”以36个月计。这就意味着前述“最近三年/两年内实际控制人没有发生变化”所指的是在企业IPO申报时往前推算36个月或24个月内，该企业的实际控制人原则上不能发生变更。由此可见，企业在IPO报告期内更换实际控制人对上市进度是有确定性影响的。

根据X家居企业的招股说明书中披露的信息，王总是实际控制人，其他王总的兄弟姐妹、姻亲以及王总的夫人及子女持股比例都比较低且比较平均，每个人都在1%—5%，无法单独成为实际控制人。王总名下直接及间接持有的X家居企业的股权大约为29%，王总的配偶及子女名下共计有11.92%的股权。王总有父母、配偶、四个子女。假设王总生前未立遗嘱，则按照法定继承，王总夫人能获得的直接及间接持股的股份最高，有10%以上，但不会超过18%。而四个子女持股均在6%以下。根据2020年6月10日发布的《首发业务若干问题解答》的规定：“实际控制人为单名自然人或有亲属关系多名自然人，实际控制人去世导致股权变动，股份受让人为继承人的，通常不视为公司控制权发生变更。”

如此一来，虽然王总的突然去世可能在短时间内会给企业带来混乱，但对于企业IPO的进程似乎不会造成太大的影响。

（四）家族成员对股权及公司控制权的争夺

因实际控制人意外去世而导致的争产案已有先例，如中国香港特区的龚某某世纪争产案①、云南富商郝某去世之后的200亿遗产案②等。拥有妻子、四个儿女、五个兄弟姐妹的王总，身后会不会也引起争产、争权之战呢?

---

① 霍筠霞：《香港女富豪龚如心去世》，载新京报：http：//news. cctv. com/society/20070405/100528. shtml。

② 付静萍、资渔：《云南柏联集团总裁巨额遗产纠纷开庭，翁媳200亿遗产和股权》，载搜狐网：https：//www. sohu. com/a/134895400_ 115092。

1. 家族成员或有不一致意见

假设王总生前订立了有效的遗嘱并对公司股权的继承进行了提前安排，则家族成员之间争产的可能性比较小。假设王总尚未订立遗嘱，则王总死后其名下的财产会按法定继承进行。根据《民法典》的规定，王总名下的财产应当先进行夫妻共同财产分割。在没有任何夫妻财产约定的前提下，王总与王总夫人直接及间接持有的X家居企业的30%股权中，王总应享有15%股权。而该15%的股权即成为王总的遗产，由王总的父母、配偶及四个子女均等分割。

如果王总家族成员间一直相亲相爱、团结一致，那么出现争产及内斗的可能性较小。王总的兄弟姐妹们可能还会帮助王总的父母、配偶以及子女一起经营公司。但如果王总的父母与配偶之间发生了嫌隙，可能会导致双方的对立并引发公司股权结构的不稳定。另外，如果王总的兄弟姐妹或其他公司高级管理人员有人企图接管X家居企业，那么“趁火打劫”的可能性也是很大的。

2. 股权分散导致企业控制权或有变数

企业经营权决不能看一时的状态，而应该以企业的过去、现在、未来为轴，用辩证、发展的眼光来看待。在过去，X家居企业一直是以王总为核心。王总的各兄弟姐妹、姻亲势均力敌，持股数量都差不多，且在王总周围已形成紧密的高级管理人员团队。从招股说明书来看，X家居企业的经营权仍在“王一代”手里，“王二代”尚未在公司掌握实权。

按照中国家族企业的传承传统，王总的儿子王大龙最有可能临危受命，继承父亲的全部股权成为实际控制人并成为董事长。虽然王大龙开始进入高级管理人员团队，但公司的各项资源仍然掌握在王大龙的叔伯舅们手里，王大龙要掌握公司实权，恐仍需一段时间。而从长远来看，如果未来王大龙的叔伯舅们退居幕后，但王大龙的其他堂兄弟、表兄弟也会渐渐继承父母们的股权并成为公司股东。若他们与王大龙的经营理念出现分歧，则可能成为动摇X家居企业的潜在因素。另外，王大龙及他的两个姐妹均已婚，“王二代”们也会渐渐走进婚姻。如此一来，X家居企业必然出现关系越来越远、婚姻的影响越来越多的情况。企业经营权旁落的可能性将会一日日增大，王大龙在未来的日子里任重道远。

（五）实际控制人提前筹划是控制风险的关键

在公司大股东或实际控制人突然去世的案例中，大部分没有事先立有遗嘱或已对财富安全与传承做出一定安排。在这方面，TL 制药的罗总为广大企业家做了很好的正面榜样。TL 制药在 2012 年申请 IPO 时，在招股说明书中特意披露了“实际控制人年纪较大”风险，这在 IPO 中尚属首例。

TL 制药控制人罗总出生于 1942 年，在企业申请 IPO 时已是七十高龄。为了避免出现控制人突然去世的情况，公司特意在招股书称：“虽身体健康状况良好，但因其年纪较大，未来仍不排除会出现身体状况的不利变化，进而影响公司运营延续性。生效的一致行动协议，保持与罗某发在公司经营决策上的一致性。”① 罗总通过这样的安排就双重保障了企业实际控制人去世风险可能带来的对企业的不利影响，是非常值得学习和借鉴的。

趁早做好财富规划绝对不是一句空话，无论财产多少，作为肩负多重责任的顶梁柱，一定要对自己的家人负责，对自己辛辛苦苦多年打拼的财富负责，对跟随自己多年的员工负责。面对世事无常，可能趁早做好财富安全与传承的安排，才是对成功最大的诠释。

三、股权继承过程中配偶权利的保护

（一）婚前继承股权在婚后产生收益的性质

根据《民法典》第一千零六十三条的规定，如果夫妻一方在婚前因股权继承而成为公司股东，则除夫妻双方有夫妻财产约定以外，其名下所持有的股权应当认定为其个人的财产。但《婚姻家庭编解释（一）》第二十五条规定，婚姻关系存续期间，一方以个人财产投资取得的收益属于《民法典》第一千零六十二条规定的“其他应当归共同所有的财产”。第二十六条规定，夫妻一方个人财产在婚后产生的收益，除孳息和自然增值外，应认定为夫妻共同财产。根据最高人民法院的意见②：“在对增值的个人财产进行定性时，应区别是主动增值还是被动增值（即自然增值），因通货膨胀或其他不是因当事人的主观努力而是

① http://zqdb.hinews.cn/html/2012-03/24/content_459287.htm，最后访问时间：2021 年 4 月 28 日。

② 最高人民法院民事审判第一庭等编著：《最高人民法院婚姻法解释（三）理解与适用》，人民法院出版社 2011 年版，第 45 页。

因市场价值的变化产生的增值属于被动增值，没有所有权的配偶对增值部分无权要求分割。当一方的个人财产由于他方或双方所支付的时间、金钱、智力、劳务而增值的，应属于主动增值，离婚时将增值部分作为共同财产予以分割比较公平。”

根据上述观点，夫妻一方因婚前继承的股权而在婚姻存续期间所产生的收益应当属于夫妻共同财产。而根据前述法律的规定，应当被认定为夫妻共同财产的“婚后产生的收益”通常应当包括投资收益以及主动增值。

1. 投资收益

案例 2-69 伍某与重庆市 CL 旅游开发有限公司、重庆市 YD 实业有限公司与徐某离婚后财产纠纷案

二审法院：重庆市高级人民法院（2013）渝高法民终字第 00171 号

再审法院：最高人民法院（2015）民申字第 79 号

案例主旨：夫妻一方未能证明另一方于婚内获得公司分红、公司存在盈利，亦未能证明存在投资、经营行为的，无权主张分割股权收益。

法院认为，首先，公司财产与股东财产相互独立，股东只能以出资额分取红利。徐某并未提供证据证明在双方婚姻关系存续期间 CL 公司存在盈利的事实，亦未能提供证据证明在婚姻关系存续期间伍某从 CL 公司分得红利。其次，根据《结婚协议》，夫妻共同财产只能是双方婚后共同创造的财产部分，案涉工程在婚前已经立项、投资，伍某亦在婚前取得公司股权，徐某未能提供证据证明婚姻关系存续期间，双方就夫妻共同财产有过相应的投资和经营行为。因此，其主张分割伍某对 CL 公司的股权收益，无事实依据。

根据最高人民法院的案例我们可以看出，法院所认定的股权的投资收益通常可被理解为夫妻一方作为股东的公司因经营产生的未分配利润。根据《公司法》第一百六十六条的规定，公司弥补亏损和提取公积金后所余税后利润可依法分配。因此，夫妻一方主张投资收益应作为共同财产予以分割的，则需要承担举证责任。举证内容至少应包括公司确实存在盈利的事实及公司存在分红行为。

2. 主动增值

根据上述最高人民法院的意见，所谓“主动增值”实际上是与被动增值

（自然增值）相对应的概念，如果一方的个人财产在婚姻存续期间因夫妻一方或双方所支付的时间、金钱、智力、劳务而增值的，则该类型的增值就属于主动增值，进而属于夫妻共同财产。具体到公司股权的增值，由于夫妻一方作为公司的股东，其势必需要实际经营和管理公司，并为此花费时间、金钱、智力、劳务等，最终导致公司股权在婚姻存续期间发生了增值，此时由于该主动增值行为所导致的股权增值部分，则应当被认定为夫妻共同财产。

案例2－70 彭某与董某离婚后财产纠纷案

一审法院：北京市海淀区人民法院（2018）海民初字第27327号

案例主旨：夫妻一方作为公司股东，实际参与公司的经营管理，公司在婚内上市、资本公积金转增产生的投资收益应当属于夫妻共同财产。

法院认为，夫妻一方个人财产在婚后产生的投资收益以及主动增值部分为夫妻共同财产。投资收益即通过经营性投资行为所获取的相应收益。主动增值即该财产增值发生的原因系基于夫妻一方对该财产投入物资、劳动、管理等行为。本案中，董某于婚前持有北京BSY科技股份有限公司的股份605,000股，后该公司在双方婚后进行上市并进行四次资本公积金转增，现董某共持有该公司股数为2,681,552股，董某于双方婚姻关系存续期间取得的该公司股份2,076,552股应属于董某与彭某的夫妻共同财产。董某辩称上述股份的增加属于资本公积金转增，故为其婚前持有股份的自然增值。法院认为，自然增值是指该财产增值的原因是通货膨胀或市场行情变化而致。而本案中，董某作为该公司股东，实际参与公司的经营管理，该公司在双方婚姻关系存续期间上市并进行资本公积金转增之行为与董某投入的劳动、管理等经营行为密不可分，该财产的增值原因并非通货膨胀或市场行情变化，上述股权应属于董某在从事生产经营活动中的一种收益形式载体，故法院对董某之上述主张不予采信。董某持有的北京BSY科技股份有限公司股份应当作为夫妻共同财产依法予以分割。

最高人民法院肖峰法官在《离婚纠纷中涉及有限公司股权的司法处理》中也提到，股权不同于房产，是一种单纯的投资行为，股权本身是个人财产，但对于收益，法律规定是属于夫妻共同财产的。同时，肖法官认为在此基础上还需要细分：如果出资一方参与公司运营或工作，那么是一种付出行为，作为回报，婚后股权的收益属于夫妻共同财产；如果出资一方仅仅是持有股权，未参与公司运作，没有付出劳动，该收益归属存在争议，个人认为该收益属于个人财产，因为这个行为没有让配偶有额外的付出，就好像钱存在银行里面。

因此，即使一方在婚前所继承的股权本身属于其个人财产，但该股权在婚姻存续期间所产生的投资收益及主动增值均属于夫妻共同财产，配偶一方在离婚时有权主张分割。

（二）一方在婚后直接继承公司股权的性质

根据《民法典》第一千零六十二条、第一千零六十三条的规定，除遗嘱中确定只归一方的财产以外，夫妻在婚姻关系存续期间继承的财产，为夫妻的共同财产，归夫妻共同所有。但公司股权作为一种比较特殊的财产权利，除了财产权利的性质以外，还具有股东的人身性质。因此，夫妻一方继承了公司股权后，则应当由该方在满足被继承公司章程的约定及其他股东同意的情况下，可以成为股东。而未持股的配偶一方，则仅享受对股权财产权利的主张，如持股一方对外转让股权的，则配偶可以主张股权转让款。但基于股权的人身属性的权利，如股东知情权、表决权等则仅由股东本人才能行使。

因此，对于未持股的配偶一方一定要注意留意另一方的持股情况。如果其对外转让了股权，需要注意该股权交易是否真实。如果该股权转让系真实交易，则可以进一步主张股权转让款的分割；若该股权处分行为造成了损失，则还可以向其主张损害赔偿。如果该股权转让系恶意转移夫妻共同财产，在证据充分的情况下，则可以主张该股权转让无效。

四、拟上市家族企业的家族财富传承之道

现实中有时会看到这样的案例，某家族企业曾是该地区的重点骨干企业，拥有优质的资产，多年来运营良好，企业主家族也由此拥有了可观的家族资产。但是天有不测风云，由于商业上的风险，民营企业可能遭遇困境，以至于资不抵债，甚至濒临破产。根据我国的经济发展现状，公司的“创一代”实际控制人如今往往已步入中老年，奋斗一生创立企业，曾经也一度成为超高净值人士。但临近退休却成为居不能安所、行不能出境的失信人员，非但不能颐养天年，更谈不上家族财富传承。由此可见，对于家族企业来说，未雨绸缪，进行财富传承规划至关重要。

对于家族企业来说，由专业律师提供法律方面的意见非常重要；对于家族

企业的传承筹划来讲，由专业律师进行筹划或者提供建议也十分有必要。

律师在进行家族企业传承筹划时，应当从风险控制的角度出发，积极调配资源，以系统化的方式进行家族企业的传承筹划，引领家族企业健康成长，使家族企业在“财富安全”的基础上，实现“财富增值”乃至“财富传承”，协助家族实现基业永青。

五、最高人民法院指导案例对企业股权管理的启示

（一）股权回购条款效力的认定

案例2-71 宋某军诉DH公司股东资格确认纠纷案

一审法院：陕西省西安市碑林区人民法院（2014）碑民初字第01339号

二审法院：陕西省西安市中级人民法院（2014）西中民四终字第00277号

再审法院：陕西省高级人民法院（2014）陕民二申字第00215号

案例主旨：国有企业改制为有限责任公司，其初始章程对股权转让进行限制，明确约定公司回购条款，只要不违反公司法等法律强制性规定，可认定为有效。有限责任公司按照初始章程约定，支付合理对价回购股东股权且通过转让给其他股东等方式进行合理处置的，人民法院应予支持。

法院认为，本案的焦点问题为：（1）DH公司的公司章程中关于“人走股留”的规定，是否违反了《公司法》的禁止性规定，该章程是否有效；（2）DH公司回购宋某军股权是否违反《公司法》的相关规定，DH公司是否构成抽逃出资。

针对第一个焦点问题，首先，DH公司章程第十四条规定，“公司股权不向公司以外的任何团体和个人出售、转让。公司改制一年后，经董事会批准后可以公司内部赠与、转让和继承。持股人死亡或退休经董事会批准后方可继承、转让或由企业收购，持股人若辞职、调离或被辞退、解除劳动合同的，人走股留，所持股份由企业收购”。依照《公司法》关于“股东应当在公司章程上签名、盖章”的规定，有限责任公司章程系公司设立时全体股东一致同意并对公司及全体股东产生约束力的规则性文件，宋某军在公司章程上签名的行为，应视为其对前述规定的认可和同意，该章程对DH公司及宋某军均产生约束力。其次，基于有限责任公司封闭性和人合性的特点，由公司章程对公司股东转让股权作出某些限制性规定，系公司自治的体现。在本案中，DH公司进行企业改

制时，宋某军之所以成为DH公司的股东，其原因在于宋某军与DH公司具有劳动合同关系，如果宋某军与DH公司没有建立劳动关系，宋某军则没有成为DH公司股东的可能性。同理，DH公司章程将是否与公司具有劳动合同关系作为取得股东身份的依据继而作出“人走股留”的规定，符合有限责任公司封闭性和人合性的特点，亦系公司自治原则的体现，不违反公司法的禁止性规定。最后，DH公司章程第十四条关于股权转让的规定，属于对股东转让股权的限制性规定而非禁止性规定，宋某军依法转让股权的权利没有被公司章程所禁止，DH公司章程不存在侵害宋某军股权转让权利的情形。综上，本案一、二审法院均认定DH公司章程不违反《公司法》的禁止性规定，应为有效的结论正确，宋某军的这一再审申请理由不能成立。

针对第二个焦点问题，《公司法》所规定的异议股东回购请求权具有法定的行使条件，即只有在“公司连续五年不向股东分配利润，而公司该五年连续盈利，并且符合本法规定的分配利润条件的；公司合并、分立、转让主要财产的；公司章程规定的营业期限届满或者章程规定的其他解散事由出现，股东会会议通过决议修改章程使公司存续的”三种情形下，异议股东有权要求公司回购其股权，对应的是公司是否应当履行回购异议股东股权的法定义务。而本案属于DH公司是否有权基于公司章程的约定及与宋某军的合意而回购宋某军股权，对应的是DH公司是否具有回购宋某军股权的权利，二者性质不同。在本案中，宋某军于2006年6月3日向DH公司提出解除劳动合同申请并于同日手书退股申请，提出“本人要求全额退股，年终盈利与亏损与我无关”，该退股申请应视为其真实意思表示。DH公司于2006年8月28日退还其全额股金款2万元，并于2007年1月8日召开股东大会审议通过了宋某军等三位股东的退股申请，DH公司基于宋某军的退股申请，依照公司章程的规定回购宋某军的股权，程序并无不当。另外，《公司法》所规定的抽逃出资专指公司股东抽逃其对于公司出资的行为，公司不能构成抽逃出资的主体，宋某军的这一再审申请理由不能成立。

（二）对家族企业股权管理的启示

是否可以对股权转让进行限制，保障股权转让在家族企业股东之间流转，从而保障家族企业股东控制权？是否可以对因股权激励享有股权的股东约定回购条款，保障股权激励人员在不为家族企业服务后，家族企业收回股权？这些都是家族企业股权管理过程中的常见问题，而上述最高人民法院于2018年公布的第 96 号指导案例对解答上述问题具有参考意义。

根据指导案例的判决结果，公司章程可对股东转让股权作出限制，公司可根据公司章程规定回购股东的股权。运用到家族企业股权管理，家族企业可在公司章程中约定，家族企业股东转让股权的，必须向其他的家族企业股东转让，不得对外转让，确保家族企业股东的控制权；家族企业可以在公司章程中约定因股权激励分配享有股权的股东离职或被辞退的，家族企业可回购其持有的股权，用于激励其他人员或由家族企业股东持有。

在具体落实过程中，家族企业股权转让限制与股权回购应注意如下事项：

第一，股权是财产性权利。作为一项财产，能够用于变现或流通，是基本价值属性。因此，法律不允许禁止股东转让股权。《公司法司法解释（四)》（征求意见稿）第二十九条曾拟规定："有限责任公司章程条款过度限制股东转让股权，导致股权实质上不能转让，股东请求确认该条款无效的，应予支持。"虽然在正式公布的《公司法司法解释（四)》中删除了该条内容，但"股权转让自由"还是公司法的一项基本原则，公司章程中不得完全禁止股东转让股权。

但是公司章程对股权转让进行限制，包括限制受让对象等，并未排除股东转让股权的权利。《公司法》第七十一条第四款规定，公司章程对股权转让另有规定的，从其规定。该条规定是支持公司章程对股权转让作出限制性规定的法律依据。

特别是在家族企业中，家族企业股东之间具有亲属关系，比普通的有限责任公司更体现封闭性与人合性，司法机关在判断股权转让限制是否合理时，应给予更多包容与理解，在不实质损害转让股东利益时，应优先尊重公司章程的规定，确保股权在家族成员内部流转。

第二，人力资本是企业的核心资产与竞争力。家族企业为取得发展，需跟随趋势对关键人才进行股权激励，分配实际股权。股权一旦分配到激励员工并办理了工商登记，在目前法律制度下，如激励员工不同意将股权转让给家族企业股东，家族企业无法收回激励股权。为解决这种矛盾，家族企业公司章程应提前作出安排，约定某些事件出现时，家族企业回购激励员工股权。从目前司法实践看，公司可以基于约定回购员工的股权，属于约定回购范畴，不构成抽逃出资。

除了上述第 96 号指导案例外，最高人民法院在（2015）民申字第 2819 号案例中也中指出："有限责任公司可以与股东约定《公司法》第七十四条规定之外的其他回购情形，《公司法》第七十四条并未禁止有限责任公司与股东达成股权回购的约定。”最高人民法院认为：“本案的‘公司改制征求意见书’由申请人签字，属于真实的意思表示，内容上未违背公司法及相关法律的强行性规范，应属有效。故HY公司依据公司与申请人约定的‘公司改制征求意见书’进行回购，并无不当。”

由此可见，在公司章程已有约定回购的情况下，家族企业回购激励员工股权应无异议。但实践中容易产生争议的是股权回购价款的确定及支付。对于被回购方而言，其股权被“强制”出售，其有权及时得到合理的对价。股权回购的对价及支付，同样可以提前作出约定。例如可按入股价格、入股时间以及相应的倍数确定，也可按股权比例对应的公司净资产确定，具体定价方式可以回购情况确定。在公司章程对回购条件、回购价格以及回购款项支付等均作出提前约定的情况下，且公司章程已由各股东签字确认，则家族企业回购股权应无异议。

基业长青且家族企业能长久地为家族内部成员所控制，是家族企业创始人的愿望。通过股权转让限制与股权回购，确保家族企业股权内部流转及收回分配出的股权，足以保障家族企业控制权，家族企业创始人的愿望才不会落空。

六、山东省高级人民法院司法解答对于股权筹划的影响

2018年7月17日，山东省高级人民法院发布了该院民二庭制定的《关于审理公司纠纷案件若干问题的解答》，对于企业家股权财富筹划十分重要。我们可以从以下十个方面进行解读。

（一）出资期限未满可否要求股东补足出资

如果仅因公司不能清偿到期债务，就要求股东提前补足认缴出资，不予支持。但债权人可以申请公司破产，并可依据《企业破产法》第三十五条的规定，要求股东出资义务加速到期，提前完成认缴义务。

在当前注册资本实行认缴制的情况下，也不是企业主想认缴多少就注册多少，错误地认为“注册资金越多越显示实力”。注册资金认缴越多，也会伴随越大的风险。北京某企业在2015年向工商分局提出要注册资本为987,654,321亿元的申请被驳回后起诉，被北京市第一中级人民法院判决不予支持。[①] 当然，从

① 参见段净娜、秦鸿飞：《企业欲将注册资本增至9万亿元被工商部门驳回》，载搜狐网，http：//news. sohu. com/20150714/n416778984. shtml。

债权人的角度来看，维权一般应分为三步：首先，申请公司破产；其次，在破产清算中要求股东提前补足认缴出资；最后，根据《企业破产法》规定依顺序清偿债务。

（二）认缴出资的股东是否对公司债务承担责任

如股东认缴出资人民币100万元，过了2年却一分钱都没有到位；或者认缴500万元、认缴期限20年、实缴了10万元，都属于“资本显著不足”的情景。如果债权人以上述情况为依据，要求股东承担责任，则一般情况下，不予支持。但股东滥用公司法人独立地位和股东有限责任，逃避债务，严重损害公司债权人利益的，应当对公司债务承担连带责任。所以，只有股东在滥用法人独立地位及有限责任时，才对公司债务承担连带责任。因此，为避免股东被认定“逃避”债务，建议如实在企业公示平台披露注册资本“认缴”“实缴”信息，让相关交易人能够查询决策。

（三）第三方“过桥垫资”后又抽回出资的责任

有的股东找第三方“过桥”走账垫资注册，到账后又与第三方合谋将注册资金抽走，承担什么责任？答案是连带侵权责任。股东有实缴出资义务，第三方代垫出资又协助股东抽逃，共同构成侵权责任。

（四）股权“代持”外部公示与内部协议的效力

在涉及债权人与股东的外部法律关系时，以工商登记为基本判断条件；在涉及股东与股东之间等内部法律关系时，以是否签署公司章程、是否实际出资、是否享有并行使股东权利等因素综合判断。因此，代持股权要慎重，债务承担要认清。谨防债务“一根绳”，赔了名声陷纷争。

（五）隐名股东被要求连带承担债务的可能性

这个问题应当根据具体的情况来看，可能有三种情形：第一是由“代持”人承担：债权人不知道代持关系，仅要求“代持”股东承担责任的，人民法院支持；第二是“二选一”：债权人知道代持关系的，有权选择向显名的“代持人”或隐名的实际出资人主张权利；第三是“都承担”：如果名义股东和实际出资人通谋不履行或不完全履行出资义务，公司债权人主张双方承担连带责任的，应予支持。

（六）隐名股东如何防止因代持股权被追索

某企业主让他人为自己代持股。该代持人对外借款后无力偿还，债权人起诉借款纠纷胜诉并进入执行阶段，要求执行该代持人名下的股权。此时作为隐名股东的企业主是否可以主张该股权系代持，从而避免债权人的强制执行？这个问题要视具体的情况而定。如果实际出资人提出执行异议被驳回后，又提起案外人执行异议之诉，请求停止对该股权强制执行的，法院应予支持。山东省高级人民法院认为，股权善意取得制度的适用主体仅限于与名义股东存在股权交易的第三人。债权人并没有与名义股东从事涉及股权交易的民事法律行为，其债权请求不能受到优先于实际权利人的保护。所以，如果代持人有其他债务导致所代持股权要求抵债，隐名股东有可能保住股权。不过从律师的角度来看，隐名股东在一定程度上还是存在法律风险的。

（七）公司章程中限制股东转让股权的效力

这个问题应当视公司性质而定。如果是有限责任公司则可以通过公司章程或全体股东之间的约定进行限制，但不能完全禁止。例如，股权转让可以约定须经其他股东过“三分之二”数同意，加重转让条件，即为有效；若约定“须经其他所有股东同意”，则可能涉嫌实质禁止股东转让，或涉无效。如果是股份有限公司则根据《公司法》的规定，原则上既不能限制也不能禁止。例如，股份有限公司章程约定，股东因离婚导致股权分割则其他股东有优先购买权，或者公司股权应优先在公司现有股东内部转让。这些都属限制股权转让条款，可能会导致无效。在某个涉及股份有限公司股权分割的离婚案件中，法院以“公司出具证明股份应在发起人内部流转、发起人之外不宜成为公司股东”的文件，作为法院判决股份有限公司不可能由配偶直接分割的依据之一，我们认为是有待商榷的。

（八）侵犯“优先购买权”的股权转让协议有效

如公司 A 股东与非股东 B 签订股权转让协议，公司 C 股东提出异议，要求行优先购买权。这种权利的主张实际上并不影响 A 与 B 股权转让协议的效力，只能影响该股权转让协议能不能实际履行。如果其他股东决定行使优先购买权，则直接产生股权转让协议履行不能，B 可以根据协议追究 A 的责任。

（九）大股东自行签署股东会决议的效力认定

如 A 与 B 是夫妻，分别持有公司 80% 和 20% 的股权。现 A 自行签署股东会决议决定公司对外提供担保事宜。B 知晓后提出异议，但 A 认为其享有公司三分之二以上的表决权，其单独作出的股东会决议也是有效的。实际上这种认识是不客观的，由于 A 自行签署股东会决议，属于滥用资本多数决原则的行为，相应的股东会决议不符合法定的形成程序要求，应当认定决议不成立。因此，大股东应当重视股东会等决议的程序和形式的合法性。

（十）股东知情权行使的权利边界认定

股东对公司经营状况享有知情权，股东查阅会计账簿时，可以一并查阅会计凭证。可以查阅复制的范围包括公司章程、股东会会议记录、董事会会议决议、监事会会议决议和财务会计报告。山东省高级人民法院认为，可以查阅、但不能复制的是会计账簿，一并查阅会计凭证且要书面说明查阅目的。

实践中还有这样的案例，妻子发现丈夫将公司应收款付给了情人，于是打电话要求情人返还。在情人拒绝的情况下，按程序提起了“股东代表诉讼”，代表公司提起侵权之诉，最终索回了款项，同时在公司法上，也固定了大股东、高级管理人员丈夫的过错责任。因此，夫妻双方持股的纠葛与解决手段，不仅要考虑《民法典》婚姻家庭编的相关规定，还要适度运用公司法的相关规定。

第三章 家族信托

综　述

家族信托，在中国普遍表现为一种金融工具。但究其根本，其实质是法律架构、需要法律效力保证实施。而探索其目的，则是财富的安全与传承，是财富创造者意志的延伸。信托之所以能够存在，是基于对人性互信的心理价值取向。企业和家业永续是一项巨大工程和永恒主题，而家族企业的稳固传承，不单纯是股权的所有权转移和接班人的培养选任。只有完成所有权的规划设计、对家族治理和企业治理进行细致规划，才可能实现家族企业的代际传承。

从全球顶级的家族传承安排来看，家族信托具有规划全面、结构完善、工具应用多元等特点。就境外财富规划来看，很多以股权为主进行财富筹划，其结构的基础框架往往是信托。可以说家族信托是一种顶层设计的财富工具，而这一工作的开展，本质上需要有健全的法律制度作为保障。

本章通过对境内外家族信托的介绍与分析，希望对有意通过家族信托方式实现传承财富的高净值客户有所裨益！

第一节 家族信托概述

一、家族信托的起源

信托自从中世纪诞生以来就一直扮演着财富管理的重要角色。在13世纪、14世纪的英国，人们突破了封建土地制度对财产自由继承和自由移转的限制，发明了信托制度，学界普遍认为这是信托的起源。

英国和美国属于英美法系国家。英国制定了《1925年受托人法》《1958年信托变更法》《1961年受托人投资法》《1999年受托人委托代理法》等一系列与信托相关的成文法，对信托的法律制度建设比较关注。美国的信托业也十分发达，各个种类的信托在个人和家族财富的保值增值及传承方面发挥了重要的作用。

日本则是信托这一工具在大陆法系国家发展较为发达的国家之一。日本早在1922年便出台了信托法和信托业法，2006年与时俱进，对信托法进行了修订。完善的法律促进了日本信托业的快速发展。

二、家族信托的主要特点

（一）制度设计灵活

委托人和受益人相分离，委托人根据其意愿订立信托合同，指定信托的受益人，从而使高净值客户可以灵活自主地实现家庭财富的传承。

在家族信托中，委托人可以灵活地设置大多数条款，如信托的设立期限、信托财产的分配方式和条件、特定事件的信托财产处置等，同时可根据信托合同的约定在信托存续期内按照规定进行调整。比如委托人可以在信托条款中明确设置受益人获取收益的条件，如“成年”“考上大学”“结婚”“创业”“离婚”等，委托人还可以设置对受益人（如“子女”“配偶”）的约束条款，力图最大限度地避免子女、配偶因不当处分财产而发生风险，实现对受益人的保护，达成物质和精神财富并行传递的目的。另外，高净值客户通常都对家庭财产能否传承到自己后代的问题较为关注。当高净值客户发生婚姻变动或者去世后尚健在的配偶再婚时，信托可以有效地防止“姻亲夺产”。

（二）信托财产安全

当企业家面临财务/债务危机时，其个人资产在某些情况下也将成为债务人追偿的对象。而经过提前筹划的信托财产独立于委托人的个人财产，与委托人和受托人的个人财产相隔离。委托人在信托设立后，其个人财务状况的变化通常不会影响信托财产。委托人控制的企业即便因为经营不善问题面临破产清算，其已经合法设立的信托也会受到法律保护，通常不会被纳入清算的范围。这样一来，债权人无法对信托财产进行追索（除非信托财产为非法所得），能够降低企业经营风险对家族财富潜在的不利影响。通过原属委托人财产的所有权改变，实现信托财产的独立性，这就是高净值客户最关切的“债务筹划”功能。

（三）助力基业永续

家族信托具有助力家族企业长久经营的特点。对于名下存在家族企业的高净值客户来说，通常存在生前将家族企业的股权传承给合适的经营者之需求，减少企业股权的肆意流转，防止不适合的股东接管企业，保障家族企业能够永续经营。

在离岸国家和地区，不少家族信托的委托人将家族企业的股权置入家族信托，由家族信托持有，负责企业的经营、管理，并对受益人和与家族企业股权相关的权益进行安排。这可以保障家族成员对家族企业拥有控制权，实现家族企业的有效传承。家族信托还可通过聘请职业经理人对企业的事务进行管理，保障企业的发展。不仅实现家族企业的所有权、经营管理权与收益权相分立，还体现家族信托为家族企业长久发展保驾护航的特点。

（四）税收筹划功能

在部分离岸地区，委托人生前置入信托中的财产不属于遗产税的征收范围；将房产、家族企业的股权等资产置入家族信托，通常被认为是“非交易过户”，一定程度上可以实现合理的税收筹划之目的。

三、在岸信托与离岸信托

根据信托设立地的不同，信托可以分为在岸信托和离岸信托。二者的差别是什么，离岸信托与在岸信托又有哪些不同的含义，在选择上有何不同?

（一）在岸信托与离岸信托的含义

在岸信托（onshore trust）是指设立地在委托人国籍国的信托。比如中国委托人在中国设立的信托，信托一般适用中国的法律并由中国法院管辖。

离岸信托（offshore trust）是指设立地在委托人国籍国以外的国家或地区的信托。比如中国国籍的委托人在泽西岛设立的家族信托就是离岸信托，信托一般适用泽西岛的法律并由泽西岛法院管辖。离岸家族信托的设立地点是家族信托众多要素中的首要因素，我国香港特区的家族企业或者上市公司通过离岸公司设立家族信托的常用地点有开曼群岛、泽西岛、英属维尔京群岛等。

（二）我国境内在岸信托与离岸信托的区别

1. 法律政策的区别

我国是大陆法系，属于成文法国家，而欧美以及大部分离岸地法律均属英美法系，属于判例法国家。从法律政策上来说，我国的家族信托与其他较为成熟的境外家族信托相比，主要有两方面的问题：第一，境内信托财产登记制度的缺位，导致股权、房产等需要办理所有权转移登记的资产，装入信托成本较高；第二，境外信托发展成熟，对于很多争议都有判例可寻，有确定的裁判结果，法律适用的确定性会更强。但我国的家族信托从 2012 年发展至今尚不足十年，在理论和实践上仍有很大的完善空间。尤其是 2021 年 4 月，被媒体誉为“首例”信托财产被冻结的案件［案号：（2020）鄂 01 执异 661 号、（2020）鄂 01 执异 784 号］，使得中国境内家族信托瞬间被推到了“风口浪尖”上。高净值客户对于中国境内家族的独立性和稳定性都产生了很大的质疑。

2. 信托财产类型的区别

目前我国的家族信托还是以金融资产为主。实践中也有股权、房产等实物资产装入信托的案例，但设立这类信托的成本相对较高。

离岸家族信托可以装入的财产类型则更为丰富，通常法律允许的任何财产都可以装入，除了金融资产以外，还包括公司股权、不动产、收藏品、私人飞机等。很多国家和地区不认为设置信托的资产初始转移为交易过户，因此不存在巨额税费的问题。

3. 信托财产管理上的区别

在我国的家族信托中，信托公司作为受托人，通常既承担信托事务管理之责，也会根据信托合同的约定，负责对信托财产的投资管理。

离岸信托中，受托人特别是独立受托人仅负责对信托事务的管理，信托财产的投资运用通常由委托人安排专业的人员进行操作。

（三）在岸信托与离岸信托的选择

高净值客户选择设立在岸信托还是离岸信托，最需要关注的问题是主要财产所在地。

通常而言，如果高净值客户的主要财产在国内，则设立在岸信托更为便捷。如果想设立离岸信托，境内的资产需要转移至境外或者采用相关架构由境外实体控制后，才能装入离岸信托，但为此会产生较高的费用，且部分资产的性质决定了其无法出境。以不动产为例，即使通过外资公司持有的方式间接出境，但依旧会面临法域管辖的冲突及执行的困境。此外，一些高净值客户对境外法律并不十分了解，加上语言可能存在障碍，这些都是需要考虑的问题。

四、家族信托在中国的缘起与发展

（一）家族信托在中国的缘起

由全国人大审议通过并发布的《信托法》于2001年10月1日起正式施行，该法为规范信托关系的基本性法律。

2012年9月，一位年过四十的深圳企业家与PA信托签署了一份家族信托计划，这被媒体誉为“国内首单家族信托”。随后，ZS银行、ZX信托等机构陆续启动了家族信托业务，在中国的法律环境下积极进行家族信托的探索。统计数据显示，截至2020年一季度末，家族信托存续规模已突破1000亿元大关，成为行业第四大特色业务。①

（二）中国家族信托市场的现状与展望

某机构的报告显示，截至2019年年底，家族信托资产规模已经达到1300亿

① 《存续规模千亿，家族信托需求并嘱》，载《经济日报》2020年9月3日。

元，但占信托总资产规模仍仅约0.6%，与国外成熟的家族信托体系相比，处于起步阶段。国内已有36家信托公司开展家族信托业务，3家信托公司的家族信托规模超过100亿元。[①] 某媒体记者梳理了6大国有行和9家A股上市股份行的2020年年度报告发现，有8家银行在年报中提及了对家族信托的布局，且7家均将该业务放在了私人银行战略中；有6家披露了代销信托产品的手续费收入或者销售额，均为正增长。营业信托的信托计划，包括家族信托，都是由信托公司作为受托人。

在已公布相关数据的银行中，JS银行的家族信托资产管理规模达418.12亿元，位居第一，较上年同期增长了46.17%；ZS银行实现代理信托类产品销售额4691.20亿元，遥遥领先同行，同比增长38.19%，由此获得代理信托计划收入76.26亿元，同比增长12.58%。[②]

某银行的报告显示[③]，2020年，中国家族信托意向人群数量约24万；预计到2023年年底，中国家族信托意向人群数量将突破60万；2020年，中国家族信托意向人群可装入家族信托资产规模约7.5万亿元；预计到2021年年底，该部分资产规模将突破10万亿元；2020年，中国家族信托意向人群数量超过2万的省级行政区共3个，其中广东省率先超过5万人。

（三）中国家族信托的现有法律构建

1. 信托行业的“一法三规”

从行业规范角度来看，目前信托的金融属性较强，家族信托亦不例外。以信托公司为受托人的家族信托是依据金融行业监管进行规范管理的。从信托行业整体来看，目前营业信托仍是主要类型。

我国目前已经形成了以“一法三规”为基础的比较系统的营业信托法律制度体系。“一法”指《信托法》，“三规”指《信托公司管理办法》、《信托公司集合资金信托计划管理办法》和《信托公司净资本管理办法》。

---

① 北京国际信托有限公司与毕马威中国联合出品：《道阻且长，行则将至——中国信托行业发展趋势和战略转型研究报告》（2020年）。

② 21世纪经济报道：《2020银信合作走强，建行家族信托规模增长46% 招行卖出4700亿信托类产品》，载新浪财经：https://baijiahao.baidu.com/s?id=1697800486694850668&wfr=spider&for=pc。

③ 招商银行私人银行：《2020中国家族信托报告》。

2. 家族信托的现有法律架构

“家族信托”并不是一个法律概念，通常指以财产安全、隔离为目的的民事信托。根据《信托法》，目前国内信托分为营业信托、民事信托与公益信托三种。

目前，《信托法》为家族信托的设立提供了基础架构的支撑，《民法典》中的婚姻家庭编、合同编等为家族信托提供了引导，《公司法》《保险法》《证券法》等法律法规为信托财产的转移、生效方式提供了操作指引。一般来说，如果不违反《信托法》对设立信托所规定的生效要件，就可以为委托人定制出符合其需求的家族信托。

2014 年 4 月，原中国银监会（现为中国银保监会）发布《关于信托公司风险监管的指导意见》（银监办发〔2014〕99 号），其中提及“探索家族财富管理，为客户量身定制资产管理方案”，提出家族信托是信托行业需要探索转型发展的方向。

2018 年 8 月，中国银保监会发布《关于加强规范资产管理业务过渡期内信托监管工作的通知》（信托函〔2018〕37 号），其中对于“家族信托”进行了定义：“家族信托是指信托公司接受单一个人或者家庭的委托，以家庭财富的保护、传承和管理为主要信托目的，提供财产规划、风险隔离、资产配置、子女教育、家族治理、公益（慈善）事业等定制化事务管理和金融服务的信托业务。家族信托财产金额或价值不低于 1000 万元，受益人应包括委托人在内的家庭成员，但委托人不得为唯一受益人，单纯以追求信托财产保值增值为主要信托目的，具有专户理财性质和资产管理属性的信托业务不属于家族信托。”

3. 其他关于家族信托的参考规定

2019 年 11 月 8 日，《九民纪要》第七部分为“关于营业信托纠纷案件的审理”，以信托公司为受托人的家族信托受到《九民纪要》的约束。其中对家族信托有关联的内容包括：第九十三条对委托人保留信托财产管理权进行了原则上的认可；第九十四条规定委托人以受托人未履行勤勉尽责、公平对待客户等义务损害其合法权益为由主张权利，实行举证责任倒置；第九十五条对家族信托的风险隔离功能予以肯定。

五、家族信托的三大要素

（一）参与主体

家族信托是受托人受委托人（可以为个人或家庭）的委托，以实现高净值客户的家族财富保护、管理及传承为主要目的，代为管理或处置家族财富的财富管理形式，受益人通常来说为委托人及其家庭成员。

我国参与“家族信托”的主体主要包括信托公司、商业银行、保险公司、第三方财富管理机构、律师事务所及会计师事务所。信托公司与商业银行的合作是目前金融机构主导的国内家族信托业务的主要模式。

（二）服务内容

在境外，如果信托公司或律师事务所等机构作为家族信托服务的提供方，由于他们的主要业务是提供家族信托架构设计的咨询顾问服务，这些机构一般都认为资产增值并非家族信托的核心功能。因此，受托人可能会将资产管理服务外包给专业的资产管理机构。而一些商业银行则会把家族信托作为增值服务内容之一或将架构设计服务委托给独立信托公司，鉴于家族信托的架构设计咨询顾问服务并非银行的主要盈利点，只有对家族信托资产提供管理服务才能获得较高的收益。

在我国，鉴于部分信托公司手握“信托牌照”即金融机构经营许可证，他们本身就可以自行开展或与商业银行联合开展家族信托服务。我国的信托公司兼顾信托架构设计与资产管理服务的双重功能。由于尚未有专门针对家族信托设立的税收政策，同时也缺乏相关的参考案例，目前我国的家族信托的受托资产还是以货币型资产为主。信托公司主要依据信托合同的约定，结合委托人的意愿，按照一定的方式，如一次性分配、定期定量分配、非定期分配及附带条件分配等，按照一定的条件，如婚丧嫁娶、求学创业、生育子女等，向受益人支付相应的费用。而信托资产的管理方式也主要以资金投资为主，并以信托公司的名义进行投资管理，从而实现财富的保值和增值。

通常来说，一项家族信托业务的操作流程大致的步骤为：第一，需要针对目标客户进行产品的营销，吸引客户选择并接受家族信托业务；第二，通过对客户情况的了解，判断家族信托与客户的适配性；第三，根据客户的要求以及自身的经验拟定初步的信托方案；第四，起草信托合同并由客户进行签署；第五，客户根据合同的约定向受托人交付信托财产；第六，信托正式成立后，信托公司应当严格按照合同的约定，进行信托财产的支付、管理工作；第七，由于家族信托的周期性较长，少则几年，多则数 10 年，甚至永续，信托公司应当做好客户的长期维护与管理工作；第八，为了实现信托财产的保值增值，信托公司还需要针对资产进行合理的投资管理；第九，需要按照法律法规的要求做好相关的信息披露工作；第十，如果信托需要终止，则还需要做好相应的清算工作。

（三）信托资产类型

我国《信托法》的条文中并未有任何限制信托财产的类型的规定，但由于信托登记制度的限制，目前市面上较为流行且简便的家族信托仍以资金型为主，非资金类家族信托相对较少。但由于高净值客户的资产中最重要且价值最大的依旧是公司股权、不动产等，我国家族信托的受托机构对于股权以及不动产等非资金型信托的探索从未停下脚步。

资金本身的灵活性特别吸引金融机构的青睐，他们可以通过对家族信托中闲置资金的管理收取相应的管理费用，为金融机构带来稳定的业务收入。而非资金类信托财产，需要投入的维护成本相对较高，如公司股权需要匹配专门的管理人员，在短期内必然不会带来太高的业务利润，所以金融机构除为了维护客户关系并增加客户粘性等长远规划以外，一般不太愿意接受非货币类的信托财产。

但信托公司区别于普通的金融机构，他们更加愿意相信非货币类的家族信托是信托领域的一片“蓝海”，甚至已经将非资金类家族信托作为业务创新的拓展方向。而从高净值客户的角度来说，由于他们的资产中较为重要的一块价值肯定还是体现在公司股权、不动产等非资金类资产，所以他们对于此类非资金类信托的需求相对是比较突出的。由于非资金类家族信托的设立并不存在任何的法律障碍，只是在具体落地的时候会存在如信托财产登记、信托财产转移的税费等配套制度的缺失，而这些问题目前也已经有了一些较为可行的替代方式，但整体的成本还是相对较高。不过，随着我国家族信托的不断发展，相信这些问题在不远的将来都会一步一步得到解决。

家族信托被誉为家族财富管理的“皇冠”和“明珠”，是家族财富管理的基石工具。家族信托可以实现财产权利与财产利益相互分离，保障信托财产的独立性，同时可以根据委托人的意愿灵活地设计财产的传承方式，而这种传承可以持续很长的时间，甚至永续存在，可以将委托人的财富传递到子子孙孙的手上，真正做到财富的永恒流传。

第二节 国内家族信托常见的问题

一、家族信托设立的准备

（一）确认信托财产合法且委托人适格

《信托法》明确要求设立的信托财产必须是委托人的合法财产。这里有两层含义：第一，用于设立家族信托的财产必须是委托人所有的财产。在设立家族信托前，有必要梳理不同财产的所有权人，确保信托财产在法律上的所有权人是委托人个人，而非其所控制的公司等法人实体。第二，用于设立家族信托的财产必须是合法的财产。实践中对家族信托的资产隔离功能通常存在一些误区，有的人认为只要设立了家族信托，即便信托财产是“灰色财产”，甚至是非法财产，家族信托仍然能够予以保护，这些说法都是错误的。

关于委托人的适格性，由于目前国内家族信托的委托人大多是单一的自然人，但用以设立家族信托的财产，大多是委托人的夫妻共同财产。根据相关的法律规定，夫妻共同财产的重大处置，需要征得另一方的同意。所以，委托人在设立家族信托时，需要配偶对设立家族信托签署书面的同意函，以明确委托人有权或有资格处置此类用以设立信托的共同财产。2020 年 7 月，国内新闻报道中出现了由夫妻双方作为家族信托委托人的信托架构，同样值得关注。①

（二）确保家族信托不损害债权人的利益

《信托法》明确规定，信托不得损害债权人的利益，否则，债权人可以申请

---

① 参见用益信托观察：《杭州工商信托的创新 DNA：双委托人模式为家族和谐“加码”》，载搜狐网 2020 年 7 月 4 日，https：//www. sohu. com/a/405815892_ 417564。

撤销该信托。尽管法律对于“损害债权人利益”没有更进一步的细化规定，但谨慎起见，委托人在设立家族信托时，必须考虑与分析委托人的家庭资产与负债情况。我们在对高净值家庭的“财富管理体检报告”中，设计了“三张图表分析私人财富风险”，其中一张表，就是“家庭资产与负债表”，提倡家庭资产负债率低于70%时是较为理想的家族信托规划的时间段（具体要根据客户的家庭资产总量、资产组成结构、债务形式等多种因素进行判断）。

（三）确保信托文件内容符合法律的规定

为做好该项准备，需要专业人士（如从事这方面业务的律师）对家族信托相关文件的条款及形式进行专业的设计和审核，从而确保信托合同以及相对应的配套法律文件在内容和形式上未违反法律法规的效力性强制性规定。

二、确保信托设立的有效性

根据《信托法》的规定，有效的信托由四个法律要件构成：一是具有合法的信托目的；二是具有适格的主体；三是合法并转移了所有权的信托财产；四是合法有效的信托行为。

家族信托的有效设立，需要遵循这四个生效要件，具体而言：

（一）合法的信托目的

《信托法》第六条规定：“设立信托，必须有合法的信托目的。”第十一条规定：“有下列情形之一的，信托无效：（一）信托目的违反法律、行政法规或者损害社会公共利益……（四）专以诉讼或者讨债为目的设立信托……”第十二条第一款规定：“委托人设立信托损害其债权人利益的，债权人有权申请人民法院撤销该信托。”目的不合法的家族信托主要可分为两类：违法信托和欺诈性信托。

1. 无效的违法信托

《信托法》第十一条第一项规定，信托目的违反法律、行政法规或者社会公共利益的，该信托无效。信托目的违法而导致信托无效的情形，举例来说，对于夫妻双方婚后取得的夫妻共有财产，假如一方欲通过设立家族信托侵占、转移属于夫妻共有的份额，从信托目的上就违反了法律的规定，可能因信托目的违法导致设立的信托无效。

2. 可撤销的欺诈性信托

所谓欺诈性信托，是指债务人明知损害债权人的利益而设立的信托，由此设立的信托构成债权人行使撤销权的对象。根据《信托法》第十二条的规定，禁止债务人利用信托从事损害债权人利益的活动，根据这一规定，委托人设立信托，其客观后果导致债权人难以实现其债权、损害债权人的利益的，该债权人有权申请人民法院撤销该信托。债权人行使撤销权主要依据委托人的行为后果，受托人是否存在恶意不是行使撤销权的要件。受托人不处于享受信托利益的地位，撤销权行使的后果一般对受托人不造成影响。

（二）信托行为的有效要件

信托依信托行为而设立。信托行为需要包括两个要件：一是主观要件，当事人设立信托应该采取信托合同的方式；二是客观要件，包括信托财产的转移行为及信托登记行为。

1. 家族信托应当采取书面形式

《信托法》第八条规定："设立信托，应当采取书面形式。书面形式包括信托合同、遗嘱或者法律、行政法规规定的其他书面文件等。采取信托合同形式设立信托的，信托合同签订时，信托成立。采取其他书面形式设立信托的，受托人承诺信托时，信托成立。"

2. 财产置入信托是否需支付对价

委托人将信托财产转移到受托人名下，如果被视为非交易行为，不需要支付对价和承担交易税费。在我国，目前将不动产装入信托，可采取交易的方式，即建立家族信托，可由提前注入的货币类信托资产购买不动产，可以实现不动产的过户登记、债务优化的目的。但存在的问题是增加了设立成本与会计处理。而资金注入信托则不存在上述问题，操作相对简单，是目前国内信托机构为受托人设立家族信托的主流财产注入模式。

3. 设立家族信托应依法办理登记

中国的信托登记制度有两种，包括《信托法》上的信托登记与《信托登记管理办法》上的信托登记，而家族信托的登记应当属于《信托法》意义上的登记。《信托法》第十条是关于登记制度的规定，其中明确规定："设立信托，对于信托财产，有关法律、行政法规规定应当办理登记手续的，应当依法办理信托登记。未依照前款规定办理信托登记的，应当补办登记手续；不补办的，该信托不产生效力。"

《信托法》第十条所说的登记，就是财产权属流转登记。买卖、赠与、继承、抵押等涉及财产权属流转的，依法均需要登记。在家庭信托中，因委托人要将财产转移给受托人持有，财产权属也流转，自然也要登记。

2016 年，经国务院同意，中国信托登记有限公司（以下简称中信登）成立；2017 年 8 月，《信托登记管理办法》发布。中信登实际在从事的是信托登记，包括信托产品登记、受益权登记等，其并不负责管理财产权属流转登记。信托产品登记主要是拟发行、已发行信托产品的"名称、类别、预计存续期限、拟发行或成立的信托规模"等信息；受益权登记则是用户在中信登开立"信托受益权账户"并记载信托产品受益权的情况。产品登记、受益权登记系从监管角度出发而设，且主要针对的是营业信托。

信托登记制度不配套，导致的主要问题是无法以信托进行财产权属变更；而以其他名义（如买卖）变更会有较高的税收成本：对于非金融机构作为受托人而言，如何区分受托人自有财产与信托财产判断标准不明确。

（三）家族信托主体须适格

设立家族信托的主体必须适格，信托中的各方当事人应当符合相应的主体资格，并具有民事能力。

1. 家族信托委托人的限制条件

《信托法》第十九条规定，委托人应当是具有完全民事行为能力的自然人、法人或者依法成立的其他组织。可见《信托法》对信托委托人规定的范围较广。但是家族信托具有一定的特殊性，因此对委托人有一定限制。《中国银行保险监督管理委员会信托监督管理部关于加强规范资产管理业务过渡期内信托监管工作的通知》（信托函〔2018〕37 号）中相关表述"家族信托是指信托公司接受单一个人或者家庭的委托"。针对家族信托的委托人，需要注意如下要点：

第一，自然人必须是家族信托最顶层的委托人。如果是以夫妻共同财产设立家族信托，则通常是夫妻一方或者双方。作为家庭财富保护、传承和管理的工具，受益人为委托人的家庭成员。需要注意的是，一些高净值客户在家族中确立了“家族宪章”，其中的“家族事务委员会”并不具有法律意义的主体地位，因此不能成为家族信托的委托人。

第二，委托人需要是合法地拥有家族财产的人，这是信托成立的要件。

2. 慎选自然人为信托受托人

家族信托为民事信托，自然人也能够成为受托人，但从设立家族信托的稳定性角度来看，现阶段家族信托的受托人若由自然人担任，需要谨慎考虑，理由如下：

第一，自然人难免有“病”“死”的风险，会引发信托法律关系的变化；

第二，信托财产的独立性与管理的有效性挑战较高；

第三，自然人担任受托人相配套的法律制度尚需完善。

相比较来看，家族财产管理与家族事务管理交由专业的机构更为稳妥，而委托人信任的自然人可以担任家族信托监察人的角色。

3. 受益人的特殊主体资格

（1）未出生的委托人的后代

家族信托具有财富传承功能的其中一个重要原因在于，委托人可以将尚未出生的后代列为信托的受益人。根据《信托法》的规定，受益人在信托设立时不要求已存在，只要求受益人的范围是确定的。

（2）外国人

《信托法》并未对外国人能否成为家族信托的受益人进行限制。因此，在没有确定的规则出台之前，我们认为外国人能够成为家族信托的受益人。当然，如果有相关法律法规对某些物品或权利不得由外国人取得作出禁止性规定且家族信托中将此类物品或权利置入信托财产的，在此种情况下，外国人就不宜成为受益人。

（四）信托财产须合法且确定

《信托法》第七条规定：“设立信托，必须有确定的信托财产，并且该信托财产必须是委托人合法所有的财产。本法所称财产包括合法的财产权利。”因此，委托人设立家族信托时，置入信托的财产应是合法、确定的，否则存在信托无效或被撤销的风险。

1. 信托财产的法定要求

（1）信托财产的确定性

信托是一种特殊的财产管理制度，其核心是信托财产。委托人设立信托，必须将一定的财产权委托给受托人，使受托人通过对信托财产的管理、运用或处分，而发挥信托财产的经济功能，服务于受益人或特定的信托目的。信托关系的产生、信托当事人之间的权利义务都与信托财产及其信托财产的收益密切相关。因此，信托法规定，设立信托，必须有确定的信托财产。

（2）信托财产的现存性和积极财产性

设立信托，委托人所确定的财产应当是其实际所有的财产，而将来可能取得的财产不能作为信托财产。同时，作为信托标的财产应当是“积极财产”，包含债务的财产，不能作为信托财产。只有属于委托人合法所有的财产，在委托受托人进行管理、运用或处分过程中，财产权利明确，不存在导致信托无效或被申请撤销信托的情形。否则，信托关系不稳定，难以达到委托人设立信托的目的。特别是要防止恶意的委托人与受托人串通，利用信托从事侵占国家、集体或者他人财产的活动。

2. 信托财产的程序性保障

《信托法》第二十五条规定：“受托人应当遵守信托文件的规定，为受益人的最大利益处理信托事务。受托人管理信托财产，必须恪尽职守，履行诚实、信用、谨慎、有效管理的义务。”

根据法律的规定，受托人负有谨慎管理的义务。因此，受托人在接受委托人的委托，设立家族信托时，应当对信托财产的来源、委托人的财务状况等进行审核，确保信托财产的合法性，保障信托的效力。

在程序操作上，应当建立对信托财产的前置审核机制。比如对于现金类资产，应当要求委托人说明该资产的来源、并提供相应的凭证，同时可以辅以收入证明、纳税证明等予以佐证；对于公司股权，应要求委托人提供相应的工商材料、出资凭证、审计评估报告，并要求委托人聘请律师，对该股权置入家族信托出具法律意见书；对于不动产，应要求委托人出具不动产权属证书、不动产买卖合同等。[①]

三、律师与家族信托法律服务

国内律师在家族信托层面的法律服务，目前主要集中在信托设立及设立前的阶段，包括客户陪谈、与客户和信托公司一同商榷信托合同条款等。在信托设立层面，家族信托实质是家事，最好能有相关婚姻家事领域律师参与其中，且跨机构、跨境、跨团队、跨业合作是必然趋势。

经过多年发展，如今在大型的信托公司中，规模较大的信托团队，其中不仅有大量的信托专业知识和法律背景的从业人员，还聘请了相当数量的业内专家，在家族信托的设立方面具有较强的能力。但是，在家族信托风险防范中，专业诉讼律师的优势仍无法被取代。举例说明，夫妻个人的财产信托受益权，在婚姻存续期间的增值从性质上是定义为夫妻个人财产还是夫妻共同财产，是信托实务无法回避的问题，在婚姻家庭领域也是一个新的课题。因此，有必要在具体实践实操中，提倡跨机构、跨团队、跨领域的全面合作。

家事律师在家族信托中可以发挥的作用主要体现在：

第一，界定信托当事人身份。很多高净值客户的身份都涉及涉外因素，委托人、受益人的国籍确认与安排，关系到信托的设立地、税务筹划等问题。只有对不同地区的法律进行比较分析，总结各自的优劣势，再对委托人、受益人的国籍进行选择与规划，方能更好地保障客户的权益。

第二，协助当事人选择信托的设立地。在比较了各国信托制度和相关的财税政策后，根据客户的实际情况，为客户选择最符合其需求的设立地。

第三，协助选择信托公司、投资顾问等第三方服务机构。

第四，开展财产尽职调查。为了保证信托设立的有效性，律师要对各类事项展开尽职调查，我们在下文对此进行了阐述。

第五，审查与完善相关法律文本。律师要对包括信托架构及设立过程中的所有法律文件进行审查和完善，以确保相关文件能在实践中最大限度地满足和维护委托人的需求及信托安全。

第六，评估法律风险。这不仅包含了对信托文件法律风险的评估，还包括了信托设立后潜在的法律纠纷及防范措施等。

---

① 参见卞耀武主编：《中华人民共和国信托法释义》，法律出版社 2002 年版。

第七，担任信托保护人。委托人将家族事务与巨额资产交付受托人后，应对信托的运作不了解，律师作为专业人士，有能力担任信托保护人的角色，对信托起到更好的监督和救济作用。

下文以尽职调查为例，介绍律师在家族信托法律服务过程中的内容。

（一）代表委托人对受托人的尽职调查

律师在代表委托人对受托人进行尽职调查时，主要核实的内容包括“信托公司的基本情况”、“诉讼与仲裁情况”、“行政处罚情况”、“信托兑付迟延与违约情况”及“家族信托业务办理流程及税费”等。

律师通过对这些内容进行细致的尽职调查，为委托人出具报告，有助于帮助委托人挑选合适的受托人。

（二）代表受托人对委托人的尽职调查

信托在设立前，需要对委托人的基本情况有详细的尽职调查，只有确定委托人、信托财产等都不存在瑕疵时，委托人才能设立信托，否则将承担较大的风险。对委托人的尽职调查主要包括以下几点：

1. 对财产的性质进行确认

如果委托人是已婚人士，则律师需要查明委托人的出资在性质上属于委托人和配偶的夫妻共同财产还是委托人的个人财产。在夫妻一方为委托人时，受托人应避免出现一方擅自处分夫妻共同财产的情况，因此确认委托人的资金是否属于个人财产是很重要的一个环节。

2. “反洗钱”审查

律师应当调查委托人信托资金的来源，以及确认委托人与受托人之间的亲属关系，或者通过其他材料证明受益人取得财产具有法律正当性。否则，可能存在委托人利用家族信托这一合法手段实现非法目的的风险。比如，如果委托人是“官二代”或家族中存在官员，且对巨额的委托资金来源解释不清楚，那么这一风险的可能性相对较高。

3. “可撤销”风险审查

《信托法》第十二条第一款规定：“委托人设立信托损害其债权人利益的，

债权人有权申请人民法院撤销该信托。”因此，律师应当确认委托人的资产与负债状况。如果发现委托人的企业濒临破产，那就应当更为谨慎地考察委托人个人资产的合法来源。

案例3－1 家族信托业务尽职调查指引

王某是一名成功的企业家，一次偶然的机会，他了解到家族信托有助于财富传承，欲设立一个家族信托。他找到SH信托公司，说明了意向，SH信托公司的业务人员为其提供了一份“尽职调查指引”，王某认真阅读了相关内容。

SH信托公司尽职调查指引规定的审核范围：

1. 信托目的

SH信托公司需要排除王某有反洗钱或反恐怖融资的怀疑。

2. 财产来源

（1）直接证明委托人的财产来源和财务状况

<table>
<tr><th>委托人收入/证明内容</th><th>所需尽职调查文件
（资金额低于5000万元）</th><th>所需尽职调查文件
（资金额高于5000万元）</th></tr>
<tr><td>工资薪酬</td><td>劳动合同、纳税证明、银行流水</td><td rowspan="9">外加独立第三方说明</td></tr>
<tr><td>劳务报酬所得</td><td>劳务合同、纳税证明、银行流水</td></tr>
<tr><td>酬劳所得</td><td>付费协议、纳税证明、银行流水</td></tr>
<tr><td>金融投资收益（如股票、期货等）</td><td>金融资产交易账户的交易记录、银行流水</td></tr>
<tr><td>企业分红</td><td>营业执照、分红决议、公司章程、纳税证明、银行流水、企业财务报表</td></tr>
<tr><td>离婚析产取得的财产</td><td>离婚协议、离婚证件（或法院判决书、调解书）、财产过户证明、银行流水</td></tr>
<tr><td>继承取得的财产</td><td>被继承人死亡证明、亲属关系证明、遗嘱（或法院判决书、调解书）、财产过户证明、银行流水</td></tr>
<tr><td>受赠与取得的财产</td><td>赠与协议、赠与人和受赠人的关系证明、财产过户证明、银行流水</td></tr>
</table>

续表

委托人收入/证明内容	所需尽职调查文件（资金额低于5000万元）	所需尽职调查文件（资金额高于5000万元）
特许经营所得	特许经营权合同、纳税证明、银行流水	
不动产租赁所得	不动产租赁合同、纳税证明、银行流水	
偶然所得	偶然所得证明材料、纳税证明、银行流水	

（2）间接证明委托人的财产来源和财务状况

委托人收入/证明内容	所需尽职调查文件（资金额低于5000万元）	所需尽职调查文件（资金额高于5000万元）
银行存款	银行流水、存单	外加独立第三方说明
不动产	不动产权证、不动产价格证明（如评估报告、最近2个月同区域不动产成交查询记录）	
金融产品赎回	6个月以上金融产品到期、赎回的银行流水	
金融产品（未到期）	金融产品的购买记录、银行流水	
实际控制企业的利润（未分红）	营业执照、实际控制企业的证明（如公司章程、合伙协议、工商档案、代持协议等）、纳税证明、企业财务报表（近2年）	
其他资产	资产证明凭证、资产评估报告	

3. 财产使用

SH信托公司需要确保财产使用符合我国现行有效的法律、法规。

王某按照SH信托公司尽职调查的要求，将上述材料准备齐全。SH信托公司工作人员在核查完毕后，认为王某的条件符合规定，可以作为委托人，委托SH信托公司为受托人设立“王氏1号家族信托”。工作人员将下列材料交给王总：

材料 1：

家族信托项目信息要素表

项目名称：王氏 1 号家族信托

委托人信息	
姓名	
国籍	
证件名称及号码	
联系地址	
联系电话	
婚姻状况	
职业	
项目要素	
信托期限	
初始委托金额	
委托财产类型	
信托管理形式	
信托财产保管银行	
保管费用	根据《保管合同》的约定
受托人管理费	根据信托财产净值____% 收取，按照自然年度收取。

材料 2：

信托财产初始委托申请书

SH 信托公司：

本人作为“王氏 1 号家族信托”（依据《王氏 1 号家族信托合同》设立，合同编号为________）的委托人，按照信托合同之约定，交付初始委托的信托财产，共计人民币________元。具体如下：

财产种类	财产内容	金额（元）
货币资产	资金	小写：¥ 元 大写：
信托受益权		小写：¥ 元 大写：

根据《王氏 1 号家族信托合同》之约定，本人确认初始委托信托财产的信托单位净值为 1 元/份。

本人已详细阅读并充分理解《王氏 1 号家族信托合同》的内容，对合同中约定的所有条款及内容均表示认可，本人愿意以信托财产承担投资风险。

特此申请！

申请人：王 某

日期： 年 月 日

材料 3：

信托利益分配计划确认函

SH 信托公司：

根据本人与贵司签署的《王氏 1 号家族信托合同》，本人对《王氏 1 号家族信托合同》项下的信托利益的分配作如下安排：

<table>
<tr><td colspan="2">□定期分配</td></tr>
<tr><td>分配起始日</td><td>□信托成立日
□委托人身故之日（受托人知道委托人身故之日。所需材料：如死亡证明、法院宣告死亡的判决等）
□________年____月____日</td></tr>
<tr><td>分配频率</td><td>□每月　□每____月　□每季度　□每半年　□每年</td></tr>
<tr><td>分配金额</td><td>□每位受益人在委托人指定的每个分配周期内分配人民币￥______元
□前述分配金额以最近一期分配金额为基数，按照国家统计局发布的 CPI 指数，在下一个分配时间，对分配金额进行相应调整</td></tr>
<tr><td colspan="2">□特定情形分配</td></tr>
<tr><td>□教育支出</td><td>□学费及学杂费
□获得重点高中录取通知书，给予______元奖励
□高考分数达到一本录取分数线，给予______元奖励；达到二本录取分数线，给予______元奖励；获得全国 985 大学录取通知书，给予______元奖励；获得全国 211 大学录取通知书，给予______元奖励；获得 US News 世界排名前 50 名大学录取通知书，给予______元奖励；获得 US News 世界排名前 100 名大学录取通知书，给予______元奖励；获得 US News 世界排名前 500 名大学录取通知书，给予______元奖励（本项奖励仅可获得一次，若满足多项条件，以最高奖励金额项为准）
□获得本科学历，给予______元奖励；获得硕士研究生学历，给予______元奖励；获得博士研究生学历，给予______元奖励（本项奖励可各领取一次）</td></tr>
</table>

续表

□医疗费用支出	受益人出现疾病，根据票据实报实销；受益人出现重大疾病、意外事件等，根据票据实报实销，并给予______元慰问金。（需提供三甲医院诊断书）
□创业基金	单次______元，每名受益人可申领至多______次，两次申领需间隔不少于______月
□婚嫁祝贺金	当受益人首次结婚时，一次性分配婚嫁祝贺金______元（需提供结婚证明）
□生育金	当受益人或其配偶生育时，一次性分配生育金______元（需提供出生证明，每名受益人领取次数不限）

本人同意受托人按照本信托利益分配计划向受益人支付信托利益。

委托人：王某

日期：　　年　月　日

材料4：

配偶同意函

本人＊＊＊，（护照号或身份证号），系中华人民共和国合法纳税公民。本人的丈夫＊＊＊，（护照号或身份证号，以下简称＊先生），系中华人民共和国合法纳税公民，与本人是合法夫妻。

本同意函是基于＊＊＊机构对＊先生已经或未来将要处分且登记在其名下的某财产装入信托的法律行为，要求出具的规范性法律文件之一。本同意函系本人在不受任何欺诈、胁迫的情况下，出于完全真实的意思表示而作出。本人作出本同意函不存在任何恶意串通损害国家、集体以及第三人利益的意图和事实。

本人对＊先生委托某机构完成＊＊信托的设立所做的处分夫妻共同财产的行为均知情，并且同意＊先生处分所涉及的夫妻共同财产或由夫妻共同财产所衍生出的其他财产权利形式的行为。本人承诺不会以任何形式，包括但不限于诉讼、向任何有关机构投诉、发律师函或者其他任何可能的措施，阻止＊先生设立＊＊信托架构，并且不会以任何形式对本人已经做出的知情和同意的处理意见表示反对。

本同意函自本人签字后即生效，一式＊份，由本人、＊先生、某机构持有，效力等同。

声明人：

日期：

四、信托合同的核心条款

《信托法》第九条规定："设立信托，其书面文件应当载明下列事项：(一）信托目的；(二）委托人、受托人的姓名或者名称、住所；(三）受益人或者受益人范围；(四）信托财产的范围、种类及状况；(五）受益人取得信托利益的形式、方法。除前款所列事项外，可以载明信托期限、信托财产的管理方法、受托人的报酬、新受托人的选任方式、信托终止事由等事项。"

信托公司根据自己公司的规范及客户的需求，制定出了各个版本的家族信托合同，各具特色。我们在此对信托合同中必备的内容进行简要介绍。

（一）家族信托

在家族信托合同中，通常会在开篇的几个条款中写明信托目的、信托当事人的基本信息等内容。在当事人的受益人部分，委托人会根据自己的需求，填写一名或多名受益人的信息。如果受益人在信托成立生效时系未成年人，则信托合同通常会载明未成年受益人的法定监护人有权依据监护权对未成年受益人在本信托项下享有的信托受益权进行监督，直至其成年。

根据《信托法》的规定，家族信托合同中会载明信托财产的基本情况，如财产的范围、种类，如果委托人计划在某个时间范围内分几笔置入不同的财产，信托公司通常也会根据委托人的需求，为其制定个性化的条款。同时，家族信托合同中还会对信托财产的交付方式进行约定。此外，合同中会出现类似委托人承诺信托资金均为委托人合法所有的财产等表述。

家族信托合同会对信托的成立与生效进行约定。通常信托合同经双方签署后即成立和生效，但只有在满足双方约定的前提条件时，信托才会成立。常见的前提条件包括家族合同及相关的配套文件双方均已签署、委托人按照合同约定的方式完成（初始）信托财产交付、律师事务所出具法律意见等。

在特定的家族信托成立后，信托的期限长短也是需要委托人和受托人在合同中进行约定的事项。目前市场上多数信托公司根据委托人的意愿，普遍将信托的期限设置在30年至100年。

家族信托合同一旦成立，对委托人和受托人均产生权利和义务。因此，在家族信托合同中对委托人、受托人的权利义务进行约定是必要的。此外，由于家族信托设立后受益人便因该信托受益，且受托人可能出现损害受益人权益的行为，因此，在家族信托合同中，还会出现与受益人的权利义务及保护相关的条款。

无论信托公司对家族信托财产的投资与管理事务是自行负责，还是交由第三方投资机构、财务顾问机构、投资代表等负责，在家族信托合同中，均会对信托财产的运营、管理等事务进行约定。

受托人接受委托人的托付管理信托财产，会产生一定的开支。信托公司是商业机构，因此受托人会在家族信托合同中与委托人就管理费进行约定。

家族信托合同作为合同的一种，自然也包含关于信托的变更、终止、延期、不可抗力、违约责任、法律适用和争议解决等一般条款。出于财富传承与风险防范的原因，委托人和受托人通常会在家族信托合同中约定“本信托为不可撤销信托”。因此，应在合同中对家族信托的变更作严格的限制。此外，由于会出现家族信托在信托期限届满时仍有信托财产未分配的情况，因此委托人和受托人可以在家族信托合同中约定信托延期的情形。

除了上述条款外，家族信托合同中还会对合同中词语的定义和解释、合同完整性、条款独立性等内容进行约定。一套完整的家族信托合同往往还包括许多附件，诸如委托人声明、信托财产清单、预留印鉴表、配偶同意函/单身确认函、信托生效通知书、委托人信托财产声明书、受托人服务报酬收费函、信托利益分配方案等，由各信托公司与委托人自行确定。

案例 3－2 家族信托合同目录及附件清单

SH 信托公司为王某起草了《王氏 1 号家族信托合同》，王某阅读书籍、材料的习惯是先看目录。于是王某阅读了《王氏 1 号家族信托合同》目录：

信托的释义：第 1 条 释义。

第一章 信托的基本要素：第 2 条 信托目的；第 3 条 信托类型；第 4 条 信托期限；第 5 条 信托资产与信托专户。

第二章 信托的运营及管理：第 6 条 信托的成立与生效；第 7 条 信托财产的管理、运用和处分；第 8 条 信托费用及税费；第 9 条 信托受益权及利益的分配；第 10 条 信托受益权的变更；第 11 条 受托人的变更；第 12 条 信托的终止、延期；第 13 条 信托清算与信托财产归属；第 14 条 通知和送达；第 15 条 期间的顺延。

第三章 信托当事人的权利与义务：第 16 条 委托人的权利义务；第 17 条 受托人的权利义务；第 18 条 受益人的权利义务。

第四章 风险承担与其他事项：第 19 条 风险揭示与承担；第 20 条 陈述与保证；第 21 条 保密事项；第 22 条 不可抗力；第 23 条 违约责任；第 24 条 合同的解除；第 25 条 法律适用与争议解决；第 26 条 合同的解释、条款的独立及合同的完整；第 27 条 权利保留；第 28 条 其他事项。

附件：1. 信托财产清单；2. 托人信托财产声明；3. 信托财产接受确认函；4. 配偶同意函/单身确认函；5. 受托人服务报酬收费确认函；6. 资金保管机构收费告知；7. 财务顾问机构收费函；8. 信托利益支付计划；9. 投资方案书；10. 信托财产投资管理约定函；11. 信托利益分配方案；12. 信托利益支付变更函；13. 信托受益人变更函；14. 委托人声明；15. 信托生效通知书。

（二）保险金信托

保险金信托是家族财富管理服务工具的一种，是委托人以财富的保护、传承和管理为目的，将人身保险合同的相关权利［如身故受益权、生存受益权、分红领取权（如有）等］及对应的利益［如身故理赔金、生存金、保单分红（如有）等］和资金等（或有）作为信托财产，当保险合同约定的给付条件发生时，保险公司将按保险约定直接将对应资金划付至对应信托专户。信托公司根据与委托人签订的信托合同管理、运用、处分信托财产，实现对委托人意志的延续和履行。

在分类上，保险金信托实际上是家族信托的一种。因此，保险金信托合同与家族信托合同在诸多条款上保持一致。不过，由于保险金信托的信托财产来源于保险金，虽然根据保险合同能够相对准确地预估置入信托财产的金额，但是在保险金未转化成信托财产前，尚存在许多不确定的因素，可能导致最终能够置入信托财产的保险金无法达到信托成立的标准，或者出现虽然达到信托成立的标准，但是金额与在信托合同中预估的金额偏差较大的情况。此外，保险金信托的政策风险、监管风险也更大。在保险金信托合同中，会对各类风险进行揭示，并对相关情况出现时如何处理作出约定。

五、家族信托合同的设计

由于当前家族信托业务主要集中在现金信托上，我们基于以往审阅家族信托合同的经验，总结出信托公司在起草家族信托合同中的一些常见误区，并提供我们的一些初步意见。另外，家族信托合同还可以考虑设置监察人/保护人这一内容。

（一）起草家族信托合同的常见误区

1. 营业性信托的理念和表述需要斟酌

由于信托公司过去的主营业务是营业性信托，其中主要是资管业务，一些信托公司在起草家族信托合同时，仍然摆脱不掉营业性信托的“影子”，出现了很多在营业性信托中才有的概念。

比如，我们在一些家族信托合同的草案中见到了诸如“合格投资人”“赎回”“不可赎回信托”等字眼。家族信托的目的主要是保障高净值客户的家庭/家族财富传承，财富传承、保障财富安全是家族信托的首要目标，其次才是资产的保值增值。因此，我们根据合同的范本及信托公司的意向，一般会建议将“合格投资人”改为“委托人”，弱化家族信托合同中关于“投资”的字眼和语句。对于“赎回”一词，由于家族信托不涉及资管业务中赎回的操作，我们认为应当删除类似词语。此外，我们建议把家族信托合同中“不可赎回信托”改为“不可单方终止信托”等表述，来规范概念。

同时，为了突出家族信托的理念，我们建议在家族信托合同开篇的“合同目的”中增加“财富传承”一词，以便突出家族信托的特点，让高净值客户在签订合同时可以清晰了解，体现高净值客户设立家族信托的初衷。

2. 合同条款权利义务须平衡与对等

在我们审阅、修订的家族信托合同中，有些合同的约定使得在家族信托设立后，委托人和受益人权利较大。家族信托合同对于信托当事人的权利的设置是需要精心设计和反复论证的，因为这对家族信托的独立性和财务的隔离有着至关重要的影响。

我国《信托法》除了在慈善信托部分强制要求设置信托监察人外，对于营业性信托、民事信托等均未有此规定，因此我们接触到的家族信托合同大都没有设置信托监察人/保护人。委托人一旦设立适格家族信托并且将信托财产转移给受托人后，就完成了信托财产的转移，此后的信托运营和管理由受托人负责，信托的保护人/监察人负责对受托人和信托财产的使用、分配等事项进行监督，受益人享有信托财产的收益权，委托人一般不再过多地对受托人及信托财产进行控制。然而我国除《慈善法》外，《信托法》关于信托监察人/保护人规定的缺失，也确实在实务中给起草家族信托合同带来了不小的挑战。

3. 对家族信托未来运行的条款不够完善

家族信托合同的期限有的是10年、20年或是30年，有的是50年、80年。小金额慈善信托期限一般也为数年，大金额慈善类的家族信托往往是永续信托模式。由于家族信托存续的年限较长，因此在起草信托合同时不能仅考虑设立的问题，还需要对信托未来存续的事宜进行周全的计划。以财富传承类信托为例，委托人的寿命会短于家族信托的年限，或者委托人可能在家族信托存续期间丧失民事行为能力。信托合同需对委托人身故或者丧失民事行为能力后的部分事宜作出安排。在没有设置监察人/保护人的信托中，如何能够在没有监察人/保护人的前提下，对家族信托存续期间可能发生的各种情形提前作出设计，就显得越发重要。只有"思前想后"，提前想到可能发生的各种问题并进行预先安排，才能防范未来可能出现的合同风险。

（二）家族信托合同中设置监察人/保护人

因《信托法》没有要求民事信托必须设置监察人/保护人，大部分家族信托合同中没有设置监察人/保护人。这就导致了我国的家族信托合同中将许多原本应当属于监察人/保护人行使的权利赋予了委托人和受益人。这一方面授予了委托人和受托人诸多权利并增加了其义务，另一方面还会影响家族信托的"独立性"。如果委托人的权利过大，存在未来家族信托被挑战的风险。

家族信托系"舶来品"，在我国仍是新生事物，兴起时间尚短，因此目前没有太多可以公开查询的司法判例。然而境外却存在诸多由于无法认定家族信托是独立于委托人之外的财产而被法院认定无效的案件。

在英格兰和威尔士高等法院2017年做出的前俄罗斯银行家谢尔盖·普加乔夫家族信托无效案中，普加乔夫在新西兰设立了五个家族信托，这五个信托均为酌情信托，共计9500万美元。普加乔夫及其配偶、子女是这五个信托的酌情受益人，普加乔夫同时是信托的保护人。在这五个家族信托中，保护人拥有过大的权利，譬如保护人有权决定是否支付信托财产的收益以及信托财产本金的分配、决定信托资金如何投资、随意变更或增加信托的受托人等；另外，虽然普加乔夫不能随意变更受益人，但是他有否决受托人将收益分配给其他受益人的权利，并且他还要求受托人在用信托财产作具体投资时应当先经过保护人的书面同意等。法院根据查明的上述事实，认为由于这些信托中保护人的权利过大，实际上赋予了普加乔夫操控信托的权利，普加乔夫的权利并非为了行使其信托责任，而是把信托财产当成其个人资产。普加乔夫作为信托的保护人和酌情受益人，在背后操纵着这些信托，受托人并没有独立于普加乔夫的意图，仅为其操纵信托的“傀儡”。信托财产的真实所有者仍是普加乔夫，因此信托被“击穿”，其债权人可以对这9500万美元的信托财产进行追偿。

而在我国香港特区终审法院2013年作出的潘氏家族信托无效案中，法院考察了该信托的设立及条款、潘某的意愿书、该信托资产的性质及受托人以往所作的分配。法院发现信托文件中赋予保护人一项非常重要的权利即可以随时更换受托人，这表明了潘某作为信托的保护人，其个人意愿对于信托受托人产生了重要的影响。潘某作为该信托的酌情受益人之一，表明其也打算从该信托的财产和收入中获得相应的信托收益，且该家族信托的主要信托财产是A公司84.63%的股权，而潘某系A公司的实际控制人。此外，该信托在实际运行中的一个事件引起了法官的注意，潘某于1996年1月22日签署了信托意愿书，希望我国香港特区某大学成为该信托的酌情受益人之一，而受托人仅在4天后就立刻决定该大学成为符合条件的受益人，说明受托人的决定受到委托人的较大影响。香港终审法院据此认为，潘氏家族信托可视为潘某对A公司股权处理的遗嘱，如同立遗嘱人可随时变更遗嘱一样，法院有理由相信无论潘某如何修改信托意愿书，受托人都一定会尊重并执行他的所有意见。整个信托基金被法院视为潘某可操控利用的财务资源，据此其家族信托被“击穿”。

通过上述两个案例，我们可以了解到，虽然境外不同国家和地区的法院对于“击穿”家族信托的标准会略有不同，尺度的严格程度也略有差异，但是一个不变的核心就是信托财产不得与委托人的个人财产发生混同，受托人不得成为委托人的“傀儡”。在国内尚无相关司法判例的情形下，境外法院的判决对我们制定家族信托合同具有借鉴意义。

我们认为，《信托法》只是没有对家族信托的监察人/保护人进行规定，并没有禁止家族信托设置监察人/保护人。根据私法“法无禁止即自由”这一原则，我们可以借鉴境外家族信托的理念，在家族信托合同中增加监察人/保护人的条款，增强信托财产的独立性，从而降低未来被法院“击穿”的风险。

家族信托属于“定制化服务”，家族信托合同也具有较高的“定制性”特点，需要信托公司和委托人之间多次探讨，结合委托人的需求制订符合委托人家族情况的方案。由于家族信托在我国尚处在起步阶段，还有许多值得探讨、研究和改进的方面。

第三节 国内家族信托的焦点归纳

一、债务筹划功能的实现

家族信托之所以能赢得“最佳代际传承工具”的美誉，是由于信托不会像自然人一样“生老病死”，也不会因受托人解散、破产、辞任或其他情形而终止，具有较高的稳定性和长期性，适合于长期规划的财富管理与传承，这也满足了高净值客户对财富管理的持续性与稳定性的要求。家族信托之所以有财富传承的作用，债务筹划功能在其中发挥了很大的作用。根据《信托法》的规定，信托财产在符合法律规定的前提下，具有免于强制执行的特点。那么，信托能够实现债务筹划的原理是什么，又要符合哪些条件才能实现债务筹划的功能呢？

（一）受托人必须依照信托合同“取得”财产

《信托法》第二章就信托的设立条件进行了系统性的规定。其中第七条第一款规定：“设立信托，必须有确定的信托财产，并且该信托财产必须是委托人合法所有的财产。”根据本章前述的内容，确定的信托财产是设立信托的一个必要条件。另外，第十四条第一款还规定：“受托人因承诺信托而取得的财产是信托财产。”这一条说明，委托人在信托设立前所持有的合法财产仍非信托财产。只有受托人根据其与委托人签订的信托合同，依约定取得该财产，该财产才算是从委托人的个人财产转化成信托财产，信托也因此而具有债务筹划功能。这主要取决于受托人已合法取得相关财产且信托已满足《信托法》规定的其他设立条件。

《信托法》第十五条规定“信托财产与委托人未设立信托的其他财产相区

别”，即信托财产的所有权已经发生变化，不再为委托人的财产，且与委托人的其他财产相区别，信托具有债务筹划功能的核心逻辑即在于此。

案例3-3 北京ZC有限公司、JS有限公司与ZJ有限公司合同纠纷案

审理法院：北京市第二中级人民法院（2014）二中执异字第00105号

案例主旨：财产并非存于信托专户，不属于信托财产。

仲裁庭裁决由北京ZC有限公司、JS有限公司共同偿还其对ZJ有限公司的欠款。ZJ有限公司向法院申请冻结JS有限公司在ZS银行的存款。在执行过程中，JS有限公司对此提出异议，理由为：其与ZC信托签订了《信托合同》，ZJ有限公司申请法院冻结的上述存款系信托财产，不能予以强制执行。

法院认为，本案的核心焦点为JS有限公司在ZS银行的存款是否属于信托财产？根据ZC信托与JS有限公司所签合同约定，该信托计划的信托专户为JS银行的账户，而法院冻结的账户为JS有限公司在ZS银行的账户，并非信托合同中约定的信托专户，故法院认为该财产并非存于信托专户，不为信托财产，属于JS有限公司的固有财产。因此，对JS有限公司异议理由予以驳回。

由上述案例可见，虽然JS有限公司与信托公司签署了信托合同，但是其银行账户中的资金还在自己名下，尚未向信托公司交付，信托公司也未获得相应钱款，所以信托公司没有“取得”财产。即使双方签署了《信托合同》，但是由于相应钱款没有汇入信托的托管账户，尚未成为该信托的财产，信托自身尚未成立。

该案例给大家的提示是，如果希望财产有债务筹划功能，需要将财产真正交付给受托人，委托人自己不再占有。

（二）信托设立后委托人财务情况与债务筹划

委托人与受托人通过信托建立起了合同关系，既然是合同，就存在无效的可能。如果信托被法院认定为无效，信托财产也就不能再由受托人合法持有。从恢复原状的角度看，相关财产仍是委托人的个人财产。一旦委托人对外负有债务，其个人财产是可以被强制执行的。

根据《信托法》第十一条规定：“有下列情形之一的，信托无效：（一）信托目的违反法律、行政法规或者损害社会公共利益；（二）信托财产不能确定；

（三）委托人以非法财产或者本法规定不得设立信托的财产设立信托；（四）专以诉讼或者讨债为目的设立信托；（五）受益人或者受益人范围不能确定；（六）法律、行政法规规定的其他情形。”

（三）最高人民法院认为“信托财产不可强制执行”

2007 年 3 月 15 日，陕西省高级人民法院在执行 JT 银行与 BK 公司、YR 公司借款担保纠纷的两个案件中，向 ZR 信托送达协助执行通知书，要求协助执行 YR 公司在其处的信托资金及受益权。2007 年 8 月，向中国证券登记结算有限公司上海分公司送达了协助执行通知书，冻结了登记在 ZR 信托名下、受益人为 YR 公司的上市公司 ZF 公司股票 400 万股（以下简称标的股票），并将其中的 78 万股强制处置变现。

对于陕西省高级人民法院执行中的冻结和处置，案外人向陕西省高级人民法院提出异议，认为该公司自 2005 年 4 月即已合法取得上述信托股票的受益权，并实际享有和行使该权益；该公司已经支付了全部转让价款，且就信托股票受益权的取得和变动均在法院采取强制执行措施前完成，故被冻结和变现的 ZF 公司股票是其信托财产，被执行人 YR 公司对该股票不享有任何权益，请求解除冻结并返还信托股票。

针对案外人的请求，最高人民法院在（2008）最高法执裁字第 187 号裁定书中指出，本案的执行标的物 ZF 公司股票是登记在 ZR 信托（受托人）名下的信托财产，信托法已经确认了信托财产的独立性，除该法第十七条规定的四种情形外，人民法院不得对信托财产强制执行。在本案中，YR 公司与 ZR 信托签订的《信托合同》合法有效，登记在 ZR 信托名下、受益人为 YR 公司的标的股票应为信托财产，不能予以强制执行。因此，陕西省高级人民法院强制执行标的股票错误，依法应予纠正。

根据上述最高人民法院的案例，标的股票登记在受托人名下，属于信托财产。信托财产非委托人的个人财产，也与委托人的其他财产相区别。当委托人对外负有债务时，信托财产的独立性使其不能被执行。正是由于信托财产具有独立性，因此在信托关系中，从委托人到受托人再到受益人，原则上都不会因个人的债务问题影响信托财产的安全，这就使信托财产具有债务筹划的作用。

（四）债权人申请撤销信托时的举证责任范围

债权人以设立瑕疵为由诉请撤销信托，应当如何处理？

《信托法》第十二条规定："委托人设立信托损害其债权人利益的，债权人有权申请人民法院撤销该信托……本条第一款规定的申请权，自债权人知道或者应当知道撤销原因之日起一年内不行使的，归于消灭。"

根据上述法律规定，债权人需要提起撤销信托之诉，方能申请法院撤销信托。

案例3-4 广州市H资产管理有限公司与深圳市X投资发展有限公司信托纠纷案

一审法院：广东省高级人民法院（2016）粤民初9号

二审法院：最高人民法院（2018）最高法民终359号

案例主旨：信托协议无法律规定的无效情形且债权人无证据证明有恶意串通的情形，依法有效。

H公司与X公司签订信托协议，H公司、王某和禾X公司作为委托人，X公司作为受托人，将H公司等三方借用X公司名义投资形成的YH股份作为信托财产，通过信托实现对YH股份所享有的权益。之后，因H公司存在大量债务，其债权人认为H公司等一致行动人通过行贿等犯罪手段，与X公司前管理人员董某、崔某等人恶意串通企图利用信托来逃避债务，其签订的信托协议应属于无效协议。

最高人民法院认为，当事人期望通过签署信托协议控制其借用X公司名义向YH工业有限公司投资形成的股权及收益，该合同目的并不违法。涉案信托协议不存在目的违法的情形，也不存在损害社会公共利益的情形，信托财产和受益人范围明确，故涉案信托协议也不存在我国信托法规定的信托无效的情形。同时，债权人也未就相关人员存在恶意串通提供证据证明。最终，最高人民法院认定信托协议有效。

从上述案例来看，假若债权人认为债务人通过作为委托人设立信托的方式去逃避其本应承担的债务，需要提起撤销信托之诉。为了"击穿"信托财产的独立性，本着"谁主张、谁举证"这一法律原则，债权人负有举证义务，即债权人应当对委托人设立信托损害了债权人利益进行举证，包括本案中所谓"恶意串通"损害债权的事实。

在实际生活中，因为债权人通常对债务人的财产信息难以全面掌握，且在诉讼中想证明债务人存在主观恶意的难度较大，通常将承担举证不能的后果。债权人如果不能证明债务人因设立信托达到了损害债权的程度和效果，将无法对信托进行挑战，无法实现撤销信托的目的。从另一个角度来说，信托一旦设立，债权人想撤销就必须提出强有力的证据，以证明信托的设立对其债权造成了损害。因客观上存在难度，因此信托的稳定性和安全性相对较高。

（五）信托受益权与已分配的信托利益的联系

1. 已经分配的信托利益可以强制执行

家族信托的当事人包括委托人、受托人、受益人。此外，委托人还可以设立保护人/监察人。在资金信托中，资金会在银行开立的专户中进行托管。

在家族信托中，委托人同时也可以是受益人，但不能是信托的唯一受益人。当委托人也是一名受益人时，若委托人对外有债务危机，法院是否可以强制执行其已得到的信托分配的财产，又是否会对其他受益人的权益产生影响？

当委托人也是信托受益人时，由于信托已经分配的利益是委托人的个人财产，所以可以被强制执行。基于信托财产独立性的原则，通常不会对其他受益人的权益产生影响。此外，信托的受益权也能够被限制。信托利益在没有分配成为受益人的个人财产前，原则上不应被强制执行。

案例 3－5 N 银行 P 分行与肖某执行异议纠纷案

审理法院：江西省萍乡市中级人民法院（2017）赣 03 执复 5 号

案例主旨：已分配的信托利益可以被法院强制执行。

在基础借贷法律关系项下，法院判决付某偿还肖某借款。之后肖某向法院申请了强制执行，法院根据肖某申请，向 N 银行 P 分行营业部送达协助执行通知书，冻结付某投资在 Z 信托公司设立的 Z · JX228 号萍乡市安源区民生工程集合资金信托计划 50 万元（托管银行为 N 银行 P 分行）及其收益，冻结期限为三年。N 银行 P 分行认为其不应承担协助执行义务，安源区人民法院不应冻结付某的信托财产。之后，N 银行 P 分行以案外人身份向人民法院提起执行异议之诉。

法院认为，第一，付某设立的信托合法有效，其投入信托计划中的 50 万元应属于信托财产，根据《信托法》规定不予以强制执行，安源区人民法院不应对信托财产进行冻结。第二，付某作为信托受益人之一，信托计划产生的收益已分配至付某在N银行P分行的个人账户，该财产不再是信托财产，而是一般财产，这表明N银行P分行在该财产返还至其内部账户时，能够对其予以实际控制。但是，不能冻结其他受益人的信托收益。因此，N银行P分行应当协助安源区人民法院将付某的信托收益冻结在其内部账户上。

上述案例中涉诉的50万元财产已经是信托财产，根据《信托法》规定不予以强制执行。但是，已经分配的信托利益属于受益人个人财产，和其他财产并无区别，是能够被强制执行的。

2. 尚未分配的利益应当提前筹划安排

对于尚未分配的受益权，可以提前筹划，实现对委托人（也是受益人）的债务筹划功能。

首先，如果委托人也是信托其中一名受益人的情况下，其个人账户收到的收益可以被冻结和强制执行，但其他受益人的信托利益因为信托财产的独立性，不应被强制执行。此外，我们认为法院能够强制执行的仅为受益人基于受益权所分配的财产，而非受益人的受益权。

其次，信托合同中常常会赋予信托受益人暂停分配信托利益或放弃分配信托利益的权利，因此，当受益人背负债务问题时，可以根据信托合同中所约定条款，行使暂停分配信托利益或放弃分配信托利益的权利。在信托财产不分配的情况下，因为性质仍为信托财产，因此不能被强制执行。

最后，根据法律规定和信托合同约定，委托人可以变更受益人的范围、受益比例及顺序等。当某受益人的债务风险比较大时，较为稳妥的方式为委托人修改信托合同，取消或变更受益人的受益权，以此隔离受益人在收到信托分配利益后将面临被强制执行的风险。

但上述规划必须建立委托人在设立信托时并未有相关的债务风险且符合法律的规定，如果以刻意逃避债务而设立信托，也可能会产生信托无效的风险。

二、国内家族信托与税务筹划

我国的信托制度是以《信托法》为基础建立起来的，而与之配套的财税制度目前仍未完整建立。因为对信托财产置入时的税务征收标准仍未确立，在设立股权、不动产等家族信托时，往往要按照财产移转的“过户交易”模式征税，因此在实践中，我国目前家族信托的种类仍以资金信托为主。

（一）家族信托所得课税制度

将信托财产所获得的收益计入应交税的部分是有法律依据的，但是在委托人将财产置入信托使其成为信托财产时，是否应当征收税费？这一问题涉及对置入财产行为性质的认定，即这是否为一个交易行为？如果是交易行为，应当交税；如若不是交易行为，则不应当征收税款。

（二）针对家族信托所得课税的特别设计

针对我国的现实情况，在所得税征管程序配套制度完善的过程中，可以通过特别条款的设定，明确规定家族信托所得税征管的具体问题，以方便税务机关对家族信托所得税进行征管。

目前我国家族信托的资产基本属于在家族成员之间流动，且其流动的目的主旨是家族财富的保护、传承和管理。因此，家族信托的实质更倾向于是赠与行为。由于目前我国尚未征收赠与税，对于家族信托所得可在课税制度设计上区分对待。

三、信托当事人概述

《信托法》第三条规定："委托人、受托人、受益人（以下统称信托当事人）在中华人民共和国境内进行民事、营业、公益信托活动，适用本法。"全国人大常委会法工委在《信托法释义》中指出："信托法专门调整信托关系，而构成信托关系的当事人主要是与信托活动有直接的最密切关系的委托人、受托人、受益人，这三方当事人必须同时具备。缺少这三方当事人的任何一方，则缺少构成信托关系的基本要件，不可能形成信托关系。"① 因此，基础信托法律关系的当事人分别是委托人、受托人和受益人。

（一）委托人

委托人是指设立信托的人，包括具有完全民事行为能力的自然人、依法成立的法人和依法成立的其他组织。

---

① 卞耀武主编：《中华人民共和国信托法释义》，法律出版社2002年版，第五节。

1. 委托人的法律地位

委托人是信托财产的提供人，是以其合法所有的财产设立信托的，也就是委托人以其拥有所有权的财产为了一定的目的委托他人进行理财。所以，委托人是以信托财产提供人的身份在信托关系中确立其法律地位的。正由于信托财产来自委托人，所以委托人是信托的设立人。

2. 委托人的资格

信托委托人应当具有两项基本条件：首先，是要对信托财产享有所有权，如果没有财产所有权则不具备成为委托人的前提条件；其次，委托人应当具有完全民事行为能力。当然这里并不排斥不具有完全民事行为能力人，因为他们可以由其法定代理人代理行使权利、履行义务。

在信托法中，没有限定委托人必须是一人或者是两人以上，这意味着委托人可以是一人，也可以是两人以上而成为共同委托人。

3. 委托人的主要权利

（1）知情权

《信托法》第二十条规定："委托人有权了解其信托财产的管理运用、处分及收支情况，并有权要求受托人作出说明。委托人有权查阅、抄录或者复制与其信托财产有关的信托账目以及处理信托事务的其他文件。"

委托人是设定信托并提供信托财产的当事人。信托成立后，委托人虽然已将有关的财产权利委托给受托人，但仍然是重要的利害关系人，为维护信托目的，保障信托财产的安全，委托人应享有监督信托财产的运用和信托事务处理的权利。要实施有效的监督，委托人必须对信托财产运用和信托事务处理的有关信息有搜集的权利。因此，委托人的知情权是保障其实施监督的必要手段，也可以说是监督的一种具体方式，从法律上明确赋予委托人知情权是十分必要的。按照本条规定，委托人的知情权包括两个方面：

一是查问权。这是委托人为了解信托财产的管理运用、处分及收支情况而请求受托人作出说明的权利。委托的查问权应是基于委托人的信托设定人地位而产生的。确认委托人查问权，可以使委托人根据需要获得充分、有效的有关信托财产运用和信托事务处理的信息，有利于监督受托人忠实履行信托文件所规定的职责，维护信托目的。委托人查问权的行使是有一定范围的。委托人查问的内容应是与信托财产管理运用、处分有关的情况，以及有关信托财产收支情况。对查问的方式，法律未作规定，一般情况下采用口头查问或书面查问均可。受托人对委托人提出的查问，有义务作出说明，以使委托人及时、准确地了解情况，同时对委托人提出的问题，受托人应当如实说明，这是从诚实信用、善良管理的义务出发提出的要求。

二是账目及有关文件查阅、抄录、复制权。这是指委托人对与信托财产有关的账目记录以及处理信托事务的其他文件进行查阅、抄录和复制的权利。这三项权利也是基于委托人的信托设定人地位产生的，是委托人行使知情权的一种主要方式或手段。这些权利的对象范围是与委托人的信托财产有关的信托账目，包括反映属于信托财产的资产、负债、收入、所有者权益、费用（成本）、利润等状况的会计凭证、会计账簿、会计报表及其他有关资料。所谓处理信托事务的其他文件，包括为运用、处分信托财产而签订的合同文本、信托登记文件以及其他记载信托事务处理情况的文件。委托人可以同时行使这三项权利，也可以单独行使其中一项或两项权利。委托人依法行使查阅、抄录和复制权时，受托人应予支持，积极协助配合。

（2）信托财产管理调整权

《信托法》第二十一条规定："因设立信托时未能预见的特别事由，致使信托财产的管理方法不利于实现信托目的或者不符合受益人的利益时，委托人有权要求受托人调整该信托财产的管理方法。"

在设立家族信托时，委托人常会与受托人在信托合同中对受托人管理信托财产的权限进行约定。举例来说，在一些信托公司最初的信托合同模板中，对信托财产的管理方法提供了三种方式供委托人进行选择：

第一种为全权委托，指在信托合同约定的资产配置范围内，受托人对信托财产的管理运用范围或方法具有完全的决定权。受托人可自主决定管理运用或处分信托财产，不再需要另行获得委托人的书面确认。

第二种为部分委托，指在信托合同约定的投资范围内，受托人向委托人提供关于如何运用信托财产的方案，供委托人参考，在获得委托人的书面确认后，方可对信托财产进行管理。

第三种为委托人指令，指委托人自行决定信托财产的运用范围、方法等，在经受托人书面确认后，对信托财产进行相应的管理、处分。在实际操作中，委托人选择“全权委托”的方式更为普遍。

（3）撤销权与赔偿请求权

《信托法》第二十二条规定：“受托人违反信托目的处分信托财产或者因违背管理职责、处理信托事务不当致使信托财产受到损失的，委托人有权申请人民法院撤销该处分行为，并有权要求受托人恢复信托财产的原状或者予以赔偿；该信托财产的受让人明知是违反信托目的而接受该财产的，应当予以返还或者予以赔偿。前款规定的申请权，自委托人知道或者应当知道撤销原因之日起一年内不行使的，归于消灭。”

根据法律的规定，如果受托人未依照信托合同的约定处理相关事务，且导致信托财产遭受到损失的，委托人可根据《信托法》第二十二条的规定及信托合同中的相关约定，向受托人主张赔偿责任。行使撤销权的除斥期间为委托人在知道或应当知道受托人在对信托财产作了不当操作起的一年内。

（4）解任受托人的权利

《信托法》第二十三条规定：“受托人违反信托目的处分信托财产或者管理运用、处分信托财产有重大过失的，委托人有权依照信托文件的规定解任受托人，或者申请人民法院解任受托人。”

事实上，除了上述四项《信托法》规定的法定权利外，委托人和受托人还可在信托合同中，对其他权利和义务进行约定，如委托人可以依程序变更信托受益人的权利、委托人可以对信托利益分配规则进行变更的权利等。①

（二）受托人

受托人是指与委托人订立信托合同而承诺接受委托，或者被信托遗嘱指定而承诺接受指定，负责对信托财产进行管理、运用或处分的人。受托人可以是具有完全民事行为能力的自然人和依法成立的法人。

1. 受托人的资格

受托人是接受委托并按照信托文件对信托财产进行管理、运用、处分的人。因此，受托人是需要有受托能力的，也就是是否有受托能力是能否成为受托人的前提条件，或者说在法律上对受托人资格的要求主要是对其受托能力的要求。

---

① 参见卞耀武主编：《中华人民共和国信托法释义》，法律出版社2002年版，第四章。

《信托法》同时适用于民事、营业、公益信托活动，除非有特别规定，自然人和法人均可担任受托人。①

2. 受托人的基本义务

（1）受托人应当遵守信托文件的规定，为受益人的最大利益处理信托事务。这是受托人必须履行的基本义务，也是受托人必须遵循的行为规范，他必须以信托文件的规定作为管理运用、处分信托财产的根据，不能超越，也不能背离，法律上是这样要求，受托人的具体活动中也必须遵守。

（2）受托人管理信托财产，必须恪尽职守，履行诚实、信用、谨慎、有效管理的义务。

（3）受托人除依照信托法的规定取得报酬外，不得利用信托财产为自己谋取利益，如果受托人违反这项规定，利用信托财产为自己谋取利益的，所得利益归入信托财产。

（4）受托人不得将信托财产转为其固有财产；受托人将信托财产转为其固有财产的，必须恢复该信托财产的原状；造成信托财产损失的，应当承担赔偿责任。

（5）受托人不得将其固有财产与信托财产进行交易或者将不同委托人的信托财产进行相互交易，但信托文件另有规定或者经委托人或者受益人同意，并以公平的市场价格进行的除外。

（6）受托人必须保存处理信托事务的完整记录，受托人有保存资料的义务。

（7）受托人应当每年定期将信托财产的管理运用、处分及收支情况，报告委托人和受益人。受托人有依法报告的义务，所报告的内容在信托法中作出基本规定，具体的内容则可以依法在信托文件中或者有关的管理规定中作进一步的规定。

（8）受托人对委托人、受益人以及处理信托事务的情况和资料负有依法保密的义务。

3. 受托人的权利

（1）获取报酬的权利。需要特别指出的是，受托人违反信托目的处分信托

---

① 参见卞耀武主编：《中华人民共和国信托法释义》，法律出版社 2002 年版，绪论第六节。

财产或者因违背管理职责、处理信托事务不当致使信托财产受到损失的，在未恢复信托财产的原状或者未予赔偿前，不得请求给付报酬。

（2）优先受偿的权利。该优先受偿权需要满足以下法定要件：第一，所产生的费用、债务应当由信托财产承担；第二，应当由信托财产承担的费用、债务，但是受托人以其固有财产作了先行支付，进而才产生了受托人对信托财产有优先受偿的权利。但是，受托人违背管理职责或者处理信托事务不当对第三人所负债务或者自己所受到的损失，以其固有财产承担。

4. 共同受托人

同一信托由两个以上的受托人接受的为共同信托，共同信托的受托人为共同信托人。《信托法》为共同信托人的权利义务作出了规定，明确了他们之间的法律关系，主要内容为：

（1）为共同受托人作出界定，也就是必须具备两个条件：一是为同一信托的受托人才是共同受托人，二是同一信托的受托人为两个以上的才能构成共同受托人。

（2）共同信托应当由共同信托人共同处理信托事务，这是一般的规则，但是信托文件如果规定对某些具体事务由受托人分别处理的，可以按照信托文件的规定执行。这里需要指出的是，只有对某些具体事务才允许在信托文件中规定可以分别处理，而对共同信托的重要事务还是由共同信托人共同处理。

（3）共同受托人共同处理信托事务，意见不一致时，如果信托文件中有处理这种情况的规定，则按信托文件的规定办理；如果信托文件中未作这种规定的，则由委托人、受益人或者利害关系人决定。

（4）共同受托人处理信托事务对第三人所负债务，应当承担连带清偿责任。对于这种债务应当视为共同信托人的共同债务，各个共同受托人负有连带清偿责任，即负有连带责任的各个受托人作为债务人，都负有清偿全部债务的义务。

（5）第三人对共同受托人之一所作的意思表示，对其他受托人同样有效。这是明确共同信托人与第三人之间的又一层法律关系，即第三人的意思表示只对共同受托人之一作出即为有效，不必向共同受托人逐个地作出。

（6）共同受托人之一违反信托目的处分信托财产或者因违背管理职责、处理信托事务不当致使信托财产受到损失的，其他受托人应当承担连带赔偿责任。

（三）受益人

受益人是指依据信托文件享受信托利益的人，包括自然人（该自然人可以是具有完全民事行为能力的人，也可以是无民事行为能力人或者限制民事行为能力人，这些人正是民事信托中主要的信托利益的受益对象）和依法成立的法人或者其他组织（无论是否以营利为目的）。

1. 受益人的地位和资格

受益人的法律地位在信托法中被确定为在信托中享有信托受益权的人，这也就是在设立信托时被指定享有信托行为产生的利益的人，或者是在信托过程中被依法确定享有信托收益权利的人。受益人可以是自然人、法人或者依法成立的其他组织。在信托当事人中，对于受益人与其他当事人之间的关系，《信托法》作出了专门的规定，以反映和确定他们相互之间公正合理的权益关系，防止不正当的信托行为。①

2. 受益人的权利

（1）享有权利的起始。受益人从信托生效之日起享有信托受益权，如果在信托文件中另有规定的，则从其规定。

（2）享有权利的限定。受托人有以信托财产为限向受益人承担支付信托利益的义务，与此相对应，受益人只应以信托财产为限而享有信托利益。

（3）共同受益人的权利。共同受益人就是共同享有信托受益权的人，针对现实中存在的两种情况信托法作出了规定：一是在信托文件中已对共同受益人分享信托利益的有关事项作出规定的，则按信托文件的规定办理；二是在信托文件中没有对信托利益的分配比例或者分配方法作出规定的，则各受益人按照均等的比例享受信托利益。

（4）信托受益权的享有及所受限制。受益人享有信托受益权，但是在特定的情况下也有一定的限制。信托法对此作出了两项规定：一是明确受益人不能清偿到期债务的，其信托受益权可以用于清偿债务，但法律、行政法规以及信

① 参见卞耀武主编：《中华人民共和国信托法释义》，法律出版社 2002 年版，绪论“信托关系规范化及其现实意义”。

托文件有限制性规定的除外；二是受益人的信托受益权可以依法转让和继承，但信托文件有限制性规定的除外。

3. 受益人权利的放弃

受益人依法享有信托受益权，同时也可以放弃信托受益权。《信托法》针对受益人放弃信托受益权以及由此导致的变化作出了以下规定：（1）明确规定受益人可以放弃信托受益权；（2）如果是全体受益人放弃信托受益权的，信托终止，这种法定的终止是由于失去受益人而不再具备信托存在的条件；（3）部分受益人放弃信托受益权而仍然存有受益人的，信托未被终止，对于被放弃的信托受益权按下列顺序确定归属，即第一，信托文件规定的人；第二，其他受益人；第三，委托人或者其继承人。

4. 受益人权利与委托人权利的行使

《信托法》明确规定，受益人可以行使信托法第二十条至第二十三条规定的委托人享有的权利。受益人与委托人同样享有知情权，有权要求调整信托财产管理方法，有权申请撤销对信托财产的处分行为，有权依法解任受托人或者申请人民法院解任受托人。

（四）信托当事人身份的重叠

信托关系是以信托财产为中心，由委托人、受托人、受益人三方面组成的法律关系，三者缺一不可；并且在某些情况下，当事人身份还可能存在重叠的情形。例如，委托人可以是多个受益人中的部分受益人，多个委托人中的部分委托人也可以是一个信托的全部受益人。委托人和受益人完全重叠就是所谓自益信托。

（五）信托保护人/监察人

家族信托保护人（Protector）是指委托人在信托文件中指定的，有权利为了受益人的利益，对受托人管理信托财产与家族事务活动进行引导、限制和监督的人。其主要职责为保护受益人权利、监督受托人履责，对信托财产的管理处分拥有否决、撤销权，甚至有的信托还赋予其更换受托人，增减受益人等重大权利。保护人并非信托当事人，但他是与信托活动有密切关系的相关人。

目前，《信托法》对家族信托的保护人没有规定，但在公益、慈善信托领域对信托监察人有专门的规定。《信托法》第六十四条、第六十五条规定，公益信托应当设置信托监察人，信托监察人有权以自己的名义，为维护受益人的利益，提起诉讼或者实施其他法律行为。《慈善法》第四十九条规定，慈善信托的委托人根据需要，可以确定信托监察人，信托监察人对受托人的行为进行监督，依法维护委托人和受益人的权益。

由于法律没有明确规定，目前我国家族信托的保护人选任来源主要有两种形式：第一种是委托人在设立信托时，指定他人担任保护人，并对保护人的权利和义务进行约定，通常包含保护人的选任、变更、辞退、保护人议事规则等。第二种是委托人在设立信托时，对权利作出一定的保留，在信托设立时，由委托人自行担任保护人，在满足一定条件时，如设定一个年龄或丧失民事行为能力或死亡时，再由指定的保护人行使职权。

四、与家族信托相关的司法政策

与家族信托有关联性的政策规定主要包括2018年的《关于加强规范资产管理业务过渡期内信托监管工作的通知》（信托函〔2018〕37号，以下简称“37号文”）和《九民纪要》。我们将在本节中对这两个文件中涉及家族信托部分的条款进行分析。

（一）“37号文”

2018年8月17日，中国银行保险监督管理委员会信托监督管理部向各地银监局下发“37号文”。

“37号文”明确，家族信托是指信托公司接受单一个人或者家庭的委托，以家庭财富的保护、传承和管理为主要信托目的，提供财产规划、风险隔离、资产配置、子女教育、家族治理、公益（慈善）事业等定制化事务管理和金融服务的信托业务。这是监管部门第一次以文件形式对家族信托业务的形态做明确定义。家族信托财产金额或价值不低于1000万元，受益人应包括委托人在内的家庭成员，但委托人不得为唯一受益人，单纯以追求信托财产保值增值为主要信托目的，具有专户理财性质和资产管理属性的信托业务不属于家族信托。公益（慈善）信托、家族信托不适用《关于规范金融机构资产管理业务的指导意见》相关规定。

“37号文”设定了1000万元的门槛。这对之前一些机构降低信托设立门槛金额，或是强调投资、弱化事务管理的一些较为急功近利的做法，造成直接的冲击。但对于一开始就坚持回归信托本源的机构不仅没有影响，甚至是一个很大的肯定与鼓励。

不过，针对如何界定信托财产价值的时点仍存在一定的讨论空间。例如，信托设立时信托财产价值超过1000万元，但随后由于市场波动财产价值减损，是否还能被认为符合家族信托的监管要求？针对市场上常见的家族信托业务中的“保险金信托”，信托财产价值指的是保险费还是保险金？就此，“37号文”未给出倾向性意见。

此外，“37号文”明确提出家族信托中委托人是“单一个人”或者“家庭”，在信托监管法规中首次详细界定了家族信托委托人的身份。也就是说允许夫妻共同设立一个家族信托，避免了因为委托人超过一人就可能被认定为集合信托的形式枷锁。但是，从定义方法论来看，“家族信托”名称下的委托人似乎应当为“家族”而非“家庭”，但鉴于“家庭”是在国内法更为常见的概念，监管机构似乎对“家族”和“家庭”的区别进行了模糊化的处理。

针对“家庭”，《民法典》第一千零四十五条第三款中列明“配偶、父母、子女和其他共同生活的近亲属为家庭成员”。该条第二款列明，“配偶、父母、子女、兄弟姐妹、祖父母、外祖父母、孙子女、外孙子女为近亲属”。根据此概念来看，“家庭”的概念仍然较为狭窄，“配偶、父母、子女”被认为是“家庭成员”固无争议；“兄弟姐妹、祖父母、外祖父母、孙子女、外孙子女”需要共同生活才构成或者被视为家庭成员。至于中国传统文化中叔伯兄弟，以及社会上逐渐出现的同居不婚的“同居伴侣”均较难归入法律语境中“家庭”的概念。我们认为，如果能够放弃“家庭”的概念束缚，采取“家族”这一较为宽泛的概念，给业界扩大解释的创新空间，对家族信托的发展更为有利。

“37号文”还提出，家族信托项下受托人的职能应当是“提供财产规划、风险隔离、资产配置、子女教育、家族治理、公益（慈善）事业等定制化事务管理和金融服务”，而非经营“具有专户理财性质和资产管理属性的信托业务”。这意味着简单搞个资产配置的，不能叫家族信托，明确了家族信托和资管产品、专户投资的区别。对信托目的、受托人职能的规定，都是为了引导家族信托回归本源，减少营业信托对家族信托的影响，避免其成为专门用于理财的工具。

值得注意的是，受托人的职能中还专门强调了事务管理和金融服务中的

“定制化”。根据高净值客户的需求量身定做相关服务，应当是信托部指明的家族信托发展方向。

（二）《九民纪要》

《九民纪要》是对近年来的民商审判经验的总结和裁判思路的厘清，可谓一石激起千层浪。《九民纪要》中的相关内容在家族信托领域也引发了不少的热议。

《九民纪要》第九十五条规定，信托财产在信托存续期间独立于委托人、受托人、受益人各自的固有财产。委托人将其财产委托给受托人进行管理，在信托依法设立后，该信托财产即独立于委托人未设立信托的其他固有财产。受托人因承诺信托而取得的信托财产，以及通过对信托财产的管理、运用、处分等方式取得的财产，均独立于受托人的固有财产。受益人对信托财产享有的权利表现为信托受益权，信托财产并非受益人的责任财产。因此，当事人因其与委托人、受托人或者受益人之间的纠纷申请对存管银行或者信托公司专门账户中的信托资金采取保全措施的，除符合《信托法》第十七条规定的情形外，人民法院不应当准许。已经采取保全措施的，存管银行或者信托公司能够提供证据证明该账户为信托账户的，应当立即解除保全措施。对信托公司管理的其他信托财产的保全，也应当根据前述规则办理。当事人申请对受益人的受益权采取保全措施的，人民法院应当根据《信托法》第四十七条的规定进行审查，决定是否采取保全措施。决定采取保全措施的，应当将保全裁定送达受托人和受益人。

上述条款包括以下几个核心内容：

首先，信托财产独立于委托人的财产。委托人将其财产委托给受托人进行管理，在信托依法设立后，该信托财产即独立于委托人未设立信托的其他固有财产。

其次，信托财产独立于受托人的财产。受托人因承诺信托而取得的信托财产，以及通过对信托财产的管理、运用、处分等方式取得的财产，均独立于受托人的固有财产。

再次，信托财产独立于受益人的财产。受益人对信托财产享有的权利表现为信托受益权，信托财产并非受益人的责任财产。

最后，如非法定原因，信托财产不可强制执行。当事人因其与委托人、受托人或者受益人之间的纠纷申请对存管银行或者信托公司专门账户中的信托资金采取保全措施的，除符合《信托法》第十七条规定的情形外，人民法院不应当准许。已经采取保全措施的，存管银行或者信托公司能够提供证据证明该账户为信托账户的，应当立即解除保全措施。对信托公司管理的其他信托财产的保全，也应当根据前述规则办理。

综上可以看出，家族信托的风险隔离功能再次得到了司法实务界的认同。

五、中国A股市场中信托案例的解读

家族信托具有财富传承的作用已广为人知，而广受好评的一个原因在于家族信托具有极强的私密性和风险隔离性。近年来，随着越来越多的上市公司实际控制人设立家族信托，也给我们带来了了解这些富豪家族信托架构的机会。

（一）英飞拓在A股的家族信托尝试

英飞拓（002528）是一家注册在深圳、从事安防技术的高新企业，原实际控制人刘先生是一名美籍华人。英飞拓于2010年12月24日在深圳中小板上市，截至2018年5月7日，刘先生直接持有英飞拓22.73%的股票（见图3－1），并且通过设立在美国特拉华州的一人公司JHL INFINITE LLC间接持有英飞拓30.70%的股票。（注：公司后于2018年12月13日发布《关于控股股东、实际控制人签订的〈股份转让协议〉主要条款的公告》、2019年11月19日发布《关于公司权益变动暨实际控制人变更的提示性公告》。至此，公司的控股股东、实际控制人变更为深圳市投资控股有限公司。）

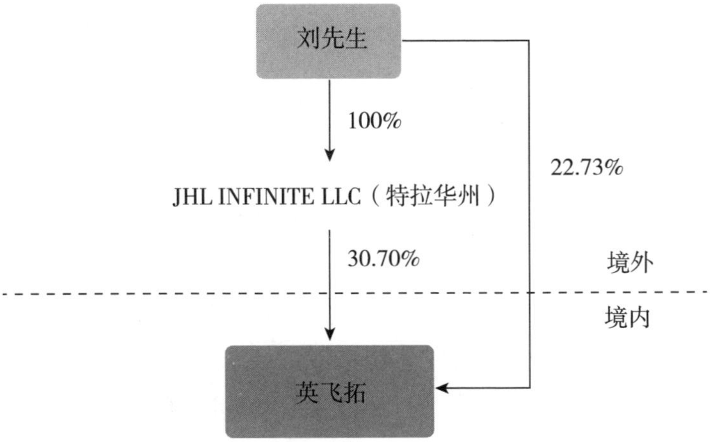

图3－1 英飞拓股权结构图

自2015年2月6日至2019年5月7日，公司一共发布了18个标题为《关于实际控制人转让/受让公司股东JHL INFINITE LLC部分股份收益权的公告》。通过这些公告，我们得以了解刘先生通过其全资持有的英飞拓境外股东JHL INFINITE LLC公司的股权收益设立境外家族信托的全景（见图3－2）。

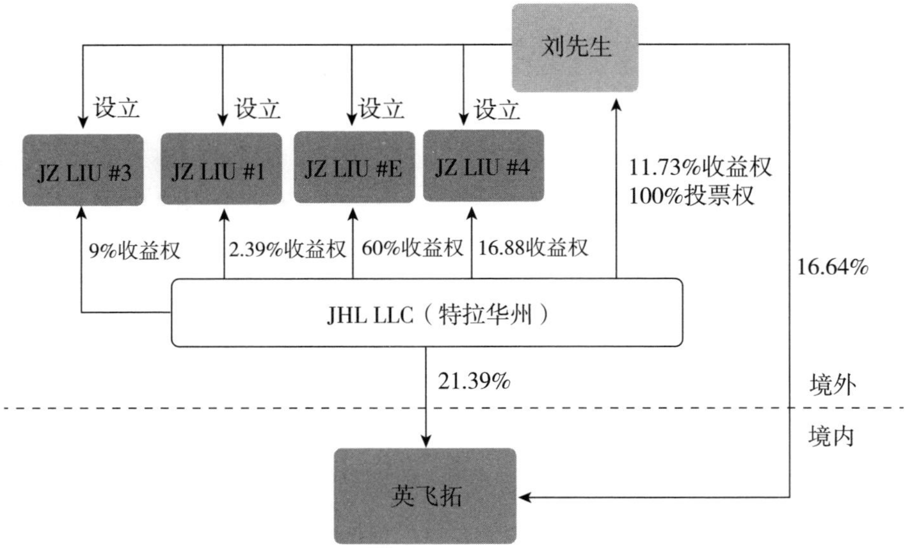

图3－2 境外家族信托全景

公司公告显示，刘先生目前在美国设立了四个家族信托，分别名为“JZ LIU #1家族信托”、“JZ LIU #3家族信托”、“JZ LIU #E家族信托”和“JZ LIU #4家族信托”，这四个信托的受益人分别为刘先生的女儿、家人及后裔，且刘先生与JHL INFINITE LLC及四个信托的受益人签署了一致行动协议，为一致行动人。

根据2019年5月7日的公告，刘先生为JHL INFINITE LLC的唯一股东，持有JHL INFINITE LLC 11.73%股份收益权并拥有JHL INFINITE LLC 100%的投票权，且刘先生与持有JHL INFINITE LLC 2.39%股份收益权的一个信托的受托人和部分受益人，与持有JHL INFINITE LLC 60%股份收益权的一个信托的部分受托人和全部受益人，与持有JHL INFINITE LLC 16.88%股份收益权的一个信托的受托人和部分受益人，与持有JHL INFINITE LLC 9.00%股份收益权的一个信托的受托人和部分受益人，均为一致行动人，上述JHL INFINITE LLC股份收益权的转让不会导致英飞拓的实际控制人发生变更。

英飞拓作为中国A股第一家运用境外家族信托进行财富筹划的上市公司，开创了历史的先河，英飞拓通过将股权收益权置入家族信托的方式，为大家提供了财富传承的一个新视角。

（二）协鑫集成在A股的创新之路

2015年8月，“协鑫系”旗下的协鑫集成科技股份有限公司（以下简称协鑫集成）借壳 * ST超日登录A股，代码为002506。根据协鑫集成提交的申请股票恢复上市的申请书，其最上层的实际控制人系Asia Pacific Energy Fund。协鑫集成的股权架构见图3-3：

图3-3 招股说明书

根据公司的公告，协鑫集团的实际控制人朱先生于2008年7月在新加坡设立了Asia Pacific Energy Fund家族信托，朱先生系该家族信托的设立人，瑞士信贷银行信托有限公司（Credit Suisse Trust Limited）系信托的受托人，朱先生的家族成员系信托的受益人。另外，朱先生在英属维京群岛设立了一家一人公司朗见投资有限公司（以下简称朗见公司）作为其家族信托的保护人，朱先生系朗见公司唯一的股东及董事，对信托享有控制权，故朱先生为协鑫集成的实际控制人，可以控制公司的投票权。

协鑫集成在英飞拓将股权收益放入家族信托的道路上更进一步，直接通过境外的家族信托控股境内的A股上市公司，相比英飞拓有巨大的突破。

六、"双委托人"家族信托

2020年6月，国内某信托公司对家族信托进行创新，成立了国内第一家双委托人结构的家族信托项目。该信托公司的新闻稿对双委托人家族信托进行了介绍："该模式成功破解了家庭利益平衡难题，尤其适合夫妻双方同时以委托人身份、以夫妻共有财产为信托交付财产、以共同的家庭利益为信托目的设立家族信托，是家族信托业务在信托本源内涵上的升华。"（见图3-4）

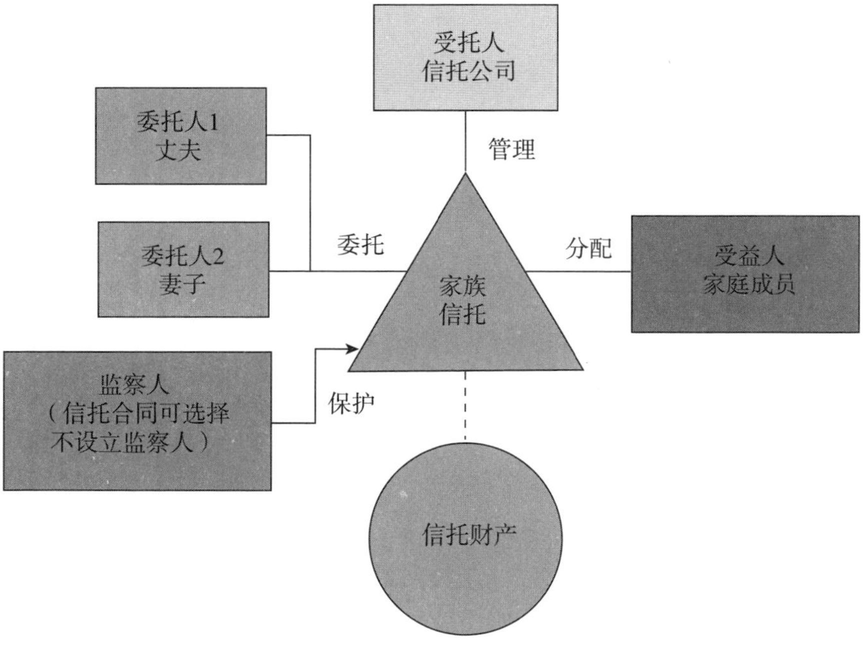

图3-4 双委托人家族信托结构

我们认为，不断地推陈出新、顺应社会的需求进行创新，对家族信托业务的发展起到了良性促进作用，有利于家族信托的推广、普及。对于本次创新的双委托人家族信托产品，大家普遍的疑问是，双委托人的信托架构是否符合法律规定？架构优势是什么？存在哪些潜在风险？我们将针对这些问题进行探讨。

（一）双委托人是否符合法律规定

《信托法》第十九条规定："委托人应当是具有完全民事行为能力的自然人、法人或者依法成立的其他组织。"《信托法》中对委托人资格的规定，没有限定委托人必须是一人或者是两人以上，这意味着委托人可以是一人，也可以是两人以上而成为共同委托人。

在"37号文"中，对家族信托业务进行了定义："家族信托是指信托公司接受单一个人或者家庭的委托，以家庭财富的保护、传承和管理为主要信托目的，提供财产规划、风险隔离、资产配置、子女教育、家族治理、公益（慈善）事业等定制化事务管理和金融服务的信托业务。"结合信托法并参考"37号文"的规定，家族信托的委托人可以是单一个人或者家庭，因此，夫妻共同作为家族信托的委托人符合法律规定。

（二）双委托人家族信托的优势

1. 省却签署配偶同意函的流程

目前常见的信托模式为夫妻一方设立家族信托，在信托设立时需要配偶签署配偶同意函，由配偶对委托人拟设立信托之事实和将置入信托的财产之事实予以确认，同时配偶对委托人独自行使相应权利、履行相应义务进行认可，并同意信托合同中的各项约定。最为重要的是，委托人的配偶需要确认信托设立后，信托财产不属于配偶的个人财产或夫妻共同财产；同理，信托财产将来也不属于委托人和/或配偶的遗产，如委托人或配偶未来离婚，信托财产也不属于夫妻共同财产，双方离婚时不得对信托财产进行分割。

有的信托公司（受托人）将诸多信托文件（包含配偶同意函）都交予委托人，委托人私下安排签署信托文件后，再交予受托人。这样的操作存在配偶同意函中配偶签名被"代签"的隐患，未来委托人的配偶可能会站出来主张：自己对另一方设立家族信托的情况不知情。并借此主张配偶未经其同意将夫妻共同财产置入信托损害其财产权利，以挑战信托的效力。

而夫妻双方共同作为委托人设立家族信托，将省去签署配偶同意函这一环节，也减少了一个潜在风险。

2. 有利于促进夫妻的互信度

夫妻共同作为委托人设立家族信托的内在需求是，双委托人家族信托能够为在家庭中财务相对弱势的一方带来安全感。举例说明：

X 先生是一名成功的企业家，事业有成，创造了大量的财富；X 先生的配偶 Y 女士则在家相夫教子、照顾老人，把大家庭照顾得十分妥帖，为 X 先生可以全身心拼搏事业打下了坚实的基础。

X 先生现在考虑设立一个家族信托，以期实现家族财富的平稳传承。按照最常见的信托架构：X 先生作为信托的委托人，信托公司作为受托人，X 先生将自己列为监察人或直接选择不设置监察人，将 Y 女士和父母、子女等家族成员列为受益人。

此时，Y 女士的闺密提醒她："信托成立后，根据信托合同的约定，信托的委托人或者监察人有权变更受益人的范围、顺序、信托财产的分配方式。现在你们感情好，X 先生把你列为受益人，你也签署了配偶同意函，同意将夫妻共同财产置入家族信托；如果未来你们感情恶化，X 先生把你从受益人的列表中移出，信托财产已经不是你们的夫妻共同财产了，你到时可就什么都得不到了。"

Y 女士听了闺密的一番言论，陷入了纠结，万一 X 先生和自己的婚姻出现问题，自己可能会"人财两空"。但是现在两个人的感情很和睦，整个家庭其乐融融，自己如果不同意设立家族信托，好像又显得自己对 X 先生没有信心。

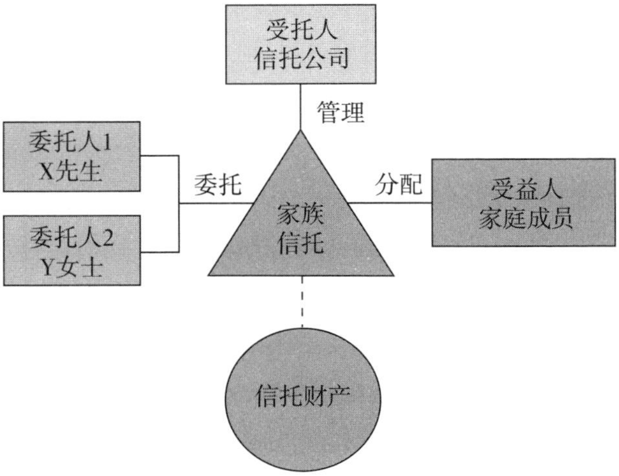

图 3－5 双委托人家族信托结构

双委托人家族信托可以较好地解决Y女士的忧虑，夫妻共同作为委托人设立家族信托，可以通过设置信托合同条款，双方都享有委托人的诸多权利且权利相互制衡，既可以为家庭中财务相对弱势的一方带来更大的安全感，平衡家庭的利益，也有利于加强夫妻二人的连接，让夫妻的关系进一步绑定，促进家庭的和谐稳定。

（三）双委托人家族信托的思考

作为国内家族信托的创新产品，双委托人家族信托除了具备前述的优势，我们认为也存在另一些值得我们思考的问题，如各委托人的权利如何设置？各委托人意见不一致时怎么解决？

家族信托是以家庭财富的保护、传承和管理为主要信托目的的产品，既然要保护和传承家族财产，委托人的婚姻风险就需要考量。

由于传统文化的影响，国内家族信托的委托人通常要求尽可能把控信托，因此大多委托人不愿意设立监察人。委托人的把控，体现在家族信托合同条款上，如（1）委托人在信托设立后，拥有对受益人的范围、顺位、信托利益等分配方案进行调整的权利。（2）委托人有权解任受托人和选任新受托人。（3）委托人有更换投资代表/财务顾问的权利。（4）委托人有权对监察人/信托保护人进行设置、变更、调整其权利义务等。

双委托人家族信托相较于单委托人家族信托的潜在风险在于，两个委托人在行使法律和信托合同赋予的大量权利时，一旦意见相左，甚至出现婚姻风险时，一方在任何事项上都与另一方针锋相对时，受托人应该以谁的意见为准？家族信托又如何能够平稳运行，为家族财富的传承“保驾护航”？又或者当一方委托人去世后，另一方委托人是否有权变更家族信托中的内容，甚至违背两个人最初设立的信托目的？对于以上争议，如何通过契约平衡及解决，是此类创新家族信托要面临和解决的问题。

俗话说“办法总比困难多”，虽然双委托人家族信托可能存在上述难题，但是我们相信只要能够在信托合同的设计上多下功夫，按照客户的实际情况精心设计信托合同条款，能最大限度地平衡各方的权利义务。双委托人家族信托作为夫妻双方合意的产品，有利于推动、促进家庭和谐稳定，不失为家族信托的一个有益尝试。

第四节
国内遗嘱信托的实践

一、遗嘱信托的法律概念

《信托法》第八条规定，设立信托，应当采取书面形式，书面形式包括遗嘱。《民法典》第一千一百三十三条第四款规定："自然人可以依法设立遗嘱信托。"

遗嘱信托是指通过遗嘱行为而设立的信托，也叫身后信托。遗嘱信托的设立模式即委托人以预先立遗嘱的方式，把财产交付给信托。同时在遗嘱中就交付信托后遗产的管理、分配、运用及给付等内容进行详细的约定与规划。遗嘱最终生效之后，按照遗嘱将信托财产转移给受托人，由受托人依据信托的内容管理和处分信托财产。遗嘱信托与一般家族信托最大的不同在于，遗嘱信托是在委托人过世后，信托合同才会生效。

二、遗嘱信托在国内的实践

（一）信托公司的实践

2018 年 12 月，国内某信托成功设立"遗嘱信托"①，该遗嘱信托委托人在该信托公司设立家族信托，通过家族信托将财产按其意愿进行运作，使其父母、兄弟姐妹、子女均能够分享其奋斗的成果。委托人先将现金资产交付信托公司，在家族信托项下进行投资运作，当达到合同约定条件时，由受托人向各受益人分配约定的信托收益，满足各受益人养老医疗（父母）、生活（兄弟姐妹、子女）、学习（子女）等需求。该家族信托期限设置为 100 年。

同时，在该遗嘱信托中，委托人将目前持有房产、股权、车辆等非现金财产设立遗嘱，明确身故后，根据公证遗嘱及家族信托合同的约定，将相关财产

---

① 参见北京信托：《全国首单遗嘱家族信托》，载安徽金融网 2019 年 2 月 12 日，http://www.ahjr.com.cn/index.php/Home/News/show/cid/128/id/44105.html。

或处置财产的收益，作为信托财产托付信托公司，其子女作为家族信托的部分受益人，按照信托合同约定持有家族信托的信托受益权，信托受益权对应的该部分信托收益仅作为该子女的个人财产，不属于夫妻共有财产。受托人除了是遗嘱受益人，还是遗嘱执行人，确保按照委托人意愿，将遗嘱中的财产或处置财产收益完整装入信托。

我们认为，该信托严格意义来说，还是生前信托＋遗嘱的模式，跟遗嘱信托还是不一样的。

（二）国内遗嘱信托认定的司法案例

上海市第二中级人民法院审理的（2019）沪02民终1307号李1、钦某某等遗嘱继承纠纷，引发学界和实务界的关注，被媒体誉为国内“首例可查的确认信托受托人为自然人的判决”。事实上，国内法院在司法实践中，曾出现过一些对受托人为自然人的遗嘱信托有争议而进行诉讼的案例，如江西省高级人民法院（2016）赣民申392号，河南省信阳市中级人民法院（2017）豫15民终4342号。但（2019）沪02民终1307号判决作为社会关注度极高的案例，仍然有诸多值得研究的内容。

案例3－6 李1、钦某某等遗嘱继承纠纷案

一审法院：上海市静安区人民法院（2017）沪0106民初33419号

二审法院：上海市第二中级人民法院（2019）沪02民终1307号

案例主旨：尽管涉案遗嘱中部分文字表述不尽严谨与规范，但通过对涉案遗嘱通篇内容的把握与解释，将立遗嘱人在遗嘱中的财产安排定性为信托，符合该遗嘱的整体意思与实质内容。

2015年8月10日，李某4自书遗嘱一份，将其财产处理做出了安排，在上海购买房产并且只传承给下一代，永久不得出售。现有3套房产可出售，所得资金并入李某4家族基金会，不出售则收租金，剩余资金及房产出售款成立“李某4家族基金会”管理，并指定其现任妻子钦某某和兄弟姐妹李某5、李某6、李某7作为共同管理人，管理费每人每年1万元。然而，李某4的家人对该遗嘱始终不能达成一致意见，最终李某4与前妻的女儿李1与现任妻子钦某某及女儿李某2因遗嘱继承纠纷对簿公堂。

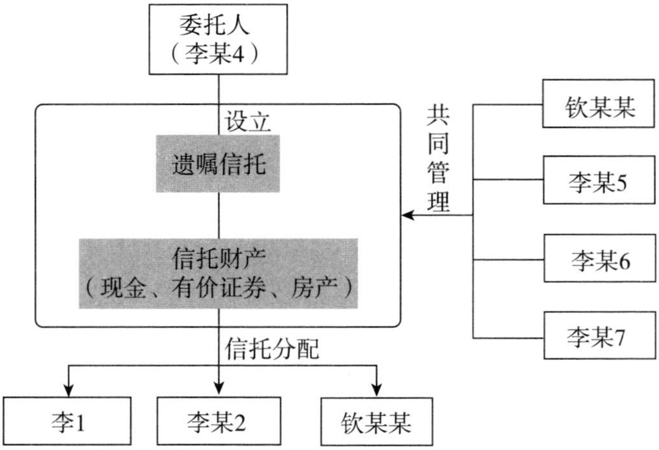

图 3－6

一审法院对于李 1、钦某某、李某 2 存在的法律争议认定如下：

1. 遗嘱的效力

从遗嘱的内容来看，李某 4 表达的意思是不对遗产进行分割，而是要将遗产作为一个整体，通过一个第三方进行管理，这个第三方李某 4 命名为“李某 4 家族基金会”，组成人员为钦某某、李某 5、李某 6、李某 7，管理方式为共同负责管理。李某 4 还指定了部分财产的用途，指定了受益人，明确了管理人的报酬，并进一步在购买房屋一事上阐明——“只传承给下一代，永久不得出售”，也就是要求实现所有权和收益权的分离。上述李某 4 的意思表示，符合信托的法律特征，应当识别为李某 4 希望通过遗嘱的方式设立信托，实现家族财富的传承。李某 4 在 2014 年 11 月 23 日自书遗嘱中也明确表示了“信托”二字，与 2015 年 8 月 1 日遗嘱可相互印证。因此，该份遗嘱的效力，应当根据继承法和信托法进行认定。

根据继承法的规定，常规的遗嘱的形式包括公证遗嘱、自书遗嘱、代书遗嘱和录音遗嘱。本案所涉李某 4 于 2015 年 8 月 1 日订立的遗嘱为自书遗嘱，李 1、钦某某、李某 2 均无异议，一审法院不再赘述。自书遗嘱必须全部由遗嘱人亲笔书写、签名，注明年、月、日，本案所涉李某 42015 年 8 月 1 日遗嘱为李某 4 所立最后遗嘱，符合上述形式要件，且未见存在遗嘱无效的情形，应当认定该份遗嘱成立并有效。

根据信托法的规定，信托目的必须合法。李某 4 的信托目的在于根据其意志管理遗产并让指定的受益人获得收益，符合法律规定。根据法律规定，信托应当采用书面形式，包括遗嘱等。李某4立有自书遗嘱，符合书面形式的要求。根据法律规定，信托文件还应当载明信托目的、委托人及受托人姓名、受益人范围、信托财产范围、受益人取得信托利益的形式和方法。李某4所立自书遗嘱明确其信托目的为管理遗产，委托人为李某4，受托人为钦某某、李某5、李某6、李某7，受益人为钦某某、李某2、李1，信托财产为其遗嘱中所列举的财产，受益人以居住、报销和定期领取生活费等方式取得信托利益。因此，李某4的遗嘱符合信托法的规定，为有效信托文件。

2. 遗嘱的理解和执行方式

李1认为，遗嘱中提及了购买一套650万元的房屋，该房屋“只传承给下一代，永久不得出售”，说明李某4就该部分剥夺了钦某某的继承权。李1认为，对该句的理解应当是指该650万元的房屋或钱款由“下一代”继承，钦某某不属于“下一代”，所以该部分遗产应当由李1和李某2均分。至于“永久不得出售”，这只是李某4的一个愿望，实际无法实现。

钦某某、李某2认为，李1对遗嘱的理解是错误的，李某4作出这个安排是为了保护未成年人的成长。分割夫妻共同财产后，李某4的遗产已经没有650万元，因此遗嘱实际无法执行，不能成立信托。

一审法院认为，对遗嘱的理解，应当结合遗嘱的目的和上下文来进行。从遗嘱的目的来看，李某4的目的在于保持其继承人及直系后代能够获得稳定收益，将遗产的处分权与收益权相分离。从上下文来看，李某4在遗嘱中明确要把650万元房产并入“李某4家族基金会”，由管理人统一管理。因此，遗嘱对该650万元房产的安排与其他资产一致，既没有剥夺钦某某的继承权，也没有安排李1、李某2直接继承。遗嘱中的“只传承给下一代，永久不得出售”在法律上并非不能实现，这恰恰是信托制度的功能之一。因此，李1的主张一审法院不予采纳。

如前文所述，由于股市波动等客观原因，李某4的遗产总值已不足650万元，因此遗嘱中关于购买650万元房屋的内容已无法执行。遗嘱中提及的金家巷房屋和青浦练塘房屋亦无法处分，该部分不可执行。但遗嘱中还有设立信托以及钦某某、李某2可收取信托利益等内容，上述内容与购买650万元房屋之间没有因果关系或前提关系。只要信托财产符合法律规定，即具备执行条件，可获执行。因此，部分遗嘱可获执行，钦某某、李某2的主张一审法院不予采纳。

3. 遗嘱执行与财产管理

根据法律规定，立遗嘱人有权在遗嘱中指定遗嘱执行人，信托的委托人有权指定多个共同受托人。从遗嘱的上下文来看，李某4指定的管理人即为遗嘱执行人和信托受托人。钦某某亦为被指定的管理人之一，但其已向法院明确拒绝该指定，故钦某某不再列为遗嘱执行人、管理人和受托人。李某7、李某6、李某5向法院表示承诺信托，愿意履行相关法律义务，故一审法院确认信托成立，李某7、李某6、李某5为遗嘱执行人、管理人和受托人，有权根据一审判决指定的范围接管李某4的遗产。

考虑到执行判决的便利，一审法院不再判令钦某某将其擅自转出的理财产品如数交回，而是直接在其本应分得的财产中抵扣，不足部分再从李某4名下财产中拨给。经抵扣，李某4的遗产中，纳入信托范围并应交由受托人管理的有：上海元普投资管理有限公司处资金1,359,237.56元、ZS银行账户（账号XXxxxXX）585,811.17元中的241,398.86元、上海银行账户（账号XXxxxXX）31.07元、4438美元、上海银行账户（账号XXxxxXX）3112.98元、JS银行账户（账号XXxxxXX）2352.25元、JS银行账户（账号XXxxxXX）975.13元、海口农村商业银行账户（账号XXxxxXX）83,025.03元、招商证券资金账户中的121,951.30元、李某5处的18万元。

海口房屋折价85万元，由李1取得。李1应将折价款如数交给信托受托人，纳入信托财产管理。

招商证券股票账户中的东方证券74,000股、晶方科技3000股、众兴菌业1026股、赛摩电气2700股、中飞股份1000股、华厦现金（基金）462,052.90份，折价1,180,037.10元，由李1取得。李1应将折价款如数交给信托受托人，纳入信托财产管理。

经抵扣，除钦某某转出的钱款以及钦某某名下财产外，钦某某还应分得ZS银行李某4名下账户中的344,412.31元以及上海银行李某4名下账户（账号XXxxxXX）中的4438.03美元。

最终一审法院认定，李某4所立遗嘱有效，依法成立信托，李1要求按照遗嘱继承的请求可获支持。李某6、李某5、李某7要求执行遗嘱的请求可获支持，并担任受托人，根据判决指定的范围，按照法律规定以及遗嘱的内容履行受托人义务。遗嘱范围以外的遗产，按照法定继承进行分割。

一审判决之后，本案又被上诉至二审法院。

二审法院认为，关于对行为人实施的无相对人的意思表示行为作解释，不能单纯拘泥于行为人使用的词句，而应当结合有关文本相关条款、行为人行为的性质和目的、生活习惯以及诚实信用原则来判定行为人的真实意思。本案中，李某4于2015年8月1日所订立的涉案遗嘱属单方民事法律行为，系无相对人的意思表示行为。一审法院经审理，针对遗嘱的具体内容，分析了其所产生的相应法律效力，进而认为该遗嘱中的财产内容符合信托法律特征，并就遗嘱的效力根据继承法和信托法的规定进行了认定，二审法院认为一审法院的观点符合法律对无相对人意思表示行为解释的规范要求。尽管涉案遗嘱中部分文字表述不尽严谨与规范，但一审法院通过对涉案遗嘱通篇内容的把握与解释，将立遗嘱人在遗嘱中的财产安排定性为信托，符合该遗嘱的整体意思与实质内容。故对钦某某、李某2关于李某4实际系欲成立基金会，一审判决对遗嘱的理解及处理背离被继承人本意的意见二审法院不予采纳。在对涉案遗嘱内容解释为信托的基础上，一审法院依据我国信托法的相关规定，结合李某4设立信托之目的、形式、内容等对涉案遗嘱作了详尽分析，进一步认定涉案遗嘱为有效信托文件，法院认为于法有据，予以认同，理由亦不作赘述。本案中，李某4以遗嘱形式设立信托，信托委托人则系李某4，一审法院根据涉案遗嘱内容及所涉本案当事人的各自意愿，确定李某5、李某6、李某7为信托受托人，并无不当，而钦某某、李某2认为本案各当事人信托身份设置存在冲突的说法于法无据，法院不予支持。另，钦某某在一审中曾向一审法院明确表示拒绝担任李某4所立遗嘱指定的遗嘱执行人、信托管理人及受托人，在二审审理期间却又申请成为信托管理人之一，此举实悖诚信原则，故法院对其申请不予采纳支持。至于钦某某、李某2对李某5、李某6、李某7年龄及理财能力等提出的质疑观点，均属于两人就信托设立后对信托运作的担忧，然这些主观担忧既无事实及法律依据，也不影响基于涉案遗嘱所成立之信托的效力，故法院对钦某某、李某2的相关观点不能采信认同。但法院在此需向本案信托受托人李某5、李某6、李某7指出的是，三人均应当遵守信托文件的规定，为受益人的最大利益处理信托事务，而受托人管理信托财产，必须恪尽职守，认真履行诚实信用、谨慎有效管理的义务。受托人如若实施违反信托目的处分信托财产，或因受托人违背管理职责、处理信托事务不当，致使信托财产遭受损失，或者出现受托人将信托财产转为其自有财产等违法行径，受益人均可依法要求受托人承担恢复原状、赔偿损失等法律责任。

另外，上述案例在实际履行的过程中，可能还会发生多个受托人需要共同管理信托财产的问题。在目前的银行实务中，已经存在关于个人共同账户的操作。就我们对多家银行进行了实地走访，实践中可以采取共管账户的方式解决这个问题。

如中国工商银行网页上关于个人联名账户业务的简介：个人联名账户（以下简称联名账户）是指由2—5名（含）个人客户，为实现经营资金、家庭财产等多人共管的需要，而在我行开立共有的本外币个人定活期账户，从而实现共管存款的目的。

又如中国银行的网页上的产品介绍：客户可选择在我行开立个人人民币活期或定期账户，由2—3名个人客户（须满18周岁具有完全民事行为能力）共同管理，所有资金动向均需全部联名客户到场方能启动，真正实现联名共管，保障资金安全。该产品特别适用于夫妻之间、父母与子女之间、情侣之间、生意伙伴之间等有共同管理资金需要的人士。

至少按照目前的银行账户开户实践，多个受托人可以开设联名账户，成为信托财产的名义上的共同所有人，如此可以确保信托财产的安全和信托目的的实现。

三、公证在遗嘱信托中的实践

（一）上海市普陀公证处的创新实践

2020年10月，上海市普陀公证处与某信托公司将信托制度与监护制度进一步融合，同时结合遗嘱，成功落地全国首单复合型监护支援信托。监护支援信托创新地通过“信托＋监护＋遗嘱”复合新模式，首次同时融入了监护服务、遗嘱、遗产管理人等理念。

随着我国人口老龄化的加剧、家庭结构的变化，以及社会生活、子女抚养、优质养老等理念的转变，单亲家庭、孤老、失独家庭甚至是普通家庭如何规划和托付余生，越发成为社会大众关注的焦点。

监护支援信托是指运用信托制度的财产保护和隔离功能，结合监护制度，为当事人提供人身和财产管理的专业化、综合性服务，旨在帮助当事人进行人身事务和财产管理的提前安排，确保信托财产真正用于当事人、剩余信托财产按照当事人的意愿进行分配，实现既定的安排。简言之，就是当事人提前安排未来人身事务的同时，将大额财产通过信托进行隔离和保护，由受托人按照当事人提前安排的规则进行信托管理和运行，一旦当事人发生失能失智等情况，由监护人履行当事人的部分权利和义务，保障被监护人生活品质，同时也降低监护人在财产管理方面的风险和负担。[1]

（二）舟山市方正公证处对遗嘱信托的实践

2016 年，浙江省舟山市的一位单亲母亲面临了一个难题。10 年前，她与嗜赌如命的丈夫离婚，独自带着年幼的儿子外出打工，攒钱买了一套 40 多平方米的小房子。3 年前，她被确诊为胃癌晚期，眼看时日无多，可孩子还未成年。

她希望身故后儿子能继承这套房子，但按照法律规定，前夫是儿子的监护人，她一方面担心前夫觊觎其财产，另一方面担心儿子年幼不具备理财能力。

于是，她决定过世后暂时不让儿子继承房产，而由其胞弟代为管理，所有收益用于儿子学习、生活，不得随意处置，待儿子成年再办理房产过户手续。

最终，舟山市方正公证处公证员按这位母亲的意愿起草了遗嘱，并在遗嘱中明确设立了执行人，又指导她与其弟订立了信托协议。这也是舟山公证处首次试水民事信托业务。[2]

以公证介入遗嘱信托，是普通民众设立遗嘱信托的一个选择，尤其是目前我国信托财产登记制度欠缺的情况下，公证遗嘱信托既符合法律的要求，又具有弥补公示和公信不足的功能。

（三）重庆市沙坪坝区公证处对遗嘱信托的实践

2016 年 7 月，重庆市沙坪坝区公证处办理了一起特殊的遗嘱信托公证。这种新类型的公证在重庆市尚属首例，具有破冰意义。[3]

刘胜利（化名）和张素珍（化名）于 20 世纪 60 年代结婚，二人虽系再婚夫妻，但婚后感情一直很好。刘胜利婚前有一个儿子，和张素珍的关系一直不好；二人婚后又生育了三个子女，现均在外地定居，无法照顾二老的生活。

张素珍现已瘫痪在床多年，生活不能自理，刘胜利也身患绝症，自感将先

---

① 参见《万向信托创新落地复合型监护支援信托》，载中国银行保险报网，http：//xw. sinoins. com/2020 - 11/26/content_ 372278. htm。

② 参见陈颖丹：《我市办理首例遗嘱信托公证》，载舟山网，http：//www. zhoushan. cn/newscenter/zsxw/201603/t20160312_ 769206. shtml。

③ 参见刘柳：《重庆市公证机构办理首例遗嘱信托公证 解开当事人多年心结》，载华龙网，http：//cq. cqnews. net/cqqx/html/2016 - 07/25/content_ 37810765. htm。

于张素珍离世，为了在自己去世后，能继续照料好瘫痪的妻子，刘胜利来到沙坪坝公证处，向公证员表达了自己的意愿，希望办理一份信托遗嘱，将其积攒的 60 万元存款托付给其侄女刘芳（化名），在其去世后由刘芳将该积蓄用于支付张素珍的生活、治病以及聘请保姆等相关费用，同时指定某律师事务所作为遗嘱监察人，来监督确认刘芳的开支情况。如果在其妻子去世后，还有剩余的钱，则将其作为遗产由四个子女共同继承。

公证员依照当事人刘胜利的意思，为其起草了一份信托遗嘱，并办理了公证手续。刘胜利在拿到这份信托遗嘱公证书后，向公证员表示，是公证解开了其多年的心结，让他在去世后不再有后顾之忧。

据重庆市公证协会工作人员介绍，此为重庆市首例遗嘱信托公证案件，意义非凡。他们认为：“和普通遗嘱相比较，信托遗嘱不仅要依照继承法的规定，还要符合信托法的要求。信托遗嘱必须以书面形式订立。在信托遗嘱法律关系中，不仅有遗嘱人、受益人，还存在受托人，甚至是执行人、监察人等法律关系主体。”

“在办理遗嘱信托公证中，公证员可以根据遗嘱人的意愿，为其设计符合其家庭情况的个性化的遗嘱信托内容”，重庆市工作协会工作人员介绍，还可以在办理完遗嘱信托公证后，依据遗嘱信托内容，由公证机构继续提供保管遗嘱、信托财产以及担任遗嘱执行人、遗产管理人等一系列专业的公证法律服务。

第五节 境外信托架构的设计与运用

资产在境外的高净值客户，需要在境外设立家族信托，受托人与开户行均需选择境外金融机构。近几年，国内金融机构也在境外，特别是在我国香港特别行政区设立信托公司。作为家族信托的受托人，虽然不是目前境外信托的主流，但也是不可小觑的现象。

以我国香港特区为例，公开数据显示，目前香港 200 余家上市家族公司中至少约有30%的企业以家族信托形式控股①，通常采用“离岸公司+信托”的基本结构，由企业创始人成立家族信托基金，委托离岸公司代持家族成员所持股份，从而实现对家族企业股权的控制。

一、英美法系下的家族信托

英美法系下家族信托的发展有数百年的历史，存在大量的家族信托纠纷司法判例，因而这些国家的家族信托发展较为成熟。英美法系下，信托法的相关配套法律十分完善，且信托可以纳入的财产形式多样，如现金、各类金融资产、公司股权、股票、不动产、古董字画、私人飞机等，只要是委托人的合法资产，在良性动机下置入家族信托中，均能受到法律认可及保护。

英美法系下的信托，其架构基本是利用公司来规划委托人的各类资产。在境外通过公司持有各类资产，相较于以个人名义持有更为安全，且易于规划。境外高净值企业家通常通过持有境外公司的股权，由公司持有其大部分资产。如果需要进行财富传承，操作起来相对便利。

许多境外信托公司并不做投资业务，对他们而言，基本职责是财产筹划与保障、财富的传承。为了保障上述目标，受托人会尽量避免高风险的投资。

基于英美法系下税务的规定及制度上对信托的认可，通过合理的信托架构，能够在一定程度上做到对信托资产的税务筹划。特别是在税务负担较重的国家或地区，信托可以起到对增值税、遗产税合法筹划的效果。

二、选择设立境外信托的考量因素

（一）资产的所在地

如果资产（如动产、不动产抑或股权）在境内，在现行的外汇和税务规定下，能否将财产合法转移至境外、转移的成本高低等问题都是在设立信托时提前需要了解和考虑的事项。通常而言，如果资产在境外，选择设立境外信托是一个有诸多优点的财富管理和传承方式。相反，通过遗嘱对境外财产进行规划可能会产生如下一些的问题：

首先，假如当事人根据中国法律，在遗嘱中同时对境内和境外的财产进行

---

① 参见陈嘉玲：《家族财富管理机构“掘金”大湾区》，载新浪财经，http://finance.sina.com.cn/roll/2019-11-30/doc-iihnzahi4298241.shtml。

处理。关于境外资产的部分，遗嘱的形式和内容不一定能被境外资产所在地的法律认可，效力存疑。

其次，如果委托人按照财产所在地法律，分别订立遗嘱。该遗嘱通常需要经过复杂的遗嘱认证程序方能证明其效力，并且还存在继承人和第三人挑战遗嘱的问题。

最后，不少国家和地区存在遗产税，甚至有的国家的遗产税税率可高达50%，通过遗嘱继承可能会造成资产的大幅减少。而通过合理设立境外信托，则可在许多方面避免财富传承过程中存在的诸多问题。

（二）委托人的家庭情况

委托人的年龄、身体状况、婚姻状况、子女状况等家庭情况是选择设立家族信托时需要考量的诸多重要因素。通常而言，境外信托具有极强的私密性，这为避免受益人之间发生纷争也提供了自由的设计空间。

（三）受益人未来的人生规划

受益人在未来的人生规划也是设立境外信托时的重要考量因素，主要包括受益人自身的职业、收入及个人和家庭未来的生活和职业规划。

（四）委托人设立信托的原因

债务筹划、子女成长、隔离婚姻风险是设立海外信托的三大主要原因。就债务筹划来看，合法成立的信托本身可以很好地起到债务筹划效果，但就受益人从信托取得的收益，债务人是可以要求用于清偿债务的。

设立信托通常还有“防败家”的原因。比如委托人在信托中加入禁止挥霍条款，规定信托受益人无权转让其在信托中的收益、受益人的债权人亦无权要求受益人以信托财产偿还债务，也可达到防止受益人挥霍的目的。

三、境外信托受托人的选择

在决定设立境外信托后，当事人首先需要对境外信托的受托人进行选择。根据不同的法域，受托人的选择有不同形式，其中独立的信托公司和私人银行是较为普遍的选择。

总体而言，私人银行在体系、全球化服务上更具有优势，良好的声誉也是一个亮点。私人银行依托其商业银行在背后提供强有力的支持，能提供的产品类型和专业服务也更全面。不过私人银行的客户审核系统通常更为严格，门槛更高，耗时也相对更长，且私人银行在设立和管理信托上的费用往往比独立的信托公司高。

而独立信托公司通常较为灵活。在家族信托产品研发的过程中，独立信托公司愿意根据客户的情况及需求为其量身定制信托产品，信托条款的设置更具定制化和灵活性。并且独立信托公司接受的信托资产更多元，许多私人银行只接受现金、债券、上市公司股票等，而独立信托公司往往接受绝大部分类型的资产，如离岸地未上市公司股权、私人飞机、字画古董等。此外，独立信托公司的收费通常比私人银行低。

四、境外信托设立地的选择

成立海外信托可供选择的常见国家或地区有：开曼群岛（Cayman Islands）、英属维京群岛、库克群岛（Cook Islands）、耿西岛（Guernsey，有时也译作格恩西岛）、泽西岛（Jersey）、巴哈马、美国、百慕大、新加坡以及中国香港等。但上述任何一个国家或地区都不是十分完美的，而是在某方面存在比较优势。因此，在最终决定海外信托设立地点时，还需要再次权衡设立信托的主要目的、成本以及对于信托财产的控制意愿，结合不同地点比较优势综合考量。

（一）英属维尔京群岛

中国客户更偏好英属维尔京群岛信托构架，因为 BVI 的灵活性更高，方便当事人控制。具体而言，BVI 信托法允许委托人把资产交给受托人后，由委托人担任 BVI 控股公司的董事，因此委托人在资产管理上更自主。

当委托人希望通过信托持有家族企业的优势以达到家族财富传承的目的，但客户又需要对家族企业保留掌控权，英属维尔京群岛的特别信托（Virgin Islands Special Trusts Act，VISTA）信托是一个较好的选择。

（二）开曼群岛

开曼群岛的特别信托（Special Trusts－Alternative Regime，STAR），适用于 1997 年 10 月 23 日后设立的且明确援引了该法条的信托，这类信托称为 STAR 信托，则是人和目的信托的混合信托，而如英属维尔京群岛等其他离岸地区的信托仅可在为人设立或为目的设立中选择其一，而不能混同。

（三）库克群岛

库克群岛法律对信托的保护程度极高，针对委托人的债权人对信托的诉讼，库克群岛将证明标准从普通的民法标准提高到了刑法标准，即排除合理怀疑（beyond reasonable doubt）。在此种情形下，债权人实际上很难撤销信托。

值得注意的是，为了能够使家族信托得到库克群岛特别法案下的保护，信托必须注册登记，但是这种注册登记也只需提供家族信托成立的日期、信托名称和受托人名称，而并不涉及敏感的具体信息。

（四）耿西岛

耿西岛是英国领地的独立自治政府，并非大不列颠王国的一部分。信托制度筑基在耿西岛已有多年历史，而信托的运作监管则由具备现代综合性的耿西岛信托法来管辖。

根据耿西岛信托法，受托人持有或已为受益人的利益而持有资产，无论是否尚未确定或存在，其信托存续，并受到耿西岛法院管辖。耿西岛信托法同时规定受托人之受托责任、信托监管的管理以及提供受益人的权利。1993 年海牙公约的信托认定协议使得耿西岛的信托业务进一步扩张。耿西岛信托透过对受托人、企业管理及公司董事等监管条例进行管理，更进一步地对信托当事人进行保护。

（五）中国香港特区和新加坡

出于语言、地域、文化等原因，中国香港特区和新加坡等准离岸地也吸引了诸多中国高净值客户。

中国香港特区于 2013 年底修订了信托法律，改革后的信托制度更符合中国内地高净值客户的需求。

新加坡对信托行业的管理比较完善，且对受托人的监管更为严格，新加坡的专业受托人必须取得相应执照，并受相关部门的监管，且需要符合严格的尽职调查标准以及相关的申报要求，并允许委托人在信托中限制受托人的权利。

相对而言，在中国香港特区、新加坡设立境外股权信托，不如 BVI、开曼群岛等离岸中心更简单、直接。设立股权信托因涉及股权安排，需在境外设立控股公司。对于新加坡而言，公司运营成本相对较高；且除了高额的税负之外，还要求聘请一个新加坡籍人士担任公司董事，增加了人力成本。对于中国香港特区而言，发生于境外的收入是免税，但香港公司的资产转让和持有需要缴纳0.2%的印花税并进行审计申报。

2019年1月18日，最高人民法院与香港特别行政区政府律政司分别代表两地签署了《关于内地与香港特别行政区法院相互认可和执行民商事案件判决的安排》（以下简称《判决互认安排》）。

《判决互认安排》是两地签署的第六项民商事领域司法协助安排。《判决互认安排》不再要求各方当事人在签署协议时约定专属管辖条款，待《判决互认安排》在内地和香港生效后，两地法院作出的终局性民商事判决（排除适用的判决类型除外）均可得到对方法院的认可和执行。《判决互认安排》的签署，对在香港设立的家族信托而言，不排除有挑战的可能性。如相关方在内地涉诉，其在香港设立的信托在符合《判决互认安排》条件时，内地诉讼的胜诉方可在香港申请认可内地法院判决或者申请香港法院强制执行被告方和被执行方在香港的财产。

总体来说，各常见信托设立地之间没有绝对的优劣，而是需要按照委托人的具体情况和财富传承的需求，结合各法域的信托法律规定，审慎选择适合当事人的信托设立地和受托人。中国高净值客户通常更倾向于选择在BVI、香港或新加坡等地设立家族信托。由于高净值客户的资产形式多样且具有复杂性，应结合其家族企业注册地的金融状况、税收政策等各因素，综合考量，作出选择。

五、境外信托架构的设计要素

（一）委托人

当我们在设计信托架构前，无论是被动接受或主动咨询，信托公司或者律师第一个接触也是全程必须要紧密沟通的就是委托人，因为委托人的意愿代表了信托意愿（trust intent），而信托是否可以建立起来最根本的目的在于信托意愿是否成立。所以，委托人在信托设立的整个过程中都极为重要，而委托人设立信托的意愿就是其中最基本也是最核心的内容。

委托人在不同的信托架构下也享有不同的权利，简单来说，委托人一旦设立信托，意味着将信托财产转让给受托人。但在某些离岸地，诸如公司股权类的财产可以将财产的不同侧面进行约定。例如，委托人保留投票权，而股权每年的分红收益则归入信托账户中；又如，保留房屋的居住权，但除居住权以外的其他物权转让给信托。另一种比较极端的情况是，如果信托无效或者已经到了信托设立的年限且不准备续期，则该信托将被撤销。当信托不复存在时，信托财产将返还给委托人。当然在可撤销的信托（revocable trust）架构下也有同样的效果，即当委托人行使撤销权会导致信托财产的返还。

（二）信托财产

信托意愿的履行在于是否有可以被信托的财产。在英美法系国家或地区，绝大部分财产可能装入信托。当财产转入信托成为信托财产后，财产的所有权将属于受托人所有。

信托财产的独立性也是信托所独有的特性。独立性是相对于受托人和受托人的债权人而言产生的概念。简单来说，一般情况下，受托人只享有管理信托财产的权利而不能将信托财产和自有财产混同。对于受托人的债权人而言，假设信托公司破产，信托公司所管理的信托财产不会因为公司的破产而需要偿付给债权人，因为信托财产独立于受托人个人的财产。

（三）受托人

在信托架构中，受托人最主要的作用是依照信托契约履行信托财产管理和分配的工作。当信托制度在英国创设之初，其拥有非常浓厚的历史和宗教背景。而发展至今，在信托法相对发达的国家，信托已经发展到非常成熟和透明的阶段，公众对于信托的认知也已经非常普及。因此，包括私人信托、商业信托等不同类型的信托都能够在相对明确的法律框架下正常地运行。在境外信托的体系中，持有牌照的信托公司非常多，尤其是离岸信托公司数量更甚。

在实践操作中，信托受托人最主要的工作是遵照委托人的意愿以及签订的信托契约管理和分配信托财产。管理财产的概念非常宽泛，而如何管理基本上取决于信托委托人的意愿，包括投资哪些资产、投资多久等，这些问题在设立信托前都需要委托人和受托人之间进行充分的沟通。所以，受托人对信托享有哪些权利很大程度上取决于委托人授予受托人的权利内容。在遗嘱信托中，当被继承人去世后，信托受托人可能享有自由处分遗产的权利，但总体来说还是要以信托财产适当处分，同时考虑到社会公共秩序以及保护受益人的权益等原则进行。

（四）受益人

信托受益人是信托财产最终的享有人，类似于保险的受益人。在不同类型的信托中，信托受益人也有非常大的区别。比如国内目前常见的集合资金信托，一般情况下都是自益信托，即委托人和受益人是同一个人；家庭信托的受益人一般是家庭成员；公益信托的受益人一般是符合公益目的不特定的受益人；等等。不同的信托种类对应的受益人类型也不同。

对于受益人而言，一般情况下只有获得收益的权利，在某些特殊情况下，受益人在收到第一笔分配款之前甚至不知道自己是某个信托的受益人。在大多数的信托架构中，因为受益人对自己的身份是明确的且深谙作为受益人的权利，因此在许多信托法国家的司法实践中也不乏有许多受益人挑战信托效力的案例。

（五）保护人

顾名思义保护人，是为了保护信托受益人的权益而存在，一般情况下，保护人是委托人在信托设立之初就指定的，有时候，委托人会选择由自己担任保护人。

保护人之所以是当下信托实践中必不可少的主体之一，原因在于保护人的权利内容。首先，保护人的权利可以通过信托契约的形式固定；其次，很多国家或地区法律对于保护人也有专门的规定。其中，保护人最直接的一项权利就是替换受托人。

（六）信托契约

信托契约（trust deed）是信托的根本，也是信托成立的基础。信托契约由委托人和受托人之间订立，契约的内容取决于委托人希望未来如何处分信托财产的意愿。如果是和大型私人银行签订信托契约，则一般情况下，该契约都由信托公司提供模板，然后再由委托人的律师根据委托人的意愿和双方合议的结果进行多轮的修改后再最终形成。

典型的信托契约条款包括委托人、受托人、受益人、保护人的权利和义务、信托财产如何管理和分配、信托的撤销或解散的条件等。总体来说，信托条款有着较高的自由度，只要不违反社会公共利益以及符合信托本质，信托契约的有效性是可以保障的。

（七）意愿书

信托意愿书（letter of wish）是委托人所特有的一种权利行使方式。在实践中，受托人往往会按照既定的规则管理和分配信托财产，但不排除在信托履行过程中出现新情况，如离婚、继承或者新生命的诞生等。委托人可以保留自己在每次出现新情况时表达自己新的信托意愿或者修改信托条款的权利，而行使权利的方式就是向信托受托人出具意愿书。意愿书非常简单，委托人简单的将自己的意愿通过书面的方式发送给受托人后，受托人就必须按照意愿书的内容行使。

在实践中，意愿书的内容往往和信托的效力有直接的联系。如果委托人过度频繁地通过意愿书的方式强行修改变更信托内容，则该信托可能会被认定为没有任何财产隔离的效果而被否认。

（八）信托目的

信托之所以会得到如此广泛的运用主要是为了满足客户进行财富管理的目的。财富管理一般有四大目的，分别是增值、保值、财富传承与债务筹划。

实践中，每个家族做信托，都有自己的个性化需求，对于普遍需求的紧迫度也各有不同。因此，在具体为委托人设计合适的境外家族信托时，需要清楚地了解该境外家族信托能够满足客户的哪些具体需求，同时也要清楚地认识到境外家族信托和其他财富管理工具相比有哪些限制。

（九）BVI 家族信托模板

THE ［NAME］ TRUST

DATE

BETWEEN

（1）of ［address］（“the Settlor”）; and

（2）of ［address］（“the Original Trustee”）.

WHEREAS

（A）The Settlor has transferred the shares specified in Schedule 1（“the Initial Trust Property”）to the Original Trustee to hold on the terms of this settlement.

（B） This settlement shall be known as the ［Name］ Trust.

NOW THIS DEED WITNESSES as follows.

1 Definitions

In this settlement：

1.1 "Adopted" means adopted pursuant to an adoption order made under the law of any jurisdiction which is valid by that law, whether or not it would be recognised by the law of any other jurisdiction；

1.2 "Appointed Enquirers" means the persons designated as such by the Settlor by notice in writing to the Trustees, who are the appointed enquirers for the purposes of section 2 （2） （c） of VISTA；

1.3 "the Appointor" means：

1.3.1 the Settlor while the Settlor is living and not Mentally Incapable；and

1.3.2 following the Settlor's death, or if the Settlor is Mentally Incapable, the Protector；

1.4 "Associated Party" means, in relation to a company, any affiliated company of that company and any director, officer or employee of the company or of such affiliated company；

1.5 "the Beneficiaries" means：

1.5.1 the Settlor and the Settlor's wife for the time being；

1.5.2 the widow（whether or not remarried） of the Settlor；

1.5.3 the Descendants of the Settlor；and

1.5.4 any person or class of persons added to the class of Beneficiaries by the Trustees by deed with the Protector's written consent；

1.6 "Charitable" means exclusively charitable under British Virgin Islands law；and "Charity" means any company, body or trust established for Charitable purposes；

1.7 "Children" means legitimate, Adopted ［and illegitimate children］；and "Descendants" and other references to any relationship between two persons shall be construed in the same manner；

1.8 "the Companies" means the Company（as defined in Schedule 1） and any other company, of which all of its shares are Designated Shares forming part of the Trust Fund; and references to a "Company" include a Connected Company;

1.9 "Connected Company" has the same meaning as in section 2 (2) (e) of VISTA;

1.10 "the Designated Shares" means:

1.10.1 all shares in any of the Companies forming part of the Trust Fund; and

1.10.2 any shares in any other Virgin Islands Companies designated as such by the Settlor by notice in writing to the Trustees;

1.11 "Designated Trustee" has the same meaning as in VISTA;

1.12 "Fiduciary" means a Trustee, a Protector, the Appointor or any other person subject to fiduciary duties under this settlement;

1.13 "Interested Person" has the same meaning as in VISTA;

1.14 a person shall be regarded as "Mentally Incapable" for the time being if:

1.14.1 a court of competent jurisdiction has determined that he or she is incapable, by reason of mental disorder, of managing and administering his or her property and affairs (or the equivalent, applying the relevant test in that jurisdiction); or

1.14.2 in the absence of a determination by a court of competent jurisdiction, an appropriately qualified medical practitioner approved by the Trustees has determined in writing that he or she is incapable, by reason of mental disorder, of managing and administering his or her property and affairs; and that determination has not been reversed by a court of competent jurisdiction or by the same or another such medical practitioner;

1.15 "Minor" means an individual who is unable, by reason of being under the relevant age by the law of his or her domicile, to give a valid receipt for Trust Property;

1.16 "the Office of Director Rules" means the office of director rules for the purposes of section 2 (1) of VISTA applicable to this settlement for the time being;

1.17 "the Overriding Powers" means the powers of appointment, resettlement and advancement;

1.18 "the Permitted Grounds for Complaint" has the meaning set out in clause 7, which are the grounds for complaint permitted for the purposes of section 2 (2) (f) of VISTA;

1. 19 “the Protector” means the person holding office as protector for the time being under this settlement;

1. 20 “Shareholder Powers” means all voting and other powers attributable to shares (and voting powers include powers to direct the voting of shares held by a nominee);

1. 21 “the Trustees” means the Original Trustee or the trustees of this settlement for the time being;

1. 22 “the Trustee Act” means the Trustee Act 1961;

1. 23 “the Trust Fund” means:

1. 23. 1 the Initial Trust Property;

1. 23. 2 all other property transferred to the Trustees to hold on the terms of this settlement; and

1. 23. 3 all property from time to time representing the above;

1. 24 “the Trust Period” means the period of 360 years commencing on the date of this settlement which is the perpetuity period applicable to this settlement under the rule against perpetuities;

1. 25 “Trust Property” means any part of the Trust Fund;

1. 26 “Virgin Islands Company” has the same meaning as in VISTA;

1. 27 “VISTA” means the Virgin Islands Special Trusts Act, 2003;

1. 28 words importing one gender include both other genders;

1. 29 words in the singular include the plural (and vice versa); and

1. 30 references to a statute include references to any re – enactment of it (with or without modification).

2 Trust Income

During the Trust Period and subject to the Overriding Powers:

2. 1 The Trustees may, with the Protector's written consent, pay or apply the income of the Trust Fund to or for the benefit of any Beneficiaries as the Trustees think fit.

2. 2 The Trustees shall accumulate the remainder of the income of the Trust Fund. That income shall be added to the Trust Fund.

3 Overriding Powers

3.1 Power of appointment

3.1.1 The Trustees may, with the Protector's written consent, appoint that they hold any Trust Property for the benefit of any Beneficiaries on such terms as the Trustees think fit.

3.1.2 An appointment may create any provisions and in particular:

3.1.2.1 discretionary trusts;

3.1.2.2 dispositive or administrative powers;

exercisable by the Trustees or any other person.

3.1.3 An appointment shall be made by deed and may be revocable or irrevocable.

3.2 Power of resettlement

The Trustees may, with the Protector's written consent, by deed declare that they hold any Trust Property on trust to transfer it to the trustees of another settlement, wherever established, if the transfer is for the benefit of any Beneficiaries (whether or not such Beneficiaries are the only persons who may benefit under the settlement), to hold on the terms of that settlement, freed and released from the terms of this settlement.

3.3 Power of advancement

The Trustees may, with the Protector's written consent, pay or apply Trust Property for the advancement or benefit of any Beneficiaries.

3.4 Exercise of Overriding Powers

3.4.1 The Overriding Powers shall be exercisable only during the Trust Period.

3.4.2 The Overriding Powers may only be exercised for the sole or primary purpose of causing any Designated Shares to cease to be Designated Shares or otherwise ceasing to be subject to the provisions of VISTA in any respect if an Interested Person calls upon the Trustees in writing to do so and the Trustees are satisfied that it better achieves the general intent of this settlement.

4 Default Trusts[1]

4.1 Subject to that, on the failure or termination of the above provisions, the Trustees shall hold the Trust Fund upon trust: EITHER [for such of the [individual] Beneficiaries as are then living [or in existence] and if more than one in equal shares absolutely] OR

4.1.1 for the Settlor's Children who are then living equally; but if any Child is not then living that Child's share shall be held upon trust;

4.1.2 for the Child's Descendants who are then living equally, so that

4.1.2.1 the share of each Descendant who has died shall be divided equally between his or her Descendants; and

4.1.2.2 no Descendant shall take whose parent or ancestor is living.

4.2 Subject to that, for such Charities as the Trustees shall determine.

5 Appointment, Retirement and Removal of Trustees

5.1 The Protector may remove any trustees by deed at their absolute discretion and may appoint trustees by deed.

5.2 If:

5.2.1 a Trustee ("the Retiring Trustee") has given two months' written notice to the Protector (if any) and the other Trustees (if any) of his or her wish to retire as trustee; and

5.2.2 the Retiring Trustee has not been discharged within the notice period, then, on the expiry of the notice period;

5.2.3 if there remains at least one Designated Trustee, the Retiring Trustee shall be discharged; or

5.2.4 if there would not be at least one Designated Trustee remaining, the Retiring Trustee may appoint a Designated Trustee as successor trustee.

6 The Office of Director Rules

6.1 The Trustees shall exercise the Shareholder Powers in relation to the appointment, removal and remuneration of directors of the Companies in such manner as the Appointor may direct by written notice to the Trustees.

---

① Settlor to confirm.

6.2 The Appointor may during the Trust Period by deed delivered to the Trustees, amend any or all of the Office of Director Rules.

7 Permitted Grounds for Complaint

7.1 In this clause, so far as the same words and expression appear in section 254 of the Insolvency Act 2003, they shall bear the same meanings as in that section;

7.2 The permitted grounds for complaint are that any person (including any director or officer) who is or has been concerned in the promotion, formation or management of a Company:

7.2.1 has misapplied or retained, or become accountable for any money or other assets of a Company; or

7.2.2 is guilty of any misfeasance or breach of any fiduciary or other duty in relation to a Company; and includes any act or thing which is proposed or otherwise likely to be done or not done in the future which, if done or not done, would (apart from this provision) fall within 7.2.1 or 7.2.2 above.

8 Protector

8.1 Appointment and Retirement of Protector

8.1.1 The Settlor shall be the first Protector.

8.1.2 The widow of the Settlor shall be the next Protector.

8.1.3 The Settlor accepts his appointment as Protector by executing this settlement. The appointment of all other Protectors is subject to their acceptance by notice in writing to the Trustees.

8.1.4 The Protector may in writing (and with prior written notice to the Trustees):

8.1.4.1 appoint a successor; or

8.1.4.2 revocably or irrevocably nominate a person to become the Protector on his or her ceasing to be the Protector.

This appointment has priority to sub-clause 8.1.2 above.

8.1.5 A person ceases to be a Protector in the event of the following:

8.1.5.1 death;

8.1.5.2 resignation by written notice to the Trustees;

8.1.5.3 refusal, unfitness, being Mentally Incapable or being incapable of acting.

8. 1. 6 If at any time there is no Protector able and willing to act:

8. 1. 6. 1 any powers which require the Protector's consent may be exercised without that consent; and

8. 1. 6. 2 the Trustees may appoint a new Protector.

8. 1. 7 A Protector shall not be appointed as a Trustee. A Trustee shall not be appointed as a Protector.

8. 1. 8 There shall be only one Protector at any one time.

8. 2 Duties of Protector

8. 2. 1 The powers of the Protector are fiduciary in nature.

8. 2. 2 The Protector is under no duty to enquire into or interfere with the management or conduct of this settlement, unless they have actual knowledge of circumstances which call for enquiry.

8. 2. 3 The Protector shall consider the appropriateness of any act before exercising their powers.

8. 3 Protector's Rights to Information

The Protector has the right to receive information concerning this settlement and its administration from the Trustees and former Protectors and to inspect and take copies of trust documents if it is reasonably required for the performance of the duties of the Protector.

9 Nature of Settlor's Powers

The powers of the Settlor (in his capacity as such and as the Appointor, but not otherwise) are not fiduciary in nature and may be exercised in the Settlor's own interests without regard to the interests of any beneficiaries.

10 Further Provisions

Subject to the provisions of VISTA with regard to any Designated Shares which form part of the Trust Fund from time to time, the provisions set out in Schedule 2 shall have effect.

11 Power of Revocation

The Settlor may revoke this settlement in whole or, with the Trustees' written consent in part, which consent the Trustees may decide whether or not to give acting solely in their own interests without regard to the interests of any Beneficiaries, by deed delivered to the Trustees.

12 Governing Law

12.1 British Virgin Islands law governs this settlement. The British Virgin Islands Courts have exclusive jurisdiction in any proceedings involving rights or obligations under this settlement.

12.2 The provisions of VISTA shall apply to the Designated Shares.

12.3 Subject to the same restrictions as apply to the exercise of the Overriding Powers by clause 3.4.2, the Trustees may during the Trust Period by deed with the Protector's written consent change:

12.3.1 the governing law of this settlement; and

12.3.2 the courts which have exclusive jurisdiction in any proceedings involving rights or obligations under this settlement.

六、境外信托架构设计的要点

（一）了解并发现委托人的根本需求

搭建信托架构的目的是解决委托人的财富管理的意愿。在实践中，委托人的想法和对信托概念的理解程度都千差万别。但委托人对自己需要解决的问题一定是最清楚的，而这个需要解决的问题就是信托架构设计的根本。

有些情况下，客户的需求相对单一，比如希望为自己子女未来的教育提供一笔可观的基金、为自己多个子女未来的财产分配提前进行规划等。

更多的情况下，客户想要解决的是交叉复合的“一揽子”需求。比如，客户希望通过家族信托的设立，使得信托成为家族股权持股主体、以解决自然人股东死亡后继承股权分散的问题；避免因“姻亲”而可能导致的财产外流；解决设立家族信托之后的债务筹划问题；解决设立家族基金池、对不同类别的家族成员进行受益权分配的问题等。

（二）考虑不同法域法律适用的问题

1. 信托所在地法

如果客户设计信托方案，就必须要考虑信托所在地的法律。不仅包括信托法，还需要了解当地法院以及关联法院（如 BVI 管辖地是东加勒比最高法院、最高法院是英国最高院）与信托相关的判例，而英美法系国家主要是判例法。因此，除了信托所适用的法律本身以外，判例也是法官判案的重要依据。

2. 财税法

信托中的税收问题可能较为复杂。因为财产在境外，持有人的身份是境内或其他国家，这就产生潜在的双重征税问题。有不少从业者在为潜在客户讲解时都会有意无意地提到信托的“避税”功能。但无论是从信托设立的目的还是从各国对于税收的法律规定来看，信托“避税”都只能是个伪命题。如果委托人是出于“避税”或“逃债”的目的而设立信托，则信托被认定为无效的可能性会大大增加。此外，通过信托获得的财产并非完全不用交税，不同国家、地区对于信托所得的税收有着不同的规定。因此，在设立境外家族信托前，需要先对信托设立地的法律进行全面了解。

3. 外汇管制

外汇管制是境外家族信托需要考虑的另一个问题。即使是 VIE 架构，也是通过“协议”达到境内资产境外控制的目的，实际资产并没有进行所有权的转移而注入信托。通过 WOFE 在中国境内持有房产，也无法直接将房产置入境外信托中。即使是欲成立境外资金信托，境内资产变现成货币后如何汇出，也需要考虑外汇管制的相关规制。

4. 家事法

家事法包括婚姻法和继承法两大类。对于设计者而言，所涉及的信托财产均有可能是夫妻共同财产或者以后成为遗产，而对于财富管理而言，最大的风险莫过于离婚引起的财产分割和遗产分配。根据我们所办理的涉及跨境的婚姻和继承案件中，无论适用法律还是管辖法院，都是实践中非常不确定的难点，而对于信托设计者而言，如果不将这类风险考虑在内就极有可能将整个信托置于风险之中。因此，在设立信托时，势必要理解婚姻和继承类法律的规定，并且结合包括委托人及其配偶、继承人等国籍所在国的婚姻、继承法，提供扎实的法律意见并且在条件允许的情况下尽量完善所有方面的记录工作，做到风险规避。

美国遗产及信托的所得申报表

Form 1041：U. S. Income Tax Return for Estates and Trusts

Form 1041 Department of the Treasury—Internal Revenue Service
U.S. Income Tax Return for Estates and Trusts
► Go to www.irs.gov/Form1041 for instructions and the latest information.
2019 OMB No. 1545-0092

A Check all that apply:
- ☐ Decedent's estate
- ☐ Simple trust
- ☐ Complex trust
- ☐ Qualified disability trust
- ☐ ESBT (S portion only)
- ☐ Grantor type trust
- ☐ Bankruptcy estate—Ch. 7
- ☐ Bankruptcy estate—Ch. 11
- ☐ Pooled income fund

For calendar year 2019 or fiscal year beginning , 2019, and ending , 20

Name of estate or trust (If a grantor type trust, see the instructions.)
C Employer identification number

Name and title of fiduciary
D Date entity created

Number, street, and room or suite no. (If a P.O. box, see the instructions.)
E Nonexempt charitable and split-interest trusts, check applicable box(es). See instructions.
☐ Described in sec. 4947(a)(1). Check here if not a private foundation . . ► ☐
☐ Described in sec. 4947(a)(2)

City or town, state or province, country, and ZIP or foreign postal code

B Number of Schedules K-1 attached (see instructions) ►

F Check applicable boxes: ☐ Initial return ☐ Final return ☐ Amended return ☐ Net operating loss carryback ☐ Change in trust's name ☐ Change in fiduciary ☐ Change in fiduciary's name ☐ Change in fiduciary's address

G Check here if the estate or filing trust made a section 645 election . . . ► ☐ Trust TIN ►

Section	Line	Description	Box	Amount
Income	1	Interest income	1	
	2a	Total ordinary dividends	2a	
	b	Qualified dividends allocable to: (1) Beneficiaries (2) Estate or trust		
	3	Business income or (loss). Attach Schedule C (Form 1040 or 1040-SR)	3	
	4	Capital gain or (loss). Attach Schedule D (Form 1041)	4	
	5	Rents, royalties, partnerships, other estates and trusts, etc. Attach Schedule E (Form 1040 or 1040-SR)	5	
	6	Farm income or (loss). Attach Schedule F (Form 1040 or 1040-SR)	6	
	7	Ordinary gain or (loss). Attach Form 4797	7	
	8	Other income. List type and amount	8	
	9	**Total income.** Combine lines 1, 2a, and 3 through 8 ►	9	
Deductions	10	Interest. Check if Form 4952 is attached ► ☐	10	
	11	Taxes	11	
	12	Fiduciary fees. If only a portion is deductible under section 67(e), see instructions	12	
	13	Charitable deduction (from Schedule A, line 7)	13	
	14	Attorney, accountant, and return preparer fees. If only a portion is deductible under section 67(e), see instructions	14	
	15a	Other deductions (attach schedule). See instructions for deductions allowable under section 67(e)	15a	
	b	Net operating loss deduction. See instructions	15b	
	16	Add lines 10 through 15b ►	16	
	17	Adjusted total income or (loss). Subtract line 16 from line 9 [17]		
	18	Income distribution deduction (from Schedule B, line 15). Attach Schedules K-1 (Form 1041)	18	
	19	Estate tax deduction including certain generation-skipping taxes (attach computation)	19	
	20	Qualified business income deduction. Attach Form 8995 or 8995-A	20	
	21	Exemption	21	
	22	Add lines 18 through 21 ►	22	
Tax and Payments	23	Taxable income. Subtract line 22 from line 17. If a loss, see instructions	23	
	24	**Total tax** (from Schedule G, Part I, line 9)	24	
	25	2019 net 965 tax liability paid from Form 965-A, Part II, column (k), line 3	25	
	26	**Total payments** (from Schedule G, Part II, line 17)	26	
	27	Estimated tax penalty. See instructions	27	
	28	**Tax due.** If line 26 is smaller than the total of lines 24, 25, and 27, enter amount owed	28	
	29	**Overpayment.** If line 26 is larger than the total of lines 24, 25, and 27, enter amount overpaid	29	
	30	Amount of line 29 to be: **a Credited to 2020** ► ; **b Refunded** ►	30	

Sign Here Under penalties of perjury, I declare that I have examined this return, including accompanying schedules and statements, and to the best of my knowledge and belief, it is true, correct, and complete. Declaration of preparer (other than taxpayer) is based on all information of which preparer has any knowledge.

Signature of fiduciary or officer representing fiduciary | Date | ► EIN of fiduciary if a financial institution

May the IRS discuss this return with the preparer shown below? See instr. ☐ Yes ☐ No

Paid Preparer Use Only

Print/Type preparer's name	Preparer's signature	Date	Check ☐ if self-employed	PTIN
Firm's name ►			Firm's EIN ►	
Firm's address ►			Phone no.	

For Paperwork Reduction Act Notice, see the separate instructions. Cat. No. 11370H Form **1041** (2019)

Form 1041 (2019) Page **2**

Schedule A **Charitable Deduction.** Don't complete for a simple trust or a pooled income fund.

1	Amounts paid or permanently set aside for charitable purposes from gross income. See instructions	1	
2	Tax-exempt income allocable to charitable contributions. See instructions	2	
3	Subtract line 2 from line 1	3	
4	Capital gains for the tax year allocated to corpus and paid or permanently set aside for charitable purposes	4	
5	Add lines 3 and 4	5	
6	Section 1202 exclusion allocable to capital gains paid or permanently set aside for charitable purposes. See instructions	6	
7	**Charitable deduction.** Subtract line 6 from line 5. Enter here and on page 1, line 13	7	

Schedule B **Income Distribution Deduction**

1	Adjusted total income. See instructions	1	
2	Adjusted tax-exempt interest	2	
3	Total net gain from Schedule D (Form 1041), line 19, column (1). See instructions	3	
4	Enter amount from Schedule A, line 4 (minus any allocable section 1202 exclusion)	4	
5	Capital gains for the tax year included on Schedule A, line 1. See instructions	5	
6	Enter any gain from page 1, line 4, as a negative number. If page 1, line 4, is a loss, enter the loss as a positive number	6	
7	**Distributable net income.** Combine lines 1 through 6. If zero or less, enter -0-	7	
8	If a complex trust, enter accounting income for the tax year as determined under the governing instrument and applicable local law ... 8		
9	Income required to be distributed currently	9	
10	Other amounts paid, credited, or otherwise required to be distributed	10	
11	Total distributions. Add lines 9 and 10. If greater than line 8, see instructions	11	
12	Enter the amount of tax-exempt income included on line 11	12	
13	Tentative income distribution deduction. Subtract line 12 from line 11	13	
14	Tentative income distribution deduction. Subtract line 2 from line 7. If zero or less, enter -0-	14	
15	**Income distribution deduction.** Enter the smaller of line 13 or line 14 here and on page 1, line 18	15	

Schedule G **Tax Computation and Payments** (see instructions)

Part I — Tax Computation

1	**Tax:**				
a	Tax on taxable income. See instructions	1a			
b	Tax on lump-sum distributions. Attach Form 4972	1b			
c	Alternative minimum tax (from Schedule I (Form 1041), line 54)	1c			
d	**Total.** Add lines 1a through 1c ▶			1d	
2a	Foreign tax credit. Attach Form 1116	2a			
b	General business credit. Attach Form 3800	2b			
c	Credit for prior year minimum tax. Attach Form 8801	2c			
d	Bond credits. Attach Form 8912	2d			
e	**Total credits.** Add lines 2a through 2d ▶			2e	
3	Subtract line 2e from line 1d. If zero or less, enter -0-			3	
4	Tax on the ESBT portion of the trust (from ESBT Tax Worksheet, line 17). See instructions			4	
5	Net investment income tax from Form 8960, line 21			5	
6	Recapture taxes. Check if from: ☐ Form 4255 ☐ Form 8611			6	
7	Household employment taxes. Attach Schedule H (Form 1040 or 1040-SR)			7	
8	Other taxes and amounts due			8	
9	**Total tax.** Add lines 3 through 8. Enter here and on page 1, line 24 ▶			9	

Part II — Payments

10	2019 estimated tax payments and amount applied from 2018 return	10	
11	Estimated tax payments allocated to beneficiaries (from Form 1041-T)	11	
12	Subtract line 11 from line 10	12	
13	Tax paid with Form 7004. See instructions	13	
14	Federal income tax withheld. If any is from Form(s) 1099, check here ▶ ☐	14	
15	2019 net 965 tax liability from Form 965-A, Part I, column (f), line 3	15	
16	Other payments: **a** Form 2439 ____ ; **b** Form 4136 ____ ; **Total** ▶	16c	
17	**Total payments.** Add lines 12 through 15 and 16c. Enter here and on page 1, line 26 ▶	17	

Form **1041** (2019)

Form 1041 (2019) Page **3**

Other Information		Yes	No
1	Did the estate or trust receive tax-exempt income? If "Yes," attach a computation of the allocation of expenses. Enter the amount of tax-exempt interest income and exempt-interest dividends . . . ▶ $		
2	Did the estate or trust receive all or any part of the earnings (salary, wages, and other compensation) of any individual by reason of a contract assignment or similar arrangement? . . .		
3	At any time during calendar year 2019, did the estate or trust have an interest in or a signature or other authority over a bank, securities, or other financial account in a foreign country? . . .		
	See the instructions for exceptions and filing requirements for FinCEN Form 114. If "Yes," enter the name of the foreign country ▶		
4	During the tax year, did the estate or trust receive a distribution from, or was it the grantor of, or transferor to, a foreign trust? If "Yes," the estate or trust may have to file Form 3520. See instructions . . .		
5	Did the estate or trust receive, or pay, any qualified residence interest on seller-provided financing? If "Yes," see the instructions for the required attachment . . .		
6	If this is an estate or a complex trust making the section 663(b) election, check here. See instructions . . ▶ ☐		
7	To make a section 643(e)(3) election, attach Schedule D (Form 1041), and check here. See instructions . . ▶ ☐		
8	If the decedent's estate has been open for more than 2 years, attach an explanation for the delay in closing the estate, and check here . . . ▶ ☐		
9	Are any present or future trust beneficiaries skip persons? See instructions . . .		
10	Was the trust a specified domestic entity required to file Form 8938 for the tax year (see the Instructions for Form 8938)? . . .		
11a	Did the estate or trust distribute S corporation stock for which it made a section 965(i) election? . . .		
b	If "Yes," did each beneficiary enter into an agreement to be liable for the net tax liability? See instructions . . .		
12	Did the estate or trust make a section 965(i) election for S corporation stock held on the last day of the tax year? See instructions . . .		
13	**ESBTs only.** Does the ESBT have a nonresident alien grantor? If "Yes," see instructions . . .		
14	**ESBTs only.** Did the S portion of the trust claim a qualified business income deduction? If "Yes," see instructions		

Form **1041** (2019)

5. 公司法

公司法主要针对拟装入信托的境内外公司股权或股份的财产。同时，公司法另一个非常重要的作用是帮助设计者理解公司的控制权认定和公司不同权利机构的作用。因为目前财富大部分以股权或股份的形式存在，所以了解公司法是理解委托人设立信托目的的基础，也是设计信托方案的关键。比如，何为公司控制权？控制权仅仅就是股权吗？这些问题在实践操作中就需要单独判断，如果最终设计的方案导致委托人失去对公司的控制无疑是巨大的失败。

6. 证券法

证券法是进一步需要了解和熟悉的法律。常见的信托，比如英属维京群岛的 VISTA 信托和开曼的 STAR 信托，都是 21 世纪以后，随着离岸上市公司越来越多而逐渐发展和成熟起来的特殊类型信托。这些信托都有一个相对普遍的特点，就是信托财产主要都是境外上市公司的股份。但因为上市公司有别于非上市公司，其有严格的信息披露制度和众多公众投资人，并且无论是法律监管还是上市公司架构本身都是特别法律赋予的特别规定，与公司法可谓两个不同的法律领域。因此，为这些上市公司股东设立信托毫无疑问需要了解证券法方面的知识，尤其是信息披露方面。鉴于多数客户不愿意披露自己设立信托的细节，因此在设立信托时需要格外慎重，以免触发上市公司诸如要约收购等问题。

七、境外家族信托运用中的其他实务问题

（一）委托人的权利保留

在设立境外信托时，委托人常会发现在受托人提供的信托契约模板中，对受托人权利的设置较为宽泛，给委托人的权利较为有限。这样的设置会让委托人产生诸多担忧，要求在信托契约中增加对受托人的限制。实践操作中，委托人、受托人和保护人权利的分配需要考量诸多因素进行平衡。

需要注意的是，由于股权区别于现金和不动产，是一种特殊的财产，其置入信托后不仅牵涉到价值变动问题，还牵涉到公司治理问题，因此一些国家或地区对股权信托中的委托人权利保留事宜在信托法中制定了特别的规则。

例如，根据《2003 年英属维尔京群岛特别信托法》（Virgin Islands Special Trusts Act 2003）的规定，受托人通过 VISTA 信托只能持有 BVI 公司的股份，且其中一名受托人须是经过 BVI 认证的受托人或私人信托公司。

（二）委托人与信托财产的处分

设立境外信托时，通常受托人都会要求委托人在信托文件中作出承诺，声明委托人对信托财产拥有绝对的权利，有权对财产进行处分及该财产转移行为并非基于受托人的意见和建议。此外，委托人可能还需要对即将置入信托的财产是否为夫妻共同财产出具配偶同意函。

（三）境外信托相关的外汇管制问题

中国客户在设立境外信托时，我国的外汇管制是需要考虑的内容。受益人的国籍、经常居住地以及未来的人生规划，决定了其从信托所获取的收益之保留和使用地主要位于境内还是境外。假如受益人从境外信托获得的收益需要汇到境内，则还需要考虑在我国的外汇管制框架下，受益人如何能够合法合规且便捷地获得信托收益这一问题。

另外，如果境外信托为股权信托，且信托委托人为《关于境内居民通过特殊目的公司境外投融资及返程投资外汇管理有关问题的通知》中所规制的境内居民个人，当其以持有的公司股份作为信托财产设立境外信托时，还需要满足相关登记要求。

（四）关于境外信托的保密问题

家族信托具有较强的保密性，信托合同的内容通常是私密的，只有信托当事人及少数相关人员了解。2018 年 3 月，泽西岛法院作出了一个判例，允许对中国香港特区某知名家族的家族信托相关事项的判决予以公开。对此，法院进行解释："这是一个公众已经知晓且案件的细节和背景已经被媒体广泛报道的案件。在某些阶段，毫无疑问，媒体会提出法院是否已经作出了判决以及作出了什么判决的疑问。我们认为，在该阶段，若我们告知媒体，基于案件的私密性，我们的判决及理由不能公开，这个答复是不能令媒体满意的。这很可能导致更多的投机报道（且可能是不准确的），并会伴随新的风险。鉴于本案在公共领域已经存在广泛、详细的报道，并且基于本案中其他家庭成员的态度（根据前文，应该是指家族成员已经对媒体泄露了很多信息），我们认为，根据本案的特殊情况，采取平衡各方利益的做法是倾向将判决公开，而不是保密。"

以下是泽西岛法院对该案的部分判决内容：

Ultimately, this is a case where the application is known about by the media and details of the application and of the factual background have been widely reported. At some stage questions will undoubtedly be asked as to whether the Court has given a decision and if so what that decision was. It would in our judgment be unsatisfactory at that stage for the media to be told that the decision and the reasons for it are private. It is likely to lead to further speculative (and possibly inaccurate) reporting coupled with the risk of unofficial leakage of the decision. Given the level of detail already in the public domain and the attitude of the other members of the family, we consider that, in the particular circumstances of this case, the balance comes down firmly in favour of publication of the Judgment rather than non – publication.

从根本上说，这是一件被媒体所知晓且对其细节和事实背景被广泛报道的案子，显然到一定程度后，一定会有人提出"法院是否会作出判决"及"如果作出，那会是什么样的"这样的问题，如果我们对媒体回答此案的结论及其理论是非公开的话，必然会产生令人不愉快的结果，并且，可能还会致使使加具有推测性（且可能是不准确的报道以及此案结论被非官方泄露的风险，基于此案细节在公开领域披露的程度以及家庭其他成员的态度，在公开与不公开的平衡当中，我们坚定地选择了公开。）

八、婚内设立海外信托应关注的问题

（一）可否允许委托人将资产直接注入信托

在有些情况下，委托人有证据证明其所注入信托的资产属于委托人一方的婚前个人财产，或者委托人有证据证明其所注入信托的资产，系归属于其一方的财产，不包含法律所规定的夫妻一方个人财产在婚后产生的收益。如归属于一方的公司股权，若在婚后产生了收益，则该公司股权与收益系相互混同，如果未经双方或有权机关的分割，公司股权与收益的财产范围是无法完全区分开的，此时委托人所提供的资产包含部分夫妻共同财产且无法分割，这种情况下，委托人所提供的资产不能称之为归属于一方的财产。

委托人有证据证明其与配偶已以书面的方式约定婚姻关系存续期间所得的财产以及婚前财产及对应的收益均归各自所有，且其所注入信托的资产依照该书面约定为归属于委托人一方的财产，可以将该部分资产直接注入信托。

（二）共同财产设立海外信托是否需要配偶同意函

若委托人拟注入信托的资产属于夫妻共同财产，首先需要根据《民法典》婚姻家庭编的规定区分委托人利用夫妻共同财产设立海外信托的行为是否为系“因日常生活需要而处理夫妻共同财产”的行为。虽然我国的法律及司法解释并未对“日常生活需要”作出进一步的规定，但按照我们处理过的案例及中国法院的司法实践来看，设立海外信托所涉及的财产无论从财产的性质、内容，还是财产的数量、金额上来看，已超过“日常生活需要”的范畴。

既然委托人利用夫妻共同财产设立海外信托的行为不属于“因日常生活需要而处理夫妻共同财产”，则该类财产处分行为需要夫妻双方平等协商并取得一致意见。而配偶同意函则是双方对于处理夫妻共同财产进行协商并取得一致意见较为常见的书面法律文件。

若委托人虽然未提交配偶同意函，但是能够提供其他证据证明配偶方已知晓其拟利用夫妻共同财产设立海外信托且并未明确表示反对，且信托的受益人之一为配偶，从理论上来说也可以在一定程度上对抗配偶对于信托资产合法性的异议。

（三）不提交或无法提交配偶同意函是否会产生风险

配偶同意函的作用主要是证明委托人拟将夫妻共同财产注入信托的行为系合法处理夫妻共同财产的行为且已经过夫妻双方平等协商并取得一致意见。若委托人在未经配偶同意的情况下将夫妻共同财产注入信托中，则在中国法律框架下，委托人的行为系一种无权处分行为，处分行为效力待定。若委托人的配偶对于该行为不进行追认，则委托人的行为在信托所在地则可能存在被撤销或无效的可能。而委托人的配偶则可以请求法院认定委托人处分该财产的行为无效，要求信托公司返还信托财产，从而进一步影响信托的设立的有效性。

九、境外家族信托的典型案例

2002 年，SOHO 中国为在海外上市，搭建了红筹架构。潘某和张某夫妇通过私人公司控制 SOHO 中国（Cayman）的股权。此后，SOHO 中国（Cayman）设立了 7 家 BVI 公司，控制其境内 7 家地产项目公司。其中，潘某通过 Boyce（BVI）控制 SOHO 中国（Cayman）47. 39% 的股权，张某通过 Capevale（BVI）控制 SOHO 中国（Cayman）47. 39% 股权，夫妻二人的股权共计 94. 78% 。此时，潘某和张某分别拥有 SOHO 中国（Cayman）的均等股权。

2005 年 11 月 14 日，潘某将其在 Boyce（BVI）的全部股份以馈赠方式转让给张某。SOHO 中国的信托持股设计模式如下：张某把 Boyce 及 Capevale（BVI）的全部股份转让给 Capevale（Cayman）；此后，张某把 Capevale（Cayman）的全部股份授予汇丰信托。该笔信托属于私人信托，而张某则是该笔信托的委托人、保护人及全权受益人。潘某、张某二人作为 Boyce 及 Capevale（BVI）的董事，通过对其控制，同时实现了将资产设立海外信托和对 SOHO 中国的控制。

第六节
境外热门地区家族信托探究

一、美国家族信托的实践

美国的法律制度不同于中国。在美国，继承法是州法，一个普遍的情况在于子女对父母的遗产没有天然的继承权。同时，基于身份的不同，法律对子女的监护权也有不同的规定。正是基于前述原因，如果被继承人生前未留有生前信托（living trust）和遗嘱（will），则在其去世后，遗产需经过法院的认证（probate）后，继承人方能继承遗产；如果被继承人还有未成年子女，则在某些情况下，未成年子女在认证期间需要被送到政府制定的机构或者家庭寄养。基于此，美国的信托在民间非常热门。

（一）遗产的法院认证

遗产的法院认证程序是美国私人信托快速发展的动力。由于认证的流程耗时漫长、经济成本巨大、继承人对出庭所付出的时间成本也较高，因此当个人资产超过一定数额后（各州的法律规定不同，通常在5—15万美元），如果没有留有生前信托和遗嘱，则需要耗费数月甚至数年的时间以及数万美元的费用，方能完成遗产的法院认证全流程。

比如，好莱坞知名影星玛丽莲·梦露，她用招牌式的笑容，充满诱惑力的肢体语言，塑造了一个又一个经典的人物形象。然而她36岁就不幸离世，虽然其生前留有一份遗嘱，但是因为遗嘱中存在错误，她的遗产认证程序花了整整40年。直至2001年，纽约遗嘱检验法院（New York Surrogate Court）才发表声明，表示玛丽莲梦露的遗产已经全部处理完毕。①

据媒体报道，在这漫长的40年中，遗产认证所花费的各项费用就高达上百万美元。据称，在1997年法庭主持的一场听证显示，处理其遗产认证的律师每

① 信息来源于网络：https：//www. liveabout. com/marilyn - monroe - will - testament - 3505094；Julie Garber，Summary of the last will and testamewt of Mariyn Monroe，最后访问时间：2021年4月13日。

小时收费1600美元。法庭对此认为，根据纽约州法律，该费用是合理的。

遗产的法院认证主要是一种文件和行政性的程序，即使继承人之间没有纠纷，没有争议，不需要任何法庭审理和律师代理技巧，由于复杂的案卷材料，高昂的费用和漫长的时间都是不可避免的。

遗产的法院认证一般包括以下程序：(1) 向地方法庭提交被继承人的遗嘱（若有）；(2) 制作被继承人遗产清单；(3) 对遗产进行估价；(4) 支付遗产税和债务；(5) 向法庭提交遗嘱（若有）进行检视；(6) 分配遗产。

如果没有对被继承人的遗产进行认证，则被继承人名下的诸如房产、证券、银行账户、汽车等财产都无法办理过户。如果被继承人生前负有债务，则债权人可以主动申请对遗产进行认证。为了避免认证程序费时费力费钱，最常见的方法就是设立生前信托和遗嘱。

（二）家族信托在美国如何运作

在美国，家族信托（family trust）是对家族资产进行保全、管理、分配和传承的一系列信托工具的统称。美国家庭常用的信托包含生前信托、人寿保险信托和朝代信托。

1. 生前信托（living trust）

美国的信托分为可撤销的信托和不可撤销的信托。可撤销是因为信托是在自己的名下由自己来管理，随时可以变更和撤销，称之为生前信托。

继承法属于州法，每个州在继承法中都对继承的顺位和继承份额进行了不同的规定。如果资产所有人意外身故，其财产将按照各州法律规定的继承顺位和比例去继承。

继承的过程需要法庭认证的程序，法院认证要承担如律师费、法庭管理费、评估费、公告费等诸多费用。而设定生前信托通常只需要3000美元左右的费用。因此，在美国设立生前信托的门槛是非常低的，只要资产达到5万—15万美元，就有必要考虑设立生前信托。

2. 人寿保险信托（Life Insurance Trust）

人寿保险信托是除了生前信托以外较常使用到的信托工具，具备税务优化的功能。在美国仅有少部分资产可以免税，人寿保险信托就属于其中一种。因此，人寿保险信托在美国家庭中较常使用。

美国终身寿险的杠杆根据被保险人年龄的不同有所差别，通常能够达到数10倍。人寿保险本身是不征收所得税的，但当被保险人过世后，身故赔付作为被继承人的遗产，可能会触及遗产税。如果保单金额较大，且配置的目的主要是财富传承，则通过设立人寿保险信托的方式，在被保险人身故后，保险赔偿金直接进入信托，可以免除继承人的所得税和遗产税。通过人寿保险信托工具，可以实现财富传承的目的。

3. 朝代信托（dynasty trust）

如果整个家庭资产体量较大，则朝代信托是一个必不可少的工具。其最重要的目的是使家族资产可以代代传承，在国内常说的家族信托即该信托。

在朝代信托中，委托人可以根据自己的设想愿景及家族的实际情况，个性化地设定各式各样的条款，如想鼓励什么行为，就在信托财产分配中设定相应的规则；想要避免什么行为，也可以在信托财产分配中对此类行为设定不利的后果。通过朝代信托，将委托人的财富转移至专业的受托人处管理，是美国富裕家庭比较流行的财富传承方法。

在朝代信托中，委托人可以将任何资产置入信托中，包括现金、不动产、动产、企业股权、金银珠宝、收藏品等。与中国现在的情况有所不同的是，在美国把前述财产装入信托不会被视为交易，因此无须缴纳所得税。

虽然为了避免财富在少数富豪家族中固化，美国的信托业设有反永续法，但仍有少数几个州的信托可以永续，为朝代信托的设立和设置留有空间，只要设计合理，仍然可以达到资产永续传承的目的。

二、中国香港特区家族信托的实践

（一）中国香港特区家族信托的发展与特点

相较于离岸地区的家族信托而言，中国香港特区作为准离岸地，对吸引中国内地高净值客户在其司法管辖领域设立境外信托有着其天然的优势。中国香港特区是距离中国内地最近的世界金融中心，文化相通，懂得中国高净值客户的内在需求。

2013 年 12 月 1 日，历时多年讨论、修改的香港《信托法》正式生效，对 1934 年和 1970 年的旧例作出了大刀阔斧的改革，包括赋予受托人更大的预设权利，涵盖投保、委任代理人、特许投资和收取酬金，可设立永久信托，引入反强制继承权规则等。改革后的香港信托规则更加迎合了中国内地高净值客户的需求。

香港信托人公会主席、BCT 银联集团董事总经理及行政总裁刘嘉时接受 21 世纪经济报道专访时表示，香港 2013 年《信托法》厘清了受托人、财产授予人和受益人各自的权利和义务，并辅以适当的制衡，为私人财富管理机构提供了诱因，重新接受以香港作为现代信托司法管辖区。①

香港 2013 年《信托法》改变了对受托人收费的限制，只要信托文书订明收费事宜，专业受托人可从信托基金中收取酬金。同时，赋予受托人委任代理人、代名人和保管人的权利，受托人还可以根据财产市值购买等额保险，取消对受托人投保金额的限制。受托人不再享有特殊豁免权，一旦管理失当或涉及误导，受益人可随时辞退或更换受托人。

法律为财产授予人保留了对信托资产投资和资产管理的权利，等于为家族信托增加了双保险：受托人按照法定谨慎责任，利用保险、股票和基金投资来维持信托资产的稳定，财产授予人也可以根据不同时期的风险偏好更改投资组合，为在香港设立的信托提供最大灵活性，这点对偏爱控制权的内地高净值客户尤其重要。

此外，引入反强制继承权规则成了香港 2013 年《信托法》的又一个亮点，强制继承权是指限制立遗嘱人决定如何转移死后遗产的自由。比如必须把遗产的某一部分预留给妻子或直系亲属的继承人，如果强制继承人根据法律应得的份额在立遗嘱人的遗嘱中无法满足，就要从立遗嘱人生前所设立的信托中支取。强制继承权在大陆法系的法律中常有设定，而香港信托法的反强制继承权规则，可以确保信托文件只要按照香港信托法设立，并接受香港法律管辖，则其他国家的强制继承权不会影响委托人在生前把流动资产转移至香港信托中的有效性，即通过香港信托法的反向规则予以制衡。

2013 年《信托法》生效后，香港信托以更高的灵活度、更透明的权责分配，使其更具竞争力，越来越多的中国内地高净值客户选择以香港为信托司法管辖地。

（二）中国香港特区家族信托被“击穿”的典型案例

2014 年 7 月，香港终审法院作了裁决［FINAL APPEAL NO. 21 OF 2013

---

① 参见江家岱：《香港新信托法放权 离岸信托特许投资门槛降低》，载新浪财经，http：//finance. sina. com. cn/trust/20131209/010017566886. shtml？from = wap。

(CIVIL)]，直接“击穿”了以信托结构为形式的夫妻资产隔离，引起了全球私人财富管理行业的高度关注。该案意味着海外信托并非绝对的“安全港”与“隔离岛”。该案也给国内拟在离岸设立信托以保障家族财富安全的高净值客户以警示：一切以“非法侵害”为手段的财产隔离手段都最终敌不过法律的公平和正义。不论是婚姻、家族、还是家族财富的配置管理，首先要公平、合法地建立私人财富保障的法律体制，促进家庭的和谐和社会的进步。

案例3-7 P先生家族信托纠纷案

PLTO（以下简称P先生）与妻子KLK（以下简称J女士）于1968年1月6日在英国登记结婚。婚后育有三名子女分别为K、R和H（其中R及H分别于1995年、2000年过世）。P先生自1977年便开始打造属于自己的商业王国，虽然在他事业的发展过程中不免有各种高低起伏，但自1994年起，P先生的生意开始风生水起，在香港成立了一系列的运营公司。后，P先生成立了AL工程集团有限公司（以下简称AL集团），P先生担任AL集团的主席，而AL集团则成为P先生所有生意的控股公司。

1995年7月，P先生以AL集团84.63%的股权及另外一家公司REY Limited的股权（该公司持有P先生与妻子儿女共同居住的房屋）设立了名为“TOPF Trust”（以下简称信托）的酌情信托（discretionary trust），该信托在泽西岛(Jersey)成立，财产委托人、保护人及受益人之一为P先生，受托人为H国际信托有限公司（H International Trustee Limited）。

2009年2月，P先生提出离婚申请，J女士并未作出任何抗辩。法院于2009年5月颁发暂准离婚令，2010年9月颁发永久离婚令。

双方解除婚姻关系后，J女士立刻向香港法院申请了附属救助，要求基于平等分配原则{the principle of equal sharing［平等分配原则来源于案例LKW v DD（2010）13 HKCFAR 537］}对半分割该信托的所有价值，并主张该信托的总价值为$1，560，686，000；同时，J女士认为双方分居时间为2008年，而AL集团系2001年起开始产生巨额盈利，故该巨额盈利产生于双方夫妻关系存续期间，应当由双方对半分割。

P先生方则认为，该家族信托中包含双方子女K的权益，夫妻双方仅拥有2/3的信托价值；另外，P先生主张双方自2001年起已分居，AL集团自2001

年所产生的巨额盈利与J女士无关。

经过一系列的诉讼程序，香港终审法院最终于2014年7月17日对P先生一案作出了终审判决［案件编号：FINAL APPEAL NO. 21 OF 2013（CIVIL）］，该判决推翻了原讼法庭和上诉法庭关于“该信托的价值中只有2/3权益是双方的婚姻资产”的观点，而认为整个信托完全系P先生可用的财务资源。随着该终审判决的尘埃落定，不但使得P先生本人需要向前妻J女士支付约$7.6亿的赡养费，同时更引起了社会大众对于信托的资产保护能力的普遍质疑。

终审法院关于P先生案件最核心的争议焦点之一即该信托是否属于P先生的财务资源，并设置了一个测试的标准问题：如果P先生要求该信托提前预付该信托的全部或部分资本或收入给他本人，受托人是否极有可能按照P先生的意愿执行？而香港终审法院主要通过研究该信托的设立及条款、P先生的信托意愿书、该信托资产的性质及受托人以往所做的分配等内容从而作出判断。

首先，香港终审法院通过该信托的设立及条款分析得出如下结论：（1）P先生让自己成为该信托的保护人，这使他拥有了非常重要的权利，这种权利甚至包括更换受托人，因此他的意见对于信托的管理者即受托人有很重要的影响；（2）P先生让自己成为该信托的潜在受益人之一，表明了他也打算从该信托的资本和收入中获得相应的利益；（3）P先生只打算让受托人成为AL集团84.63%股权的持有人，而AL集团的实际经营权则仍由P先生本人掌握；（4）P先生声称其子女K应当拥有1/3的信托权益，但是K在该信托中也是一个可以被P先生任意决定的对象，且她能否从该信托中获得收益完全是未知的；（5）最为重要的是，如果该信托决定把整个或部分的信托资产或收益仅分配给其中一个受益人，是完全没有任何阻碍的。

其次，香港终审法院通过审查P先生的信托意愿书发现：P先生作为保护人所获得的权利已经完全取代了受托人，且不会受到任何的限制，而P先生的意愿对于受托人的行为起到了非常重要的影响。例如，P先生1996年1月22日签署的信托意愿书显示，P先生希望香港理工大学成为该信托的潜在受益人之一，而受托人则在4天后立刻决定该大学成为符合条件的受益人；又如，当P先生与J女士开始离婚申请，且P先生从双方共同居住的家中搬出之后，受托人根据P先生的指示，立刻将信托所持有的REY Limited公司的所有股权（该公司持有P先生与J女士及子女们共同居住的房屋产权）转移给了J女士，自此该信托中资产仅剩下AL集团的84.63%股权。香港终审法院认为根据P先生的信托意愿书可以证实整个信托实际上可以被视为P先生对于AL集团股权处理的遗嘱。就像立遗嘱人可以随时改变遗嘱一样，香港终审法院也有理由相信无论P先生希望怎样修改信托意愿书，受托人都一定会尊重并执行他的所有意见。

此外，香港终审法院还通过研究该信托唯一的资产即AL集团84.63%股权（原本信托内的另一家公司REY Limited公司的股权已经根据P先生的指示转移给了J女士）的财产性质及受托人以往所做的财产分配后发现：虽然AL集团是一家年营业额超过25亿、旗下拥有13家公司、雇佣人员超过1500人的大集团公司，但该信托的信托契约第26（b）（i）条显示，受托人仅作为AL集团的股权持有人，并未参与整个集团经营任何一部分，甚至没有任何基于股权持有人而享有的投票权或其他相关权利。结合P先生的信托意愿书，P先生不仅是AL集团的实际经营者，实质上已经成为AL集团的实际控制人，甚至P先生还能指定他身故后由谁来担任AL集团的董事长。因此，该信托并不是通过受托人去经营管理信托资产从而获得收益，整个信托的收入完全来源于AL集团所派发的股息，且信托除了该股息之外，并没有任何其他的收入。另外，由P先生控制的公司董事会决定了AL集团是否派发股息及何时派发多少股息等内容。因此，这就不难理解，一旦股息被派发到信托中，受托人总是会按照P先生的意愿去分配这些收入，包括分配给P先生自己。

在本次附属救济程序开始前，该信托已经分别在2001年3月29日、2002年3月14日、2008年7月16日、2009年7月30日及2011年2月21日将AL集团派发给信托的股息直接分配给P先生，财产价值共计$68,552,999。具体的分配方式为：以2001年3月29日的股息分配过程为例，2001年3月26日P先生作为AL集团的董事长通知受托人可以获得的股息价值为$8,463,333并开具支票给受托人，受托人在收到AL集团派发股息消息的当日，决定以P先生为信托受益人分配信托收益："... we intend to exercise our trustee power to make a distribution from the trust fund to you as beneficiary thereof"，2001年3月29日该信托将价值$8,463,333的信托收益全部转入P先生的银行账户中，2001年4月9日P先生向受托人支付了分配信托收益的手续费$5000。后，为了更加简化手续，AL集团甚至将应当分配给受托人的股息直接转入P先生的银行账户中。以2008年7月16日的股息分配过程为例，2008年7月10日AL集团向受托人写信表示根据P先生的意愿，希望受托人同意AL集团直接将股息收入支付到P先生的银行账户中："As Mr P wishes to have the said dividend to be received by H

International Trustee Ltd distributed to him, we would therefore appreciate if you could kindly send us your letter of instructions to pay the said dividend directly into Mr P's bank account.”而受托人于2008年7月16日指示AL集团将股息直接支付到P先生的银行账户中。由此可见，该信托中唯一的收入即AL集团的股息可以由P先生任意决定并分配给自己，甚至根本不需要受托人经手处理。

综上，香港终审法院通过对上述事实的论证及调查，可以得出结论即受托人极有可能在P先生要求下，将信托的全部或部分资产或收入都预付给P先生本人，因此该信托的资产应当被视为P先生直接可用的财务资源。

信托作为一种实现财产隔离功能的财富管理手段，已被境内外的高净值客户广泛使用。鉴于信托关系成立后，所交付的财产就成为信托财产，系一种独立于委托人、受托人以及受益人的财产，这使得信托财产具有了财产隔离的功能。而信托实现财产隔离功能的最重要因素就是需要保持信托财产的独立性，信托财产必须独立于委托人、受益人而独立存在。但通过P先生的案件我们很容易可以发现，案例中的信托财产并不具有独立性，反而整个信托财产及受托人都完全受到委托人P先生个人意志的控制，该信托中的受托人除了担任信托财产即AL集团相应股权的名义登记人之外，其他包括AL集团的投票权及经营权、AL集团的股息分配权、信托收益的分配权等所有的权利均由P先生所操控，这最终导致了香港终审法院认定该信托财产实际为P先生拥有的财产，判决P先生需要向前妻支付数亿元的赡养费用。

另外，在P先生的案件中我们还需要注意一点，即P先生所设立的信托为一个酌情信托，该信托的特点为信托的受益人及受益人的权利都是不特定的，主要由委托人在信托文书中设置的标准条件而决定。而委托人通常会向受托人出具信托意愿书，由于信托意愿书不具有法律约束力，因此受托人可以自由裁量是否依据委托人的信托意愿书履行相应的行为。但P先生案件中，受托人完全依据了P先生的信托意愿书指示，包括新增香港理工大学为信托受益人、直接转移该信托持有的公司股权给P先生的前妻等，同时在P先生的指示下将信托中的唯一收入即AL集团的股息直接分配到P先生的个人银行账户中，这所有的行为都使得香港终审法院完全有理由相信，如果P先生利用信托意愿书向该信托提出提前预付信托的全部或部分资本或收入给他本人的要求，受托人是极有可能按照P先生的意愿来执行的。因此，香港终审法院进一步确认了该信托的资产实际就是P先生个人可支配的财产，应当作为夫妻的共有财产进行依法分配。

此案是2013年6月英国最高法院判决X案附属救济案件的有益呼应。在X案中，最高法院的长达四十几页的判决书中，大法官Neuberger，大法官Walker，法官Lady Hale，大法官Mance，大法官Clarke，大法官Wilson，大法官Sumption这7位大法官引经据典、旁征博引地论述了在婚姻案件中提起附属救济的情况下，把在一方当事人所控制的公司名下的财产转移给另一方当事人的三种适用情形：(1)“刺穿公司面纱”原则的适用情形；(2) 1973年婚姻诉讼法相关条款的适用；(3) 实际权益人的适用。

第七节 知名家族企业境外信托案例分析

一、小米家族信托实现控制权的保留

小米作为一个中国手机与互联网市场的“独角兽”，其整个上市的过程非常值得我们关注和学习，无论从哪个角度观察与分析，都可以品味出小米集团创始人团队与自身商业体系在各个维度的巧妙安排。

小米的招股说明书显示，小米的创始人雷军先生选择了境外上市公司所有权顶层设计的标配——家族信托。小米上市主体之上共有6层架构，第一层上市主体小米集团；第二层为两家公司Smart Mobile Holdings和Smart Player Limited，前者持有AB股，后者仅持有B股；第三层、第四层分别为Sunrise Vision Holdings及Parkway Global Holdings；第五层为家族信托，雷军作为委托人，本人及其家族作为受益人；第六层为受托人ARK Trust（HK）Co.，Ltd（见图3-7）。

雷军设立的家族信托是典型的上市前信托的架构模型。从股权结构看，小米股票分为A类股份和B类股份，A类股份持有人每股投票权为10票，B类股份持有人每股投票权为1票。具体来看，小米集团A类股份全部由创始人雷军（4.29亿股）和另一位联合创始人林斌（2.4亿股）持有。

因此，在小米成功上市的情况下，雷军当前通过家族信托享有的小米集团31.41%股份实益权益将稀释至23%左右，但通过AB股制度及部分的投票权委托安排仍旧可以控制50%左右的股东投票权，从而实现对小米集团的实质性控制。

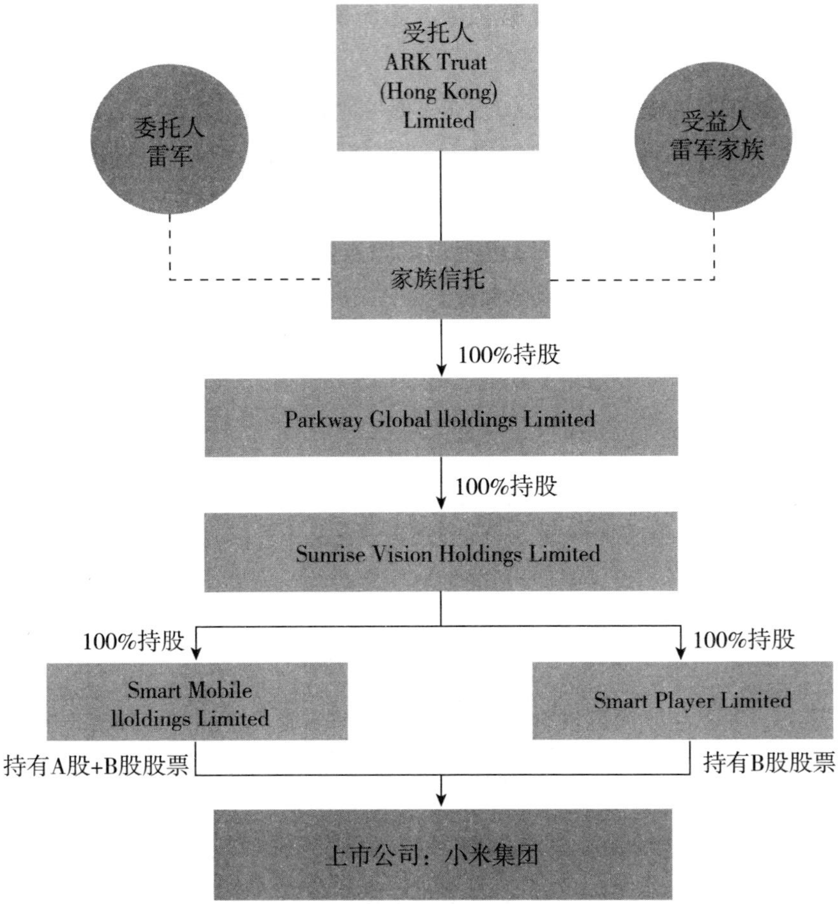

图 3－7 雷军家族信托结构

二、吴氏家族信托实现财富的平稳传承

2009 年，龙湖集团（曾用名龙湖地产）在香港挂牌上市。在上市前一年，吴亚军及其丈夫蔡奎分别设立了两个家族信托：吴氏家族信托和蔡氏家族信托，并将双方拥有的龙湖地产股份分别注入这两个家族信托。2012 年，龙湖集团宣布集团主席吴亚军女士与丈夫蔡奎先生解除婚姻关系。婚变消息公布当天，龙湖集团股价下跌了 4.2%。但龙湖集团依靠着家族信托，保证了公司股权架构的稳定，避免了因创始人婚姻破裂而可能引发的股权争夺，成功化解了此次婚变对上市公司的巨大震动。

2018 年 11 月 22 日，龙湖集团发布公告称，董事会已获汇丰信托知会，作为家族财富及传承计划的一部分，Silver Sea 全部已发行股本于 11 月 21 日由母亲信托分派至女儿信托。女儿信托设立人为吴亚军女士的女儿蔡馨仪，而母亲信托为吴氏家族信托，由吴亚军女士在 2008 年 6 月 11 日设立，受益对象为包括蔡馨仪在内的吴亚军女士的若干家族成员。本次分派不影响龙湖集团运营。上述事项后，龙湖集团实际控制人未发生改变。公告日龙湖集团股价下跌了 2.5%，但隔天股价开始反弹，此次家族财富转移对公司的影响较小，吴亚军通过家族信托实现了财富的平稳传承。

三、旭辉集团家族信托实现股权的“两权”分离

旭辉集团在 2000 年成立于上海，是一家以房地产开发为主营业务的综合性大型企业集团，创始人为林中、林伟、林峰三兄弟（以下简称“林氏三兄弟”），其控股股东旭辉控股集团 2012 年在香港主板整体上市（股票代码 00884. HK）。

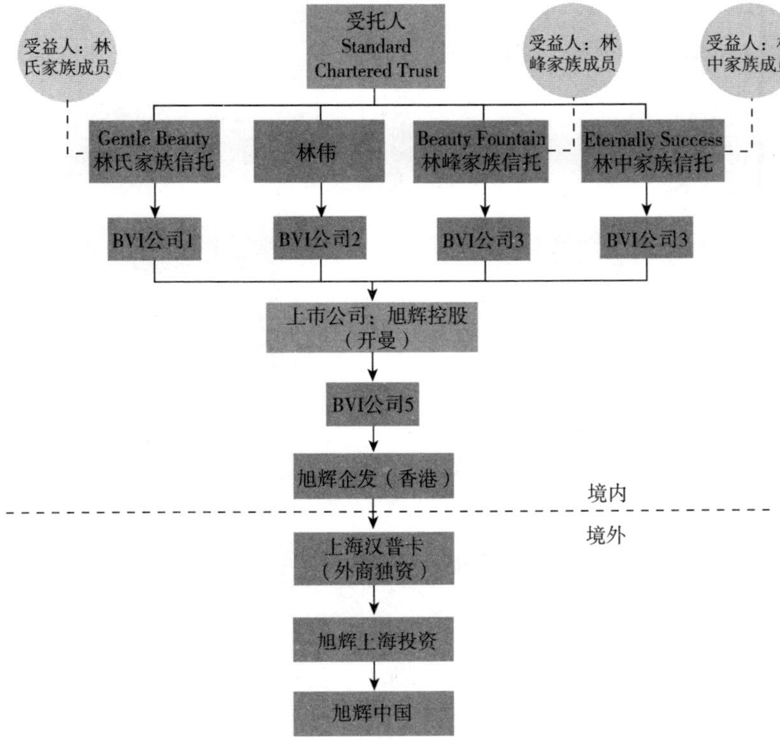

图 3－8　林氏家族信托结构图

旭辉控股招股说明书显示，旭辉控股的创始人“林氏三兄弟”家族共设立了三个信托：（1）林氏家族信托，受益人为林氏家族成员；（2）林峰家族信托，受益人为林峰家族成员；（3）林中家族信托，受益人为林中家族成员。“林氏三兄弟”通过设立家族信托的方式，将上市公司股权置入家族信托中，实现了公司股权所有权和控制权的分离。

旭辉控股在香港上市后，公司经营持续向好，进入高速发展期，二级市场上股票价格也不断攀升。基于对企业未来发展前景的信心，林氏家族信托在2018年至2020年1月的2年多，不断通过二级市场增持旭辉控股的股票高达数亿元。[①]

四、海底捞家族信托避免个人风险影响公司

海底捞成立于1994年，是一家以经营川味火锅为主要业务的大型餐饮品牌。2018年9月26日，海底捞成功在港交所上市（股票代码06862. HK）。2019年10月，海底捞股票市值一举突破2000亿元港币，其创始人张勇、舒萍夫妇身价也“水涨船高”，登顶《福布斯亚洲》新加坡首富，身价超过1000亿元人民币，这是新加坡首富10年来首次换人。

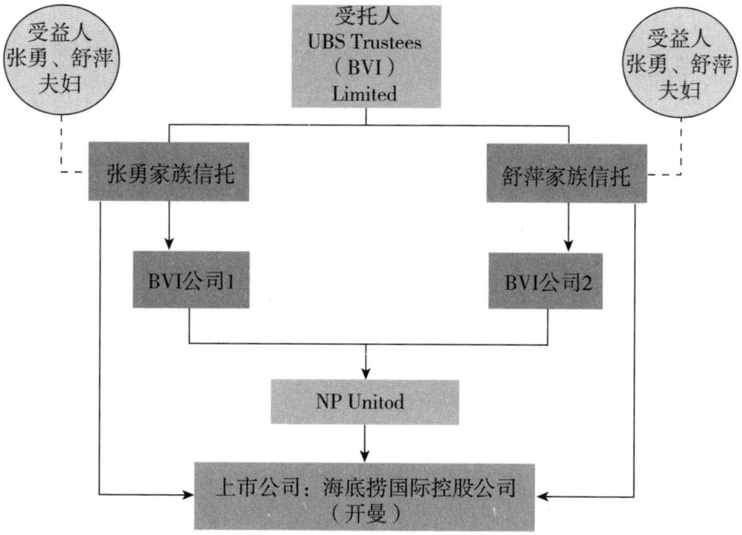

图3-9 海底捞家族信托结构图

---

① 《旭辉控股再获大股东林氏家族增持100万股》，载旭辉集团官网2020-01-17，https://www. cifi. com. cn/content/detai/s_ 50_ 4243. html。

海底捞的招股说明书显示，张勇、舒萍夫妇所持有的高达千亿港币的海底捞股份全部是通过“离岸家族信托 + BVI 公司”进行持有的。

张勇和舒萍各自作为委托人，分别设立了家族信托，并担任自己设立的家族信托的保护人。其中，张勇的家族信托约持有海底捞 47.8% 的股份（公开发行前份额），舒萍的家族信托约持有海底捞 14.8% 的股份（公开发行前份额）。

双方分别设立信托，将公司股权的所有权、控制权、收益权相分离，对个人债务及未来若夫妇关系发生变故对公司造成的潜在风险等问题进行了隔离。

五、马云家族信托实现财富筹划与传承

阿里巴巴网络技术有限公司（以下简称阿里巴巴集团）是马云等人于 1999 年在浙江省杭州市创立的公司，关联产业包括淘宝网、天猫、聚划算、全球速卖通、阿里巴巴国际交易市场、1688、阿里妈妈、阿里云、蚂蚁金服、菜鸟网络等家喻户晓的品牌。

2014 年 9 月 19 日，阿里巴巴集团在纽约证券交易所正式挂牌上市，创造了史上最大 IPO 记录，股票代码“BABA”，创始人为马云。2019 年 11 月 26 日，阿里巴巴港股上市，总市值超 4 万亿元，登顶港股成为港股“新股王”。

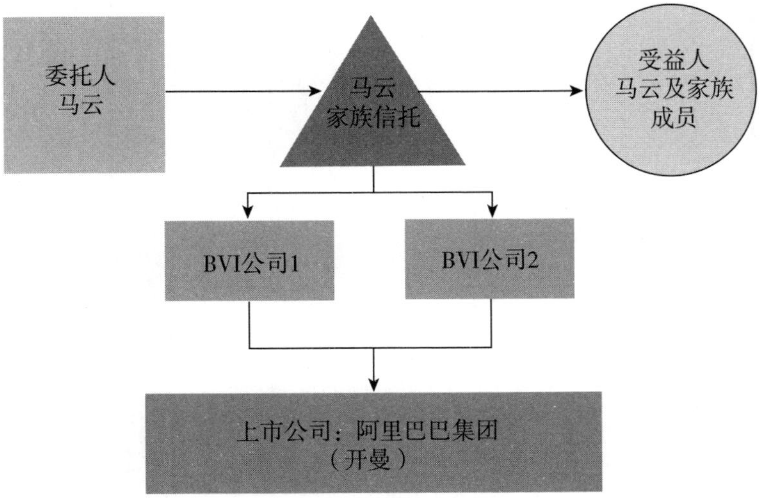

图 3－10　马云家族信托结构图

阿里巴巴集团招股说明书显示，马云名下的部分阿里巴巴集团股票是通过家族信托持有的。马云的家族信托以马云作为委托人，马云及家族成员作为受益人，家族信托通过两个 BVI 公司最终持有阿里巴巴的股票。该家族信托是马

云家族财富筹划与传承的一部分，通过家族信托，马云作为集团合伙人之一，对集团的控制按照合伙人制度决策或行事；而马云的家族成员将按照马云的信托契约分配或受益，享受收益权。因为该部分股权已经置入家族信托中，因此未来不会存在股权、控制权争夺的风险。

第四章

保险规划

综述

近年来，越来越多的高净值客人开始思考财富管理与传承的问题，通过寻求专业人士的帮助，借助法律工具与金融工具提前进行财富规划。财富管理的本质在很大程度上是对财富增值、保值和传承中所遇到的风险进行管理。财富管理风险是指因为“黑天鹅事件”“灰犀牛事件”而导致的财富缩水。此类风险一旦发生，常常会给个人及家庭带来损失。既然财富管理风险是不能预知的，那么，只能在风险来临之前提前规划，以保障自己的财富及生活不会因为风险的来临而产生巨大的改变。

保险是财富管理与传承中不可或缺的金融工具，可为家庭财产和人身健康提供风险保障和经济补偿。保险可以提供财产保障、健康医疗保障、投资理财收益,还具备为高净值家庭提供财富传承、税务筹划等诸多功能。随着我国国民财富规模的不断增长和家庭财富管理意识的提升，财富管理对保险的需求会逐步增加，保险将在财富管理中发挥更为重要的作用。

本章主要介绍保险的概念、保险在财富管理中的主要作用、保险金信托及境外保险等内容。

第一节 保险与大额保单

一、如何理解保险

保险作为一项社会制度，体现了人类古老的智慧。早在封建社会时期，君王便有朴素的保险意识。《礼记》有云：三年耕，必有一年之食；九年耕，必有三年之食。为了对抗自然天灾，国家每三年就要储备一年的粮食，每九年就能储备三年的粮食。这种“耕三余一”的思想，也可以说是最早的保险意识。

而在古巴比伦时代，亦有着“损害分摊补偿制度”。彼时商业繁荣，但旅途中商人的货物经常会遭遇不测，于是商队们商量出一个互助救济的方法，每次旅途中未受损的商人从自己的获利中拿出一部分物资来救济和帮助遭受损失的商人，以帮助他们东山再起。保险公摊共担的理念，一直从古代传承到现代。

现代我们所称的保险，是指投保人根据合同约定，向保险人支付保险费，保险人对于合同约定的可能发生的事故因其发生所造成的财产损失承担赔偿保险金责任，或者被保险人死亡、伤残、疾病或者达到合同约定的年龄、期限等条件时承担给付保险金责任的商业保险行为。

保险是一种保障机制、风险转移机制、意外事故的分摊机制，也是用来规划人生财务的一种工具，是市场经济条件下风险管理的基本手段，也是金融体系和社会保障体系的重要的支柱。

（一）保险的分类

为了便于理解，我们可以将保险分为社会保险和商业保险两大类。

1. 社会保险

大家都比较熟悉社会保险。我们去单位工作，单位都会为我们缴纳“五险一金”。“五险一金”中的“五险”即指社会保险。通俗来说，社会保险是“国家”为个人强制投保的一种保险，是一项社会制度，为丧失劳动能力、暂时失去劳动岗位或因健康原因造成损失的人，提供收入或补偿的一种社会和经济制度。目前我国社会保险的主要项目包括养老保险、医疗保险、失业保险、工伤保险、生育保险。

社会保险计划由政府举办，强制某一群体将其收入的一部分作为社会保险费形成社会保险基金，在满足一定条件的情况下，被保险人可从基金获得固定的收入或损失的补偿。它是一种再分配制度，它的目标是保证物质及劳动力的再生产和社会的稳定。

在中国，社会保险是社会保障体系的重要组成部分，在整个社会保障体系中居于核心地位。另外，社会保险是一种缴费性的社会保障，资金主要是用人单位和劳动者本人缴纳，政府财政给予补贴并承担最终的责任。劳动者只有履行了法定的缴费义务，并在符合法定条件的情况下，才能享受相应的社会保险待遇。

2. 商业保险

社会保险是政府举办、强制实施的，相对来说保障能力有限，保障程度也较低，因此还需要有商业保险的补充。商业保险由当事人自愿缔结，投保人根据合同约定，向保险公司支付保险费，保险公司根据合同约定的可能发生的事故因其发生所造成的财产损失承担赔偿保险金责任，或者当被保险人死亡、伤残、疾病或达到约定的年龄、期限时承担给付保险金责任。保险公司推出的保险产品均为商业保险。商业保险可以进一步分为财产险、人身险。

财产险以财产作为投保标的，我们平时所说的车险、房屋险，都是财产险类型。而人身险是跟人身健康、安全紧密关联的，是以人的身体或者寿命作为保险标的的保险，可以分成人寿、健康、伤害保险。①

人寿保险，是指以被保险人在保险期限内死亡、伤残或者在保险期限届满时仍生存为给付保险金条件的保险。人寿保险又根据保险事故的不同分为死亡保险、生存保险和生死两全保险。生存保险和生死两全保险的年金类保险是我们规划财富传承方案、婚姻财富策划方案、家业企业隔离时使用最多的一类保险。

健康保险，是指以人体的健康作为保险标的进行投保，主要包括医疗保险、

① 参见安建主编：《中华人民共和国保险法（修订）释义》，法律出版社2009年版，第142页。

疾病保险、失能收入损失保险、护理保险以及医疗意外保险等。在被保险人身体出现疾病时，由保险人向其支付保险金的人身保险。健康保险的支付范围通常包括医疗费用、收入损失、丧葬费及遗属生活费等。此种保险多与伤害保险合办，也有与人寿保险合办的。

伤害保险，又称意外伤害保险，是指以意外伤害而致身故或残疾为给付保险金条件的一种人身保险。意外伤害保险有以下三层含义：（1）必须有客观的意外事故发生，且事故原因是意外的、偶然的、不可预见的。（2）被保险人必须因客观事故造成人身死亡或残废的结果。（3）意外事故的发生和被保险人遭受人身伤亡的结果，两者之间存在内在的、必然的联系。

（二）保险的基本原则

保险原则是在保险发展的过程中逐渐形成并被人们公认的基本原则。这些原则作为人们进行保险活动的准则，始终贯穿于整个保险业务，保障人们的合法权益，避免在购买保险或要求理赔时出现失误而导致理赔金额的损失。

1. 最大诚信原则

诚信是所有交易实现的基础，而保险合同关系对当事人诚信的要求比一般民事活动更加严格，要求具有“最大诚信”。最大诚信就是指当事人要真诚地向对方充分而准确地告知有关保险方面的所有重要事实，不允许存在任何虚假、欺骗或隐瞒的行为。这是保险的四大基本原则中最重要的一个原则。

2. 保险利益原则

保险利益指的是在签订保险合同时或履行保险合同过程中，投保人和被保险人对保险标的必须具有的法律上的利益。《保险法》中规定人身保险的投保人在保险合同订立时，对被保险人应当具有合法的保险利益。财产保险要以财产和有关利益为保险标的，人身保险要以人的寿命和身体为保险标的。

3. 近因原则

近因原则是指在风险和损失之间，造成损失的最有效、最直接、起决定性作用的原因，而不是指在时间上或空间上最接近的原因。风险与保险标的损失关系中，如果近因属于被保风险，保险人应负赔偿责任；近因属于除外风险或未保风险，则保险人不负赔偿责任。

4. 损失补偿原则

损失补偿原则主要包含两层含义：一是只有保险事故发生所造成保险标的毁损致使被保险人遭受经济损失时，保险人才有承担损失补偿的责任；二是被保险人可获得的补偿金额，仅以其保险标的遭受的实际损失为最大限度。

二、保险合同的法律架构

保险产品是合同当事人订立的保险合同，是投保人与保险人约定保险权利义务关系的协议。保险合同是保险公司出具的格式合同，根据不同的标准可以分为不同的类型，不同类型的保险合同产生效力的条件和未来理赔的程度也不一定相同。通常而言，保险合同的成立涉及以下几方面。

（一）保险合同的主体

保险合同的主体分为保险人、投保人、被保险人和受益人。

关于保险合同中的当事人，我们可以通过图 4－1 来简单表示。保险合同中有三个最关键的当事人，分别是投保人、被保险人和受益人。这三者有时是同一个人，有时是不同的人，主要看是否符合保险法上的保险利益原则。

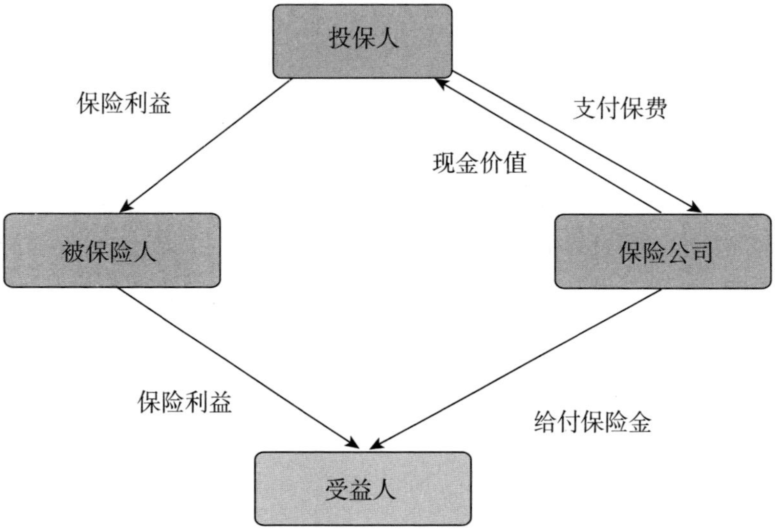

图 4－1 保险合同中的当事人

保险人即承保人，是与投保人订立保险合同并承担赔偿或者给付保险金责任的合同主体，即保险公司。每家保险公司对自己设计的保险产品都有自己的投保规则。律师在为高净值客户及其家族进行保险筹划时，除了产品本身的功能外，还需要查看保险公司对这款产品的投保规则是否满足客户的需求。

投保人是指与保险人（保险公司）订立保险合同并按照保险合同有支付保险费用义务的人，投保人即“客户”。投保人具有解除、变更保险合同和保单融资的权利。

被保险人是指受保险合同保障并有保险金请求权的人。被保险人的资格一般不受限制，被保险人可以是投保人自己，也可以是投保人以外的第三人，被保险人也可以是无民事行为能力人，但是在人身保险中，只有父母才可以为无民事行为能力人投保以被保险人死亡为给付保险金条件的保险。

受益人是指在保险合同中由被保险人或投保人指定享有保险金请求的人。受益人根据受益金的不同性质，分为身故受益人和生存受益人。

（二）保险合同的内容

保险合同的内容，是指保险合同当事人的权利和义务。保险合同条款可分为法定条款和约定条款两种。法定条款是指中国法律规定的保险必须具备的条款，《保险法》第十八条规定，保险合同应当包括下列事项：

1. 保险人的名称和住所；
2. 投保人、被保险人的姓名或者名称、住所，以及人身保险的受益人的姓名或者名称、住所；
3. 保险标的；
4. 保险责任和责任免除；
5. 保险期间和保险责任开始时间；
6. 保险金额；
7. 保险费以及支付办法；
8. 保险金赔偿或者给付办法；
9. 违约责任和争议处理；
10. 订立合同的年、月、日。

约定条款是根据合同双方的要求自行约定的条款，通常保险公司除了法定条款之外，还会有很多个性化的约定条款。

（三）保险合同的成立

保险合同的成立，除了保险合同当事人即保险人与投保人订立保险合同外，还需投保人拿出一定的资金购买保险，此资金称为保费。在中文词语的含义中，“费”一般也是指需要支出的钱。

保险合同成立后，保险公司根据保险合同在一定期限内以一定的金额保障被保险人的特定保险事项，这叫保额，即保险公司未来赔付的金额范围。保险金额则是指保险人承担赔偿或者给付保险金责任的最高限额。保险金额的大小取决于双方当事人的保险合同约定。但值得注意的是，为防范道德风险，约定的保险金额不能超过投保时的保险标的金额。因此，保险金只可能小于或等于保险金额。

保险合同本质上是一种合同关系，是投保人与保险人约定保险权利义务关系的协议。既然是合同关系，那么在合同未到期或者保险事项未发生之前，也可以依法解除，即投保人可以退保。投保人退保时可以拿回的钱款，叫作现金价值。

保险金是保险人根据保险合同的约定，对被保险人或者受益人进行给付的金额；或者当保险事故发生时，对物质损失进行赔偿的金额，通常由保险公司支付给受益人。

（四）保险合同的变更

在保险合同没有履行或没有完全履行之前，即保险合同终止之前，当事人根据情况变化，按照法律规定的条件和程序，对保险合同的某些事项或条款进行修改或补充。

1. 保险合同主体的变更

保险合同主体的变更是指保险人以及投保人、受益人的变更。

保险人一般不会变更，除非承保的保险公司因破产、解散、撤销、合并、分立等原因，经保险管理机关批准，将原保险合同转移给其他保险公司。

投保人的变更。只要新的投保人对被保险人具有保险利益，并且新的投保人愿意交付保险费，无须经保险人同意即可变更，但必须告知保险人。为了保证保险合同的有效，在变更投保人前后，都要求投保人对被保险人有可保利益存在。因为保险合同的财产权归投保人所有，所以在变更投保人之后，保单的所有权会发生转移。

受益人的变更。受益人是由被保险人指定或者经被保险人同意由投保人指定的人。在人身保险中，因为被保险人本人的寿命、身体是保险标的，所以被保险人不能变更。

2. 保险合同内容的变更

保险合同内容的变更，是指保险合同主体享受的权利和承担的义务所发生的变更，表现为保险合同条款及事项的变更。根据《保险法》① 第二十条的规定，投保人和保险人可以协商变更合同内容。这说明投保人和保险人均有变更保险合同内容的权利。保险人变更保险合同内容主要是修订保险条款。但在保险期限内，保险合同内容的变更主要是由投保人的原因引起的。比如，部分退保、分红方式的变更等。

如果确定需要对保险合同内容进行变更的，则应当由保险人在保险单或者其他保险凭证上批注或者附贴批单，或者由投保人和保险人订立变更的书面协议。

三、保单中的财产权益

在一份保险合同中，保单的价值在保险理赔之前体现为现金价值，属于投保人所有。而如果发生了保险事故进入理赔程序，则保单的价值将转化为受益人的保险金。因此，在界定保单的财产性质时，主要从现金价值和保险金两个角度来讨论。

保险金是保险人根据保险合同的约定对被保险人或者受益人进行给付的金额，或者是当保险事故发生时进行赔偿的金额。

保险的现金价值与保险金是保单在不同阶段的价值体现。保单在没有退保或者理赔之前，保单的价值就是现金价值，保单在理赔之后，保单的价值是保

---

① 1995 年 6 月 30 日第八届全国人民代表大会常务委员会第十四次会议通过；根据 2002 年 10 月 28 日第九届全国人民代表大会常务委员会第三十次会议《关于修改〈中华人民共和国保险法〉的决定》第一次修正；2009 年 2 月 28 日第十一届全国人民代表大会常务委员会第七次会议修订；根据 2014 年 8 月 31 日第十二届全国人民代表大会常务委员会第十次会议《关于修改〈中华人民共和国保险法〉等五部法律的决定》第二次修正；根据 2015 年 4 月 24 日第十二届全国人民代表大会常务委员会第十四次会议《关于修改〈中华人民共和国计量法〉等五部法律的决定》第三次修正。

险公司给付的保险金，所以一般情况下保险金的金额要远大于现金价值。保单价值是不是夫妻共同财产的界定还与购买保单的时间、保费的来源和险种类别都有关系。

（一）现金价值

保单现金价值是指带有储蓄性质的人身保险单所具有的价值。保险人为履行合同责任通常提存责任准备金，通常体现在投保人如果中途退保，即以该保单的责任准备金作为给付解约的退还金额。长期保险的保险单上会附有现金价值。

当保单成立，开始交纳保费，最初几年交的保费要多于用于保障的成本，一定期限后，保单开始积累价值，这是保单的现金价值来源之一。保单的现金价值等于所交保费减去保险公司的相关费用，这些费用包括保险公司管理费用、保险公司营销费用等。保单的现金价值指保单在某一时刻等同于现金的价值是多少，也就是在某个时间点保单的价值。

保费是投保人购买保险产品向保险公司支付的款项，保单的现金价值来源于保费，所以保单的现金价值的财产权益人是投保人，当投保人解除保险合同时，保险人向投保人退还保单的现金价值。

（二）身故或残疾保险金

在保险期间内，被保险人发生合同界定的残疾或者因保险事故身故时，保险公司向残疾或者身故保险金受益人给付保险金，所以保单的保险金的财产权益人是保单的受益人。

（三）生存保险金（年金）

生存保险金是指以被保险人的生存为给付保险金条件的人寿保险。生存保险具有较强的储蓄功能，被保险人于保险期满或达到合同约定的年龄时仍然生存，保险人负责给付保险金。生存保险主要是为老年人提供养老保障或者为子女提供教育金等。年金保险是一种有规则、定期向被保险人给付保险金的生存保险。对于年金保险和生死两全保险，在保险公司允许的情况下可以指定单独生存受益人，如果没有特别指定，年金和满期生存保险金的受益人为被保险人。

四、大额保单的概念与理解

在财富规划中，我们所说的大额保单，主要是指人寿保险。

大额保单，是指金额比较大的人寿保险保单。“大额”可以从两个角度来理解。第一是高保额。顾名思义，它缴纳的保费并不是很多，但是它的保险额度却很高。此类大额保单是终身寿险。举例来说，王总今年 40 岁，他为自己购买一份终身寿险，每年缴纳保费 20 万元人民币，15 年缴清。而等他 80 岁时，保额可以达到 960 万元人民币。

第二是高保费。大额保单的高保费，是指缴纳的保费很多，但是保额并不见得特别高。常见的保险类型为年金险，如陈总想为自己 30 岁的儿子购买一份年金险。他看中了一款年金险产品，该产品的保费及回报如下：保费年交 10 万元，10 年期。保险期为 15 年，第 5—9 年每年可领 10 万元，第 10—14 年每年可领 5 万元，第 15 年一次性领取满期金 360,860 元。

从这款产品的介绍可以看出，该保险产品的保费一共是 100 万元，15 年后总共能够领取的保险金是 111.8 万元。保费和保额之间，是比较接近的。

五、大额保单的功能与作用

从经济学角度来说，保险是集合大多数人的力量来分担个人经济损失的一种经济制度。一张保单在母亲的眼里可能是对孩子的爱，使得母亲在遭遇意外之时，孩子的生活有所保障；在丈夫的眼里可能是对妻子的一份责任，能够在自己离开时提供一笔稳定的现金流以解燃眉之急；对于老人而言，一份大额保单可能又是一种尊严的体现。具体来说，大额保单有以下作用。

（一）生命价值的体现

生命是我们最大的财富，只有活着，才能创造财富，让家人过上更好的生活。生命是无价的，也是有价的。

2014 年云南富商郝某的坠机事件，2016 年 GSY 公司前董事长翁某在景区被猴子踢下来的石头击中身亡，2020 年某游戏公司 CEO 被投毒杀害，这些意外事件都让我们感慨生命的无常。人生最大的风险，是我们不知道意外和明天哪个先来。从情感上来说，一个生命的逝去，当然无法用金钱来衡量。但从保险的角度来说，却可以为自己的生命设定一个价值。没有购买保险，生命的消逝只是消逝；如果购买了保险，生命虽然消逝了，但却为悲痛的家人留下了一笔赖以生存的保险金，为家庭弥补一点经济损失。而买多大金额的保单就体现一个人自己的能力以及对于家庭的责任和爱护。

（二）健康风险的转移

现代家庭最害怕的就是重大疾病的打击，一个幸福的小康之家，会因为突如其来的大病而分崩离析。如果购买了重大疾病险和医疗险，则重大疾病对于家庭的打击也将在可控范围之内。被保险人可以享受全球范围内的优质医疗资源，也不用担心治疗费用对于家庭的重大影响，还能弥补因为生病而不能工作的损失，可以说是一举多得。

例如，王某一年的收入约为200万元，他购买了一款保额为400万元的重大疾病险及800万元高端医疗报销。几年后，王总不幸被诊断出癌症，保险公司在核实情况后，立刻将400万元发放给王总，并报销王总的住院治疗费用。对于王总来说，第一是有了治疗疾病的资金保障，不用担心会挪用家庭其他资金而给家庭增加负担，从而不敢放心大胆的进行治疗。第二，它也是收入损失补偿的一种体现，王总一年收入为200万元，因为生病无法继续获得这笔收入，但保险的赔付额相当于他2年的工资，给予了王总两年治病及休养的时间，这也体现了对于家庭的责任，不会让家人陷入窘境。

（三）养老金的准备

人生最害怕的就是，人活着，而钱不够用了。对于高净值客户来说，还害怕不能有尊严的老去。此时，一份大额保单就可以充分保障老去的尊严。比如，老王购买了一款人寿保险，在他年满60周岁之后，每年可以领取60万元的养老金，直到他去世。只要老王在世一天，他的生活就有保障，还可以过上高品质的生活。

（四）财产的传承

大额保单在财富传承的过程当中也有其独特的意义，因为它传递的不仅仅是财富。在开征遗产税的国家，一份大额保单可以很好地进行税务筹划，直接将钱款继承给子女要缴纳遗产税，而购买大额保单，受益人是自己的后代，则不用支付此笔遗产税。

在缴纳遗产税的国家，遗产税必须是在取得遗产之前就要缴纳的，如果继承人没有足够的现金去缴纳遗产税，就会影响到继承。此时，一张大额保单的受益金就可以用来缴纳遗产税，以便顺利继承遗产。如果遗产税金额过高，还可以利用大额保单加杠杆。

（五）预防子女婚姻风险

离婚，往往也会带来财富方面的问题，尤其是富贵人家，一场婚姻危机，就是一场财富危机，若备好保险，可以化解部分风险。

在中国，父母通常都会在子女结婚前或者结婚后赞助一些资金，用于小两口生活。但这不可避免地会带来夫妻共同财产问题，一旦小两口感情不好，就会导致“打水漂”，如果能用大额保单作为“嫁妆”或者对于子女的祝福，就可以很好地避免这个问题。

（六）预防子女挥霍

父辈几十年打拼积累的财富，传承的首选对象自然是子女，但对于子女来说，他们未经历过积累财富的艰辛，突然获得大量财富，在使用方式上难免不当。为防止子女挥霍，不少高净值客户及其家庭都利用保险来给予子女稳定的生活费，以保证其生活质量，又不至于短期内就挥霍殆尽。

第二节 保单在离婚时的分割

保险营销市场曾一度流传，人寿保险可以做到“离婚不分，欠债不还，诉讼不给”，一副“我买了保险我怕谁”的架势。事实上，保单到底属于个人财产还是夫妻共同财产，需要具体情况具体分析，不能一概而论。

一、现金价值的共同财产界定

2015 年 12 月 23 日至 24 日，最高人民法院在北京召开第八次全国法院民事商事审判工作会议并形成了会议纪要①。该会议纪要中“关于夫妻共同财产认定问题”规定：“婚姻关系存续期间以夫妻共同财产投保，投保人和被保险人同为夫妻一方，离婚时处于保险期内，投保人不愿意继续投保的，保险人退还的保险单现金价值部分应按照夫妻共同财产处理；离婚时投保人选择继续投保的，投保人应当支付保险单现金价值的一半给另一方。”

按照最高人民法院的这一逻辑，以夫妻共同财产投保，保单的现金价值为夫妻共同财产。那么可以推定，如果以个人财产投保，则现金价值也是投保人的个人财产。

但现实中比较复杂的是，可能在婚前用个人财产购买了保单，婚后需要继续缴纳保费，其中既有个人财产支付的保费，也有用共同财产支付的保费，那么在这种情况下，现金价值又如何界定财产性质呢？对此最高人民法院虽然没有给出倾向性意见，但我们认为，可以依据个人财产与共同财产的比例来界定个人财产和共同财产的比例。

案例4－1 鲁某某与陈某离婚纠纷案

一审法院：上海市黄浦区人民法院（2014）黄浦民一（民）初字第3811号

二审法院：上海市第二中级人民法院（2016）沪02民终9372号

案例主旨：夫妻一方在婚前购买的保单，但缴费资金有部分来源于夫妻共同财产的情况下，法院结合保单的生效日期、缴费情况等因素，酌情分割保单的现金价值。

一审法院认为，关于原告鲁某某名下的保单，缴费银行账户系原告户名，且存在使用某网店的银行账户中的钱款缴纳保费，因保单的生效日期均在双方登记结婚前，故该四份保单的部分现金价值属于原、被告双方的夫妻共同财产。法院结合保单的生效日期、缴费情况，酌定现金价值的分配。最终一审法院判决四份保单归原告所有，但原告需向被告陈某支付保单现金价值折价款40万元。

二审法院认为，关于上诉人鲁某某名下的保险，根据刑事案件笔录中的记载，被上诉人自2009年10月接手某网店，该店铺收入从支付宝转到上诉人父亲

---

① 参见《第八次全国法院民事商事审判工作会议（民事部分）纪要》，载《人民法院报》2016年12月1日，第3版。

的账户，最后由上诉人与被上诉人陈某掌握。故一审法院认定经营某网店的上诉人父亲之账户内的钱款作为家庭财产已经混同，上诉人父母转入上诉人账户用于购买保险的钱款作为夫妻共同财产处理并无不妥，且一审法院对该部分某网店的经营收入亦未再作处理。二审法院认为一审法院所作处理并无不妥，应予以维持。

二、保险金的共同财产界定

《最高人民法院第八次全国法院民事商事审判工作会议（民事部分）纪要》“关于夫妻共同财产认定问题”进一步规定：“婚姻关系存续期间，夫妻一方作为被保险人依据意外伤害保险合同、健康保险合同获得的具有人身性质的保险金，或者夫妻一方作为受益人依据以死亡为给付条件的人寿保险合同获得的保险金，宜认定为个人财产，但双方另有约定的除外。婚姻关系存续期间，夫妻一方依据以生存到一定年龄为给付条件的具有现金价值的保险合同获得的保险金，宜认定为夫妻共同财产，但双方另有约定的除外。”

从这一条可以看出，对于因保险合同而获得的保险金，最高人民法院认为应当区分两种不同的情况，如果是以人身健康为保险标的，则由于其具有与个人身体健康的密切关联性，因此宜认定为个人财产。而对于以一方存续为条件的保险金，则认为应当属于夫妻共同财产。

我们认为，对于最高人民法院的前述观点是很容易理解的。毕竟以人身健康为保险标的所获得的保险金具有鲜明的人身属性，是以意外伤害、健康、死亡等为条件而赔付的保险金，根据《民法典》第一千零六十三条的规定，一方因受到人身损害获得的赔偿或者补偿属于夫妻一方的个人财产。那么以意外伤害、健康、死亡等为条件而赔付的保险金明显是参照了这一款的规定。

而对于一方依据以生存到一定年龄为给付条件的具有现金价值的保险合同获得的保险金，宜认定为夫妻共同财产，这一条我们认为有商榷的空间，这样的规定未免过于“一刀切”，可能没有考虑到以下几种不同的情形：

第一种情形是，虽然在婚姻关系存续期间购买，但一方系用自己的婚前财产投保。在这种情况下，根据《最高人民法院第八次全国法院民事商事审判工作会议（民事部分）纪要》的规定，该保单的现金价值应当属于一方的个人财产，但保险金却属于夫妻共同财产，这可能不符合法理。

第二种情形是，一方在婚前为自己投保并趸交保费的。此种情况下，该保单现金价值属于一方的个人财产，而在婚后的年金分红却属于共同财产，同样也可能不符合法理。

第三种情形是，一方父母婚前为自己子女投保并趸交保费的。此种情况下，婚后的年金收入认定为夫妻共同财产，也可能不符合法理。

以上情形的实际认定，可能还有待于实践中的司法裁判观点予以进一步明确。

三、保单在离婚时的分割

在界定清楚现金价值与保险金的财产性质之后，保单的分割规则也相对比较明晰了。

（一）人身保险的分割

人身意外保险、重大疾病保险、医疗保险一般来说是消费型的居多。什么是消费型保险呢？消费型保险和返还型保险相对，消费型保险是指到期后所交的保费一去不复返，类似于你吃饭消费，钱花了就花了，不会返还。这类保险基本上没有现金价值，或者现金价值很低。而返还型保险到期会将保险合同明确约定的金额返还，通常会有比较高的现金价值。人身意外保险、重大疾病保险、医疗保险的赔付通常可能包含两部分，即报销医疗费用以及一次性的一笔赔付。

对于消费型保险来说，分割时需要考虑以下因素。

1. 具有人身属性的保险金为个人财产

根据《民法典》第一千零六十三条的规定，一方因受到人身损害获得的赔偿或者补偿属于一方的个人财产。《最高人民法院第八次全国法院民事商事审判工作会议（民事部分）纪要》在“关于夫妻共同财产认定问题”的规定也再次明确了与人身性质有关的保险金属于个人财产。

因此，在保险金的分割中，如果夫妻不能协商一致，则身故保险金、伤残保险金、医疗保险金、住院护理津贴保险金等，都是具有人身性质的，根据法律规定，应当属于夫妻一方的个人财产。

另外，如果夫妻一方作为受益人并依据以死亡为给付条件的人寿保险合同所获得的保险金，在双方无任何约定的情况下，一般也属于个人财产。

2. 具有财产收入性质的保险金为共同财产

在保险金中，除了人身属性的赔偿之外，也有一些是非人身属性的。比如误工津贴。根据最高人民法院肖峰法官的观点①，误工津贴保险金是针对夫妻一方因受伤害耽误工作而减少收入进行的补偿，一般不具有人身性，可以参照工资、奖金，作为夫妻共有财产。

（二）人寿保险的分割

人寿保险一般是返还型的保险，保险到期后，将有一些保险金返还给受益人。人寿保险的保险金一般由两部分组成：身故保险金和生存收益金。

1. 身故保险金宜认定为个人财产

根据最高人民法院肖峰法官的观点，在离婚案件中，如果夫妻双方对夫妻一方作为受益人依据以死亡为给付条件的人寿保险合同获得的保险金归属产生争议时，应根据日常生活经验，探求当事人指定特定受益人的真意。一般而言，如果被保险人将其指定的特定人作为其死亡保险金受益人，该受益人大多与其有血缘、亲缘等某种特殊情感联系。相应地，该受益人因此获得的死亡保险金是基于其与被保险人或投保人的某种人身关系。从探求当事人真意出发，宜解释为被保险人或投保人只想让与其有某种特定人身关系的受益人本人得到该笔保险金。

例如，父母购买的保单明确了被保险人是他们的孩子，即使是在子女婚后买的，也是孩子的个人财产。这里可参照《民法典》第一千零六十三条规定的遗嘱或者赠与合同中确定只归一方的财产属于夫妻一方的个人财产，即父母明确约定赠与或者遗产继承属于一个人的，就属于婚内的个人财产，这就使得保单有了巨大的财产保全优势，因为保单投保人是父母，被保险人是自己的孩子，保单的本质就是一份法律合同，从法律角度可以视为父母对子女的单独赠与。

2. 生存保险金宜认定为共同财产

根据最高人民法院肖峰法官的观点，在婚姻关系存续期间，夫妻一方依据

---

① 参见《最高院法官肖峰：简析离婚案件中的保险金分割》，载搜狐网 2017 年 5 月 17 日，https：//www. sohu. com/a/141366885_ 679414。

以生存到一定年龄为给付条件的具有现金价值的保险合同获得的保险金，则宜认定为夫妻共同财产。这里以生存到一定年龄为给付条件的具有现金价值的保险合同主要有生存保险和两全保险。

生存保险除了一般的定期生存保险如子女教育金、婚嫁金保险外，其主要类型是年金保险。年金保险是指在被保险人生存期间，保险人按照合同约定的金额、方式，在约定的期限内，有规则的、定期的向被保险人给付保险金的保险。年金保险同样是以被保险人的生存为给付条件的人寿保险，但生存保险金的给付通常采取的是按年度周期给付一定金额的方式，因此称为年金保险。年金保险分为个人养老保险、定期年金保险。两全保险也称“生死合险”或“储蓄保险”，无论被保险人是在保险期间死亡，还是被保险人到保险期满时生存，保险公司均给付保险金。该保险是人寿保险中价格最贵的。两全保险可以提供老年退休基金，可以为遗属提供生活费用，特殊情况下，可以作为投资工具、半强迫性储蓄工具，或者可以作为个人借贷中的抵押品。

由于上述保险类型都存在储蓄性，即生存到一定年龄保险公司给付的保险金一般大于收取的保险费，故均具有一定的投资属性。相应地，生存到一定年龄后所取得的保险金都可作为投资收益，由于该收益的取得发生在婚姻关系存续期间，故根据《民法典》第一千零六十二条规定，应属于夫妻共同所有的财产。当然，如果投保人为自己所投生存保险、两全保险所支付的保费是以个人财产支付，那么最终所得保险金扣除所交保费的剩余部分可作为夫妻共同财产分割。

对此，我们认为，除了参照上述最高人民法院法官的观点以外，不应仅仅看收益的取得是否在夫妻关系存续期间，还应当看保费属于个人财产还是共同财产。如果保费是一方婚前财产趸交的，或者父母为一方趸交的，则此时保单受益人收到的收益虽然发生于婚内，但应当属于受益人的个人财产。《〈民法典〉婚姻家庭编解释（一）》第二十六条规定：“夫妻一方个人财产在婚后产生的收益，除孳息和自然增值外，应认定为夫妻共同财产。”个人在购买了保险之后，收益如何计算、如何分配，基本上都是由保险公司来决定的，个人根本无法主动去增资。因此，我们认为婚前趸交购买或者已经缴清保费的保险，由于个人并未对保险的收益付出努力和心血，婚内产生的收益实际上可以理解为孳息或者自然增值，属于一方的个人财产可能更加符合法律规定所体现的精神。

四、为子女购买保险的裁判规则

父母都会为子女购买保险，那么为子女购买的保险，在离婚时是否作为夫妻共同财产分割呢?

案例 4-2 王某1与陈某离婚后财产纠纷案

一审法院：重庆市九龙坡区人民法院（2019）渝0107民初3175号

二审法院：重庆市第五中级人民法院（2020）渝05民终1368号

案例主旨：夫妻双方在婚内以子女作为被保险人投保，应视为双方对子女的赠与，不宜将保险作为夫妻共同财产在离婚时作退保分割。

法院认为，关于王某1要求分得陈某名下保险的现金价值，因案涉国寿福禄双喜两全保险（分红型）系由陈某以双方婚生女王某2为被保险人进行投保，该保单虽系在双方夫妻关系存续期间购买，但该保险具有一定的人身依附关系，应视为系双方对女儿王某2的赠与。为保障王某2合法权益，不宜将该保单作为夫妻共同财产而作退保分割。鉴于陈某表示在维持现有被保险人和受益人情况下，愿意将双方离婚时的保单现金价值进行分割系其对自身权利处分，法院予以尊重。因此，法院酌情以第五个保单年度现金价值2361.9元为基数，认定陈某应向王某1给付其中的现金价值一半即23,610元（47,220÷2）。

案例 4-3 赵某1与何某离婚后财产纠纷案

一审法院：北京市朝阳区人民法院（2015）朝民初字第00972号

二审法院：北京市第三中级人民法院（2016）京03民终16号

案例主旨：婚内为子女购买的保险，系夫妻双方对共同财产的处分，离婚时不得要求分割。

法院认为，对于何某要求分割5份保单现金价值的诉讼请求，其中4份保单的被保险人为何某、赵某1的女儿赵某2，应属何某、赵某1婚姻期间对共同财产的处分，其要求分割没有依据，法院不予支持。还有一份是赵某1在新华人寿为自己投保的保险，何某要求分割该保单现金价值108,092.16元的诉讼请求法院予以支持，赵某1应向何某支付该保单折价款54,046.08元。

案例 4 - 4 金某与徐某离婚后财产纠纷案

一审法院： 浙江省嵊州市人民法院（2014）绍嵊民初字第1149号

二审法院： 浙江省绍兴市中级人民法院（2015）浙绍民终字第604号

案例主旨： 夫妻一方在婚内为子女购买保险不属于隐藏、转移夫妻共同财产的行为，另一方无权主张损失赔偿。

法院认为，金某主张的徐某向某人寿保险股份有限公司嵊州市支公司缴纳的保费6,720,540元和向某人寿保险股份有限公司嵊州支公司缴纳的保费442,635元中，共涉及人身保险15份，可分为两类：一类是投保人为徐某，被保险人是徐某或金某的保险11份；另一类是投保人为徐某，被保险人为徐某子嗣的保险4份。4份保险投保时间均发生在双方当事人婚姻关系存续期间，其中有3份保险的最初投保时间分别为2005年、2006年和2007年，远早于2013年11月20日双方离婚的时间，且金某亦从未主张过在2007年之前双方夫妻感情已恶化，故并不存在金某主张的徐某为子嗣投保系徐某在离婚时，隐藏、转移、变卖、毁损夫妻共同财产，而2013年5月10日的投保也仅缴纳保费100,000元，在徐某总投保人身保险的保费中占1.4%的比例。且双方在2011年5月2日签订的承诺协议书显示，双方的夫妻共同财产包括土地20多亩、公司股份、多处不动产，家庭经济状况较好，故就双方当事人的家庭经济情况而言，徐某在2013年5月10日投保缴纳的保费100,000元在夫妻共同财产中亦仅占很小的比例，故法院对金某主张的徐某为子嗣投保上述4份保险系为离婚时，隐藏、转移、变卖、毁损夫妻共同财产的观点不予采信，上述投保人身保险的行为可视为在夫妻关系存续期间，徐某对子嗣的正当赠与。对于金某主张的投保人为徐某，被保险人是徐某或金某的另11份保险的保费，法院认为，在徐某购买上述人身保险时投入的保险金已转化为人身保险的现金价值，如属夫妻共同财产，也仅涉及现金价值的分割问题，金某不能以侵权赔偿为由要求赔偿保险金。故法院对金某的该诉讼请求不予支持。

案例 4 - 5 蒋甲与傅某某离婚纠纷案

一审法院： 上海市长宁区人民法院（2014）长民四（民）初字第539号

案例主旨： 为子女购买的保险应当视为夫妻双方对子女的赠与，不得作为夫妻共同财产分割。

法院认为，关于保单尾号为7884的保险，鉴于被保险人为蒋乙，为保护未成年人的利益，应当视为夫妻双方对子女的赠与，不应当作为夫妻共同财产予以分割。关于保单尾号为1453的保险，虽然在婚前由被告投保，但婚后缴纳保费产生的现金价值应属于夫妻共同财产。结合婚前婚后的缴费情况以及目前的现金价值，按照照顾妇女权益的原则，法院判该保险合同利益归被告所有，酌定被告给付原告折价款1000元。

第三节 保险受益人纠纷的审判规则

一、受益人身份变更的处理

保险受益人是指由被保险人或者投保人指定的，于保险事故发生时，享有保险金给付请求权的人。根据《保险法》第三十九条第一款规定："人身保险的受益人由被保险人或者投保人指定。"

投保人或被保险人通常会指定与自己关系亲密的近亲属作为受益人。但生活中，有时候因为离婚、逝世、亲属关系会发生变更等，如果保险合同上尚未变更受益人，则可能产生纠纷。

在投保时，受益人一栏可能填写了"配偶"，但并未写具体的人名。或者虽然填写了具体的人名，同时还写上了与被保险人的关系为"夫妻"。那么在这种情况下，如果保险事故发生时，受益人的夫妻关系已经解除，应当如何理赔呢？司法实践中也有两种不同的观点。

1. 离婚后前配偶不再享有"受益人"权益

案例4－6 郑某与某保险股份有限公司陕西分公司、王某人寿保险合同纠纷案

一审法院：西安市莲湖区人民法院（2016）陕0104民初2805号

案例主旨：保险事故发生时当事人身份发生变化的，应当认定为未指定受

益人，前配偶不再享有受益人的权益，保险金作为被保险人的遗产进行继承。

法院认为，本案的争议焦点在于郑某是否享有保险金请求权。郑某与被保险人王某原系夫妻关系，被保险人在1997年购买人寿保险时在受益人一栏填写“被保险人身故时：郑某，女，39周岁，与被保险人关系：夫妻”。但本案中，郑某于2008年与被保险人离婚，被保险人于2015年8月12日因病逝世，即发生保险事故之时，郑某的身份关系已发生了变化。《保险法司法解释（三）》第九条规定，“投保人指定受益人未经被保险人同意的，人民法院应认定指定行为无效。当事人对保险合同约定的受益人存在争议，除投保人、被保险人在保险合同之外另有约定外，按照下列情形分别处理：……（三）受益人的约定包括姓名和身份关系，保险事故发生时身份关系发生变化的，认定为未指定受益人”。据此，本案保险事故发生时，郑某身份关系发生变化，认定为未指定受益人，保险金应为被保险人的遗产。现郑某要求被告某人寿保险公司支付其保险金10,000元的诉讼请求，于法无据，法院依法不予支持。被告王某于2010年10月28日与被保险人登记结婚，应按照继承相关规定享有请求权，故郑某诉请被告王某不享有保险金请求权，法院依法不予支持。

2. 离婚后前配偶仍然享有“受益人”权益

案例4-7 盛某与某人寿保险有限公司人寿保险合同纠纷案

一审法院：上海市浦东新区人民法院（2016）沪0115民初75629号

案例主旨：保险合同中清晰载明了受益人的姓名，且投保人在离婚后未变更保单的受益人，作为受益人的前配偶仍然享有受益人的权益。

法院认为，保险受益人是指由被保险人或投保人指定的，于保险事故发生时，享有保险金给付请求权的人。原告盛某提供的投保单载明：被保险人为李某，身故保险金受益人为盛某。保险法是调整保险关系的规范体系，被告援引的身份关系，是概括式的指定，此种指定为在合同文本中记载诸如“丈夫”“子女”“配偶”等具有身份关系识别的情形，如果在订立保险合同最初是对与之具有“配偶、妻子或丈夫”关系的人进行的投保，那么由于婚姻关系的变化，可能会出现被保险人不再想指定与其不具有相应关系的人为受益人。在本案中，涉案保险合同明确约定身故保险金的受益人为盛某，清晰载明了姓名，年龄和身份证号码，且被保险人与本案原告离婚后，主动以投保人身份全程配合本案原告将另外一份保险的受益人变更为章某，可见其知悉受益人的变更流程，而其并没有变更涉案保险单的受益人，且被保险人李某没有其他第一顺位继承人，故法院采信原告的主张，认定本案原告具有保险金请求权。

二、人身保险中未指定受益人的处理

生活中存在一些变更受益人无效的情形。如果变更无效，则也会引起纠纷。如果明确指定了受益人，保险金作为被保险人或投保人为受益人利益而设定的债权，当然属于受益人所有，无须偿还被保险人的债务，亦无需承担因继承而产生的税费。但是，若因未指定或指定不明等情形，致不能确定受益人的，则该保险金有可能会作为遗产，依照法律的规定进行分配。

1. 未指定受益人或者受益人指定不明

保险实践中，受益人栏的填写存在这些可能性：写明受益人的姓名或者名称、住所；写“法定”或“法定受益人”；仅约定身份关系，如“配偶”“子女”；同时约定姓名和身份关系。针对这些情况，主要采取以下原则认定：

（1）结合《保险法司法解释（三）》第九条的规定，如果在受益人一栏写明受益人的姓名或者名称、住所。此类约定明确，一般不会产生争议。建议在签订保险合同时，直接写清楚姓名和公民身份号码，或者组织的名称和企业信用代码。

（2）如果受益人一栏写的是“法定”或“法定继承人”，根据《保险法司法解释（三）》的规定，以与继承相关的法律规定的法定继承人为受益人。此种情况就是要根据与继承相关的法律规定来查明法定继承人，一般来说，需办继承权公证或者通过法院诉讼来明确继承人。

（3）仅约定身份关系，如“配偶”“子女”。鉴于保险历时长久，期间可能会发生身份的变化，如离婚致配偶对象发生变化，生育二胎或三胎致子女数量发生变化。因此，实践中非常容易产生纠纷。根据《保险法司法解释（三）》的规定，仅约定身份关系，受益人根据两个维度确定：其一，投保人、被保险人是否为同一主体；其二，保险事故发生时或者保险合同签订时，与被保险人的关系。同一主体的，按事故发生时确定；不同主体的，按合同签订时确定。

举例来说，张某婚后以妻子王某为被保险人投保重大疾病险，指定受益人为“儿子”。后离婚，王某再嫁并再生一子。王某故，问保险金归哪一个儿子？

从“考究被保险人真意”出发，在订立保险合同时，张某和妻子的真实意思，均应是指双方婚姻关系存续期间一起生育的儿子，而并非是离婚后妻子再婚时生育的儿子，因此，该受益人应理解为保险合同签订时被保险人王某与投保人张某生育的儿子才符合订立保险合同的初衷。

（4）同时约定姓名和身份关系。此种约定看似保险，然而如事故发生时受益人的身份关系发生变化，致姓名与身份所指非同一人时，因被保险人已经去世，很难考察被保险人的真实意思，按《保险法司法解释（三）》之观点，视为指定不明，应避免该种指定。

2. 指定受益人未经被保险人同意

《保险法司法解释（三）》第九条第一款规定“投保人指定受益人未经被人险人同意的，人民法院应认定指定行为无效”，第十条第三款规定“投保人变更受益人未经被保险人同意的，人民法院应认定变更行为无效”。因此，“被保险人同意”是决定指定或者变更受益人是否产生法律效力的决定性因素。

3. 受益人先于被保险人死亡但没有其他受益人

这种情况主要是被保险人在发生该情形时怠于指定新的受益人，因此，也会被认为没有指定受益人，将在法定继承人之间进行分配。

4. 受益人丧失或者放弃受益权但没有其他受益人

如果没有受益人，则保险金将变为遗产，在法定继承人之间进行分配。

三、未通知保险公司的遗嘱能否改变受益人

《保险法》第四十一条第一款规定：“被保险人或者投保人可以变更受益人并书面通知保险人。保险人收到变更受益人的书面通知后，应当在保险单或者其他保险凭证上批注或者附贴批单。”因此，如果要变更保单的受益人，应当要通知保险公司。投保人变更受益人时须经被保险人同意。

但现实生活中，也有很多情况是通过遗嘱改变受益人，那么此种情况如何处理呢？我们查找了上海地区的案例。在上海地区的若干案例中，当在先的保险合同与在后的遗嘱冲突时，法院通常认为，立遗嘱人本可以在订立遗嘱后向保险公司要求变更受益人，但却没有变更，由此认定受益人范围仍然以保险合

同为准。由于检索到的案例数量有限，很难说上海地区法院对这一问题形成了倾向性裁判意见，但可以作为一种参考思路。

1. 订立遗嘱后未变更受益人的以保险合同为准

案例 4－8 施某与陈甲、陈乙遗嘱继承纠纷案

一审法院：上海市杨浦区人民法院（2013）杨民一（民）初字第 4656 号

案例主旨：遗嘱订立后当事人可以向保险公司要求变更受益人但其没有变更，因此受益人范围仍然应当以保险合同为准。

法院认为，关于保险合同中确定的受益人为法定继承人而与遗嘱的内容相冲突，本院认为，遗嘱订立后曹某某可以向保险公司要求变更受益人而其没有变更，在此情况下，保险合同的效力依然存在，根据保险合同，确定的受益人明确为法定继承人，据此确定被告陈甲、陈乙应享有保险利益。

案例 4－9 朱某与王某某等法定继承纠纷案

一审法院：上海市徐汇区人民法院（2018）沪 0104 民初 9338 号

案例主旨：遗嘱订立后当事人可以向保险公司要求变更受益人但其没有变更，因此受益人范围仍然应当以保险合同为准。

法院认为，朱某 2 名下的保单已指定了受益人，朱某 2 在立遗嘱后本可向保险公司提出变更受益人，但至其死亡前并未提出，故保险合同依然有效，身故保险金应由被告王某 1 领取。

案例 4－10 徐某 1、陈某某与马某法定继承纠纷案

一审法院：上海市徐汇区人民法院（2017）沪 0104 民初 21768 号

案例主旨：遗嘱订立后当事人可以向保险公司要求变更受益人但其没有变更，因此受益人范围仍然应当以保险合同为准。

法院认为，关于徐某 2 遗嘱中确定的继承人与保险合同确定的受益人相悖，徐某 2 在立遗嘱后可以向保险公司提出变更受益人，但至其死亡前并未提出，故保险合同的效力依然存在。根据保险法司法解释规定，保险合同受益人约定为“法定”或者“法定继承人”的，以法律规定的法定继承人为受益人。

2. 保险合同与遗嘱确定的受益人有冲突以后订立的遗嘱为准

案例 4－11 金某、褚某与王某、钱某遗嘱继承纠纷案

一审法院：上海市闵行区人民法院（2012）闵民一（民）初字第 2028 号

案例主旨：原保单和遗嘱冲突的，受益人范围以在后的遗嘱为准。

法院认为，被继承人褚 1 生前购买的 5 份保险，属分红型投资理财产品，应认定用夫妻共同财产购买，保单原定受益人为法定继承人，褚 1 通过遗嘱指定原告金某继承保险利益。因此，被告王某申请的 3 份退保得款合计 156, 799. 46 元，认定为夫妻共同理财财产，先分出一半归被告王某所有，剩余一半归原告金某继承。还有 2 份尚未退保的合同利益，也属夫妻共同理财财产，先分出一半归被告王某所有，剩余一半归原告金某继承。

案例 4－12 毛某某、朱某甲与朱某乙遗嘱继承纠纷案

一审法院：上海市徐汇区人民法院（2013）徐民一（民）初字第 7396 号

案例主旨：保险未指定受益人，保险金应当依照遗嘱进行继承。

法院认为，朱某丙名下的保险未指定受益人，应当由其继承人继承，但依照朱某丙 2013 年 3 月 8 日所立的自书遗嘱，朱某丙明确表示被告朱某乙对其名下一切的财产不享有继承权，故朱某丙名下的保险金应当由原告毛某某、朱某甲取得。

四、受益人故意杀害被保险人的处理

我们时不时可以在媒体中看到“杀人骗保”的新闻，故意杀人者当然要承担刑事责任，那么保险是否就必然不需要赔付呢?

《保险法》第二十七条第二款规定：“投保人、被保险人故意制造保险事故的，保险人有权解除合同，不承担赔偿或者给付保险金的责任；除本法第四十三条规定外，不退还保险费。”

《保险法》第四十三条规定：“投保人故意造成被保险人死亡、伤残或者疾病的，保险人不承担给付保险金的责任。投保人已交足二年以上保险费的，保险人应当按照合同约定向其他权利人退还保险单的现金价值。受益人故意造成被保险人死亡、伤残、疾病的，或者故意杀害被保险人未遂的，该受益人丧失

受益权。”

案例 4－13 某杀人骗保案[①]

2013 年 5 月 10 日，在江苏省常州市高新区发生了一起命案，有人发现湖面上漂着一具女尸，立即拨打了 110 报警电话。随后，警方将这具尸体打捞上岸。从身体特征来看，死者身高约 1.5m，年纪在二十七八岁上下，无明显致命外伤，符合溺毙的特征。然而，该女子身上除金项链、现金外并无其他有效证件，无法核实身份。当天下午 3 点左右，李某来到派出所报案，说自己妻子自前一天晚上独自出门练车后便一直没有回家，自己也出去寻找过，但始终没找到，因担心她出事所以前来报警。根据李某对其妻子年龄、身高、离家时衣着等特征的口头描述，警方初步判断，湖里打捞上来的女子就是他的妻子。

本以为是普通的溺死，没想到经过调查另有真相，原来是李某杀妻骗保。

原来李某婚后不久，为妻子买了电动自行车，又以妻子要学车怕出意外等理由，先后为妻子购买了保额为 100 万元、300 万元的两份人身意外险，投保人和被保险人都是妻子廖某。之后，他又说服妻子将两份保险的受益人从法定受益人变更成自己。而后再与案外人合谋，将妻子害死后企图骗取保费。

李某因杀妻骗保最终被判死刑，同时也失去受益人身份，但是因为死者投保的两份保险的理赔，廖某的继承人们将保险公司告上了法庭。

在某法院的审理过程中，保险公司认为保险是李某替妻子在网上购买，妻子根本没有签名，李某才是实际投保人。《保险法》第四十三条规定，投保人故意造成被保险人死亡的，保险人不承担给付保险金的责任。因此，该保险公司拒绝承担赔偿责任。廖某的其他继承人则要求保险公司给付保险金并且按照遗产来分配。

最终，某法院经审理后对本案作出一审判决，法院认为，本案中，保险单明确记载投保人为廖某，又因本案系网上投保，保险单内容均基于投保人在网上填写内容而生成，故可推定投保流程中记载的投保人亦为廖某，对于保险公司关于涉案保单并非投保人即廖某的真实意愿的辩称，法院认为，被告确认在收到被保险人签名为廖某的变更申请后，打过其电话核实情况，廖某确认同意

---

① 参见《为了巨额保险，他竟杀妻……》，载搜狐网 2017 年 8 月 30 日，https：//m. sohu. com/a/168445213_ 99893520。

变更受益人为其丈夫，被告在系统里作了相应变更，并将变更受益人的批单发送给廖某，且电话通知了她。可见，廖某本人对本案保单的存在明确知晓，亦可佐证廖某应对其本人为投保人的事实是知悉的，进而佐证了该投保系廖某真实意思的表示。

法官还指出，按照法律规定，受益人故意造成被保险人死亡的，该受益人丧失受益权。本案中，投保人和被保险人均系廖某，李某作为受益人故意造成被保险人廖某死亡，丧失受益权。当受益权丧失之后，在没有其他受益人的情况下，保险金应当作为被保险人的遗产，由其法定继承人来继承。

从上述案例可以看出，骗保要承担法律责任，骗保者由于故意杀害被保险人，因此按照法律规定丧失受益人的资格。此时保险合同项下的利益如何分配，要根据具体的情况来定。

第四节 保单的强制执行

首先我们要明确“避债”和“债务隔离”是完全不同的两个概念。“避债”是利用非法手段逃避债务，以损害债权人利益为前提的违法行为。“债务隔离”是指通过合理、合法的手段，未雨绸缪提前进行家庭资产的保全，完全符合法律的规定，不以损害债权人利益为前提。保单不能做到“离婚不分、欠债不还”，保单的债务隔离功能具有一定的局限性的。保单在强制执行中的规则，实践中也已经有很多先例。没有任何的财富规划工具是完美无缺的，我们在了解了相关风险之后，只要是在合法、合规的情况下，将保险作为财富规划的工具之一仍然是一种非常值得考虑的选择。

一、保单与“代位求偿权”

《民法典》第五百三十五条规定：“因债务人怠于行使其债权或者与该债权有关的从权利，影响债权人的到期债权实现的，债权人可以向人民法院请求以自己的名义代位行使债务人对相对人的权利，但是该权利专属于债务人自身的除外。代位权的行使范围以债权人的到期债权为限。债权人行使代位权的必要费用，由债务人负担。”

举例来说，张三欠李四 10 万元，而李四又欠王五 10 万元。现在李四由于各种原因，怠于向张三主张债权，那此时王五可以直接以自己的名义向张三主张归还 10 万元。这就被称为“代位求偿权”。

但在《民法典》所规定的“代位求偿权”的制度中，特别将“债权专属于债务人自身”作为一种除外情形。由于保险的理赔请求权是一种专属债权，根据法律规定是不可以直接代位求偿的。保险因此产生了“债务隔离”功能。

但这种“债务隔离”的功能也是相对的。根据《保险法》第二十六条规定：“人寿保险以外的其他保险的被保险人或者受益人，向保险人请求赔偿或者给付保险金的诉讼时效期间为二年，自其知道或者应当知道保险事故发生之日起计算。人寿保险的被保险人或者受益人向保险人请求给付保险金的诉讼时效期间为五年，自其知道或者应当知道保险事故发生之日起计算。”

虽然法律赋予受益人 2 年/5 年的请求权，但不代表强制执行时可以抗辩。受益人没有其他财产可供强制执行，但受益人在保险公司有受益人赔偿金可以领取而没有领取，即使法院不能向保险公司直接强制划拨，也完全可以责令受益人立即向保险公司申请主张。否则，轻则可以罚款、拘留，重则可能构成《最高人民法院关于审理拒不执行判决、裁定刑事案件适用法律若干问题的解释》第一条规定的“拒不执行判决、裁定罪”。因此，2 年/5 年诉讼时效的“拖延”只是理论上可行，在实际的债权追索中存在很大的不确定性。

二、保单可强制执行的法理分析

1. 保单具有现金价值且归属于投保人所有

现金价值是指投保人退保或保险公司解除保险合同时，由保险公司向投保人退还的那部分金额。从资金来源上看，保单现金价值来源于投保人年轻时多交的保费连同其产生的利息，相当于投保人在保险公司的一种储蓄。从保单现金价值归属上看，保险法及司法解释均指向投保人。《保险法》第四十七条规定：“投保人解除合同的，保险人应当自收到解除合同通知之日起三十日内，按照合同约定退还保险单的现金价值。”《保险法司法解释（三）》第十六条第一款规定：“人身保险合同解除时，投保人与被保险人、受益人为不同主体，被保险人或者受益人要求退还保险单的现金价值的，人民法院不予支持，但保险合同另有约定的除外。”因此，保单具有现金价值，属于财产性权益，且这种现金价值归属于投保人所有。

2. 保险法赋予了投保人任意解除权

《保险法》第十五条规定：“除本法另有规定或者保险合同另有约定外，保险合同成立后，投保人可以解除合同，保险人不得解除合同。”这一条被理解为投保人的任意解除权。因此，投保人要解除保险合同收回现金价值，不需要保险公司的同意。任意解除权是一种形成权，投保人单方即可为，不需要保险公司的同意。因此，法院在强制执行时当然也没有任何的障碍。

3. 保单现金价值并不属于“不得执行财产范围”

根据《最高人民法院关于人民法院民事执行中查封、扣押、冻结财产的规定》[①] 第三条规定：“人民法院对被执行人下列的财产不得查封、扣押、冻结：（一）被执行人及其所扶养家属生活所必需的衣服、家具、炊具、餐具及其他家庭生活必需的物品；（二）被执行人及其所扶养家属所必需的生活费用。当地有最低生活保障标准的，必需的生活费用依照该标准确定；（三）被执行人及其所扶养家属完成义务教育所必需的物品；（四）未公开的发明或者未发表的著作；（五）被执行人及其所扶养家属用于身体缺陷所必需的辅助工具、医疗物品；（六）被执行人所得的勋章及其他荣誉表彰的物品；（七）根据《中华人民共和国缔结条约程序法》，以中华人民共和国、中华人民共和国政府或者中华人民共和国政府部门名义同外国、国际组织缔结的条约、协定和其他具有条约、协定性质的文件中规定免于查封、扣押、冻结的财产；（八）法律或者司法解释规定的其他不得查封、扣押、冻结的财产。”而保单的现金价值并不在这些“不得执行的财产范围”之内。同时，保单现金价值也不属于法律规定的“专属于债务人自身的债权”。

三、保单可强制执行的规定

关于保险产品是否可以强制执行，全国司法层面并没有统一的规定。但

---

① 2004 年 10 月 26 日最高人民法院审判委员会第 1330 次会议通过；根据 2008 年 12 月 16 日发布的《最高人民法院关于调整司法解释等文件中引用〈中华人民共和国民事诉讼法〉条文序号的决定》调整；根据 2020 年 12 月 23 日最高人民法院审判委员会第 1823 次会议通过的《最高人民法院关于修改〈最高人民法院关于人民法院扣押铁路运输货物若干问题的规定〉等十八件执行类司法解释的决定》修正。

《保险法》第二十三条第三款规定：“任何单位和个人不得非法干预保险人履行赔偿或者给付保险金的义务，也不得限制被保险人或者受益人取得保险金的权利。”这一条曾经被用来解释保险产品的独立性和不可执行性，从而体现了保险产品的良好隔离功能。但随着现实生活中购买大额保单的情形越来越多，浙江省和江苏省分别在2015年、2018年都发过通知，明确出台对于人身保险产品财产权益的执行通知。这使得保单在强制执行中的优势也大大减弱。

（一）浙江省高级人民法院规定

浙江省高级人民法院在2015年发布了《关于加强和规范对被执行人拥有的人身保险产品财产利益执行的通知》（浙高法执〔2015〕8号），其中指出：

“近年来，随着资金理财化倾向明显，加上我省法院通过‘点对点’网络查控系统查询、冻结被执行人的银行存款越来越便捷、有效，不少被执行人转而的购买具有理财性质的人身保险产品。为加强和规范对此类人身保险产品的执行，现就有关问题通知如下：

一、投保人购买传统型、分红型、投资连接型、万能型人身保险产品、依保单约定可获得的生存保险金、或以现金方式支付的保单红利、或退保后保单的现金价值，均属于投保人、被保险人或受益人的财产权。当投保人、被保险人或受益人作为被执行人时，该财产权属于责任财产，人民法院可以执行。

二、各级法院应加强对被执行人拥有人身保险产品的查控，保险机构负有协助法院查询、冻结、处置被执行人拥有的人身保险产品财产利益的义务。

三、人民法院要求保险机构协助查询、冻结、处置被执行人拥有的人身保险产品及其财产利益时，执行人员应当出具本人工作证和执行公务证，并出具执行裁定书、协助执行通知书（样式附后）等法律文书。

四、保险机构对人身保险产品财产利益的协助冻结内容，既包括不允许被执行人提取该财产利益，也包括不允许将保单约定有权获得该财产利益的权利人变更为被执行人以外的第三人，或对保单约定的红利支付方式进行变更，执行法院应在协助冻结通知书中载明要求协助的具体内容。

五、人民法院要求保险机构协助扣划保险产品退保后可得财产利益时，一般应提供投保人签署的退保申请书，但被执行人下落不明，或者拒绝签署退保申请书的，执行法院可以向保险机构发出执行裁定书、协助执行通知书要求协助扣划保险产品退保后可得财产利益，保险机构负有协助义务。

六、保单尚在犹豫期内的，保险产品退保后，人民法院可执行被执行人缴纳的保险费。

超过犹豫期未发生保险事故的，只能执行保单的现金价值，负有协助义务的保险机构应当根据相关法律法规的规定和保单的约定计算确定保单的现金价值，提供给执行法院。

七、保险机构没有正当理由拒绝履行协助执行义务的，执行法院可依据《中华人民共和国民事诉讼法》第一百一十四条的规定对相关保险机构采取民事制裁措施。”

（二）江苏省高级人民法院规定

2018年7月9日，江苏省高级人民法院也发布了《关于加强和规范被执行人所有的人身保险产品财产性权益执行的通知》，其中指出：

“为了加强和规范被执行人所有的人身保险产品财产性权益的执行，现将有关问题通知如下：

一、保险合同存续期间，人身保险产品财产性权益依照法律、法规规定，或依照保险合同约定归属于被执行人的，人民法院可以执行。人身保险产品财产性权益包括依保险合同约定可领取的生存保险金、现金红利、退保可获得的现金价值（账户价值、未到期保费），依保险合同可确认但尚未完成支付的保险金，及其他权属明确的财产性权益。

人民法院执行人身保险产品财产性权益时，应遵守《中华人民共和国民事诉讼法》第二百四十三条、《最高人民法院关于人民法院民事执行中查封、扣押、冻结财产的规定》第五条的规定。例如，对于被保险人或受益人为被执行人的重疾型保险合同，已经发生保险事故，依保险合同可确认但尚未完成支付的保险金，人民法院执行时应当充分保障被执行人及其所扶养家属的生存权利及基本生活保障。

二、人民法院要求保险公司协助查询、冻结、处置被执行人所有的人身保险产品及其财产性权益时，执行人员应当出具本人工作证和执行公务证，并出具执行裁定书、协助执行通知书等法律文书。

申请执行人无法提供被执行人所有的人身保险产品所属保险公司或保险合同编号的，人民法院可以到江苏省保险行业协会进行查询。执行人员查询时应当出具本人工作证、执行公务证以及协助执行通知书等法律文书。

三、人民法院查询被执行人所有的人身保险产品及其财产性权益时，保险公司应当于查询当日协助反馈人身保险产品的合同编号、名称、类型、购买日/到期日、产品状态、退保可获得的现金价值（账户价值、未到期保费）、产品对应的回款资金账户、联系电话等信息。保险公司向人民法院反馈的信息，以人民法院查询当日保险公司的系统数据为限。

被执行人在保险公司无人身保险产品的，保险公司应当反馈查无人身保险产品信息。

四、人民法院冻结被执行人所有的人身保险产品及其财产性权益时，应当在协助冻结通知书中载明以下内容：

1. 需冻结的保险合同编号、被执行人姓名、身份证号码、冻结期限等；

2. 禁止保险公司将保险合同的财产性权益支付给被执行人；

3. 禁止保险公司将保险合同约定有权获得该财产性权益的权利人变更为被执行人以外的人；

4. 禁止保险公司对保险合同约定的红利支付方式进行变更等可能影响执行的事项。

五、投保人为被执行人，且投保人与被保险人、受益人不一致的，人民法院扣划保险产品退保后可得财产利益时，应当通知被保险人、受益人。被保险人、受益人同意承受投保人的合同地位、维系保险合同的效力，并向人民法院交付了相当于退保后保单现金价值的财产替代履行的，人民法院不得再执行保单的现金价值。

被保险人、受益人未向人民法院交付相当于退保后保单现金价值财产的，人民法院可以要求投保人签署退保申请书，并向保险公司出具协助扣划通知书。投保人下落不明或者拒绝签署退保申请书的，人民法院可以直接向保险公司发出执行裁定书、协助执行通知书，要求保险公司解除保险合同，并协助扣划保险产品退保后的可得财产性权益，保险公司负有协助义务。

投保人未签署退保申请书，保险公司依人民法院执行裁定解除保险合同、协助执行后，相关人员因此起诉保险公司的，人民法院不予支持。

六、保险公司收到人民法院协助执行通知书，应当根据法律、法规规定和保险合同约定计算确定被执行人所有的人身保险产品财产性权益的价值，并严格按照人民法院要求履行协助执行的义务。被执行人为投保人，且保险合同尚在犹豫期内的，被执行财产性权益的价值为依合同约定应退还给投保人的保险费。

被执行保险合同有质押借款或贷款的，保险公司作为质权人可以从被执行财产性权益中扣除借款或贷款的本息优先受偿。

七、保险公司以及其他利害关系人等，对人民法院冻结、处置人身保险产品有异议的，可以依法向执行法院提出执行异议，执行法院应当依法审查处理。

八、保险公司没有正当理由拒绝协助执行的，人民法院可以依据《中华人民共和国民事诉讼法》第一百一十四条的规定对其采取民事制裁措施。"

四、保单强制执行的司法判例

在司法实践中，关于保单的“现金价值”能否被强制执行的问题，一直存在不同的观点。虽然现金价值属于投保人，但是在投保人未主动退保的情况下，法院是否可以强制解除保单、执行现金价值，实践中主要有“肯定说”和“否定说”两种观点。

“肯定说”的观点认为，人民法院当然可以强制执行投保人购买保单的现金价值，只要债权人申请，人民法院就应该强制执行保单的现金价值，并要求保险公司配合。《保险法》第十五条赋予了投保人任意解除权，投保人为了逃避债务不解除，此时法院可以介入并强制要求解除。

“否定说”的观点认为，保险公司给付现金价值的前提，必须以投保人解除合同为前提。依据是在未经投保人同意的情形下，即使是协助法院执行，保险公司亦违反了法律规定及合同约定，必须依法向投保人继续履行合同。

为此，我们特地作了案例检索。根据检索，目前全国各地法院的大部分观点，都是支持现金价值的强制执行。

（一）可强制执行的案例

案例 4－14 某人寿保险公司德州市武城支公司、南某执行审查案

一审法院： 武城县人民法院（2019）鲁 1428 执异 7 号

二审法院： 山东省德州市（地区）中级人民法院（2019）鲁 14 执复 42 号

案例主旨： 保险人在合同解除时支付给投保人的金钱是确定的，作为被执行人享有一种确定的投资权利，可以作为执行标的予以执行。

法院认为，根据《保险法》相关规定，投保人享有单方解除合同的权利，合同解除后保险人必须向投保人支付保单现金价值。保单现金价值的计算方法是确定的，这就意味着保险人在合同解除时支付给投保人的金钱是确定的，因此，作为被执行人享有一种确定的投资权利可以作为执行标的予以执行。人民法院强制执行的行为在性质上就是运用公权力替代被执行人对其所享有的财产权益进行强制处置，从而偿还被执行人的债务。因此，执行法院作出提取被执行人的保单现金价值的执行行为并无不当。

案例 4-15 王某凤、王某东其他案由执行审查案

一审法院：兰州市中级人民法院（2019）甘 01 执异 652 号

二审法院：甘肃省高级人民法院（2020）甘执复 81 号

案例主旨：保险单的现金价值属于投保人依法享有的财产权益，在投保人未主动履行法律文书确定的义务的情况下，法院有权扣划、提取投保人的财产，保险单的现金价值依法可以作为强制执行的标的。

法院认为，本案中的异议人即投保人，涉案的保险单现金价值属异议人依法享有的财产权益，在异议人未主动履行法律文书确定的义务的情况下，法院有权扣划、提取异议人的财产，某人寿保险股份有限公司兰州分公司有义务配合执行。故法院对该保险单的现金价值予以强制执行并无不当。该保险虽然是以人的生命和身体为保险标的，兼具人身保障和投资理财功能，但保险单本身具有储蓄型和有价性，其储蓄型和有价性体现在投保人可通过解除保险合同提取保险单的现金价值，这种保险单的现金价值系基于投保人缴纳的保险费所形成，是投保人依法享有的财产权益，并构成投保人的责任财产。同时，该财产权益在法律性质上并不具有人身依附性和专有性，也不是被执行人及其所扶养家属所必需的生活物品和生活费用，不属于《最高人民法院关于人民法院民事执行中查封、扣押、冻结财产的规定》所规定的不得执行的财产。因此，保险单的现金价值依法可以作为强制执行的标的。人民法院的强制执行行为在性质上就是替代被执行人对其所享有的财产权益进行强制处置，从而偿还被执行人所欠的债务。根据《保险法》第十五条、第四十七条的规定，在保险期内，投保人可通过单方自行解除保险合同而提取保险单的现金价值。由此可见，保险

单的现金价值作为投保人所享有的财产权益，不仅在数额上具有确定性，而且投保人可随时无条件予以提取。基于此，在作为投保人的被执行人不能偿还债务，又不自行解除保险合同提取保险单的现金价值以偿还债务的情况下，人民法院在执行程序中有权强制代替被执行人对该保险单的现金价值予以提取。

案例4－16 某人寿保险股份有限公司北京分公司、李某执行审查案

一审法院：大连市沙河口区人民法院（2019）辽0204执异37号

二审法院：辽宁省大连市中级人民法院（2019）辽02执复114号

案例主旨：执行程序中，在作为投保人的被执行人不能偿还债务，又不主动解除保险合同提取保单的现金价值以偿还债务的情况下，人民法院有权强制代替被执行人对该保险单的现金价值予以提取。

法院认为，本案中，异议人基于保险费归异议人所有、无权单方解除合同、案涉保险尚未达到给付条件等理由主张该院协助执行事项违法，无法协助执行。首先，本案执行程序中要求保险公司提取的是保单的现金价值而非保险费。《保险法》第四十七条明确规定：投保人解除合同的，保险人应当自收到解除合同通知之日起30日内，按照合同约定退还保险单的现金价值。这种保险单的现金价值系基于投保人缴纳的保险费所形成，是投保人依法享有的财产权益，属于投保人的财产；其次，执行程序具有强制性。人民法院的强制执行行为在性质上就是替代被执行人对其所享有的财产权益进行强制处置，从而偿还被执行人所欠的债务。根据《保险法》第十五条、第四十七条的规定，在保险期内，投保人可通过单方自行解除保险合同而提取保险单的现金价值。由此可见，保险单的现金价值作为投保人所享有的财产权益，不仅在数额上具有确定性，而且投保人有权通过解除合同予以提取。执行程序中，在作为投保人的被执行人不能偿还债务，又不主动解除保险合同提取保单的现金价值以偿还债务的情况下，人民法院有权强制代替被执行人对该保险单的现金价值予以提取。本案中，被执行人拒不履行生效文书确定的义务，为保护申请执行人的合法权益，该院要求异议人协助扣划被执行人名下保单现金价值的执行行为符合法律规定。

案例 4－17 姜某与张某执行审查案

一审法院：呼和浩特市赛罕区人民法院（2018）内0105执异208号

二审法院：呼和浩特市中级人民法院（2019）内01执复31号

案例主旨：保险单具有储蓄性和有价性，保险单经解除后可返还现金价值，具有财产属性，法院可以执行。

法院认为，本案的争议焦点为：(1) 执行法院的协助执行通知书是否违反法律规定；(2) 被执行人的保险单是否能执行；(3) 保险单对应的现金价值是否以合同解除为前提。是否能强制执行法院作出的协助执行通知书，是依据生效的法律文书，要求某人寿保险公司协助提取张某保单对应的现金价值并在协助执行通知书上已附执行裁定书，执行行为并不违反法律规定。《最高人民法院关于人民法院民事执行中查封、扣押、冻结财产的规定》第二条规定，人民法院可以查封、扣押、冻结被执行人占有的动产、登记在被执行人名下的不动产、特定动产及其他财产权。虽然人寿保险合同是以人的生命和身体为保险标的，兼具人身保障和投资理财功能，但保险单具有储蓄性和有价性，保险单经解除后可返还现金价值，具有财产属性。被执行人张某的保单对应的现金价值系投保人的财产，投保人对其具有完全的所有权。本案投保人系被执行人，可以执行。

（二）不支持强制执行的案例

当然，在司法实践中，也有一些不支持强制执行的案例。

案例 4－18 虞某、黄某等与执行纠纷案

一审法院：瑞安市人民法院（2014）温瑞执异字第45号

二审法院：温州市中级人民法院（2014）浙温执复字第36号

案例主旨：人寿保险以被保险人的身体健康与疾病为投保内容，具有人身保障功能，不宜强制执行。

法院认为，复议人虞某、黄某于2007年、2009年、2010年、2011年与某人寿保险公司签订的七份保险合同，以被保险人的身体健康与疾病为投保内容，属于人寿保险范畴，具有人身保障功能。法院强制执行该保单的现金价值将会危害被保险人的生存权益。因此，该类人寿保险不宜强制执行。

案例 4－19 某人寿保险公司玉田支公司、宋某等与刘某民间借贷纠纷执行纠纷案

一审法院：河北省玉田县人民法院作出的（2015）玉执异字第6号

二审法院：唐山市中级人民法院（2016）冀02执复47号

案例主旨：投保人未解除保险合同的情况下，保险合同仍在履行中，法院不得强制解除保险合同，亦不得强制执行保险款项。

法院认为，（2015）玉执异字第6号执行裁定书所认定“保单的现金价值，属于投保人刘某、李某的财产权，该财产权属于责任财产，人民法院可以执行”的事实，应是建立在投保人退保或保险公司解除保险合同，由保险公司向投保人退还部分金额的基础上，但目前刘某、李某并未与复议人某人寿保险公司玉田支公司解除保险合同，且该合同仍在履行中，故河北省玉田县人民法院要求复议人协助执行扣划刘某、李某在某人寿保险公司玉田支公司的保险款项至河北省玉田县人民法院，势必造成双方所达成保险合同的强制予以解除，显然违背自愿原则。

案例 4－20 某银行股份有限公司吉首人民路支行与吉首市CX商贸有限责任公司、李某、陈某金融借款合同纠纷异议执行案

一审法院：吉首市人民法院（2017）湘3101执1号

案例主旨：投保人既未退保亦未提出解约的情况下，其依法不能享受该保险的现金价值，法院作为公权力机关，不宜介入基于当事人自由意志的契约行为，即法院不能强制投保人退保或者强制解除保险合同。

法院认为，商业保险是指投保人根据合同约定，向保险人支付保险费，保险人根据合同约定承担相应保险责任的商业行为，是一种基于当事人自由意志的契约行为，故投保人是否能够享受相应保险待遇，应以保险合同约定的成就条件为准。本案中，被执行人李某在中国某人寿保险股份有限公司投保的两份智富人生保险，即是一种商业保险，其所能够享受的现金价值，应以解除保险合同或者退保为前提，而李某作为投保人，既未退保亦未提出解约，故其依法不能享受该保险的现金价值，法院作为公权力机关，不宜介入基于当事人自由意志的契约行为，即法院不能强制投保人退保或者强制解除保险合同。故本院（2016）湘3101执恢78号执行裁定书裁定划拨被执行人李某在中国某人寿保险

股份有限公司投保的两份智富人生保险保险单现金价值的执行行为不符合法律规定，应当予以撤销，但该保险现金价值系被执行人李某可预期收入，为防止其在条件成就时转移该收入，法院可依法对该收入予以冻结。

案例 4－21 何某与国某、何某某民间借贷纠纷一案执行纠纷案

一审法院：四平市铁东区人民法院（2017）吉0303执异8号

案例主旨：是否冻结保险应当由法院根据保单的具体情况作出。对于终身保险、分红型保险等类型的保险，一般来说，法院不宜全额冻结。

法院认为，依据已生效法律文书并经申请执行人何某申请，裁定冻结被执行人国某、何某某银行存款及财产，符合法律规定。但第一份合同为终身保险，被保险人身故后才有保险赔偿金，且受益人为何某航，法院冻结该份保险不妥。第二份保险为两全分红型保险，虽然公司确定有红利分配时红利将分配给投保人，但公司的红利没有确定，红利占本合同的保险金份额比例较小，被保险人在合同规定的条件下因疾病身故，给付300%的身故保险金，或保险期间届满公司给付300%满期保险金，大比例赔付的保险金受益人为何某航，法院全额冻结该保险合同不妥。第三份、第四份为同一险种保险合同，虽然该合同第五条的保险责任第一项规定了被保险人在18周岁、19周岁、20周岁、21周岁的年生效对应日，公司按本合同基本保险金额的10%给付婚嫁保险金，被保险人生存至25周岁的年生效对应日，公司按本合同基本保险金额的60%给付婚嫁保险金。但被保险人生存至60周岁的年生效对应日，公司按本合同基本保险金额的200%给付满期保险金。因大比例的保险金要待被保险人年满60周岁时才能获得，受益人为何某航，法院全额冻结该合同的保险金不妥。第五份合同的身故保险金和意外伤害身故保险金为本合同的大额赔付，且受益人为何某航，法院全额冻结保险金不妥。第六、第七份合同的投保人和受益人均为何某航，被执行人在该合同中没有收益权，冻结该份合同不妥。该七份保单的形成时间均在被执行人向申请执行人借款之前。而且七份保险单的受益人均为何某航，法院不能强行解除该保险合同，将保费变成现金价值，故冻结何某某在某人寿保险公司四平分公司的保费没有法律依据，也没有实际意义，应中止执行，故异议人（案外人）何某航异议理由成立，法院予以支持。

五、配偶名下保单的连带责任

婚姻关系存续期间，一方购买的保单是否会受到负债配偶一方的影响呢？我们经过案例检索发现，在认定为债务属于夫妻共同债务的情况下，未负债一方购买的保单，往往也不能免于执行。

案例 4－22 苟某、张某民间借贷纠纷执行纠纷案

一审法院：河北省曲阳县人民法院（2018）冀 0634 执异 2 号

二审法院：河北省保定市中级人民法院（2018）冀 06 执复 73 号

案例主旨：夫妻一方名下的人寿保险具有有价性，保单的现金价值作为投保人享有的一种确定的投资性权益，属于投保人的责任财产，法院有权对债务人配偶名下的保险采取强制措施。

法院认为，申请执行人张某与被执行人曹某民间借贷纠纷一案，已经河北省曲阳县人民法院（2014）曲民初字第 759 号民事判决予以确定，曹某所欠张某的债务发生在曹某与复议申请人苟某婚姻关系存续期间，故该笔债务应为夫妻共同债务，苟某主张该笔债务为曹某个人债务，未提供任何证据予以证实。经张某的申请，法院基于该笔债务为曹某与苟某的夫妻共同债务为由，依据上述法律规定，裁定追加苟某为被执行人，且在法院作出追加裁定时，并未违反法律强制性、禁止性规定，该裁定于 2015 年 1 月 18 日公告送达后，苟某亦未提出任何异议。虽然苟某与曹某离婚时对债务进行了处理，但双方的约定不能对抗第三人，张某仍有权就夫妻共同债务向双方主张权利。关于苟某名下的人寿保险，其性质具有有价性，保单的现金价值作为投保人享有的一种确定的投资性权益，属于投保人即苟某的责任财产，法院可对该份保险采取强制措施。故苟某以购买的人寿保险具有人身专属性为由阻却执行，于法无据。

案例 4－23 陈某责令退赔执行实施类执行裁定书

一审法院：福建省宁化县人民法院（2019）闽 0424 执 139 号之四

案例主旨：对于承担刑事责任的被执行人，法院有权冻结并提取其名下以及其配偶名下的保险合同的现金价值。

执行过程中，法院采取了如下执行措施：

1. 通过司法专邮形式向被执行人发出执行通知书、报告财产令、财产申报表、执行告知书、廉政监督卡、最高人民法院致当事人的一封信、执行裁定书、缴款通知书等法律文书。

2. 分别通过全国法院网络执行查控系统、福建省司法查控系统多次查询了被执行人陈某名下的财产信息，被执行人陈某无银行存款、工商、理财产品、车辆等财产登记信息。

3. 通过司法专邮形式向被执行人陈某发出限制消费令，限制被执行人高消费及非生活或者经营必需的有关消费。将被执行人陈某纳入失信被执行人名单并通过司法专邮形式向被执行人陈某发出执行决定书。

4. 经 2019 年 3 月 20 日现场调查，查封了被执行人陈某名下位于三明市××龙新村××房产，冻结了被执行人陈某及其配偶林某投保的 6 份保险合同现金价值。被执行人陈某无其他可供立即执行的财产。

5. 依法拍卖了被执行人陈某名下位于三明市××龙新村××房产，拍卖价款为 1,456,040 元，已返还其配偶林某份额款 728,020 元，扣除相关费用尚有余额 689,652 元。法院依法提取了被执行人陈某及其配偶林某名下的 6 份保险合同的现金价值 495,320.18 元，已返林某份额款 247,660.09 元，余款 247,660.09 元。上述余款共 937,312.09 元在各受害人中进行分配。

第五节 保单产品的结构要点

通过上节的分析我们知道，保险产品并不像市场上传说得那么神奇，可以“离婚不分、欠债不还”。但是，我们也不能陷入“谈保色变”的极端。只要通过对保险产品的结构设计，优化发挥保险产品的功能，同时不要企图用保险工具达到非法目的，保险仍然可以达到财富规划的理想效果。

一、投保人应注意负债风险

首先，负债风险很高的人群，如公司董事、法定代表人、私营企业主等，大多也是家庭的经济支柱。这类人群自己是不适合作为投保人的，应当作为被保险人比较合适。保单在发生理赔之前的现金价值是投保人的财产，而保单的现金价值也是完全可以计算出来的。一旦发生诉讼，则有可能被强制执行来偿还投保人的债务。因此，在家庭尚未有巨额负债或负债风险的情况下，保单的投保人适宜由家庭中负债风险低的人来担任投保人。

二、保险受益人的科学设置

保险受益人拥有保险的受益权，在保险事故发生时，就会产生保险金，支付给保险受益人。因此，保险受益人的安排也要合理。家庭中负债风险高的人同样也不适宜做受益人，否则可能出现被挥霍或者抵债的风险。

在设置保险受益人的时候，可以选择家庭中需要照顾的人员如孩子、老人，同时也应当是负债风险比较低的人。另外，如果保险金的数额较高，也可以选择用保险金信托。

三、充分理解保险的保障目的

保单可以被强制执行进行债务清偿的法理基础在于保单具有清楚可量化的现金价值，并且投保人拥有任意解除权来获得现金价值。但是，现金价值与保单本身的价值往往是不对等的，并且保单的产品不一样，现金价值也是不一样的。

一般来说，市场上存在现金价值低和现金价值高两种类型的保险产品，现金价值低的保险产品，往往保障是比较好的；而现金价值高的产品，保障可能相对较少。这是保险公司为了平衡的一种设计。

因此，搞清楚保险保障的目的并选择相应的低现金价值的保险产品非常重要。有一些保单，在成立的最初几年或一段时间内，其现金价值可能仅为缴纳保费的十分之一或是更低。而根据《保险法司法解释（三）》第十七条规定："投保人解除保险合同，当事人以其解除合同未经被保险人或者受益人同意为由主张解除行为无效的，人民法院不予支持，但被保险人或者受益人已向投保人支付相当于保险单现金价值的款项并通知保险人的除外。"如果因投保人的债务原因，该保单确实被法院强制执行，则被保险人或受益人可以通过支付保单现金价值的方式防止保险合同被强制解除，保护自己的合法权益。

四、保单贷款人具有优先受偿权

大额保单大多有保单贷款的功能，特别是趸交的保单，保险额高，现金价值也高。如果投保人先以保单向保险公司申请贷款，之后才涉诉，法院要强制执行保单的现金价值时，则保险公司还有优先受偿权。

案例 4－24 某人寿莱芜分公司与何某、杨某执行分配方案异议之诉案

一审法院： 莱芜市中级人民法院（2018）鲁12民初24号

案例主旨： 以保险单作为担保向保险公司申请贷款的情况下，如果投保人涉诉，保险公司在法院的强制执行中具有优先受偿权。

法院认为，关于某人寿莱芜分公司对于涉案的李某的四份保单的现金价值是否享有优先受偿权的问题，首先要解决保单借款的效力和性质问题，何某、杨某主张某人寿莱芜分公司与李某之间只是借款关系，某人寿莱芜分公司没有权利往外放贷，保单也不可以质押，借款凭单上也没有质押字样，因此某人寿莱芜分公司主张优先受偿权没有法律依据。而某人寿莱芜分公司主张保单借款本身就是用保险合同作质押，才发生的借款业务，所以某人寿莱芜分公司在法院强制解除保险合同时，对保险合同的现金价值享有优先受偿权。

保单借款，也叫保险单质押贷款，通常意义上的理解是以保险单作为担保，向保险公司申请贷款的行为。保单质押究竟是不是法律意义上的质押行为，是否具有物权效力即相对于其他债权人的优先受偿的权利。这样就需要首先解决保单是否可以作为质押的权利。我国现行法律没有将保单明确列为可以质押的权利，但是人寿保险保单具有储蓄价值，保单所有人可以退保收取保单的现金价值，也可以通过转让获取保单的对价。因此，从理论上看，人寿保险保单具有交换价值，可以作为质押的标的。从法律规定来看，《保险法》第三十四条第二款规定："按照以死亡为给付保险金条件的合同所签发的保险单，未经被保险人书面同意，不得转让或者质押。"该款虽然没有从正面规定保单可以出质，但根据本条的反向解释，应当认为保单是可以出质的，否则也就没有必要专门规定，以死亡为给付保险金条件的合同，未经被保险人书面同意，不得质押。

从我国当前保险实践来看，保单质押，尤其是人寿保单质押业务是得到保险监督管理部门的承认。1998年7月3日，中国人民银行《关于人寿保险中保单质押贷款问题的批复》（银复〔1998〕94号）规定人寿保险单可以设定质押。只不过对于用人寿险保单办理质押贷款应当具备两个特定条件：一是寿险保单质押贷款主体特定，即借款人只能是投保人，贷款人也只能是保险公司。二是

出质的保单种类特定，即保险质押贷款仅对有保单质押贷款条款的个人寿险保单办理，且该个人寿险保单保费支付2年以上，保单产生现金价值后经被保险人书面签字同意。2008年3月28日，中国保险监督管理委员会《关于寿险保单质押贷款业务有关问题的复函》（保监厅函〔2008〕66号）中指出："一、保单质押贷款是长期寿险合同特有的功能，是指投保人在合同生效满一定期限后，按照合同约定将其保单的现金价值作为质押，向保险公司申请贷款。二、保单质押贷款条款一般存在于长期人寿保险合同中。在保险合同中约定保单质押，是保险合同当事人的民事权利，有关国家和地区的保险立法对此有明确授权规定。我国保险法对此没有明确规定，在监管实践中，一直将保单质押贷款条款视为保险合同当事人的约定，属于意思自治，监管政策上也是允许的。"

综上所述，保险公司作为保单质押贷款合同中贷款人，其主要通过扣除保险单的现金价值或者保险费的形式实现债权，其作为质权人的义务主要是妥善保管保险单，当债务人未偿还债务时，保险公司有权从保险单的现金价值中扣除贷款、利息及其他费用，这也是人寿保险单能够用于质押的根本。因此，保单质押贷款应当认定为法律意义上的质押行为，保险公司享有优先受偿权。本案中，李某在向某人寿莱芜分公司办理保单借款时，李某的个人寿险保单保费支付在2年以上，保单产生现金价值后经被保险人李某书面签字同意，借款的主体系投保人李某，这些均符合中国人民银行《关于人寿保险中保单质押贷款问题的批复》（银复〔1998〕94号）规定的应具备的两个特定条件，而且在保单借款中也约定了"借款期间，同意贵公司暂停给付红利、生存保险金。贵公司在给付保险金、退还合同现金价值或保险费时，有权先扣除本人应还借款及利息"，李某也已经将保险合同和保险单交付给某人寿莱芜分公司，某人寿莱芜分公司作为质权人的义务便是妥善保管保险单，当债务人李某未偿还债务时，有权留存保险单的现金价值，这些都符合质押的法律规定，因此，在保险合同解除时，某人寿莱芜分公司享有优先受偿权。

五、负债情况下的保单筹划

很多高净值客户会疑惑：如果自己已经是负债的情况下，还能买保险吗？既然买保单并不能实现百分百的债务隔离，那么买了应该也没有什么用。

有债务不等于不能买保险。对于现代人来说，个人或家庭多多少少总有些负债，房贷和车贷是大多数家庭的债务，有债务并不等于不能买保险。当个人的资产大于债务，并且购买保险不会明显损害债务人的偿债能力时，投保人是可以购买大额保险的。但是，如果债务人的负债是大于资产总额的，并且债务人面临诉讼程序，那么购买保险的行为有可能被视为逃避债务。而如果债务人已经被列为失信被执行人，那么债务人是不能购买大额保险的。

根据《最高人民法院关于限制被执行人高消费及有关消费的若干规定》第三条规定“被执行人为自然人的，被采取限制消费措施后，不得有以下高消费及非生活和工作必需的消费行为：……（八）支付高额保费购买保险理财产品”，这种情况下债务人不能购买“大额保单。”而失信被执行人通常也不可能通过保险公司的财务情况调查。

但是，在有负债的情况下，保险结构就比较关键。如果是出于健康保障的目的，则可以选择购买保障高、现金价值低的产品。如果是出于养老需求和财富传承需求，则可以选择由家庭中负债可能性最低的成员作为投保人，由家庭中的未成年人作为受益人。例如，购买年金类大额保险的话，可以采取这样的架构：投保人是母亲，被保险人和受益人都是孙子女，利用“隔代投保”的形式间接给到孙子女。如果是购买大额终身寿险的话，可以采取这样的架构：投保人是母亲，被保险人为子女，受益人为孙子女。

因此，有负债不等于不能买保险。根据客观具体情况，搭建合理的投保架构，在符合法律规定的框架下购置保险才是关键。

六、为子女购买保险的注意事项

给孩子买保险越来越成为很多家长的共识。通常来讲，为子女尽早购买保险会有以下几个方面的好处：

1. 年龄越小，所缴保险费就越便宜，所购买的保险性价比越高。

2. 因为子女年龄小的时候，身体都比较健康。所以，为子女购买保险时不会因为身体不健康而被拒保或因健康原因而增加保费。

3. 可以尽早建立子女的教育基金和成长基金，接受良好的教育，避免子女成长教育受到家庭财产的影响，让子女有一个美好的未来。

4. 利用保险的合理设计有效减轻子女将来的负担。

但是，由于子女通常是家庭中的“支出项”，而不是“产出项”，因此，我们不建议为子女购买大量保险产品。为子女购买保险，应当遵循“保障第一、收益第二”的原则。由于我国现行的医疗保险制度没有把少年儿童完全纳入保障范围，而孩子在成长过程中，免不了会有生病和意外，小毛病的发病概率高。因此，要想保证孩子健康平安成长，家庭不至于因孩子生病或遭遇意外事故而陷于经济困境，在为子女购买保险时，首先应当要考虑为孩子购买保障型保险，如医疗险、意外险。而收益型的储蓄险，由于子女尚年幼，未来子女也会自己成家立业赚取收入，收益型的储蓄险并非必要的，只是起到“锦上添花”的效果。

在为子女购买储蓄型保险时，保险产品的结构设计也要特别注意。一般来说，投保人是父母，被保险人是子女，而受益人可以分成“身故受益人”和“生存受益人”。身故受益人是指在保险合同中由被保险人或投保人指定，在被保险人死亡后有权领取保险金的人，一般会在人身保险合同列明。父母为子女买保险，身故受益人一般为家长，而生存受益人一般是被保险人本人。身故受益人可以根据情况修改，未来如果子女成家立业有孩子了，也可以把身故受益人改变成其他家庭成员。而生存保险金受益人通常是固定不变的，不能修改，生存金受益人最好是孩子本人。

第六节 境外保单配置与理赔

对于高净值客户来说，资产的全球化配置已经成为重要的标志。同样地，保险产品可能也会在不同领域进行配置。尤其是香港保单和美国保单，更是受到高净值客户的热烈追捧。

一、中国内地居民购买境外保险的合法性

2016年4月22日，中国保监会（已撤销）正式发布《关于内地居民赴港购买保险的风险提示》，引发公众强烈关注。该文中就内地居民前往香港特别行政区购买保险作出了若干风险提示。

第一，明确香港保单不受内地法律保护。首先，内地居民投保香港保单，需亲赴香港投保并签署相关保险合同。如在境内投保香港保单，则属于非法的“地下保单”，既不受内地法律保护，也不受香港法律保护。其次，内地居民投

保香港保险适用中国香港特区法律。如果发生纠纷，投保人需按照香港特区的法律进行维权诉讼。与内地相比，香港特区法律诉讼费用较高，可能面临较高的时间和费用成本。此外，除了法律诉讼之外，投保人也可选择向香港的保险索偿投诉局投诉与理赔索偿有关的纠纷，但该局目前可裁决的赔偿上限是 100 万元港币，大额保单的赔偿纠纷无法通过该局裁决处理。

第二，购买香港保单存在汇率风险和外汇政策风险。一方面，内地居民在香港购买的保单，赔款、保险金给付以港币、美元等外币结算，消费者需自行承担外币汇兑风险。另一方面，内地居民个人到境外购买人寿保险和投资返还分红类保险，属于金融和资本项下的交易，是现行的外汇管理政策尚未开放的项目，存在一定的政策风险。此外，如以期交保费方式购买长期寿险保单，也可能存在因外汇支付政策变化导致无法交纳续期保费的风险。

第三，保单收益存在不确定性。对于分红保险，其保证收益之上的红利分配是不确定的。目前内地保险产品遵照监管要求，按照低、中、高三档演示红利水平，演示利率上限分别为3%、4.5%和6%。香港保险市场化程度较高，未对红利演示作出明确要求，大多数产品通常采用6%以上的投资收益率进行分红演示。但分红本身属于非保证收益，具有较大不确定性，能否实现主要取决于保险公司能否长期保持高投资收益率。

第四，保单前期现金价值低，退保损失大。中途退保时，投保人只能获得保单的现金价值。香港监管部门对保险产品的现金价值无具体要求，大多数长期期交保单在保单前期现金价值很低，前 2 年甚至为零，客户如果退保将承受较大的损失。

第五，该文提示内地居民在购买香港保单时需认真阅读保险产品条款。香港保险产品条款使用繁体字，表述方式与内地不尽相同。投保人需认真阅读保险条款，充分理解保险责任、理赔条件等重要内容，避免因对条款理解不准确而引发合同纠纷。

那么，上述风险提示是否意味着内地居民购买境外保险是非法的呢？

（一）中国内地居民购买中国香港特区保险是否符合内地法

内地居民赴港购买保险，这是一种民事法律行为。根据“法无禁止即可为”的原则，在我国法律、行政法规没有明文禁止内地居民赴香港买保险的情况下，内地居民到香港购买保险是不违反内地的法律、行政法规的禁止性规定。因此，不能说是不合法的。我们看到上述风险提示中所用的语句叫作“香港保单不受内地法律保护”。这句话说的其实是法律适用的问题，即香港保单不一定适用内地法律来处理，有可能要适用香港法或者其他保单购买地的法律来适用处理。但是不适用内地法律和不合法完全是两个不一样的层面，购买香港保单本身并不一定是非法的。

（二）中国内地居民购买中国香港特区保险是否符合香港法

那么内地居民购买香港保单，又是否符合香港的法律规定呢？根据香港法例第 41 章的《保险公司条例》，其中也并未见任何禁止香港保险公司向内地居民推介和出售保险的条款。另外，根据香港保险业监理处的复函（档案号 INS/ADM/7/1）：“任何在香港获授权之保险公司，在香港推介人寿保险均属合法，不论销售对象是香港本地人士、外国人士或中国内地人士。”由此可知，在香港，合法的保险公司可以向包括内地在内的世界各国人士推介人寿保险。内地人士在香港购买保险符合香港法例的规定。

二、境外保险产品的优劣势

境外保险，如中国香港特区[①]的保险，一直深受内地居民的喜爱，那么境外保险和内地保险相比，有哪些优势和劣势呢？

（一）境外保险的优势

1. 抗通胀能力更强

说起中国香港特区的保险，排在第一位的优势，可能是抗通胀能力比较强。而抗通胀能力强主要是体现在两个方面：第一是提供美元产品。中国香港特区很多的保险产品有港币和美元两种计价币种，有的保险产品甚至只有美元计价。美元作为与黄金直接挂钩的货币，能够很好地抵抗通货膨胀。而内地的保险产品只有人民币一种计价币种，人民币贬值压力大，相比之下，美元能够提供很好的抗通胀能力。第二是中国香港特区的保险具有分红条款。目前中国香港特区市场上流行的保险大多是分红型保单。分红型保单顾名思义就是可能会有“分红”，这与保险公司的经营投资效益是紧密关联的。分红型保单未来可以有分红，因此自然就具有了抗通胀的能力。不过需要注意的是，这种分红不是必

① 此处是以保险合同所适用法律的角度将中国香港特区的保险产品列为境外保险产品。

然有分红，并非保证型分红。

2. 低保费和高保额

与内地相比，香港的保费比较低，而保额比较高。首先，对于人寿保险的保费来说，保险公司在设计产品的时候，一般是按地区的人均寿命和死亡率来计算的，目前香港的人均寿命比内地的平均寿命要高，同时，香港的死亡率也较低。因此，相同年龄的被保险人若买相同保额的同类产品，香港的保费要比国内便宜。同理，同样的保费同样的缴费年期，被保险人能购买的香港保险产品的保额也要比国内的产品高。再加上还有人民币与港元/美元的汇率差，如此一来，在香港购买人寿保险可能就会比内地划算很多。

3. 保障范围更宽泛

香港的保险产品的保障范围要比内地的更加宽泛，香港保单全球保障，无论投保者是基于旅游、出差、还是留学到全世界任何地方，发生疾病或意外等，均可享受所投保的香港保险产品的保障。另外，像重大疾病险这类险种，内地保险产品保障的大病一般在40种左右，而香港的一般在60种以上，甚至能达到100种左右。而且，香港的保险产品是覆盖进口药的。

4. 较高的免体检投保额及可投保限额

香港的免体检投保额远远高于内地，且香港的保险产品可购买的最高限额很高或不设上限。而内地的险种在儿童可购买的最高额度、被保险人生病住院可索赔的最高限额等额度上均不及香港额度之高。

（二）境外保险的劣势

当然，香港保险与内地保险相比，也有劣势，主要体现在以下几个方面。

1. 国家政策限制

如本节开头关于香港保险的风险提示，内地的监管部门希望内地居民也要关注购买香港保险可能存在的汇率、法律等方面风险。随后，银联发布公告称，只允许内地居民在经常项目保险上使用银联卡支付，其他保险禁止使用银联卡，这就使得很多人不得不开通香港或境外账户才可以支付保费。国家政策是限制内地居民购买香港保单的。

2. 如实告知原则

虽然内地和香港都有如实告知原则，但两个地区的标准并不一样。内地的如实告知重点是以就诊或体检的历史记录为依据，而香港相对内地要更细致、更深入。比如，投保前是否吸烟、是否有什么健康异常（尽管体检未发现），只要是对核保不利的保险因素都要告知，而内地的保险并不会区分吸不吸烟。

3. 保费汇率风险

很多香港保单缴纳的保费是用美元计价的。美元兑人民币升值，保额虽然增加，但保费付出的成本也增加；美元兑人民币贬值，虽然保费降低了，保额也随之降低。这是一个不确定因素。

4. 首次投保必须赴港

香港保单必须在香港境内投保。因此，首次投保必须赴香港境内进行，否则保单将不受香港法律保护。

5. 香港没有轻症豁免

香港保单的特点是核保比较严格，需要严格披露各项信息，而理赔则比较容易，内地正好是相反的。香港没有轻症豁免，而内地有轻症豁免。所谓轻症豁免是指轻症疾病豁免保费，指在交费的期间内，被保险人发生符合合同里约定的轻症疾病之一或多种，免除续期剩余未交的保险费，合同继续有效，被豁免的保费视为已交。

6. 保单前期现金价值低

香港的保单，大多数前期的现金价值低。因此，很多客户如果要中途退保，则会有很大的损失。

三、境外保险涉诉时的处理

（一）中国内地居民能否在内地法院起诉

内地居民在购买了境外保险产品之后，如果产生了相关的纠纷，能否在中国内地法院起诉呢?

根据《民事诉讼法》第二百六十五条的规定:“因合同纠纷或者其他财产权益纠纷,对在中华人民共和国领域内没有住所的被告提起的诉讼,如果合同在中华人民共和国领域内签订或者履行,或者诉讼标的物在中华人民共和国领域内,或者被告在中华人民共和国领域内有可供扣押的财产,或者被告在中华人民共和国领域内设有代表机构,可以由合同签订地、合同履行地、诉讼标的物所在地、可供扣押财产所在地、侵权行为地或者代表机构住所地人民法院管辖。”这是关于涉外案件法定管辖的规定,我国香港、澳门、台湾地区均参照适用。根据该条规定,如内地居民起诉香港保险公司,因香港保险公司在内地领域内既没有住所又没有代表机构,而且保险合同的签订、履行、诉讼标的物、可供扣押的财产均不在内地领域内,内地法院原则上对此没有法定管辖权。而香港的保险公司也不会与内地客户约定发生争议由内地法院管辖。因此,内地法院也无法基于当事人的约定取得管辖权。通常情况下,内地居民与香港保险公司发生保险纠纷,一般情况下是香港法院管辖。

(二)中国内地居民购买中国香港特区保险适用何地法律

国际私法中的法律适用,通常遵循“最密切联系原则”。很显然,根据这一原则,内地居民因在香港购买的保险发生纠纷,应当适用香港法律。根据香港法令,内地客户与香港保险公司发生保险纠纷,索赔金额在100万元港币以下的,可向香港保险索偿投诉局投诉。投诉处理结果保险公司必须遵照执行,消费者不服则可以向法院起诉。而100万元港币以上的索赔,香港法院会根据香港法律进行审理。审理的结果也将根据香港法律得以执行。因此,内地居民与香港保险公司的保险纠纷不受中国内地法院管辖,不适用中国内地法律,并不影响内地客户基于保险合同而享有的合法权益。很多媒体以及消费者将内地监管部门关于“香港保单不受内地法律保护”的风险提示理解成“内地客户购买香港保单无效,保险利益得不到保障”,这是完全错误的。

(三)违反外汇管理规定购买保单的后果

根据国家外汇管理局《个人外汇管理办法实施细则》,外汇管理局对个人结汇和境内个人购汇实行年度总额管理,年度总额为每人每年等值5万美元。

2019年最高人民法院、最高人民检察院发布《关于办理非法从事资金支付结算业务、非法买卖外汇刑事案件适用法律若干问题的解释》第二条规定，实施倒买倒卖外汇或者变相买卖外汇等非法买卖外汇行为，扰乱金融市场秩序，情节严重的，以非法经营罪定罪处罚。违规用汇存在较大的风险。

随着内地经济的发展，人们对于保险保障、财富传承的需求日益旺盛。保险作为一种风险管理和财富传承的重要工具，越来越受到社会大众的青睐，高净值客户更是把保险作为个人资产不可或缺的一种配置。然而社会上关于保险合同的效力、保险的功能等多有误传，不是夸大就是诋毁，使人无所适从。我们建议大家客观理性看待保险，投保前多听专业人士建议，根据个人的资产情况、身体状况、家庭成员情况等因素综合考量，设计合理的保险架构，配置合适的保险产品，以达到规避风险、传承财富的良好目的。

四、保险金的跨境赔付

（一）境外保险资金能否汇入

在购买香港保险时，大家除了关心是否可以购买，还关心理赔的问题，特别是保险金是否能汇入内地。

根据《个人外汇管理办法实施细则》第十九条第二款规定："境内个人作为保险受益人所获外汇保险项下赔偿或给付的保险金，可以存入本人外汇储蓄账户，也可以结汇。"所以赔偿金汇入款入账没有任何问题，正常做外汇申报即可。

从银行的角度来说，人寿保险赔偿金是可以正常做支票托收服务的。另外5万美元的外汇限制只是结受汇额度，与汇入款金额无关。保险资金进账是不受5万美金外汇额度限制的。对于境外汇入的保险理赔款，只要告知银行合法资金来源，就可以做支票托收直接进入账户，也没有要求一定要开通香港账户才可以进账。

（二）境外保险理赔支付的方式

1. 支票兑现

保单受益人可以携带保险公司所发出的支票亲临香港各大银行，直接兑换现金（美元或港币），或将支票存入自己的香港银行账户。不同保险公司有不同的合作银行。如果受益人已经有香港银行账户，则可委托自己的保险代理人将支票直接存入香港银行账户，无须本人赴港开户。

2. 支票托收

支票托收是香港保险公司支付理赔款最常用的一种方式，也是各家公司都具有的一种支付手段。收款人在收到香港保险公司签发的境外银行支票后，可在内地的银行办理“支票托收”业务，将外币转入自己的外币账户。

3. 电汇收款

香港保险公司可以将理赔款通过电汇的形式转入受益人的内地银行外币户口，受益人对外币户口中的美元或港币进行结汇，转换为人民币。

4. 人民币跨境支付

目前香港几家保险公司，还新增了“内地客户以电汇收取款项”的支付方式。也就是说保险公司可以直接将理赔金等打入客户指定的内地账户，但这种情况下，理赔金在结汇时也会受到5万美元外汇限额的限制。

第七节
保险领域内的律师服务

全国保费从2015年起屡创新高，但展望未来，这也不过是新形势下中国保险业大发展的一个阶段而已。不难预见，随着移动互联的深入、老龄化与“80”后问题的突现，以及普通民众和高净值客户保险理念的改变，中国保险业更大的发展还在明天。

改革开放后，中国律师助力国企的发展、外资的引入、IPO证券与金融市场的发展，包括新时期PPP和新三板的蓬勃发展取得了瞩目的成绩。而此时，在保险业发展、特别是寿险的发展方面，律师也将大有用武之地。

一、律师助力正确认识“保险”

对寿险认识的误区和不足，是寿险业发展的瓶颈。由于种种原因，目前有些保险险种，特别是寿险的功能和理赔条件及程序不被民众和投保人正确认识，甚至有“保险=骗子”的观念。不可否认，认识保险有误区固然有保险从业人员素质的问题，但整个行业的营销模式、保险理念以及投保人自身的消费意识都存在一定问题。比如说，大部分投保人根本就没有认真看过一遍保险合同，对于自己投的是什么险、各个险种的区别、理赔的条件认识不清，以为只要“出事”，保险公司就都应该“买单”。结果一到理赔的时候，保险公司依合同拒绝理赔，导致矛盾激化。“保险是骗子”自然是投保人的第一感受。事实上，导致误会的发生，投保人与保险公司都有责任。

当然，律师的作用不仅仅体现在微观的保险关系的法律释明上，保险工具对于千家万户、对于每名自然人的重要作用，都可以站在法律的角度进阐述分析。可能有些人就会说，“这不是为保险站台嘛”！确实，这是为保险业“站台”，但更是为法治站台、为金融秩序站台！

举个例子说，有个别人对“IPO”也有误解，认为那是“上市公司的圈钱游戏”。但律师通过大量的证券业务，为证券业“站台”。通过一、二级资本市场的IPO及定增、并购业务，有力地支持了证券业的发展。律师业对于证券业、保险的功能和作用，道理亦同。

二、律师助力民众选择“保险”

对于普通民众来说，选择“保险”就是选择“保障”。这一点与高净值客户选择保险的目的不同。保险工具的保障功能，体现在大病医疗、意外伤害、养老自理、子女就读、失业生活等方面。这些方面都是民生功能，都是保障老百姓“生老病死”的功能。

从某种意义上来说，对于民众普通保险的“保障”责任，更像是一项伟大的慈善工程。大家“凑份子”把钱放入保险公司，由保险公司对那些不幸发生意外病残、失业等合保条件的普通民众进行理赔，特别是财产险和意外伤害险的这项功能尤为如此。前段时间社会上流行的“学子意外、校友捐款”的情况，在一定意义上说，也是“保险”功能的间接体现。但是，正常有序的机制，应该由作为金融工具的保险进行保障。

律师精通法律，可以通过一定的途径和渠道，包括但不限于电视、网络媒体、论坛、沙龙、院校课堂、社区居所，多方位、全角度地参与民众保险理念的构建活动。同时，律师可以就保险所涉及的法律关系、权利义务进行阐述，让普通民众了解不同险种的作用、保障功能，特别是理赔的条件和程序。这些都有助于普及保险知识，打破“听保险代理人讲选保险”的传统方式。从而进一步升级为“由自己掌握一定保险知识后再与自我认知进行结合”，有效促进民众对于保险险种的自我选择，结合自己的家庭、子女、生活、教育情况，选择合适的保险。那时，保险作为一种“保障”工具，会是千家万户喜闻乐见的工具。长此以往，中国经济发展较快的地区完全可以达到诸如日本每一人平均1.2张保单的密度！

三、律师助力高净值客户选择“保险”

高净值客户对于保险工具的要求和“痛点”绝不仅限于“保障”。对于几十万元甚至上百万元所谓的“保障”，高净值客户根本没有兴趣。他们对于保险的内在需求，在于财富的安全与传承、现金流的保障与融资以及企业经营风险的未雨绸缪。

目前，高净值客户购买保单的密度，要高于普通民众。高净值客户对于保险工具的把握普遍存在以下两个问题：

第一个问题在于保额和财产体量不匹配。虽然我们经常能看到诸如“千万保单诞生”甚至“2亿保单”的新闻，但从本质上说，这一点儿都不稀奇。大额寿险保单有一定的“杠杆”、“融资”及财富传承与安全保障功能。从境外保险的实践经验来看，高净值客户的保费投入一般在其家庭资产中占据10%左右。2014年中国内地富豪第200位的净资产就逾50亿元人民币，考虑股权变现因素，至少千万级保单在中国内地的二、三线城市应成为常态。但目前，高净值客户保额和其资产的匹配比例还有很大提升的空间。

第二个问题是很多高净值客户使用的不是最适合自己的保险工具，即保单不是最佳配置方案。高净值客户希望通过保险工具，实现私人财富的婚姻保护、安全继承，避免引发继承纠纷，以及财富的增值、保值、现金的融资功能等。但这些功能的实现需要多个保单、不同险种以及全球财富配置的综合应用。但在实践中，由于投保人对于保险综合工具的应用认识不足以及保险代理人对于涉及相关境内外法律关系的掌握有限，高净值客户的保单配套性、功能性、匹配性都有待进一步提高。

特别需要指出的是，超高净值客户的财富管理，还需要借助于信托、协议、遗嘱、移民、筹税、重组等一系列工具和保险工具搭配筹划，保险工具也不能完全独当一面。而相关综合法律工具的应用与筹划，律师的身影必不可少，甚至最为重要。未来是以“客户需求”为导向的时代，特别对于超高净值客户的服务尤为如此，定制化、团队化服务趋势是必然。

律师不应该以“卖保险”为目标，为千万金融机构中介从业人员提供培训服务也不是终极目的，律师应以消费端的“客户”为中心，成为金融服务业（包括但不限于保险、信托、私行、资管等）的有力伙伴，共同为金融消费的客户服务，相互支持，共同促进互联网时代下的私人财富发展！

第八节 家庭保险配置方案

在中国，很少有家庭是有计划、有目标地进行保险配置，往往是因为保险营销员的单一产品推销而购买的保险。这样的保单，出于销售人员的利益而成交，有时甚至不知道这款保险保障什么，对自己有什么作用，所以这样的保单极易退保，对客户造成损失，败坏中国保险业声誉。

在购买保险之前能够理性消费，不要被所谓的保险停售（饥饿营销）、送旅游名额、送礼品、返还佣金等营销手段迷惑。买保险的本质一定是为了解决家庭财富风险管理的问题。

保险种类繁多，各家保险公司的名称也各有不同，那么如何挑选保险产品呢？

一、保险配置的基本原则

对于一个家庭来说，买保险有一个基本的原则：先大人，后孩子；先考虑重大疾病和意外保险，后考虑教育和分红理财保险；先完善家庭经济收入来源保障（谁的收入能力越强，谁肩负的责任就越大，就优先保谁）。

当然，此处并不是“一刀切”的认定“谁最关键就只保谁”，而是说投保的时候的要有侧重点。其实家里的每一位成员对一个家庭来说都非常重要，就像组成水桶的每一块木板一样，缺了谁，都围不住大家共同的幸福。

（一）投保的“双十原则”

一般来说，购买保险有一个“双十”原则，即保费占年收入的1/10，保额是年收入的10倍。

一般而言，用1/10的收入来交保费，这样的比例不会对我们的正常生活产生影响，而10倍的年收入可以帮助一个家庭渡过可能的危机。确定了重点保障对象之后，再根据家庭的实际经济情况确定保费预算，一般来说，年交保费的预算占整个家庭的10%—15%是比较科学的，最高不超过20%。

作为保险消费者，我们应该按照自己的收入量力而行。比如年收入10万元的家庭，年保费支出最高上限为2万元，如果交费过高会影响到生活品质或者其他投资项目的安排。并且我们需要注意，长期险保险合同约定为强制缴费，若中途断交保费，不仅保障终止，而且也会产生较大损失。

（二）投保的“生命价值原则”

生命价值法的原理就是以一个人生命价值作为依据来考虑应购买多少保额，所谓生命价值即收入减去其开销的差额。

大额医疗费用损失覆盖的方案重点是住院医疗的费用，通常在100万元以下，所以目前市面上很多保险公司的百万医疗险足以覆盖。家庭支柱身故导致收入中断的补偿方案重点是家庭成员保额的计算，需要同时规划发生重大疾病，在家疗养期间工作收入损失和营销费用开支的保额。

（三）投保的“五先五后原则”

1. 先满足保障需求后考虑投资需求

众多消费者选择险种的过程中存在一个误区：对投资型险种情有独钟。常常选择的是“高收益、高回报”的险种，而忽视了保险最原始的保障功能。意外险和健康险等最具有保障意义的险种。由于是消费性险种，保费一去不复返，没有得到应有的重视。

不少消费者花了钱投保返还型或者投资型险种，但当风险来临时，却发现这类保险根本“不管用”。一味追求保险的投资收益，犹如“空中楼阁”。这也是一些投保人遭遇风险时才发现保险不“保险”的根源。

意外、疾病是人生中最难预知和管控的风险，保险的保障意义很大程度就体现在这两类保险上。所以投保人在经济状况一般的情况下，应先满足意外、疾病类保障需求。倘若经济实力允许，也可一并考虑其他险种。

2. 先保障成人的需求后保孩子的需求

很多人想到买保险，往往是在有了孩子之后。越来越多的家长开始利用保险手段给孩子制订一个周全的保障、教育、储蓄计划。与此同时，家长们也忽略了一条必要的条件：给孩子交保费的是自己。

因此，买保险要遵循一个最基本的原则：先保成人，尤其是对家庭财务贡献度最高的人。采用这种“曲线救国”的方式，首先需要对自己和配偶的保障下足功夫。只有家庭支柱获得足够的保障，孩子的风险才可能降到最低。

3. 先满足保额需求后考虑保费支出

如果在投保时，保险代理人时常会提示投保人“买保险不要关心保费”。不少人都以为这是一种“骗术”。但实际上，保额确实比保费更重要。保额通过科学的风险评估和需求分析可以得出，作为必要的保障额度，购买太少显得保额不够，购买太多影响家庭的财务结构。

而保费则可以根据投保人的实际情况来调整，不同的人生阶段、不同的财务状况、不同的职业类别，可以有不同的选择方式来安排你的保费支出。

比如消费型产品（保费低）与返还型产品（保费高）的选择、保费缴纳期限长（年度缴费低）短（年度缴费高）的选择，通过合理组合均可以达到所需的保额。

4. 先满足保险规划后考虑保险产品

有人把保险代理人比喻为家庭财务医生，这话很有道理。因为只有销售“风险规划处方”的代理人才能顺应形势并被客户接受。有人在选择保险产品的时候会说大品牌信得过，但按照保险合同条款理赔，是保险公司的基本义务。真正的服务应该是在保险合同载明的保险责任以外，由保险公司或者保险代理人提供的。在此建议，产品性价比差不多的情况下，优选服务更佳的。

5. 先满足人身保险后考虑财产保险

现实生活中，有车族100%的会为自己的爱车投保车险，却忽略为自身投保人身保险；也有很多企业主会为企业投保财产保险，而不为自己投保人身保险。这实际上是一种“本末倒置”的现象。人是创造财富者，没有人的保全，也就没有财富的积累。在考虑买保险时，一定要分清主次，人的保障始终比财富的保障更重要。处理好人身保险和财产保险的关系，则满盘皆赢；否则，全盘皆输。

（四）应根据个人状况购置保险

1. 重大疾病保险

重大疾病保险是指由保险公司指定的重大疾病，如癌症、器官移植、中风等为保险对象，若受保人在保障期间内罹患重大疾病之一，则由保险公司对医疗费用进行赔偿的商业保险行为。由于治疗重大疾病势必需要花费大量的金钱，只有提前购置此类保险，未来所获得的赔偿金才能完全覆盖治疗重大疾病所需要的费用，也不会给个人及家庭带来沉重的负担。

2. 人寿保险

人寿保险是为了保障投保人因不可预测死亡而给家人带来的创伤和损失。每个家庭主要收入来源都需要购买高额人寿保险，这是对家庭的一种爱护和责任。对于一般家庭来说，购买定额的寿险，除防范风险外，还能够提供养老保障。而对于高净值客户的家庭来说，高额的人寿保险还是一种有效的财产传承方式。

比如，40 岁的李先生事业有成、身体健康，育有一儿一女，他拥有近 2 亿元的资产。由于太太去年因病去世，他决定为自己制订一个财富传承方案。考虑到儿子聪明伶俐，仿佛继承了他在商业上的天赋，他希望儿子可以继承家族生意并将其发扬光大，同时女儿未来始终要嫁人，不想家族企业落到旁姓人手中，公司肯定不会留给女儿，但是他想多给女儿留些财产，尽量做到两个孩子“一碗水端平”。

于是，李先生选择了趸交，一次性以 2800 余万元现金购买了一份保额为 5000 万元的终身寿险，指定女儿为保单唯一身故受益人。在未来，李先生 70 周岁时，保单累积红利（中档）约为 2600 万元，李先生身故后女儿可以领取身故受益金，而儿子可以继承企业。这样的传承安排还可以省却许多中介费用，而且更简单方便。同时，李先生作为投保人可以在他的有生之年拥有这份保单的所有权，随时有权变更身故受益人。

大额寿险保单，一般具有较高的现金价值。因此，利用保单贷款融资的功能，便可以将保单抵押给银行，进而获得现金。这其中，客户通过更低资金获得了大额保单的同时，也通过巨大的杠杆，获得了更多现金流。

（五）人生中不可或缺的三张保单

人生中，有三张保单不可或缺。

1. 第一张保单为意外“买单”

谁也不知道，意外和明天哪一个先到。一旦遭遇意外，家人生活谁来保障？意外险的保障范围，是提供生命与安全的保障，功能是身故给付、残疾给付。这也是对人生最坏后果的最直接的赔付。无论是单身、二人世界还是三口之家，都需要对父母、爱人和孩子负责。保障以上这些内容的意外险一份年保费约为百元左右，保额为10万元至20万元。和年保费高昂的人身寿险相比，意外险就显得很划算。

2. 第二张保单为健康“买单”

人生在世总会经历“生老病死”，其实这个顺序倒过来就是购买保险的顺序。重大疾病是一个家庭最不可控、风险系数也最大的一项。钱没了可以再赚，健康没了一切都无从谈起。一场大病，直接的医疗费用在30万元至50万元，康复也会多少影响以后的收入能力，一份重大疾病保险就非常有必要了。重大疾病险最初的设计理念，与医疗险最大的不同，是在于重大疾病险是为补偿一个人在罹患重疾时所损失的直接或间接收入而存在。它可以理解为一个人或家庭的降落伞，当出现意外和不幸时，能及时打开，输入一笔充足的现金流，解决燃眉之急，除了弥补巨额医药费外，还可以保障家庭在未来几年中的生活质量和孩子的教育水平不至于受到很大影响。

目前，市面上重大疾病保险有两种：第一种是终身寿险＋附加提前给付重大疾病保险，第二种就是终身重疾主险。

第一种：附加提前给付重大疾病保险的“提前给付”是从主寿险的保额里支付的。没有身故，得重疾了，把寿险保额提前给付被保险人。

第二种：所谓的终身重疾主险，其价格是跟“终身寿险＋附加提前给付重大疾病保险”组合险的价格一样的，有些公司的费率还要高一点。投保人一旦患重疾获得赔付保额，合同即结束；或者投保人身故获得赔付保额，合同也结束。

年龄越大，风险越高，保费也就越高。因此，需要购买重大疾病险的家庭要趁早规划，有能力的话，最好一走上社会就给自己买一份重大疾病保险。在风险保障方面，终身要比定期更可靠。这可是业内人士一致的建议。

3. 第三张保单是“人生增值保单”

这里说的“人生增值保单”是个笼统的概念，种类包含很多，但归纳起来都是解决“死亡”和“大病”这两大问题之后的保障。对于一个家庭而言，年金保险主要负责教育金和养老保障两个方面。这部分资金用来做长期持有的资产，并在保值的基础上尽可能稳定地增值。

如果前两种保险都已具备，又有一定的闲钱，就可以考虑购置这类年金保险。这类保险具有一定投资风险，需要对风险有一定承受能力的家庭购买。同时这类保险也具有一定合理税务筹划功能，有助于富裕家庭传承财富，是意外风险保障足额之外的一种选择。

长期持有的资产要考虑做不同币种的资产配置。如果财富基本上均为人民币计价，会面临单一货币贬值的风险。如果有条件，可以适当增加一些以外币尤其是美元计价的境外保单配置。虽然我们难以预测货币的走势，但可以选择是继续持有同种货币背水一搏，还是把鸡蛋放在不同篮子里对冲风险。

那怎样使这笔钱可以保留的时间最长，以达到持续最大增值的可能呢？建议将保单放在孩子的名下，生效一定的年份后，无论是大人拿来做养老还是孩子出国留学读书，都可以源源不断地从这个账户里拿钱，就好比春天播下的种子，秋天可以收获源源不断的果实。

储蓄型终身寿险的保额每年复利增值，一辈子增值让不确定的未来有了确定的收益。同时，可以私人定制在人生的不同阶段领取合适的费用，用于子女教育、婚嫁、创业、养老和传承等。

二、大额保单的具体配置

大额保单需要根据不同人群的不同需求来配置。根据我们的经验，我们列举了几种较为常见的大额保单配置需求和方案。

（一）足额保障的需求

主要人群：家庭经济支柱

保额需求：人民币500万元（以上海的中产阶级家庭为例，不同地区的经济水平不同，可能需求有所差异）

作为家庭的经济支柱，必须拥有充足的人身保障以确保任何情况下都能维持家庭的基本生活品质。

绝大多数人在30—50岁时都是年富力强、收入稳定，是家庭的主要经济来源，有的甚至是家庭唯一的经济来源，承担着房贷、车贷、子女抚养等多方面的压力。如果能正常工作，整个家庭的正常生活运作是没有问题的，但最大的担心就是发生人身风险导致收入中断，这对整个家庭的影响就非常大了。所以作为家庭的经济支柱，“足额的保障”就显得特别重要。

也许我们身边时不时地会听到一些悲惨的新闻：某某因意外事故去世，留下年幼的孩子和未还完的房贷、车贷。如果没有购买保险，对于这个家庭来说，也许不得不变卖房产来供孩子成长生活所需。如果购买了保险，则这个家庭至少还能得到一笔保险金，让原本悲惨的家庭相对能够喘口气，在短时间内不必因为资金有太大的压力。

这一笔保险金，体现的是家庭经济支柱对于整个家庭的责任。

（二）医疗保障的需求

主要人群：对医疗品质有特殊需求的人

保额需求：人民币200万元

在这个快速发展的社会，每个人的工作压力都很大，重大疾病的发生概率也越来越高。因此，一份基本的医疗保障方案，应当是每个家庭成员都需要了解的。

医疗保障方案主要是指重大疾病保险。一旦确诊了一些重大疾病，比如恶性肿瘤或者心脑血管疾病，不但要停止工作没有收入，还要为治疗付出时间和大额的金钱。而在目前的医疗体系中，很多进口的药物是根本不参与社会保险的。

如果没有保险的保障，一个家庭会因为失去收入而使得家庭陷入困顿，并且还要因为巨额的治疗费用而给家庭套上沉重的枷锁。在沉重的经济压力之下，脆弱的家庭会雪上加霜。而如果购买了重大疾病保险，一旦符合赔付条件，将会有一笔现金流直接到账，不但可以覆盖治疗费用，还可以弥补未来一段时间内的收入损失。

（三）高端医疗的需求

主要人群：对医疗品质有特殊需求的人

保额需求：人民币 800 万元

在医疗方面，高端人群跟普通大众最大的差别就是在医疗品质的选择态度上的差别。

普通大众得了疾病，一般是找公立医院，凌晨排队挂号或者在网上预约几周甚至几个月之后的号，需要耗费大量的时间。还有部分没有抢到号的人群，会选择从“号贩子”手中高价购买专家号。往往来回折腾大半天甚至更久时间，“排队五小时、看病五分钟”的情况也不少见。而高端人群在意的是医疗品质，不希望在挂号、排队等问题上浪费时间，并且要当地乃至全球最好的医生会诊，并给出适宜的治疗方案。这种情况下，高端医疗险就是很好的选择。

（四）高品质的养老需求

主要人群：对品质养老有需求的人

保额需求：人民币 400 万元

随着经济的发展和社会思想观念的变化，丁克家庭的老人、思想开放的老人，正在选择高端养老社区。高端养老社区是堪比五星级酒店的软硬件设施，会颠覆你以往的所有认知。这种高端养老社区是以提供高品质的老年生活为目的，将医疗和养老相结合。社区的房间均为个人单独居住，内有专门的厨房可供下厨，护士随叫随到。房间内的所有布置也都是完全根据老年人的特点来设计。以某高端养老社区为例，只要老人不慎滚到床下，有几分钟不在床铺上，传感系统都会立刻发出警报，马上就会有人来救援。高端养老社区还有 24 小时的医疗救护服务，社区内还自建专业医疗康复机构，和许多三甲医院、国外的高端医院有合作，保证老人可以第一时间获得高质量的治疗。

这种层级的养老社区，一般每月收费超过 2 万元，而且还得先拿到入住资格。要么交上百万元的押金和入门费，要么买一两百万元的保险，就可以免押金入住。未来的养老资源将会跟现在的医疗资源、教育资源一样稀缺，早做规划才能享受到高品质的晚年生活。

（五）资产配置的需求

主要人群：家庭流动资产在人民币300万元以上的人群

有资产配置需求的高净值客户，主要是指家庭的流动资产在数百万元或上千万元的人群。在这样的家庭里，可能会把大部分资产投入股市里，当然更多是选择投资买房，但这样的配置是有缺陷的。股市红利及房地产红利终会趋于平稳，甚至会出现下降的可能性。所以，资产配置是高净值客户面临的一个重大课题。

人寿保险是所有金融工具中安全边际最高，在资产配置中起到安全保障、收益稳定的作用。

（六）财富安全的需求

主要人群：年营收在1000万元以上的人群

当个人或家庭财富达到一定等级后，就会面临政策风险、税收风险以及婚姻风险。

在企业经营时，很多企业主习惯将家庭资产和公司资产不做区分。这实际会将家庭的财产置于无限连带责任的风险之中。近几年就发生了多起因为企业经营导致家庭资产全数冲抵债务的情况。

此外，财富积累到一定规模时，婚姻家庭的变化也会对财产造成很大影响。比如，某海外知名电商平台的大股东离婚，他的配偶因此成为了世界上最富有的女人；某视频网站的创始人王某正是因为一场离婚风波，导致其错过了IPO的最佳窗口期，最后公司黯然被收购。

高净值客户在选择步入婚姻殿堂之前，也需要重视婚前资产的保全问题。婚前的资产保全计划是一个系统性的工程，需要从多个方面进行统筹规划。不但可以采取婚前财产公示、婚前约定、家族信托等方式，人寿保险等保险工具也是婚前财富筹划的“好帮手”。

（七）财富传承的需求

主要人群：60岁以上的成功人士

中国有句话叫“富不过三代”。财富传承就是要解决富过三代的问题。

山西首富李某某辛苦打拼赢得百亿身家，在2002年因意外身亡后，其子李小某仅用10年就将家产损失殆尽。财富传承是摆在很多企业家面前的一个大课题。目前世界上的普遍做法，是把保险作为家族财富传承的重要工具，通过保险以及保险金信托，是简单实现家族财产传承的理想选择。

第五章

代持筹划

综述

代持筹划是高净值客户在保障资产安全过程中最常使用的财富筹划工具之一。虽然我国法律上并没有明确的法律概念来定义“代持”，但根据《民法典》《公司法司法解释（三）》等规定，只要代持行为符合一定的法定构成要件，原则上是可以受到法律保护的。高净值客户一般常用的代持筹划主要分为三种形式，即股权代持、房产代持和资金代持。由于代持人与被代持人之间仅存在合同关系，故双方所形成的应为债权债务关系，原则上并不能直接引发物权变动的效果。因此，代持关系原则上仅在代持人与被代持人之间产生效力，一般情况下不能对抗善意第三人。尽管如此，由于代持筹划本身具有隐蔽性和便捷性等特点，在财富规划的实践中较为常见，故其与婚姻协议、家族信托、大额保单、股权筹划并列为资产安全保障工具中的“五朵金花”。

本章主要介绍代持筹划的原因、构成、法律依据以及股权代持、房产代持和资金代持这三种常见代持筹划工具的具体构成要件与运用方式等内容。

第一节
代持筹划概述

一、代持关系形成的原因

（一）因客观原因的限制

1. 因境外身份无法直接持有资产

该类型的代持原因主要是客户为境外身份，需要规避我国法律禁止或限制境外投资人准入领域的投资规定，或者是避免境内企业性质发生变更等而进行的代持筹划。

2. 因职务身份无法直接持有资产

该类型的代持原因主要是客户具有特定职务身份，故按照法律、政策或纪律规定而无法持有资产。例如，国家公务员依法不得从事或者参与营利性活动或在企业或者其他营利性组织中兼任职务，以及特定行业必须具有执业准入限制（如金融证券从业人员）等原因。

3. 因人数限制无法直接持有资产

该类型的代持原因主要是法律对于部分资产所持有的主体人数具有法定的限制。例如，依据《公司法》的相关规定，有限责任公司由 50 人以下股东出资设立，股份有限公司发起人为 2 人以上 200 人以下。当公司股东人数超过法律人数限制时，部分股东可能需要就所持股权进行代持筹划。

4. 因限购限贷等原因无法直接持有资产

该类型的代持原因主要出现在房产代持关系中，由于部分省市出台了关于购置房产的限制措施，部分人群并不具备直接购买房产的权利。另外由于银行贷款政策的要求，部分人群在购置房产时为了获取更加优惠的贷款政策或规避自己不良信用等原因，也可能会考虑由他人代持。

（二）因主观需求的选择

该类型的代持原因主要是依据客户的个人意愿，比如出于“财不露白”的考虑，不希望过多地暴露自己的财富情况。又如在高净值客户的财富传承过程中，部分“创一代”想在生前就将资产传承给子女，但又希望在其有生之年保留对资产的控制权，因此他们也较为青睐运用代持筹划。此外，在借贷关系中有一种“名为代持、实为担保”的情况，即借款人将自己名下的资产变更登记到出借人名下并约定由其代持，在未来借款关系结束后，再将资产转回借款人，以达到资产担保的效果。

（三）因税务筹划的需要

该类型的代持原因主要是客户需要进行税务筹划。例如，客户在获取境外身份的过程中，出于对境外税务的筹划，打算采用合法的代持筹划以避免其未来身份转化后可能承担的税负。

上述都是生活实践中较为常见的代持原因。但需要特别提醒的是，如果是为了规避强制性法律法规等非法目的而采取的代持筹划，一旦双方产生争议，很可能会被财产所在国法院认定为无效。因此，不应进行任何违反法律禁止性规范及违反社会公德的代持安排。

二、代持关系形成的法律依据

1.《民法典》第一百四十三条规定：“具备下列条件的民事法律行为有效：（一）行为人具有相应的民事行为能力；（二）意思表示真实；（三）不违反法律、行政法规的强制性规定，不违背公序良俗。”

虽然我国法律中并未明确“代持”的法律概念，但根据上述《民法典》的规定，如果代持双方具备相应的民事行为能力，双方对于形成代持关系的意思表示真实，代持行为本身不违反法律、行政法规的强制性规定且不违背公序良俗，则该代持行为原则上将被认定为有效的民事法律行为。

2.《民法典》第五百零二条规定：“依法成立的合同，自成立时生效，但是法律另有规定或者当事人另有约定的除外。依照法律、行政法规的规定，合同应当办理批准等手续的，依照其规定。未办理批准等手续影响合同生效的，不影响合同中履行报批等义务条款以及相关条款的效力。应当办理申请批准等手续的当事人未履行义务的，对方可以请求其承担违反该义务的责任。依照法律、行政法规的规定，合同的变更、转让、解除等情形应当办理批准等手续的，适用前款规定。”

既然我国法律没有明确代持的法律概念，则也不可能存在对于代持合同的明确规定。但结合《民法典》的上述规定，只要代持双方是依据真实的代持意思表示所形成的代持合同，且该合同并没有出现这几类情况，即《民法典》第一百四十四条因无民事行为能力人实施的民事法律行为、第一百四十六条规定的因虚假表示、第一百五十三条规定的因违反强制性规定、违背公序良俗以及第一百五十四条因恶意串通而导致民事法律行为无效情形的，则该合同原则上有效。

3.《民法典》第二百一十五条规定：“当事人之间订立有关设立、变更、转让和消灭不动产物权的合同，除法律另有规定或者当事人另有约定外，自合同成立时生效；未办理物权登记的，不影响合同效力。”

形成合法代持关系的双方所签订的代持合同是双方明确代持资产实际所有权人的约定，根据《民法典》的上述规定，该约定原则上是完全合法有效的，对代持双方均具有法律约束力。

4.《〈民法典〉物权编解释（一）》第二条规定：“当事人有证据证明不动产登记簿的记载与真实权利状态不符、其为该不动产物权的真实权利人，请求确认其享有物权的，应予支持。”

该规定进一步明确了合法的房产代持关系原则上可以得到法院的支持。

5.《公司法司法解释（三）》第二十四条第一款规定：“有限责任公司的实际出资人与名义出资人订立合同，约定由实际出资人出资并享有投资权益，以名义出资人为名义股东，实际出资人与名义股东对该合同效力发生争议的，如无法律规定的无效情形，人民法院应当认定该合同有效。”

该规定是针对公司股权代持关系所设立的专门规定，进一步明确了合法的股权代持关系原则上可以得到法院的支持。

三、代持关系形成的构成要件

代持关系合法成立的构成要件除了需要具有完全民事行为能力的代持双方、真实的代持合意以外，最重要的就是需要形成合法有效的代持合同。一旦代持合同归于无效则很可能会直接导致代持关系无效，最终导致代持筹划的失败，致使筹划人的合法权益蒙受不必要的损失。

（一）代持合同的类型

1. 书面代持合同

代持双方签署书面代持合同，系代持双方以书面形式明确将代持的权利义务等内容记载于其中。根据《民法典》第四百六十九条第二款、第三款的规定："书面形式是合同书、信件、电报、电传、传真等可以有形地表现所载内容的形式。以电子数据交换、电子邮件等方式能够有形地表现所载内容，并可以随时调取查用的数据电文，视为书面形式。"

若该书面代持合同符合《民法典》第五百零二条的规定且不存在《民法典》中关于民事法律行为无效情形的，则该代持合同原则上应当被法院认定为有效。

但根据相关的司法案例显示，如果代持合同涉及危害金融秩序、上市公司管理制度的强制性规定或损害公众利益等情形的，则依然可能会被法院认定为无效。

案例5－1 某金融服务有限公司与××公司委托投资纠纷案

一审法院： 北京市高级人民法院（2001）高经初字第341号

二审法院： 最高人民法院（2002）民四终字第30号

案例主旨： 代持行为是双方为了规避金融管理制度的强制性规定，以合法形式掩盖其非法目的，相应的代持合同应认定为无效。

最高人民法院认为，根据中国人民银行1994年7月28日颁布的《关于向金融机构投资人入股的暂行规定》第十二条规定："外资、中外合资金融机构和企业不得向中资金融机构投资。"而中国银行业监督管理委员会2003年12月8日颁布的《境外金融机构投资入股中资机构管理办法》[①]（已失效）第四条规定："境外金融机构投资入股中资金融机构，应当经中国银行业监督管理委员会批准。"而该案所涉及的代持行为是协议双方为了规避金融管理制度的强制性规

① 中国银保监会于2018年8月17日废除《境外金融机构投资入股中资金融机构管理办法》。

定，企图以看似合法的委托投资方式使得某金融服务公司的投资行为在表面上符合法律的强制性规定，从而掩盖其非法目的，因此相应代持合同应认定为无效。

案例5－2 某投资有限公司、福州某实业有限公司营业信托纠纷案

一审法院：福建省高级人民法院（2015）闽民初字第129号

二审法院：最高人民法院（2017）最高法民终529号

案例主旨：《信托持股协议》违反的部门规章系依据法律的明确授权而制定的，合同应当认定为无效。

最高人民法院认为，代持双方所签订的《信托持股协议》内容，明显违反中国保险监督管理委员会[①]（已更名）制定的《保险公司股权管理办法》[②]第八条关于“任何单位或者个人不得委托他人或者接受他人委托持有保险公司的股权”（现已修订为第三十一条[③]）的规定。虽然《保险公司股权管理办法》是部门规章，但该管理办法是《保险法》第一百三十四条关于“国务院保险监督管理机构依照法律、行政法规制定并发布有关保险业监督管理的规章”的明确授权而制定，关于禁止代持保险公司股权的规定与《保险法》的立法目的一致，具有实质上的正当性与合法性。另外，实践中如果允许隐名持有保险公司股权，将使得真正的保险公司投资人游离于国家有关职能部门的监管之外，如此势必加大保险公司的经营风险，妨害保险行业的健康有序发展。加之由于保险行业涉及众多不特定被保险人的切身利益，保险公司这种潜在的经营风险在一定情况下还将危及金融秩序和社会稳定，进而直接损害社会公共利益。因此，最高人民法院认定该代持合同应为无效。

---

① 2018年3月，第十三届全国人民代表大会第一次会议批准了《国务院机构改革方案》，组建中国银行保险监督管理委员会，不再保留中国保险监督管理委员会。

② 《保险公司股权管理办法》于2010年4月12日中国保险监督管理委员会主席办公会审议通过；2010年5月4日中国保险监督管理委员会令2010年第6号发布；根据2014年4月15日《中国保险监督管理委员会关于修改〈保险公司股权管理办法〉的决定》修订；2018年2月7日中国保险监督管理委员会主席办公会审议通过，中华人民共和国保监会令〔2018〕5号，自2018年4月10日起实施。

③ 《保险公司股权管理办法》第三十一条规定，投资人不得委托他人或者接受他人委托持有保险公司股权。

2. 其他形式的代持合同

有些代持关系在建立时并没有形成书面的代持合同，而这些代持关系往往发生在至亲挚友、长期生意伙伴等亲密关系之间。根据《民法典》第四百六十九条的规定：“当事人订立合同，可以采用书面形式、口头形式或者其他形式。”因此，即使双方在形成代持关系时并没有签署明确的书面代持合同，也并不意味着法院会必然否认双方之间存在合法的代持关系。

参照相关的司法判例，如果有确切的证据证明确实存在代持的合意，且一方对代持资产进行了实际出资，或已经实际履行了相关的义务并享受了相关的权利，或有其他第三方已经知晓双方代持事实等因素，通过口头或事实行为等方式所达成的其他形式的代持合同关系，也有可能被法院确认为有效。

案例 5－3 薛某与陆某、江苏 A 公司、江苏 B 公司委托代理合同纠纷案

一审法院：江苏省高级人民法院（2011）苏商初字第 8 号

二审法院：最高人民法院（2013）民一终字第 138 号

案例主旨：双方未签订书面代持合同，法院结合付款事实等全部案件事实，认定股权代持关系成立。

最高人民法院认为，虽然薛某与陆某之间未签订委托收购股权并代持股权的书面合同，但薛某向陆某汇付款项的事实客观存在。对该笔款项的性质，陆某虽然主张为借款，但未能提供任何证据证明。一审判决综合全部案件事实，依据优势证据原则认定双方之间存在薛某委托陆某收购股权并且代持股权的关系，理据充分，并无不当。陆某就此提起上诉，但未能提供证据足以否认一审判决的认定，法院对陆某的该项上诉主张不予支持。

案例 5－4 池某、张某与某公司股东资格确认纠纷案

二审法院：辽宁省高级人民法院（2015）辽民二终字第 00327 号

再审法院：最高人民法院（2016）最高法民申 653 号

案例主旨：口头隐名代持股份协议不违反法律规定，法院确认其效力。

最高人民法院认为，张某、某公司法定代表人赵某从始至终主张双方存在口头协议，并约定由张某投资，赵某经营组建某公司；赵某找到池某一起注册

公司时，其向张某作了汇报，张某虽表示担心但未反对；某公司现法定代表人刘某亦在一、二审庭审中始终确认，其在进入公司之前就知道张某是某公司的实际出资人，其进入公司同赵某、池某等一样也均未出资，均为某公司的挂名股东；赵某、刘某同时确认刘某任某公司法定代表人亦系张某的安排。赵某与池某同为某公司股东，赵某与张某亦系合作伙伴关系，赵某与池某、张某间具有同等的利害关系，而赵某、刘某所作陈述显系对己不利。而且，前述证据所证明的池某等人均未对某公司进行任何投入的事实，能够与赵某、刘某关于某公司均系张某个人投入的陈述相互印证。二审法院对赵某、刘某的相关陈述，予以确认，对被申请人张某与赵某、池某等人间存在口头隐名代持股份协议的主张，予以采信，并无不当。口头隐名代持股份协议不违反法律规定，其效力应予确认。

但需要特别提醒的是，在运用代持筹划工具时，为了有效避免争议并明确代持双方的权利义务关系，代持合同仍宜采用书面的形式更为稳妥。

（二）代持合同无效的后果

根据上述分析，即使代持双方形成了书面的代持合同，但也有可能因为各种原因而导致代持合同被认定为无效。而根据《民法典》第一百五十七条规定：“民事法律行为无效、被撤销或者确定不发生效力后，行为人因该行为取得的财产，应当予以返还；不能返还或者没有必要返还的，应当折价补偿。有过错的一方应当赔偿对方由此所受到的损失；各方都有过错的，应当各自承担相应的责任。法律另有规定的，依照其规定。”现行法律、行政法规并没有专门的法条对代持合同无效后，有过错的一方应承担的损失以及责任的具体方式、范围、比例等提供具体的指导意见，只能参考《民法典》合同编的一般规定。我们可以从最高人民法院作出的相关司法判例中探索相关的处理方式。

案例 5－5 某金融服务有限公司与某中小企业投资公司委托投资纠纷案

一审法院：北京市高级人民法院（2001）高经初字第 341 号

二审法院：最高人民法院（2002）民四终字第 30 号

案例主旨：代持合同被认定为无效后，应当返还因合同取得的财产，并根据公平原则和法律的基本精神，由当事人根据过错承担相应的赔偿责任。

最高人民法院认为，关于本案合同无效的财产后果。首先，某中小企业投资公司因本案委托投资关系取得某金融服务有限公司的1094万美元后，按照双方约定将其作为出资投入MS银行并因此取得了MS银行的股份。虽然对于该委托关系依法应当确认无效，但就某中小企业投资公司认购MS银行股份、与其他股东共同发起设立MS银行的行为而言，其与其他股东协商一致并经有关主管部门批准，作为股东履行了对公司的出资义务，所获股份亦经合法登记；MS银行设立后，某中小企业投资公司作为该行的股东一直参与其经营决策至今。在此认购和持有MS银行股份的民事关系中，并不存在违反法律规定等足以导致其行为无效的情况，故对于某中小企业投资公司合法持有MS银行股份的事实依法应予确认。其次，本案所涉MS银行的股份，是某中小企业投资公司基于与其他股东的发起人协议而取得，该公司依据本案有关合同所取得的财产是某金融服务有限公司所支付的1094万美元。本案有关合同被确认无效后，某中小企业投资公司应当将该1094万美元返还给某金融服务有限公司。该项财产作为金钱，不存在法律上不能返还或不必要返还的问题，亦不存在法律所指的“折价补偿”的可能。某金融服务有限公司关于××公司应当返还MS银行的股权或者按照MS银行的净资产值折价予以补偿的主张，缺乏事实和法律根据，法院不予支持。根据法律规定，因无效合同所形成的损失，应当由当事人根据其过错承担相应的赔偿责任。本案中，案涉合同的履行及其被确认无效，并未给双方当事人造成实际损失，某中小企业投资公司成为MS银行的合法股东后，因股份价值增值、享受增送股和分配红利而获得利益。虽然该部分增值利益系基于股东身份所产生，并且本案双方之间的委托关系被确认无效，但是，合同无效的法律后果只是依法对委托关系的内容即双方关于由某金融服务有限公司享有MS银行股东地位和权利的约定不予认可，而当时认购股份的资金确由某金融服务有限公司支付的事实是客观存在的，某金融服务有限公司的实际出资行为与该部分利益的产生具有客观实在的关联。根据公平原则和上述法律规定的基本精神，在承认某中小企业投资公司享有MS银行该部分股权的同时，应判令该公司向某金融服务有限公司支付合理数额的补偿金。根据本案实际情况，该部分赔偿金应当以某中小企业投资公司持有的讼争股份市值及其全部红利之和的40%确定。原审仅以某中小企业投资公司实际取得的红利为标准确定该公司应当向某金融服务有限公司支付赔偿金的数额，有悖本案实际情况和公平原则，应当予以纠正。

最高人民法院在此后处理的（2017）民终529号以及（2017）民申2454号

中也明确了该处理原则，即委托投资利益应结合双方过错以及贡献大小等情况进行公平与合理的分割。

最高人民法院通过上述的司法判例对如何处理代持合同无效的后续问题提供了较为明确的处理意见。通常情况下，如果法院认定代持合同无效，则所代持资产通常倾向于直接归属名义持有人即该资产的直接登记人或持有人所有，但其应当向实际出资人返还相应的出资本金。对于在代持过程中已经产生的增值和收益，最高人民法院则倾向于结合代持双方的过错以及贡献大小等情况，在双方之间进行相对公平与合理的分配与平衡。

由此可见，一旦代持合同被法院认定为无效，则当事人应尽可能收集相关证据，用以证明代持资产的出资情况以及增值或亏损总额、代持无效的过错分担等问题，这对于解决代持资产的归属以及代持资产的利益分配等问题具有积极意义。

（三）代持筹划与委托投资的区别

委托投资通常分为两种情况：第一种是为委托人以自己名义开设投资账户并委托受托人从事投资管理；第二种是为委托人直接将资产交付给受托人，由受托人以自己或者他人的名义开设投资账户并进行投资管理。另外，双方确认委托关系以后，一般委托人不再参与投资事务的具体操作，而是依据委托合同享受委托理财的收益，承担委托理财的亏损。

但代持关系与委托投资存在诸多不同。以股权代持为例，在股权代持关系中，受托人即名义股东一般仅承担在登记机关登记为在册股东的义务，而委托人即实际出资人不但需要承担股权出资的义务，一般情况下还需要负责实际经营和管理公司或企业的日常工作，同时也需要承担公司在实际经营过程中的所有风险。

第二节 股权代持筹划

一、股权代持概述

股权代持，又称委托持股，主要是指实际出资人（也称“隐名股东”）在从事公司经营、投资等经济活动中，出于各类原因需要不对外公开其作为公司出资人的事实，与名义股东之间、非公开地达成口头或书面约定，以名义股东的身份向目标公司出资并在登记机关登记信息上以其名义作为公司股东的身份显现，对外具有公示效力。实际出资人通过与名义股东之间的约定对目标公司实施投资、经营、管理等行为，并实际享有股东的投资权益、承担目标公司经营的风险。

鉴于我国股份有限公司以资合性为特点，故股份有限公司仅需以是否实际持有公司股份作为股东资格的重要标准。但有限责任公司则不同，由于其强调股东之间的人合性，且股权流动性也有一定的局限性，股权代持的情形较为普遍，故实际出资人与名义股东之间的争议也就较为普遍。因此，《公司法司法解释（三）》第二十四条也仅是规定关于有限责任公司股权代持的法律规定。

通过对高净值客户财富组成方式的分析，我们发现，公司股权已经成为此类人群所拥有的财富中最重要的组成部分。大多数情况下，私人银行或信托公司的客户也会直接或间接地持有大量公司股权。因此，无论是作为客户的理财师还是私人客户的律师，都需要掌握更多公司法的相关知识，尤其是与股权代持筹划相关的法律知识，这样才能为客户提供更好、更优质的服务，同时也能使自身在众多服务者中脱颖而出。

（一）股权代持纠纷的各种类型

股权代持主要表现为实际出资人以“隐名出资”的形式投资目标公司。由于股权代持关系通常发生在与实际出资人有亲属或其他密切关系的人群中，绝大多数的高净值客户没有系统性的“股权代持筹划”的概念，而较为依赖亲情、友情，通常以“粗线条”的方式安排股权代持。正是由于这样的原因，实践中股权代持经常引发纠纷。

案例5－6 沙总与夏总继承人股权代持纠纷案

案例主旨：代持人身故引发代持股权确权纠纷

沙总原来自己做酒类营销。随着市场的竞争，他经营的片区与更大片区的经营方合并。公司合并后，由于该公司的大股东夏总是沙总多年的好友，于是沙总便将自己5%的股权交由夏总代持，故夏总共持有该公司55%的股权。出于对夏总的信任、加之感觉操作烦琐，沙总并没有重视自己股权被代持的风险。

2020年5月，夏总在高速公路上发生交通事故不幸身亡。其继承人多达9人。各继承人之间就继承问题达不成一致意见且相互猜忌、抱怨。对于沙总主张的股权代持问题，虽然有夏总的股权代持确认书以及公司股东证言为证，但仍提出要沙总提交"出资凭证"。由于沙总系通过将自己原先的公司并入该公司，置换获得的5%股权，原先的公司已注销，因此拿不出"出资凭证"。因没有所谓的"出资凭证"，夏总的继承人不予承认股权代持事实，沙总多年苦心经营的成果，可能面临颗粒无收的窘境。

正如沙总遇到的麻烦一样，因代持筹划不规范所引发的纠纷持续增多，特别是股权代持。实践中的股权代持纠纷主要表现为：

1. 确认股权代持合同效力的纠纷

实际出资人为原告、以名义股东为被告，向法院请求确认双方所签署的股权代持合同的效力。上述案例中，如果沙总作为原告，以夏总的继承人作为被告，向法院提起确认合同效力纠纷的诉讼，请求对代持合同效力进行确认，即属于此种纠纷。

2. 对股东资格进行确认的纠纷

实际出资人作为原告，以目标公司为被告，向法院请求判决确认自己的股东资格，并要求目标公司配合实际出资人变更股东名称、向其签发股东出资证明书、将其记载于股东名册或公司章程中并向公司登记机关申请办理相关的变更登记手续，即属于此种纠纷。

3. 善意第三人自身权益保护纠纷

名义股东将代持股权擅自转让给第三人或设定质押，实际出资人主张股权时，其他善意第三人（股权受让人、股权质权人）向法院主张保护其合法权益，即属于此种纠纷。

4. 对股权投资款性质认定的纠纷

实际出资人主张自己是系争股权的实际出资人，委托名义股东投资目标公司。但名义股东事后反悔或否认，并主张双方之间的资金往来属于借款关系，从而引发的纠纷，即属于此种纠纷。如已故香港女富豪龚某某的某金融服务有限责任公司与中国某企业投资有限责任公司关于某商业银行的委托投资纠纷①。

① 参见最高人民法院民事判决书，(2002) 民四终字第30号。

（二）股权代持纠纷的处理思路

因股权代持涉及实际出资人、股东身份以及股权归属等问题。如果处理不当，将直接影响公司股权结构的稳定性，甚至可能影响企业的有序经营。因此，法院无论是从法律层面还是从司法实践方面，均对实际出资人就代持股权主张权利的问题保持着严格限制、审慎审查的谨慎态度，而股权代持合同的效力认定就成为最重要的争议焦点。

1. 股权代持合同效力认定的因素

（1）结合代持合意认定

如果需要判断双方之间是否存在真实有效的股权代持关系，应当以双方是否签署了明确的股权代持合同或有证据证明双方就股权代持已达成了明确的合意为标准。如果双方之间仅有关于系争股权的出资凭证或仅凭公司登记机关的出资情况，都可能无法客观、准确的认定双方存在股权代持关系。因此，股权代持合同是认定股权代持关系最为首要及重要的法律依据。

实际出资人与名义股东之间所达成的股权代持合同，其中必须包含实际出资人明确表示愿意由自己向目标公司实际出资、以名义股东持股的方式从而间接获取公司投资权益的意思表示，否则实际出资人与名义股东之间也可能系一种普通的债权债务关系。

（2）结合司法解释认定

根据《公司法司法解释（三）》第二十四条第一款规定，股权代持合同如无法律规定的导致其无效的情形，则一般应认定为有效。

（3）结合代持原因认定

代持原因是否合法也将直接影响股权代持合同的效力。如果股权代持的原因是以规避我国法律、行政法规的强制性规定以及对于股权投资主体及投资领域等方面的限制为目的，由于该种行为不仅会破坏公司的正常经营活动，同时还会影响正常的市场交易规则，故在此种情况下所形成的股权代持合同应当属于无效。

如果实际出资人是出于一般的商业安排或主观上不愿公开投资者身份、保护财产信息、保守商业秘密、简化公司股权结构以及亲属朋友之间基于信赖关系等合法原因进行股权代持安排的，原则上应当可以得到认可。同时，本着尊重公司自治性原则，如果目标公司也知晓股权代持的事实，并提前在公司章程中约定与股权代持相关的条款及如何确认实际出资人股东资格的条件等事项的，原则上也应当得到认可。

2. 实际出资人的权利主张范围

（1）投资权益的归属

根据《公司法司法解释（三）》第二十四条第二款规定，实际出资人与名义股东因投资权益的归属发生争议，实际出资人以其实际履行了出资义务为由向名义股东主张权利的，人民法院应予支持。

（2）实际出资人的“显名”

根据《公司法司法解释（三）》第二十二条、第二十四条规定，实际出资人向目标公司请求变更股东、签发出资证明书、记载于股东名册、记载于公司章程并办理公司登记机关登记的，必须满足以下两个必要条件：

第一，实际出资人需要证明其已经向目标公司履行了出资或认缴出资义务。根据《公司法司法解释（三）》第二十二条的规定，法院认定股权归属的必要条件即已经依法向公司出资或者认缴出资，且不违反法律法规的强制性规定。出资或认缴出资行为是实际出资人希望取得股东资格并享有股权的真实意思表示所呈现的外在表现形式。虽然实际出资人并没有直接向目标公司出资或认缴出资，但其与名义股东之间通过签署股权代持合同的方式，明确了实际出资人才是实际履行出资或认缴出资义务的当事人。虽然实际出资人借用名义股东向目标公司出资或认缴出资，但该种出资行为仍然能够表明其向目标公司投资并享有权益的意思表示。

第二，根据《公司法司法解释（三）》第二十四条第三款的规定，实际出资人要求“显名”的，则须经公司其他股东半数以上同意。由于有限责任公司的股东之间具有强烈的人合性，虽然实际出资人可以和名义股东就股权代持事宜达成合意并向目标公司出资或认缴出资，但在目标公司其他股东并不知晓该股权代持事宜时，实际出资人并不能因为其已经实际履行了出资或认缴出资的义务便直接要求取得目标公司的股东资格，而是需要目标公司的其他股东认可实际出资人可以取得公司股东资格，否则将会破坏有限责任公司人合性的特点。

公司其他股东是否同意实际出资人取得目标公司股东身份，可以以明示的方式或结合其行为进行综合判断。即使公司其他股东并没有通过书面或明确的口头表示等方式认可实际出资人的股东地位，但是公司其他股东确有如同意实际出资人参与股东会、指派董事、按照出资比例获取公司分红等可以显示他们对于实际出资人实际享有股东权利系知情和认可的行为，也可以表明他们系明知并默认实际出资人行使或者享有股东权利。当然，如果实际出资人是以公司高级管理人员身份参与公司经营的，则需要仔细区分两者之间的性质。

（3）其他股东事先已知晓股权代持事实

如果实际出资人有证据证明，当名义股东登记成为目标公司股东时，其他股东均已知晓实际出资人系该股权的真正权利人，且其已经实际履行了出资或认缴出资的义务，则实际出资人原则上不再需要公司其他股东半数以上同意即可要求“显名”。这种情况一般出现在股权原始取得的阶段，该种认定实际上与《公司法》关于股东资格的取得是基于各股东一致意思表示的本意相符。

（三）股权代持纠纷的司法观点

1. 合法的股权代持合同受法律保护

根据《公司法司法解释（三）》第二十四条第一款的规定，实际出资人与名义股东之间关于股权代持关系形成的合同效力发生争议的，如无法律规定的无效情形，则人民法院应当认定该合同有效。根据一般的司法实践，造成股权代持合同无效的情形一般包括：外籍个人或外资企业希望通过股权代持的方式投资我国法律、行政法规明文禁止或限制投资的行业；公务员、法律禁止持股人员等禁止持有公司股权的个人希望通过股权代持方式持有公司股权；以合法的股权代持方式掩盖非法目的（如目的涉及行贿、受贿等）。而对于拟上市公司的股权代持以及股东资格存在限制规定的公司股权代持，因为法律规定尚不明确，导致此类股权代持合同的效力在司法实践中存在巨大争议。

但从引导性的角度来看，有司法审判观点认为①：“股权代持行为对代持人、实际投资人等均会带来法律上的风险，当事人在实施股权代持行为时需权衡利弊，谨慎代持。股权代持行为使得公司登记的名义股东与实际投资人不一致，在市场交易中会使交易对象对公司的信息产生误判；一旦代持行为被披露，对于公司商业信誉也会产生影响，这些都不利于市场诚信体系的建设。法院在掌

① 上海市第二中级人民法院：《上海市二中院股权代持纠纷案件审判白皮书（2012—2016）》，载搜狐网 2017 年 7 月 12 日，https://www.sohu.com/a/156489774_726435。

握司法尺度时一般不鼓励股权代持行为。”因此，一旦选择股权代持筹划，则应高度重视其合法性与合规性。

2. 股权代持合同效力的认定原则

在股权代持纠纷中，法院一般会从“内、外”两个方面确认代持关系的效力。

从合同内部来说，根据合同相对性的原则，即在实际出资人和名义股东之间，原则上认可股权代持合同在双方之间的效力；从公司外部来说，如果公司其他股东事先不知晓股权代持事宜，则其并不需要接受股权代持合同的约束。

另外，从名义股东对外以股东身份承担责任的角度来看，不论其与实际出资人的内部如何约定股东责任的承担，名义股东作为登记在册的股东，一般仍对善意债权人承担出资连带的义务。比如，即使股权代持合同约定由实际投资人承担出资义务及债务责任，但该内部约定不能对抗外部债权人。当事人约定以一方“显名”投资、另一方“隐名”投资的，该约定对公司及其他股东不产生效力。实际出资人如主张要成为公司登记在册的股东，则需经公司其他股东过半数同意，形同“股权转让”的实质要件 。

案例5－7 陆某与赵某、BM公司确权纠纷案

一审法院：北京市顺义区人民法院（2017）京0113民初13344号

二审法院：北京市第三中级人民法院（2018）京03民终5246号

案例主旨：实际出资人隐名出资的，可向名义股东主张投资权益，而其确认股权的请求则应当以显名化的标准进行审查。

二审法院认为，陆某与赵某二人签署的股权代持合同应属合法有效。至于陆某能否依据股权代持合同要求确认BM公司股权为其所有？二审法院依据《公司法司法解释（三）》第二十四条第三款以及《公司法》第三十二条第三款之规定，认为登记并无创设股东资格之效力，即登记并非设权性登记程序。取得股东资格当然有权办理股东工商登记，而股东资格的取得应以其是否满足实质性条件，即能够证明其已获得上述规范中规定的其他股东过半数同意作为认定依据。

本案中，股权代持合同约定内容系属陆某与赵某之间达成的一致意思表示，

该协议并不直接发生对外效力，即其效力不直接及于BM公司其他股东。因此，二审法院认为本案缺乏充足证据证明公司其他股东知道或者应当知道陆某持有公司股权等相关事实的存在，亦或认可其股东地位。一审法院确认赵某所持有BM公司7.5%的股权为陆某所有，认定事实错误，二审法院依法予以纠正，故改判驳回陆某全部诉讼请求。

3. 股权代持行为不能规避法律

对于公务员利用代持形式参与经商、特定行业人员利用代持间接违规持股以及为了规避外资禁止或限制准入领域而采取的股权代持，司法审判机关通常都抱有否定的态度。

如何界定“法律、行政法规的强制性规定”呢？根据原《合同法司法解释（二）》[①] 第十四条之规定，强制性规定是指效力性强制性规定。因此在面对这类案件时，需要区分股权代持合同究竟是违反了效力性强制性规定，还是管理性强制性规定。通常情况下，只有违反效力性强制性规定的才导致股权代持合同无效。

最高人民法院在2014年审结的（2009）民二终字第00117号案件的判决理由中表示：“在本案一审时，中国证监会广东监管局在致广东高院复函中亦确认，对于证券公司股权转让未经审批的，证券监管机构的做法主要是采取限期整改、限制股东权利和责令转让等监管措施进行纠正，对于本案争议的股权转让，证券监管机构实际采取了限期整改的措施。本案中梅雁公司与吉富公司签订的《股权转让协议》及《股权转让协议之补充协议》出于双方真实意思表示，维持该合同效力并不损害公共利益，不能仅以梅雁公司与吉富公司协议转让广发证券8.4%的股权未经证券监管机构批准而认定双方签订的转让合同无效。综上，梅雁公司与吉富公司转让广发证券8.4%的股权未经办理批准手续，违反了证券管理的相关要求，但不对合同效力产生影响，该合同有效。”

江苏省高级人民法院在（2015）苏商终字第00437号案件指出：“案涉《委托投资协议》签订于2001年9月，此时高新张铜公司的前身高新张铜金属材料有限公司尚处于股份制改造过程中，而高新张铜公司的股票于2006年10月才

① 《民法典》于2021年1月1日生效，该解释已失效，《民法典》暂未出台合同编司法解释，该条文仅供参考。

获准在深圳证券交易所上市交易，故《首次公开发行股票并上市管理办法》不应适用于数年前签订的协议的效力认定，况且该办法为部门规章而非法律或者行政法规，故沙钢股份公司依据该办法主张案涉《委托投资协议》无效的上诉理由不能成立。姜兆南和侯东方等25人对于委托投资的事实均无异议，且该协议已经实际履行，故案涉《委托投资协议》可以证明姜兆南出资540万元受让高新张铜公司5%股权时有4,395,600元实际系由侯东方等25人出资，就该部分出资款项下的股权收益应由实际出资人侯东方等25人享有。”

4. 上市公司股权代持纠纷的处理原则

（1）关于国内上市公司股权代持的监管规定

根据中国证监会公布的《首次公开发行股票并上市管理办法》① 第十三条的要求：发行人的股权清晰，控股股东和受控股股东、实际控制人支配的股东持有的发行人股份不存在重大权属纠纷。

由于上市公司涉及广大社会投资者们的切身利益。出于对他们的保护，中国证监会认为，如果上市公司股权存在代持关系，将可能引发名义股东和实际出资人、名义股东和其他善意受让人之间的股权纠纷。再结合企业历年来的股权转让、增资等历史沿革，则会使得该公司的股权结构变得更加复杂，同时也容易引发纠纷，造成上市公司的不稳定。同时，由于股权代持本身可能会滋生关联交易或其他不正当交易。因此，根据上述管理办法的要求，中国证监会对首次公开发行股票的企业的要求之一即“股权清晰”。这也就意味着，若一家准备上市的企业本身存在委托持股等股权历史问题，则必须在企业进行IPO之前将该问题进行处理，才能符合上市公司的监管规定。

通过查看中国证监会处理IPO企业涉及股权代持案例的反馈意见可以看出，中国证监会的审查重点主要在于：股权代持是否存在真实、合理的历史原因；整个股权代持的过程是否合法；股权代持的目的是否正当以及股权代持的处理结果是否最终满足了股权“权属清晰”的要求。

---

① 2006年5月17日中国证券监督管理委员会第180次主席办公会议审议通过；根据2015年12月30日中国证券监督管理委员会《关于修改〈首次公开发行股票并上市管理办法〉的决定》第一次修正；根据2018年6月6日中国证券监督管理委员会《关于修改〈首次公开发行股票并上市管理办法〉的决定》第二次修正；根据2020年7月10日中国证券监督管理委员会《关于修改〈首次公开发行股票并上市管理办法〉的决定》第三次修正。

在美国、中国香港等国际资本市场中，我们经常可以看到在申请上市文件中会出现“实际权益拥有人”（beneficial owner）的概念。其实只要企业在申请上市过程中已经合理、合法地履行了披露的义务，则该国家或地区的法律也是允许上市企业存在股权代持安排的。

当然，我国《公司法司法解释（三）》也明确了股权代持协议的法律地位，但鉴于《首次公开发行股票并上市管理办法》中明确强调的“股权清晰”的规定，中国证监会对于IPO企业在申请上市时若存在委托持股的问题，还是保持较为严厉的监管态度。

中国证监会在2019年3月25日发布，2020年6月10日修订的《首发业务若干问题解答》中强调：“实际控制人认定中涉及股权代持情况的，发行人、相关股东应说明存在代持的原因，并提供支持性证据。对于存在代持关系但不影响发行条件的，发行人应在招股说明书中如实披露，保荐机构、发行人律师应出具明确的核查意见。如经查实，股东之间知晓代持关系的存在，且对代持关系没有异议、代持的股东之间没有纠纷和争议，则应将代持股份还原至实际持有人。发行人及中介机构通常不应以股东间存在代持关系、表决权让与协议、一致行动协议等为由，认定公司控制权未发生变动。”

根据现有规定，中国证监会在主板、中小板、创业板的上市审核实践中全面严格禁止“股权代持”。如果企业确实存在该问题，则除了需要提前披露真实情况以外，同时还需要在企业上市以前彻底厘清该股权代持问题。一旦IPO企业的股权代持问题在未经披露的情况下被中国证监会发现或遭人举报，则会对企业的上市历程造成致命的打击。因此，股权代持几乎成为IPO企业、监管机构、中介机构都不敢公开触碰的“雷区”。

2019年设立的科创板是新设板块，并在该板块内进行注册制试点。根据《上海证券交易所科创板股票发行上市审核问答（二）》中关于“实际控制人认定中涉及股权代持情形的处理”的规定：“实际控制人认定中涉及股权代持情况的，发行人、相关股东应说明存在代持的原因，并提供支持性证据。对于存在代持关系但不影响发行条件的，发行人应在招股说明书中如实披露，保荐机构、发行人律师应出具明确的核查意见。如经查实，股东之间知晓代持关系的存在，且对代持关系没有异议、代持的股东之间没有纠纷和争议，则应将代持股份还原至实际持有人。发行人及中介机构通常不应以股东间存在代持关系为由，认定公司控制权未发生变动。对于以表决权让与协议、一致行动协议等方式认定实际控制人的，比照代持关系进行处理。”

虽然科创板在实际控制人认定中涉及股权代持情况的，也规定只要该代持关系不影响发行的条件，则原则上只要发行人在招股说明书中如实披露，保荐机构、发行人律师出具明确的核查意见即可。但司法实践中审核机构对于股权代持还是持非常谨慎的态度。

（2）法院对于上市公司股权代持效力的审判意见

①最高人民法院的审判意见

对于一般上市公司的股权代持，最高人民法院的部分审判意见为：“上市公司股权代持合同因违反相关股权清晰等监管规则，最终损害社会公共利益，因此无效。”

最高人民法院在（2017）最高法民申 2454 号案件中认为，上市公司股权代持协议，对于其效力的认定则应当根据上市公司监管相关法律法规以及相关法律法规的规定综合予以判定。首先，中国证监会颁布的《首次公开发行股票并上市管理办法》第十三条规定，发行人的股权清晰，控股股东和受控股股东、实际控制人支配的股东持有的发行人股份不存在重大权属纠纷。《证券法》第十二条[①]规定，设立股份有限公司公开发行股票，应当符合《公司法》规定的条件和经国务院批准的国务院证券监督管理机构规定的其他条件。第六十三条[②]规定，信息披露义务人披露的信息，应当真实、准确、完整，简明清晰，通俗易懂，不得有虚假记载、误导性陈述或者重大遗漏。《上市公司信息披露管理办法》规定，发行人、上市公司的董事、监事、高级管理人员应当忠实、勤勉地履行职责，保证披露信息的真实、准确、完整、及时、公平。

根据上述规定可以看出，公司上市发行人必须股权清晰，且股份不存在重大权属纠纷，且公司上市需遵守如实披露的义务，披露的信息必须真实、准确、完整。这是证券行业监管的基本要求，也是证券行业的基本共识。由此可见，上市公司发行人必须真实，并不允许发行过程中隐匿真实股东，否则公司股票不得上市发行。通俗而言，即上市公司股权不得隐名代持。

在（2017）最高法民申 2454 号案件中，Y 公司上市前，林某代杨某持有股份，以林某名义参与公司上市发行，实际隐瞒了真实股东或投资人身份，违反

---

① 2019 年修正后为第十一条。

② 2019 年修正后为第七十八条。

了发行人如实披露义务，为上述规定明令禁止。另外，中国证监会根据《证券法》授权对证券行业进行监督管理，是为保护广大非特定投资者的合法权益。要求拟上市公司股权必须清晰，约束上市公司不得隐名代持股权，系对上市公司监管的基本要求。如果上市公司真实股东都不清晰的话，其他对于上市公司的信息披露要求、关联交易审查、高级管理人员任职回避等监管举措必然落空，必然损害到广大非特定投资者的合法权益，从而损害到资本市场基本交易秩序与基本交易安全，损害到金融安全与社会稳定，从而损害到社会公共利益。杨某与林某签订的《委托投资协议书》与《协议书》，违反公司上市系列监管规定，而这些规定有些属于法律明确应于遵循之规定，有些虽属于部门规章性质，但因经法律授权且与法律并不冲突，并属于证券行业监管基本要求与业内共识，并对广大非特定投资人利益构成重要保障，对社会公共利益亦为必要保障所在。

②其他地方法院的审判意见

在司法实践中，也有部分法院认可上市公司股东股权代持行为有效的判例。

J省N市中级人民法院在（2014）宁商终字第68X号案例中认为，徐某以章某为逃避分割夫妻共同财产，擅自转让属于夫妻共同财产的讼争股权为由，主张章某与案外人K某之间股权转让协议无效，应建立在讼争股权系徐某与章某夫妻共同财产的基础之上。现股权原持有人章某与受让人案外人K某均认可章某系代案外人K某持有股份，据此，徐某应证明章某系某环球公司的实际股东。在公司股权存在代持关系的情况下，公司的工商登记资料等外部表征上，代持股人是以公司股东的身份存在。因此，在股东身份存在争议的情况下，除工商登记资料及股东名册等的记载外，还要结合持股人有无实际出资、与被代持人有无代持关系等其他证据相互佐证。本案中，徐某既未能举证证明章某有实际履行出资义务的能力，亦未能举证证明章某实际履行了出资行为，其仅凭工商登记资料中的记载，欲否定章某自认的与案外人K某间的代持股关系，并进而认为章某系讼争股权实际所有人的主张，依据不足，法院不予采信。章某非讼争股权的实际所有人，讼争股权非徐某与章某的夫妻共同财产，徐某以章某擅自转让夫妻共同财产为由主张案涉股权转让协议无效并进而要求S公司配合办理相关工商变更登记的诉讼请求，缺乏事实及法律依据，法院不予支持。

而关于夫妻之间在IPO企业中相互代持的问题，在一定的合理范围以及存在合理理由的情况下可能会得到相关部门的认可。

例如，某上市公司（002＊＊＊）的发行人律师通过《公司首次公开发行股票并上市的补充法律意见书》就“发行人名义自然人股东萧某为其配偶陈某（上市公司财务经理）代持股份的合法合规性”的反馈意见中表明，根据萧某、陈某出具的身份证明文件，并经本所律师对其访谈，萧某、陈某系配偶关系，由于陈某在发行人2010年8月对员工进行股权激励时已取得澳门永久性居民身份，若其受让发行人股份，将使发行人的企业性质发生变更。因此，基于不改变发行人企业性质的考虑，萧某、陈某夫妻二人同意由萧某持有发行人的股份；本所律师审阅了萧某与ZJ投资签署的《股权转让协议》，ZJ投资向萧某转让发行人的股份系双方真实的意思表示。根据相关法律规定，夫妻一方在婚姻关系存续期间取得的发行人股份为双方的共同财产，萧某作为发行人股份的持有人不改变该股份系萧某、陈某夫妻共同财产的性质，萧某受让ZJ投资持有的发行人股份系双方真实的意思表示，因此，本所认为，萧某持有发行人的股份不会导致纠纷或潜在的纠纷，其持股合法有效。最终该法律意见在发审委对于该公司的IPO审核中通过。

5. 规避限制投资领域的股权代持无效

实际出资人为外籍人士时，如果其因规避我国限制外资投资领域的相关规定而形成的股权代持，原则上法院应认定为无效，但其作为实际出资人应享有的投资收益可酌情保护。

2019年3月，全国人民代表大会通过了《外商投资法》，取代了之前的“外资三法”（《中外合资经营企业法》《外资企业法》《中外合作经营企业法》），并已于2020年1月1日生效。《外商投资法》首次确立了在投资准入阶段给予外国投资者及其投资不低于本国人的待遇。与此同时，国务院发布的负面清单规定了特定领域对外商投资实施的准入特别管理措施。而早在2018年10月，修订后的《证券账户业务指南》，明确在境内工作的外籍人员可以开立A股证券账户，这在很大程度上方便了外籍中小投资者在国内的投资。

而不符合开户条件的外籍人士不能在A股开户，因此就引发了外籍人士作为实际出资人与作为名义股东的中国公民约定，以该中国公民的名义代实际出资人履行出资义务并享受股东权利与义务，而实际出资人则可享有股权带来的收益。法院对该种股权代持关系明确不予认可。2019年8月，上海市金融法院审结了一起股权转让纠纷案。该案可能系国内首例对外国人委托中国人购买境内上市公司股份的法律关系认定、《股份认购与托管协议》效力、股份及相应投资收益如何分配以及律师费、保全担保服务费是否应获支持等争议焦点问题作出认定的案件。

案例5-8 杉某与龚某股权转让纠纷案

一审法院：上海市金融法院（2018）沪74民初585号①

案例主旨：外国人委托中国人代持证券发行人股权的协议因违反公共秩序而无效。股权代持产生的投资收益应根据公平原则，考虑对投资收益的贡献程度以及对投资风险的承受程度等进行合理分配。

上海市金融法院认为，发行人应当如实披露股份权属情况，禁止发行人的股份存在隐名代持情形，属于证券市场中应当遵守、不得违反的公共秩序。双方签订的《股份认购与托管协议》构成发行人股份隐名代持，违反证券市场的公共秩序，应认定无效。杉某外国人身份并不影响《股份认购与托管协议》效力认定。法院判决被告龚某支付原告杉某2017年现金红利人民币35.2万元的70%；原告杉某可在判决生效后10日内与被告龚某协商，对龚某名下123.2万股A公司股票进行出售，协商不成，则可申请对股票进行拍卖、变卖，所得款项优先支付杉某投资款人民币383.68万元，若所得款项金额超过投资款金额，超出部分的70%归原告杉某所有，剩余部分归被告龚某所有。同时，被告龚某还应向原告杉某支付律师费10万元、保全费3万元。该案经一审判决后，双方均未上诉，本案判决已生效。

6. 继承前需先确认存在股权代持关系

根据《民法典》第一千一百二十二条第一款的规定，遗产是自然人死亡时遗留的个人合法财产。而此处所规定的“个人合法财产”通常情况下系指自然人名下直接持有的财产。但代持股权的性质较为复杂，被继承人作为实际出资人，其系基于与名义股东签署的股权代持合同从而对代持股权享有权利。但名义股东作为登记在册的股东，从外部表现形式来看，该代持股权的权利人是名义股东。如果在股权代持协议中并未就实际出资人死亡后如何继承股权作出明确的规定，一旦实际出资人死亡且名义股东主张其为该股权的权利人时，实际

① 2018年度上海法院金融商事审判十大案例之十、上海法院金融商事审判案例精选（2011—2019）之十一。

出资人的继承人若想继承该代持股权，则首先需要向名义股东主张权利并证明被继承人与名义股东之间确实存在真实、合法的股权代持关系。只有在确认了被继承人确实为该股权的实际出资人之后，代持股权才能真正成为被继承人的合法遗产，实际出资人的继承人便可依据相关规定主张继承该股权以及相关的财产权利。

案例5－9 钟某、王小某与A公司股东资格确认纠纷案

一审法院：山东省烟台市中级人民法院（2012）烟商重字第3号

二审法院：山东省高级人民法院（2014）鲁商终字第371号

再审法院：最高人民法院（2015）民申字第497号

案例主旨：只有先确认股权代持关系后，才能分割继承代持股权。

一审法院认为，王某生前与A公司的法定代表人马某口头协商以A公司名义为王某购买C银行股份，并以B公司名义向A公司转账汇款435万元，A公司认可其与B公司账目冲抵后净欠B公司300万元。之后，A公司也实际与C银行签订股份认购协议，认购了C银行新增发行的人民币普通股320万股，并对其中100万股向王某出具证明，可以证实A公司受托为王某购买C银行股份100万股，股份应由王某自行支配的事实。结合A公司、B公司的往来账以及A公司的庭审陈述可以证明A公司与王某之间达成了100万股的代持股协议，并且已经实际履行的事实，法院依法予以确认。王某是A公司名下100万C银行股份的实际出资人，并应当对该部分股份享有投资收益。钟某、王小某作为王某的第一顺序法定继承人有权对王某所享有的100万股C银行股份提出主张。因此，应当确认A公司名下的100万股C银行股份系A公司代王某持有。但该法院最终并未直接判决该100万股股份归钟某、王小某所有。钟某、王小某不服，上诉至山东省高级人民法院并申诉至最高人民法院均被驳回。

最高人民法院针对该问题认为，因该案系股权确认纠纷，而钟某、王小某是否能作为王某的继承人取得王某的财产权益属于继承纠纷，与本案不是同一法律关系，故一审、二审法院未将属于王某的实体权利直接判归钟某、王小某所有，并无不当。钟某、王小某一审诉请确认A公司代王某持有的C银行的股权归钟某、王小某所有，一审、二审法院判决确认A公司名下的100万股C银行股份系A公司代王某持有，是对A公司代持股事实的确认，并非对王某股东资格的确认。

7. 继承人未达到成为股东的条件则只能主张股权投资收益

虽然根据《公司法》的规定，除公司章程另有规定外，自然人股东死亡后，其合法继承人可以继承股东资格。但代持股权与普通的公司股权不同，由于实际出资人仅仅系通过与名义股东订立的股权代持合同享有相关的股东权利，其并非登记在册的股东。根据《公司法司法解释（三）》第二十四条第三款的规定，实际出资人未经公司其他股东半数以上同意，请求公司变更股东、签发出资证明书、记载于股东名册、记载于公司章程并办理公司登记机关登记的，人民法院不予支持。

因此，如果继承人根据股权代持合同要求继承目标公司的股权并直接成为股东，也必须遵守该规定即必须经过目标公司过半数股东的同意，否则继承人只能依据股权代持合同向名义股东主张股权投资收益，而不能直接要求成为目标公司的股东。

案例 5－10 A 公司与李某等股东资格确认纠纷案

一审法院： 广东省清远市清城区人民法院（2011）清城法民初字第 1829 号

二审法院： 广东省清远市中级人民法院（2012）清中法民三终字第 55 号

再审法院： 广东省高级人民法院（2013）粤高法审监民提字第 65 号

案例主旨： 实际出资人的继承人未经公司其他股东半数以上同意不具有显名股东资格，只能向名义股东主张股权投资权益。

法院认为，为了保障公司的人合性，维护公司内部关系，《公司法司法解释（三）》第二十四条对于实际出资人股东资格的确认给予一定的限制。在隐名投资的情形下，如果不加限制地认可实际出资人的股东资格，对于因信任显名股东而合作的其他股东而言是不公平的，因此，实际出资人未经公司其他股东半数以上同意，实际出资人不具有显名股东资格。实际出资人的投资权益不同于股东权益，其股东权益只能由名义股东直接行使，通过名义股东来实现其投资权益。李某等作为实际出资人，应向名义股东主张权利。

8. 因代持人原因导致股权冻结的损失赔偿

案例5－11 双方就代持上市公司股票所达成的代持协议无效案

案例来源：上海市高级人民法院网站①

案例主旨：代持上市公司股份的行为因违反证券法的规定而无效，故代持人无权主张报酬，被代持人也无权主张代持人的违约责任。因代持人个人原因导致上市公司股份被冻结后，该冻结行为并未造成被代持人的损失，且被代持人在既往的股票交易过程中已经获得大额收益，综合来看没有损失，故无权主张损失赔偿。

法院认为，根据各方实际出资情况及代持协议中约定由赵某某委托曹某某代持股票，故应认定赵某某为股票的所有权人。代持期间，股票账户的交易及所获资金均由赵某某掌控，在股票陆续抛售时，所获资金也经赵某某确认收回。可见，原、被告之间存在隐名代持上市公司股票的协议关系和事实行为。

证券市场的公共秩序关涉证券市场的根本性、整体性利益和广大投资者的合法权益，一旦违反将损害证券市场的基本交易安全。根据《证券法》的相关规定，发行人、上市公司依法披露的信息，必须真实、准确、完整，不得有虚假记载、误导性陈述或者重大遗漏。上市公司董事、监事、高级管理人员应当保证上市公司所披露的信息真实、准确、完整。因此，上市公司依法披露的股东的持股信息必须真实清晰，不得隐名代持股权。股东信息披露不实，会影响证券监管部门对内幕交易、关联交易、高级管理人员任职回避等证券市场基本监管要求的审查，也关系到以信息披露为基础的证券市场整体法治秩序和广大投资者合法权益。本案中，被告曹某某是参与JC股份重整并受让部分股份的一致行动人，其上市公司股东的身份和持股信息几经披露，而原告赵某某与被告曹某某的代持股协议内容隐瞒了实际投资人的真实身份，违反了相关法律规定和证券市场的公共秩序，故代持股关系和涉案《代持协议书》应属无效。

涉案《代持协议书》签订后，被告曹某某代持的股票已经陆续由原告赵某

---

① 参见胡明冬：《代持股票涉诉冻结致所有权人无法及时抛售受损 法院：上市公司依法披露的股东持股信息必须真实清晰 代持协议无效》，载上海市高级人民法院网2020年11月24日，http://www.hshfy.sh.cn/shfy/gweb2017/xxnr_.jsp?pa=aaWQ9MjAxOTU0ODEmeGg9MSZsbW RtPWxtNTE5z&zd=xwxx。

某抛售并取得了抛售的款项，对此当事人均无异议，法院予以认定。但因《代持协议书》无效，协议书中关于违约责任的约定不发生法律效力，故原告赵某某无权依据有效合同关系进行主张，即无权按照协议书约定要求被告曹某某赔偿违约金和约定的相关损失包括追索产生的律师费、保险费等费用。同理，被告曹某某也无权基于约定取得报酬，故被告曹某某应当返还已收取的200万元报酬。

因为涉案股票代持关系无效，原告赵某某所称的损失应限定在实际损失范围内，不应包含有效合同范畴内的可得利益损失，应以原告出资金额和实际得款考量是否存在损失。就原告赵某某在被告曹某某股票代持期间是否存在损失而言，不能仅局限于被冻结的400万股股票的涨跌，原告通过被告曹某某代持2024万股股票，实际出资不到5000万元，全部抛售后得款超亿元。从整体上计算，原告不仅不存在损失，而且获利巨大。在被告曹某某代持期间，总体上不能反映其存在故意损害原告利益的行为，而原告总体上通过被告代持的股票已经获得巨大利益，原告在涉案无效合同关系中并没有实质性的损失，故原告赵某某要求被告曹某某赔偿损失的主张法院不予支持。

综上，法院依法判决：原告赵某某与被告曹某某签订的涉案《代持协议书》无效；被告曹某某需返还原告赵某某代持股票的报酬200万元；驳回原告赵某某的其余诉讼请求。

二、股权代持人的责任与风险

股权代持人即名义股东，虽然不是股权的真正所有人，有些甚至没有实际参与企业的经营。但由于其是公司对外公示的股权所有人，《公司法》对于股东权利义务的规定，对其一般仍应适用，其中包括依法向公司承担出资义务和债务责任等。

（一）名义股东需承担股东的实际出资义务

案例5－12 L集团有限责任公司与李某某、杨某某、A公司股东出资纠纷案

一审法院：湖南省常德市武陵区人民法院（2017）湘0702民初2169号

二审法院：湖南省常德市中级人民法院（2018）湘07民终1569号

案例主旨：名义股东作为工商登记的股东对尚欠出资仍应承担连带责任，

但其履行出资义务之后可以继续向实际出资人追偿。

法院认为，关于杨某某是否应该承担连带出资责任的问题，杨某某作为A公司工商登记和公司章程中明示的股东，依据公司法规定应按期足额缴纳章程规定认缴的出资额，不能因其是名义股东来抗辩出资义务。鉴于L集团为实际出资人，杨某某承担出资责任后可向实际出资人L集团追偿。

案例5-13 NTC公司与温某某、李某某、BT公司借款合同纠纷案

一审法院：广东省深圳市中级人民院（2006）深中法民二初字第187号

二审法院：广东省高级人民法院（2015）粤高法民二终字第971号

再审法院：最高人民法院（2015）民申字第2509号

案例主旨：显名股东未参与实际经营及不履行股东监管职责及清算义务，属于怠于行使股东权利，导致公司被非法注销而无法清算，损害公司债权人利益的，应当对公司债务承担责任。

最高人民法院认为，根据商法上的公示公信和外观主义原则，第三人对公司登记信息的信赖利益应当受到保护。代持股关系属于代持股人与被代持股人之间的合同法律关系，不能以此对抗公司债权人。在公司的外部关系方面，经工商登记备案的代持股的名义股东属于法律意义上的公司股东，其是对外承担股东责任的直接主体，无论实际控制人是否承担相应的责任，只要未实际向债权人承担责任，代持股的名义股东就应当对外承担股东的责任。这一原则在《公司法司法解释（三）》第二十六条（2014年修订前为第二十七条）中关于经公司登记机关登记的股东不得以其仅为名义股东而拒绝债权人要求其履行出资义务的规定中，已经明确体现。《公司法司法解释（二）》第二十一条规定中也隐含股东不管过错有无、过错大小，对外必须承担股东责任，不能以自己没有过错为由对抗公司债权人的原则。温某某、李某某虽系代BT公司持有FY公司的股权，但并非被BT公司冒名登记为股东，代持股是符合其自己的意志和利益的行为，且也并无证据显示NTC公司在向FY公司深圳分公司提供借款时知悉并认可温某某、李某某的代持股人身份及BT公司的实际出资人地位，故温某某、李某某应当承担相应的法律责任风险。温某某、李某某尽管没有签署决定解散FY公司的股东会文件和清算报告，并称也不知道FY公司已被解散并依据虚假的清算报告办理了注销登记，即未直接实施损害公司债权人利益的行为，

但作为FY公司经登记的股东，上述情形亦属于其怠于行使股东权利和履行股东监管职责及清算义务，导致公司被非法注销而无法清算，损害公司债权人利益。该情形已经符合《公司法司法解释二》第二十条第一款规定的承担责任的条件。费用判决依据该条款判令温某某、李某某对公司债务承担责任。

（二）名义股东需承担放任代持的法律后果

案例5－14 常某某、P市G公司建设工程施工合同纠纷案

一审法院：河南省新乡市中级人民法院（2015）新中民五初字第32号

二审法院：河南省高级人民法院（2016）豫民终1240号

再审法院：最高人民法院（2017）最高法民申1433号

案例主旨：当事人对于其被配偶安排为名义股东的事实知悉认可的，即使其签名及印章并非本人所为，仍视其为名义股东，承担股东应负的法律责任。

最高人民法院认为，关于常某某的身份，一审法院查明，LQ公司设立于2007年7月，股东为常某某、窦某某、李某某，常某某认缴出资额300万元。2008年4月，李某某将其所持股份转让给常某某，公司股东变更为常某某与窦某某。2008年8月，LQ公司股东由常某某、窦某某变更为常某某、窦某某、霍某某。2009年12月5日，LQ公司股东变更为L公司。关于常某某的入股情况，辉县市人民法院（2012）辉刑初字第477号刑事判决查明，2007年7月9日，路某以其妻常某某为名义股东与李某某申请注册成立LQ公司，注册资本为2000万元，实缴资本400万元。证人路某证实，2006年年底至2007年上半年，经其协商借给水泥厂的款窦某某一直无法归还，就将借款算成其股份，以妻子常某某的名义入股等。证人常某某证实，其没有在LQ公司入任何股份，其身份证由丈夫路某拿着，怎样到LQ公司的不清楚。一审法院于2015年12月29日调查时，常某某、霍某某认可其在发起时只是名义股东，注册手续均由窦某某自己做主书写，其没有实际出资，也没有享受权利，没有参与公司的任何管理，出资全部是窦某某，两人均是名义股东。根据上述事实可以认定，常某某对于其丈夫路某以其名义设立LQ公司是知悉和认可的。关于常某某的出资情况，从原审查明的事实看，常某某认缴出资300万元，实缴出资60万元，并未全面履行出资义务。《公司法司法解释（三）》第二十六条第一款规定："公司债权人以登记于公司登记机关的股东未履行出资义务为由，请求其对公司债务不能清

偿的部分在未出资本息范围内承担补充赔偿责任，股东以其仅为名义股东而非实际出资人为由进行抗辩的，人民法院不予支持。”据此，常某某以其签名及印章并非本人所为，其仅为名义股东为由主张应免除其出资不实的相关法律责任的理由，于法无据，原审未予支持并无不当。

（三）名义股东需承担公司债务清偿的风险

《公司法》和相关司法解释对于股东虚假出资或抽逃出资等情形进行了详细的规定。《公司法》第二十八条第二款规定：“股东不按照前款规定缴纳出资的，除应当向公司足额缴纳外，还应当向已按期足额缴纳出资的股东承担违约责任。”《公司法》第三十条规定：“有限责任公司成立后，发现作为设立公司出资的非货币财产的实际价额显著低于公司章程所定价额的，应当由交付该出资的股东补足其差额；公司设立时的其他股东承担连带责任。”《公司法司法解释（二）》第二十二条第二款规定：“公司财产不足以清偿债务时，债权人主张未缴出资股东，以及公司设立时的其他股东或者发起人在未缴出资范围内对公司债务承担连带清偿责任的，人民法院应依法予以支持。”

根据上述规定，名义股东在对外的工商登记信息中登记为公司股东，如果由于实际出资人未及时履行出资义务或未真实出资或抽逃出资的，名义股东所持股权存在出资不实情形的，则公司债权人可根据工商登记的股东信息，要求名义股东在出资不实的范围内对公司债务承担清偿责任。如果名义股东仅以其是股权代持人而并没有向目标公司履行出资义务为由进行抗辩的，则可能很难得到法院的支持。

（四）名义股东无法任意解除股权代持关系

一旦名义股东由于各种原因希望解除股权代持关系，则也会面临许多的困难。如果名义股东希望解除股权代持关系或希望将股权还给实际出资人，但目标公司的其他股东事先不了解股权代持的情况，也不愿意让实际出资人显名，则名义股东也无法退出公司并解除股权代持关系。另外，如果实际出资人不想解除股权代持关系，且名义股东也无法找到合适的股权受让人，则也很难如愿退出公司。一旦公司对外产生债务或需要承担责任，名义股东自身也有可能受到牵连。

三、股权实际出资人的法律风险

《公司法司法解释（三）》第二十四条第一款的规定间接支持合法的股权代持合同的效力，而最高人民法院的司法审判观点对于股权代持合同，原则上也认可其有效，以保护隐名股东的合法权益。只要股权代持合同不违反法律、行政法规的强制性规定，一般会被认定为有效。不过，未经专业人士筹划的股权代持，股权实际出资人可能面临一系列风险。

（一）代持合同违反强制性规定可能归于无效

根据《民法典》关于无效民事法律行为的规定及《公司法司法解释（三）》第二十四条第一款的规定，结合司法实践中的实际情况，假如双方签署股权代持合同的主要目的在于违反强制性规定、违背公序良俗、恶意串通损害他人合法权益等目的，则股权代持合同通常会被法院认定为无效。由此将会产生一系列的法律纠纷，处理起来会比较复杂。

（二）名义股东滥用或者怠于行使股东权利

根据《公司法》第四条的规定，公司股东依法享有资产收益、参与重大决策和选择管理者等权利。但由于股权代持行为的隐秘性及名义股东的外在公示效力，一旦名义股东违背实际出资人的意愿，滥用股东权利的，则实际出资人的权益可能会存在损失。

由于实际出资人通过股权代持合同约定由名义股东作为公司登记在册的股东。一旦在实际经营公司的过程中，双方因经营决策或管理理念等问题产生了不同想法或利益发生冲突的情形，名义股东可能会做出一些与实际出资人意愿不符的行为。而实际出资人因无法直接介入公司经营或无法及时获悉名义股东的行为，即使其在后续公司经营过程中或与名义股东的合作过程中发现问题，也很难通过有效的途径直接变更名义股东擅自作出的决策。

另外，在有限责任公司的其他股东转让股权需要名义股东积极行使优先购买权时，或公司决定增加注册资本而需要名义股东行使认购新增资本的权利时，或目标公司、实际出资人的股权利益受到损害需要以名义股东维护权益时，如果名义股东怠于行使股东权利，则可能导致实际出资人的利益受到损害。

（三）名义股东隐瞒经营状况或拒不转交投资收益

如果实际出资人希望通过股权代持进行商业投资，从而获取相应的投资回报，则会在股权代持合同中就投资收益的计算标准、交付数额、交付方式等事项进行约定。然而在面对巨额的投资收益时，如果名义股东一时之间心存“歪念”，则会发生名义股东违反双方合同约定，擅自将投资收益据为己有的情形。

另外，如果名义股东同时也是目标公司的大股东或实际控制人，一旦目标公司经营状况恶化或出现经营困难的情形，名义股东很可能为了避免实际出资人转让股权而刻意隐瞒公司的实际情况或以虚假信息使得实际出资人误认为公司运营良好，从而使实际出资人丧失正确的商业投资风险判断。同时，如果名义股东实施对外签署合同或其他方式转移目标公司资产的行为，可能也将造成实际出资人的利益受到损害。届时实际出资人既无法要求成为目标公司的“显名”股东，也无法收回自己的股权投资，或会造成股权代持合同根本目的无法实现的结果。

（四）名义股东擅自处分或拒绝处分代持股权

名义股东作为公司登记机关实际登记的股权所有人，对外可以行使一切有关该股权的权利。如果名义股东在未经实际出资人同意的情况下，擅自将代持股权转让、质押给他人，确实存在维权上的难度。

虽然名义股东与实际出资人之间签订了股权代持合同，约定名义股东无权擅自处分公司股权。但是名义股东是公司登记机关登记在册的股东，该种登记对外具有公示效力，原则上股权代持关系是不能对抗善意的第三人。根据《公司法司法解释（三）》第二十五条第一款的规定，名义股东将登记于其名下的股权转让、质押或者以其他方式处分，实际出资人以其对于股权享有实际权利为由，请求认定处分股权行为无效的，只要名义股东系将股权处分给善意第三人并且办理了变更登记时，则实际出资人将会失去该公司股权的所有权。

虽然根据《公司法司法解释（三）》第二十五条第二款的规定，名义股东处分股权造成实际出资人损失，实际出资人请求名义股东承担赔偿责任的，人民法院应予支持。但需注意，一些公司虽然表面价值较低，但是具有较强的发展潜力，未来的升值空间巨大。但名义股东在股权转让时可能直接以较低的价格出售，则实际出资人所能争取的损失将会很难认定，也有可能无法提供有效的证据用以证明，这样会给实际出资人带来巨大的损失。

如果实际出资人确有需要转让或出质股权，但名义股东出于各种原因而拒绝配合实际出资人完成相关的手续，实际出资人除了根据股权代持合同以及相关规定要求名义股东就造成的损失承担赔偿责任以外，暂时没有任何其他积极有效的救济措施。

（五）代持股权因名义股东个人债务被保全查封

名义股东作为公司登记机关登记在册的股东，名下的股权在法律上即被视为其个人财产。如果名义股东因个人原因无力偿还债务，则名义股东的债权人可能会向法院请求对其持有的股份采取保全或强制执行措施，此时实际出资人将会面临极大风险。根据现有的司法实践，实际出资人是否能够以其为公司的实际出资人为由提出执行异议尚存争议，存在较大的不确定性。

案例5－15 王某某与刘某某等执行异议之诉案

一审法院：吉林省长春市中级人民法院（2014）长民二初字第16号

二审法院：吉林省高级人民法院（2016）吉民终35号

再审法院：最高人民法院（2016）最高法民申3132号

案例主旨：名义股东的债权人属于法律保护的“善意第三人”范畴，债权人依据工商登记中记载的股权归属，有权向人民法院申请对该股权强制执行。

最高人民法院认为，王某某与詹某某之间的《委托持股协议》已经一、二审法院认定真实有效，但其股权代持合同仅具有内部效力，对于外部第三人而言，股权登记具有公信力，隐名股东对外不具有公示股东的法律地位，不得以内部股权代持合同有效为由对抗外部债权人对显名股东的正当权利。《公司法》第三十二条第三款所称的第三人，并不限缩于与显名股东存在股权交易关系的债权人。根据商事外观主义原则，有关公示体现出来的权利外观，导致第三人对该权利外观产生信赖，即使真实状况与第三人的信赖不符，只要第三人的信赖合理，第三人的民事法律行为效力即应受到法律的优先保护。基于上述原则，名义股东非基于股权处分的债权人亦应属于法律保护的“第三人”范畴。因此，本案中詹某某因其未能清偿到期债务而成为被执行人时，刘某某作为债权人依据工商登记中记载的股权归属，有权向人民法院申请对该股权强制执行。

案例5-16 刘某某等案外人执行异议之诉案

一审法院：江西省高级人民法院（2015）赣民二初字第35号

二审法院：最高人民法院（2016）最高法民终701号

案例主旨：股权代持合同的内部约定不能对抗外部债权人对股权申请强制执行的正当权利。

最高人民法院认为，关于谢某某提出停止执行ZS公司股权的诉讼请求及理由能否成立的问题。根据《公司法》第三十二条第三款规定："公司应当将股东的姓名或者名称向公司登记机关登记；登记事项发生变更的，应当办理变更登记。未经登记或者变更登记的，不得对抗第三人。"依据该条规定，依法进行登记的股东具有对外公示效力，隐名股东在公司对外关系上不具有公示股东的法律地位，其不能以其与显名股东之间的约定为由对抗外部债权人对显名股东主张的正当权利。因此，当显名股东因其未能清偿到期债务而成为被执行人时，其债权人依据工商登记中记载的股权归属，有权向人民法院申请对该股权强制执行。根据该案现已查明的事实，ZS公司在公司登记机关登记中记载的股东为郭某某、徐某某、颜某某、滕某某。卢某某、施某某、邓某某依另案生效调解书向法院申请冻结并强制执行郭某某在ZS公司的股权，有事实和法律依据。因此，该案中，谢某某是否为ZS公司的隐名股东，不影响卢某某、施某某、邓某某实现其请求对郭某某股权进行强制执行的权利主张。故谢某某关于停止对郭某某所持有ZS公司股权强制执行的请求，没有事实和法律依据，该院不予支持。

（六）实际出资人要求成为公司股东有法律障碍

根据《公司法司法解释（三）》第二十四条第三款的规定，实际出资人未经公司其他股东半数以上同意，请求公司变更股东、签发出资证明书、记载于股东名册、记载于公司章程并办理公司登记机关登记的，人民法院不予支持。

而股份有限公司具有"资合性"的特点，根据《公司法》第一百三十七条的规定，股份有限公司的股东所持有的股份可以依法转让，并不需要征求其他股东的同意。因此，股份有限公司的实际出资人要求"显名"时原则上不存在"需半数股东同意"的障碍。

（七）名义股东代持的股权被离婚分割或继承

若名义股东为自然人，则还可能面临着离婚财产分割或死亡后的股权继承问题。由于公司股权登记在名义股东名下，如果名义股东的配偶并不知晓股权代持事宜，当名义股东与配偶发生婚姻纠纷时，配偶可能会向法院主张该股权属于夫妻共同财产，并要求予以分割；而如果名义股东生前没有就代持股权进行特别的规划，则名义股东死后，其继承人也可能会向法院主张继承该股权。

（八）实际出资人死亡导致代持股权无法继承

由于股权代持安排往往具有隐秘性，如果实际出资人生前并没有将股权代持事宜向家人或任何继承人交代，同时也没有保留好相关股权代持的证明文件，一旦名义股东想将代持股权占为己有，则被继承人可能会面临无法对代持股权依法继承的风险。

案例5－17 钟某、王小某与A公司股东资格确认纠纷案

一审法院：山东省烟台市中级人民法院（2012）烟商重字第3号

二审法院：山东省高级人民法院（2014）鲁商终字第371号

再审法院：最高人民法院（2015）民申字第497号

案例主旨：主张代持方的举证责任不足导致法院难以支持代持主张。

最高人民法院认为，钟某、王小某主张A公司持有的B银行320万股股份均系代王某某持有，应就王某某与A公司之间存在代持B银行320万股股份的书面或口头协议这一事实承担举证责任。

钟某、王小某提交了A公司向王某某出具的证明，该证明内容为：沈阳王某某在2008年12月8号汇款贰佰万元委托A公司购买B银行股票（价格为贰元每股）壹佰万股。A公司在B银行的股权中有王某某壹佰万股（壹佰万股权由王某某自行支配）。原审判决据此认定A公司与王某某之间达成了100万股的代持股协议，并依法予以确认并无不妥。钟某、王小某主张A公司与王某某之间还存在代持另外220万股B银行股份的协议，但未能提供证据证明，应当承担举证不能的法律后果。

（九）违反强制性规定影响股权代持合同效力

违反行政机构管理办法、规定的股权代持合同并非必然无效。但是如果其“违反法律、行政法规的强制性规定”，则很可能被法院认定为无效。那么，如何界定“法律、行政法规的强制性规定”呢？通常来说，“强制性规定”是指效力性强制性规定。因此在面对这类案件时，需要区分为效力性强制性规定和管理性强制性规定，只有违反效力性强制性规定的才会导致合同无效。

（十）股权代持合同导致税务问题的不确定性

1. 实际出资人获得分红时的税务问题

如果名义股东在实际获得公司分红后，将税后分红支付给实际出资人。那实际出资人所获得的投资收益是否可以不再纳税？关于该问题实务中具有一定的争议，税务机关从税务监管的角度，肯定需要向名义股东征税，而实际出资人在获取分红时，可能也很难规避征税。

2. 实际出资人解除代持时的税务问题

在股权代持筹划时，双方一般会约定当某些条件达成或实际出资人要求解除股权代持合同时，双方可以解除股权代持关系。但此时实际投资人和名义股东可能都将面临税收风险。通常而言，税务机关原则上会要求实际出资人按照公允价值计算缴纳企业所得税或者个人所得税。《关于企业转让上市公司限售股有关所得税问题的公告》（国家税务总局公告2011年第39号）仅适用于企业转让上市公司限售股的情形，对于普遍存在的个人之间的股权代持现象仍存在着双重征税的风险。

另外，如果目标公司的经营状况良好，公司价值大幅增加，一旦实际出资人要求“显名”，税务机关在没有充分证据的情况下，一般不可能轻易接受“股权代持”作为免除交税的理由，而需要双方比照股权转让缴纳个人所得税。

根据《股权转让所得个人所得税管理办法（试行）》（国家税务总局公告2014年第67号）第四条第一款的规定：“个人转让股权，以股权转让收入减除股权原值和合理费用后的余额为应纳税所得额，按‘财产转让所得’缴纳个人所得税。”如果实际出资人企图通过签订低价股权转让合同希望可以达到少交甚至不交税款的目的，则税务机关可以依法核定股权转让的收入。税务机关通常会采用净资产核定的方式核定股权转让收入。如果无法核定，将采取资产评估，按照市场公允价值确定股权转让收入，这样的缴税金额往往更高。如果实际出资人侥幸逃避了缴税义务，一旦被税务机关查处，还会面临更加严厉的处罚。

3. 不同的代持人可能导致不同税务问题

实际出资人在挑选股权代持对象时也必须考虑到未来可能产生的税收风险。如果股权代持对象是近亲属，如配偶、父母、子女等，则应当提前考量关联交易的定价政策以及税务机关是否会质疑股权转让价格合理性等风险。如果股权代持的目的是商业交易的安排，则应当充分考虑该商业模式的合理性，并妥善保留好股权代持整个过程的所有材料以及双方沟通、探讨的所有痕迹。

四、股权代持中目标公司的法律风险

（一）公司股权权属不清或导致融资面临障碍

在中国证券资本市场，股权代持一般被认为存在合规问题，中国证监会在上市审核实践中不允许“股权代持”。《首次公开发行股票并上市管理办法》第十三条规定：“发行人的股权清晰、控股股东和受控股股东、实际控制人支配的股东持有的发行人股份不存在重大权属纠纷。”目前，国内上市公司的控股股东需要披露到自然人，一般不允许代持。

（二）股权代持或导致公司股东结构不稳定

有限责任公司的性质就是注重“人合性”，而股权代持的存在将会导致公司股东结构的不稳定。公司股东可能出于对其中某一位股东的信任而投资该公司，但如果该股东实际上系代他人持有公司股权，一旦名义股东和实际出资人发生纠纷，并就股权的归属发生争议，则很有可能造成公司股东结构的变化，从而使得股东之间丧失信任，最终导致公司“分崩离析”。

五、股权代持筹划的十大要素

股权代持虽然存在许多优点，但也同样存在上述的诸多风险。当高净值客户计划以股权代持的方式进行筹划安排时，需要有针对性地采取措施进行防范。在不违反相关规定的前提下，我们提出下列建议供参考。

（一）完善对名义股东及目标公司的尽职调查

该要素主要是针对实际出资人所做的股权代持安排纯粹是为了投资目标公司的情形。在该种情况下，实际出资人不能单单听信名义股东或其他投资介绍人的片面之词就不管不顾地随便与他人建立股权代持关系，这无疑将会对未来可能产生的纠纷埋下隐患。实际出资人在投资目标公司前，应当找寻专业人士如律师、会计师等针对该公司的历史沿革、财务状况、法律纠纷等内容进行详细的尽职调查，真实、客观地对目标公司进行全面的了解，可以有效地避免一些不实陈述或误解的产生。另外，对于名义股东个人信誉、婚姻状态、家庭状况、债务承受能力等一系列可能影响实际出资人权利的情况也尽可能做相应的核查与了解，有效筛选名义股东以及目标公司，可以从一定程度上避免产生股权代持的纠纷。

（二）签署合法有效的书面股权代持合同

虽然合同的形式可以是书面或者口头，但是一旦实际出资人与名义股东就股权代持合同发生诉讼纠纷，实际出资就需要提供大量的股权代持证据（如银行转账记录、相关证人证言等）证明股权代持关系确实存在，这将给实际出资人带来许多不必要的麻烦，并且还存在不被法院认定的风险。

无书面的股权代持合同可能会难以证实代持关系的建立。实际出资人在确定代持人选后，要及时与其签订书面协议，明确股权代持关系。同时为了保障实际出资人因意外过世的情况下，其继承人可以顺利继承，实际出资人要保留好相应的股权代持合同及其他材料，甚至筹划代持股权的继承安排。

如果仅有转账资金往来，没有书面代持合同，也很难证明代持关系的形成。

案例5－18 刘某与王某股东资格确认纠纷案

一审法院：江苏省高级人民法院（2013）苏商初字第0015号

二审法院：最高人民法院（2015）民二终字第96号

再审法院：最高人民法院（2016）最高法民申2519号

案例主旨：股权代持双方仅有资金往来关系并不足以认可当事人存在股权代持关系。

最高人民法院认为，刘某原审中提交其向王某汇款的银行资金划转凭证，欲以证明其向江苏A公司实际出资，但刘某向王某汇款时未注明汇款用途，也未能提交具有委托王某认购江苏A公司股份内容的其他证据。在王某系以自己名义认购了江苏A公司股份的情况下，原审认定刘某主张股权的依据不足并无不当。刘某原审提交的证人证言主要来自江苏A公司财务经理、法务总监、公司原股东、刘某案另案委托代理人等，因刘某和王某均参与江苏A公司及关联公司的经营管理，二审认定王某关于证人与刘某或王某有利害关系的主张合理，进而结合证明力等因素不采信上述证言并无不当。本案系刘某起诉请求确认登记于王某名下的江苏A公司的股权归刘某所有，但王某对代持关系予以否认，而刘某未能提交股权代持协议，原审在对刘某提交的证人证言等其他证据进行分析且认定不能形成完整证据链的基础上，对刘某的请求未予支持，并无不当。

案例5－19 李某某、屈某某与甘肃A公司、林某某借款合同纠纷案

二审法院：甘肃省高级人民法院（2016）甘民终45号

再审法院：最高人民法院（2016）最高法民申3310号

案例主旨：当事人之间无书面协议难以认定股权代持关系。

最高人民法院认为，甘肃A公司、林某某尽管提供了对李某某丈夫邹某某的任命书、与李某某签订的岗位承包责任书及多份《产品出库单》《费用报销单》等证据，用以证明李某某或其丈夫邹某某参与了甘肃A公司的一些经营管理工作，同时亦将450万元收款收据、一审起诉状、李某某发送的手机短信以及一审、二审庭审笔录作为证据证明案涉450万元款项系股权投资款，但在双方没有代持股份协议或者相关明确约定，甘肃A公司亦未将李某某、屈某某登记为注册股东，且李某某、屈某某对自己的股东身份也不认可的情况下，这些证据材料并不能证明李某某、屈某某系甘肃A公司股东，或者是以股东身份参与公司经营管理。至于案涉七份合计450万元收款收据是否属于出资证明书的问题，经审查，案涉七份收款收据无论从内容还是格式，都不符合《公司法》第三十一条关于出资证明书的规定。一审、二审法院据此不支持甘肃A公司、林某某关于案涉450万元款项系投资款的主张，并无不当。

当然，认定双方之间存在股权代持关系的合意并非仅以书面合同形式作为唯一标准。如果确实由于各种原因而没有签署书面的股权代持合同，但通过其

他证据也能证明双方存在股权代持关系的，也可能会受到法律的保护。从审判实践来看，在无书面股权代持合同的情况下，法院并不必然否认代持法律关系的存在，通常会结合实际出资人是否对目标公司实际出资、是否有第三方知悉代持事宜、实际出资人是否实际行使股东权利及其他佐证因素综合判断。但没有书面的股权代持合同对于产生争议后的事实认定是十分不利的。

（三）妥善保管代持股权的相关出资证明

根据《公司法司法解释（三）》第二十四条的规定，实际出资人与名义股东所订立的股权代持合同中最为核心的内容为“实际出资人出资并享有投资权益”。实际出资人向目标公司履行出资或认缴出资义务是其享有股权投资权益的最基本前提。同时根据《公司法》的相关规定，认定公司股东身份最直接的证据之一就是出资。实际出资人一定要重视保留其向目标公司实际履行出资或认缴出资义务的相关凭证，包括实际出资人向名义股东支付公司出资款的相关证明或实际出资人直接向目标公司出资的相关证明等。如果实际出资人系以现金等方式缴纳的出资款，则需要名义股东或目标公司出具相应的现金收据。

（四）明确实际出资人行使股东权利的方式

名义股东作为公司股权的代持人，仅仅是对外显示其股东名义，并不实际参与公司的经营运营，也并不实际享有股东权利。在股权代持合同中，实际出资人应当与名义股东明确行使股东权利的方式。例如，名义股东必须按照实际出资人的指示在股东（大）会进行表决；名义股东在做出任何对实际出资人有实际利害关系的事务时都必须经过实际出资人确认；名义股东有义务配合实际出资人签署相关文件等。通过尽可能详细的条文约定股东权利行使的方式，并在股权代持关系成立之初就用书面的方式固定下来，则可以在一定程度上保障实际出资人的权益。

（五）设立违约条款增加名义股东的违约成本

名义股东作为法律上有公示效力的股东，一旦做出对实际出资人不利的行为，防范起来较为困难。为了防止名义股东违反诚实信用原则，在持股后出现不按照协议约定向实际出资人转交投资收益，或者滥用股东权利、怠于行使股东权利，或者擅自处分公司股权损害隐名股东利益等情形。实际出资人在与名义股东订立股权代持合同时，可以在协议里设置违约条款。通过书面文字清晰地列明名义股东在违反代持协议中的各项约定时分别需要承担何种责任，对名义股东能够起到震慑的作用，增加其违约的成本和风险。这可以有效地降低名义股东违约的可能，并且在出现违约情形时，实际出资人可以根据违约条款向法院请求名义股东依约定对其赔偿损失。

（六）办理股权质押防止代持股权被任意处分

根据《民法典》第四百四十三条的规定："以基金份额、股权出质的，质权自办理出质登记时设立。基金份额、股权出质后，不得转让，但是出质人与质权人协商同意的除外。出质人转让基金份额、股权所得的价款，应当向质权人提前清偿债务或者提存。"

实际出资人可以在与名义股东签订股权代持合同后，再与其签订一份股权质押协议，约定将名义股东持有的公司股权质押给实际出资人，并办理相应的股权质押手续，通过此办法可以防范名义股东擅自处置代持股权或者被名义股东的债权人申请强制执行。

一般的操作方式为基于客观发生的借款事实，实际出资人先与名义股东签订借款合同。随后，双方再签订股权质押合同，约定名义股东将其代持的股权全部质押给实际出资人，并前往公司登记部门办理股权质押登记。完成股权质押登记后，相关股权就已经质押在实际出资人名下，名义股东无法再就相关股权私自进行处置。并且若名义股东的债权人向法院申请强制执行，依据相关法律法规，法院在执行质押物时要先行满足质权人的优先受偿权，据此可以预防风险。

（七）目标公司书面认可实际出资人的股东地位

为了防止实际出资人在未来要求"显名"时可能存在的"须半数以上股东同意"这一法律障碍，抑或是为了加强和佐证双方之间存在代持关系。实际出资人可以在与名义股东形成股权代持关系后，请求该公司或者股东（大）会出具相关证明文件，表明公司、全体股东对于该名义股东与实际出资人之间的代持行为是知情的并且予以认可的，并承诺当实际出资人将来要"显名"时，公司其他股东均表示同意并愿意配合。

当然本步骤的顺利实施要结合公司股权结构、股东人数、公司性质等多个因素，并非对所有公司都具有可操作性。如果能够顺利操作，具有"锦上添花"

的效果。

（八）配偶签订知情书及放弃权利声明书

为了防止名义股东因离婚而导致股权被要求分割，实际出资人在与名义股东签订股权代持合同时，尽可能要求名义股东的配偶也到场，签订股权代持知情书和放弃权利声明书。这样可以表明其身为名义股东的配偶，对于其配偶代持股权这一事宜是知情的，并且声明自己放弃主张对该股权享有任何权利，由此防范因名义股东离婚而可能导致的股权分割风险。

（九）名义股东就代持股权单独订立遗嘱

由于名义股东可能有多位继承人，在签订股权代持合同时要求其继承人均到场签订知情书和放弃权利声明书可能不现实，故可以要求名义股东就代持股权单独订立遗嘱。

（十）妥善保管资料预防税务法律风险

由于名义股东是登记在册的股东，因此需要按照相关的规定履行纳税义务。实际出资人不是法律意义上的纳税主体，即使其承担了名义股东的纳税义务，也无法获得记载其名称的纳税记录。故实际出资人需要重视相关完税证明材料的保存。

根据《股权转让所得个人所得税管理办法（试行）》第十三条第四项的规定，如果“股权转让双方能够提供有效证明其合理性的其他合理情形”，则股权转让收入明显偏低视为有正当理由。因此，名义股东在接受代持股权后，也需要注意文件的保存，如股权代持合同、出资凭证、参与公司股东会的决议、获取公司利润的凭证，以便在接受税收检查时出示或在实际出资人否认股权代持事实后被税务机关追缴税款的情形。

六、股权代持律师服务的指导流程

律师或其他服务机构在开展股权代持筹划项目时，为了实现自己的专业能力以及规范流程，需要制作一系列的法律文件了解客户的相关背景情况，并向客户详细解释股权代持筹划项目的具体开展流程，一般有如下文件可供参考。

（一）股权代持筹划项目的初次咨询回复函

关于某某某股权代持筹划项目的初次咨询回复函

非常感谢您对××律师事务所的信任，并委托我们担任您公司股权代持项目（以下称本项目）的律师。现将本项目的初步工作开展情况与您沟通如下，供参考。

一、请您提供企业相关资料和代持人的背景信息

（一）明确代持人与被代持人的身份、家庭情况

1. 提供代持人（公司登记部门登记的名义股东）的身份证件复印件，并请您简述代持人的家庭成员结构，一般应按照《民法典》中规定的法定继承人的范围，即代持人、代持人的配偶、代持人的父母、代持人的子女、代持人的兄弟姐妹以及（外）祖父母，以便我们帮您分析代持人未来发生婚姻变动或继承争议时可能存在的法律风险。

2. 提供被代持人（公司股权的实际权利人）的身份证件复印件，以便我们识别被代持人的身份，如果被代持人具有外籍身份，则我们还需要根据代持公司的性质、经营范围等内容分析该种情况在中国法律框架下可能存在的法律风险及筹划方案。

（二）明确公司股权的出资情况

您已经明确本次代持项目标的公司，根据我们的实务经验，股权代持项目中，股权实际权利人向公司履行出资义务是判断股权归属的较为关键的内容，因此需要您提供以下资料：

1. 若已经实际履行了对公司的出资义务，例如通过向代持人的账户汇入出资款并由代持人向公司出资，或者直接向公司汇款。请提供您汇款给代持人或直接向公司账户出资的银行汇款凭证等文件。

2. 若尚未实际履行对公司的出资义务，即公司的注册资金尚处于认缴状态，并未实际缴纳，则我们会起草出资确认函以明确出资情况。

（三）公司的其他资料

请向我们提供代持公司最新的公司章程、公司的历史沿革、股权变更等材料，便于我们了解公司的相关情况，同时在起草代持文件时保持与公司章程的统一性。

二、与您沟通项目细节

我们在收到您的书面确认材料后，会通过电话会议的方式详细与您就代持的方案进行探讨，并提供法律意见。您确认最终的代持方案以后，我们即开始代持文件的起草工作。

三、股权代持合同及配套法律文件的起草

我们会根据合同的约定起草本项目的代持协议及配套法律文件，以及完成与本项目相关的其他工作。具体内容已经在双方的法律服务合同中列明。此项工作会在5—7个工作日内完成。

四、代持协议及配套法律文件的修订及定稿

在我们把本项目的代持协议及配套法律文件交给您后，我方会和您详细解释前述所有法律文件的内容，听取您的修订意见，并根据您的意见继续完善所有法律文件的内容，直到您最终确认所有法律文件为止。您可以根据自己的要求和安排选择亲自会面、电话会议、视频会议等多种沟通方式。

五、指导办理变更登记

在股权代持项目的法律文件完成并最终定稿之后，可能涉及去公司登记部门办理变更登记。根据我们的前期沟通，考虑到成本问题，我们建议您安排公司的法务人员或其他工作人员自行办理，而我们会通过电话等通讯方式远程指导您公司员工关于公司登记部门变更登记所需的材料和流程。但同时考虑到您的实际工作情况，如果您公司员工在实际办理公司登记部门变更登记的过程中确实有困难并需要我们陪同一起办理，则考虑到我们之间良好的合作关系以及您对于我们的信任，我们可以委派团队中具有相关经验的成员协助您公司员工处理这些疑难的问题。

××律师事务所或××机构
××律师
20××年××月××日

（二）股权代持筹划项目的工作安排回复函之一

关于×××股权代持筹划项目的工作安排回复函

×××先生：

非常感谢您对于××律师事务所的信任，委托我们担任××有限责任公司股权代持项目（以下称本项目）的律师。此前我们已将前期资料和您确认，现将后续工作流程发送给您作为参考。

第一步：需要实际出资人确认的相关问题

根据我们操作此类项目的经验，在拟签订的股权代持合同中有如下问题需要确认：

1. 若实际出资人在股权代持期间丧失或部分丧失民事行为能力，根据中国法律规定，相关股东权利将或由其法定监护人代为行使。一般情况下，法定监护人按照顺序确定。第一顺序为配偶；第二顺序为父母、子女；第三顺序为其他近亲属；最后顺序为其他愿意担任监护人的个人或者组织。但您可以提前通过书面的意定监护协议的方式根据自己的意愿设立意定监护人。

2. 若您在股权代持期间不幸离世，相关股权的继承最终适用中国的法律，且您未订立遗嘱，则股权将按照法定继承的方式被继承。第一顺序为配偶、父母、子女；第二顺序为：兄弟姐妹、祖父母、外祖父母。

3. 我们在提供给您的股权代持合同中，设置了代持人承担违约金的条款，金额参考了代持人名下股权的出资额，请您确认是否可以按照该金额约定。

第二步：代持人及其配偶分别签署的文件

（一）确认实际出资人与代持股东即名义股东A之间的代持关系

需要名义股东A签署以下文件：

1. 股权代持合同；

2. 出资说明函；

3. 股东权利授权委托书；

4. 股东权利行使确认函。

（二）确认名义股东A的配偶知晓股权代持

为了避免名义股东A的配偶将来对于名义股东A持有的公司股权主张任何权利，必须由其确认知晓名义股东A股权代持的事实，因此需要名义股东A的配偶签署代持人配偶声明书。

××律师事务所

×××律师

20××年××月××日

（三）股权代持筹划项目的工作安排回复函之二

关于×××股权代持筹划项目的工作安排回复函

（针对客户需要更换股权代持人的情形）

感谢贵方对于×××律师事务所的信任，并委托我们担任××有限责任公司股权代持项目（以下称本项目）的律师。通过前期与贵方充分的探讨与交流，现将项目的工作安排向贵方通报如下，供参考。

一、股权转让

基于与贵方前期的沟通和×市×区××××局的现场咨询，××有限责任公司性质将变更为一人有限责任公司。因此，在目前的两名代持人中，有一名代持人需要解除代持关系，转而由另一名代持人完全持有。

解除代持关系涉及股权转让，根据我们现场咨询××××局得到的答复，需要以下文件：

1. 工商变更登记表；
2. 股权转让协议；
3. 股东会决议；
4. 变更后的公司章程。

另外，为了防止潜在纠纷，我们建议在与一名代持人解除代持关系、变更工商登记之时，还需要签署以下文件：

1. 代持关系解除协议；
2. 关于原出资和股权转让的情况说明书。

签署以上文件的目的在于厘清代持关系，明确该代持人原本的出资确系由实际出资人账户汇付到验资账户，现进行的股权转让实际上系受实际出资人指示而变更，代持人从始至终对股权不享有任何权利。

二、确认保留与另一代持人的代持关系

在完成一名代持人的解除手续、并将该代持人名下股权转至另一代持人名下后，实际出资人须和其签订代持协议及相关配套文件，以确立双方之间的代持关系。

双方需要签署的文件有：

1. 股权代持协议；
2. 出资确认函；

3. 股东权利授权委托书；

4. 股东权利行使确认函。

三、代持人配偶声明书

在完成上述步骤的同时，为了进一步确保股权的稳定性，建议让代持人的配偶签署声明书。

××律师事务所

×××律师

20××年××月××日

七、股权代持配套公证安排

（一）“同一人”公证

随着一些高净值客户已经或正在进行个人以及家庭海外移民的准备，在股权代持筹划项目中也经常会出现实际出资人身份转变问题。如果实际出资人在股权代持关系建立之初是以内地居民身份签署的股权代持合同，而在股权代持的过程中，在中国香港特别行政区取得香港居民的身份，则可能就会涉及内地身份与香港身份的证明问题。所谓“同一人”公证，就是由香港公证人（一般是具有委托公证资格的香港律师）出具的，证明香港身份证及回乡证上的人，与内地身份证上的人为同一个人的公证文件。凭借这份公证文件，当事人就可以回到内地有关部门或机构办理有关的变更登记等手续。

通常来说，办理“同一人”公证需要客户亲自前往香港进行办理，并需要提供以下材料，所有资料除非注明可用复印件，其余均要求原件。

1. 香港居民身份证；

2. 港澳居民来往内地通行证（回乡证）；

3. 移民香港的材料（择一）：中华人民共和国前往港澳通行证（单程证）或工作签证；

4. 注销国内户口的材料；

5. 内地身份证（复印件）。

办理“同一人”公证一般需要提前预约香港的律师事务所，办证费用参考价为2500—4000元港币。

（二）外籍人护照公证

如果股权代持一方系外籍人身份，则一般还建议就其外籍护照办理相关的公证，以免未来争议发生时对于股权代持一方的身份信息造成错误。由于外籍人护照是其在国外合法有效的身份证明，如果要证明其真实合法性，就需要办理外籍人护照公证认证手续。外籍人护照公证认证流程一般如下：

1. 委托国际公证律师或公证员将护照进行公证；
2. 将公证过的护照送该国外交部或授权机构进行认证；
3. 将经过该国外交部认证的护照送中国使领馆认证；
4. 对于公证信息进行翻译。

（三）结婚公证

根据我们的建议，如果股权代持人在代持股权时处于婚姻存续状态，则最好能够与其配偶一并签署相关的配套文件，但仅仅就依据其出具的结婚证可能还不能确认其配偶的真实身份。同时如果股权代持人与其配偶是在其他国家或地区缔结的婚姻关系，则相关的婚姻证明文件还需要提供相关的公证认证文件。

如果是在中国内地办理的结婚登记，则可以前往中国内地的公证处办理结婚证的公证，只要向有资质的公证处提交夫妻双方身份证以及户口簿、结婚证、夫妻双方的照片若干（如需增加份数，再相应增加照片）等资料即可。

如果是在香港办理的结婚登记，则必须先由香港的公证人公证，然后送司法部在香港的办事机构即中国法律服务（香港）有限公司加章转递。

如果是在其他的国家或地区办理的结婚登记，则结婚证明文件应当在当地办理相关的公证认证手续，即将该结婚证由国际公证律师或者当地公证员进行文件有效性公证，再将结婚证公证好后递交到当地部门进行认证，最后结婚证认证好后还需要递交到中国驻该国使馆认证。

八、股权代持与公司治理

（一）公司实际经营权的认定及证据

我们通过分析股权代持案例发现，部分法院对于实际出资人股东地位的认定也会考察其是否实际参与了公司的经营并获得了相关的经营权，通过此类间接证据认定“隐名股东”享有代持股权。

案例5-20 BC公司、WF公司等股权确认纠纷案

一审法院：上海市静安区人民法院（1999）静经初字第734号

二审法院：上海市第二中级人民法院（2000）沪二中经终字第350号

案例主旨：实际参与公司经营可作为认可隐名股东身份的依据。

BC公司和WF公司是JA公司内部文件及外部工商登记所载明的股东。BLM公司出资占BC公司出资的一半，隐名在BC公司名下。JA公司成立后，BLM公司亦派出董事代表，且分享利润。BLM公司举证其与BC公司签订的投资协议，证明隐名投资情况。后BLM公司诉至法院，请求确认其股东资格。

一审法院认为，BLM公司作为“某商楼”的原投资者之一，在其以投资人名义实施筹建工作过程中，依据政府行政的决定，变更为隐含于BC公司名下的实际投资人，该行为发生于《公司法》实施前，并不违反当时的法律和行政法规的强制性规定。BC公司、WF公司对BLM公司隐名投资均是明知的，三方在此基础上，分别自愿签订了两份目标一致的合资协议，且各方均依约履行了投资义务和享受利润分配的权利，因此，不能简单地以隐性投资未经工商登记而否定BLM公司的投资人资格，也不能简单地认为隐名投资为无效行为。WF公司明知BLM公司对“某商楼”投资而予以接受，明知其向“某商楼”派遣董事、享受利润而不予阻止，应视为默认。一审法院据此判决BC公司持有的“某商楼”中的40%股权中的一半属BLM公司。

虽然上述一审判决最终被二审法院改判，但至少可以从一审判决的判词中看出隐名股东实际参与公司经营是实际行使股东身份的方式之一，且如果这种行为被公司其他股东认可，则对于隐名股东的“显名化”具有参考意义。

（二）虚拟地址注册导致股权无法变更

根据我们的实践经验，有一些公司在设立之初系采取虚拟地址注册，即登记的公司注册地址实际并不存在，此类公司注册后虽然对实际经营并不会产生影响，但是如果需要就公司股权进行变更则可能会造成很多阻碍。

案例5-21 公司注册虚拟地址导致股权转让手续受阻案

A公司系B市C区注册的公司，在公司登记设立时采用的是并不真实存在

的虚拟地址。而A公司的现任股东王某与张某，分别是该公司的财务与出纳人员。两人实际系A公司的名义股东，而公司实际出资人为A公司的实际运营人常某。

后王某因个人原因需要辞职，其也承诺协助常某办理股权变更登记手续，但在前往C区公司登记机关办理相关手续时发生了问题。原来由于A公司的注册地是虚拟的，根据C区公司登记机关最新的规定，股东审批表不能按照标准格式出具，因此不能直接办理股权变更手续。需要公司将地址变更成实际办公地址后，方能办理变更登记。

（三）股权变更需核税前置方能办理

在我们的实务操作中，部分公司登记机关要求办理股权变更前需要进行核税前置手续，以山东省青岛市市北区税务局的办理流程为例，具体操作流程和所需材料如下：

1. 登录青岛市网上税务局网站（https：//etax. qdds. gov. cn/），（由公司法人或公司财务操作），登录成功后，在网页的左侧点击“股权转让”—“股权变更”。

2. 点击“股权转让所得税管理”—“股权变更申请管理”，点击“新建”，在网页中输入单位名称、联系电话、联系人等信息，并根据网页的提示，输入转让人信息、受让人信息，在《股权结构信息表》点击“新增”，分别输入所有股东的信息，并且上传《股权转让协议》和财务报表及其他网页上要求的材料。

3. 输入全部资料后，点击“保存”，并将上述信息提交审核。

4. 据现场工作人员介绍，通常情况下，资料会在一个工作日内审核完成。在审核通过后，可委托他人带材料前往市北区税务局办理，材料包括股权转让协议、转让方和受让方的身份证复印件及税务登记证副本复印件以及委托代理人的授权委托书。

5. 全部手续完成后，市北区税务局会出具税源监控表。

所有在青岛市市北区公司登记机关注册登记的企业均必须按照上述步骤在青岛市市北区税务局进行税务变更登记，在取得税务局出具的税源监控表后，才能在公司登记机关办理变更登记。

第三节 房产代持筹划

一、房产代持概述

（一）房产代持的原因分析

1. 为了规避房产限购限贷等政策性规定

随着中国各省市陆续出台了针对房产购买的限购政策以及相配套的限贷政策，许多购房者因不符合购房资格或银行贷款资格而无法购置心仪的房产。于是只能借用他人的名义购置房产，这是房产代持筹划中最主要的原因之一。

2. 为了享受特定购房优惠或避免贷款障碍

该原因主要也是随着全国各地的购房限制政策所引申而出，如对个人首次购房的，有诸多贷款优惠政策包括贷款基准利率的调整、首付款比例的调整以及公积金贷款的优惠措施等。另外，随着银行征信系统的日渐严格，部分购房者因各种原因导致征信系统记录不良而无法获取银行贷款。这些因素均萌生了房产代持的需求。

3. 为了简便购房手续减少购房相关税费

该原因主要是出于购房税收优惠的因素，如对个人首次购房的有诸多税收优惠政策，包括下调契税税率、免征收印花税、免征收土地增值税、对于符合条件的售房者免征增资税以及个人所得税、住房交易（转让）手续费等。[①]。由于这些税收优惠政策仅针对首次购房者，所以为了获取该优惠政策，也导致了房产代持的需求。

---

① 《财政部、国家税务总局、住房城乡建设部关于调整房地产交易环节契税营业税优惠政策的通知》（财税〔2016〕23 号）

4. 为了保护个人财产信息以及财产情况

高净值客户最热衷的投资项目就是房产投资。他们不但普遍看好国内房产市场，而且对于海外房产投资也有非常大的偏好。因此，在高净值客户名下往往有数10套的房产。随着我国房产税的开征，房产信息的不断透明化，有很多高净值客户抱着“财不可露白”或其他一些原因希望保护自己的个人财产信息或真实财产情况，于是也对房产代持产生了极大的需求。

5. 为了财富传承税收筹划等综合需求

随着高净值客户对财富传承需求的日渐壮大，其名下较大的一块资产即房产也面临着传承的需要。有不少高净值客户都未雨绸缪或为了避免高昂的转让税费以及未来可能开征的遗产税，选择直接将房产登记在自己的子女甚至孙子女名下。该种方式虽然可以避免财富传承所带来的税负，但年轻子女对于财富的把控能力较弱，可能会过早地挥霍资产或因婚姻变动产生争议，于是房产代持也成为财富传承过程中的“避震带”。在子女真正获得财产之前，父母可以通过适当的房产代持筹划对传承房产进行一定的控制。

另外，高净值客户出于对境外居住环境、教育环境等方面的考虑，正在申请或已经获得境外永久居住权、境外国籍的不在少数。境外的税务筹划也成为他们必须要考虑的问题。尤其是在中国身份向境外身份转化的过程中，对于名下房产合理、合法的筹划可以有效地避免未来获得境外身份后产生不必要的税收负担。房产代持筹划也是此类人群较为青睐也较为简单易操作的重要方式之一。

6. 为了逃避债务规避法律等非法目的

我们通过对房产代持纠纷的司法案例进行分析，还发现了部分以非法目的而进行了所谓“房产代持筹划”，如房产持有者为了逃避偿还自己名下的债务，提前将自己的房产转让给他人，企图用房产代持的方式规避债务。这种以逃避债务为目的与他人签订的房产代持合同一般情况下应当被认定为无效，需谨慎对待。

（二）房产代持的法律依据

根据《〈民法典〉物权编解释（一）》第二条的规定，若房产代持一方有证据证明不动产登记簿的记载与真实权利状态不符、其为该不动产物权的真实权利人，请求确认其享有物权的，应予支持。这是我国现行法律对于房产代持合法化的最直接的法律依据。

（三）房产代持的司法观点

虽然《〈民法典〉物权编解释（一）》为房产代持提供了积极认定的法律依据，但我国最高人民法院以及各地法院对于房产代持还是出台了相关的指导意见，进一步细化了房产代持的认定问题与实际操作。

2017 年 8 月 4 日最高人民法院发布《关于进一步加强金融审判工作的若干意见》，其中第十八条明确规定："依法保障房地产市场平稳健康发展，防范房地产市场的金融风险传导。高度重视房地产市场波动对金融债权的影响，依法妥善审理相关案件，有效防范房地产市场潜在风险对金融稳定和金融安全的传导与冲击。统一借名买房等规避国家房产限购政策的合同效力的裁判标准，引导房产交易回归居住属性。"虽然，该规定并未明确房产代持合同的法律效力，但从最高人民法院所使用的"规避""回归"等词语可以看出，最高人民法院对于房产代持的监管具有明显严格的倾向。事实上，全国各省市法院内部早已形成相对统一的处理意见，即法院对规避国家房产限购政策的房产代持行为，原则上均认定为无效。

《北京市高级人民法院关于审理房屋买卖合同纠纷案件适用法律若干问题的指导意见（试行）》第十五条规定："当事人约定一方以他人名义购买房屋，并将房屋登记在他人名下，借名人实际享有房屋权益，借名人依据合同约定要求登记人（出名人）办理房屋所有权转移登记的，可予支持。"从该指导意见可以看出，北京市高级人民法院原则上是认可房产代持的。但是该指导意见的第十六条也进一步规定："借名人违反相关政策、法规的规定，借名购买经济适用住房等政策性保障住房，并登记在他人名下，借名人主张确认房屋归其所有或者依据双方之间的约定要求登记人办理房屋所有权转移登记的，一般不予支持。"这就意味着北京市高级人民法院是附条件地认可房产代持行为，即房产代持行为必须遵守国家的相关政策、法规的规定，如不能借名购买经济适用住房等政策性保障住房，一旦超越该"底线"则法院将不支持该种非法的房产代持行为。另外，北京市高级人民法院也在《关于审理房屋买卖合同纠纷案件若干疑难问题的会议纪要》（京高法发〔2014〕489 号）第十条中规定，借名人以出名人

（登记人）为被告提起诉讼，要求确认房屋归其所有的，法院应当向其释明，告知其可以提起合同之诉，要求出名人为其办理房屋过户登记手续。

《广东省高级人民法院关于审理房屋买卖合同纠纷案件的指引》第二十八条第一款规定：“借他人名义购买房屋，借名人请求确认房屋归其所有的，不予支持。借名人请求出名人（登记权利人）协助办理房屋所有权转移登记的，可予支持，但房屋在限购范围内，借名人不具有购房资格的除外。”由此可见，广东省高级人民法院虽然肯定了房产代持行为属于合法行为，房产代持双方之间形成了合法债权关系，但是房产实际出资人仅有权利要求代持人办理房产过户手续，无权直接要求法院确认该房产权利归其所有，同时也不能对抗第三人。另外，若相关房产属于限购范围且实际出资人无购房资格的，法院也无法支持其要求办理房产过户手续的诉求。

江苏省高级人民法院民一庭所撰写的《商品房买卖合同案件审判疑难问题研究——〈商品房买卖合同司法解释〉施行十五年回顾与展望》一文①中关于“如果购房出资人能够证明双方存在借名登记事实而非借贷关系的，此时如何处理”这一问题，该法院认为，借名行为系债权契约，不能直接发生物权效力，只能要求过户履行，不能直接确权。物权的公示原则，不能通过双方私下的协议来抵销，仅应认可借名的债权效力，不能直接确认权利归属。

（四）房产代持的诉请类型

1. 被代持人具备房产登记条件

如果被代持人实际上已经满足了房产变更登记的条件，且代持房产在变更登记上也没有任何的限制，则被代持人可以依据房产代持合同向法院起诉，要求代持人继续履行房产代持合同，配合被代持人办理代持房产的变更登记手续。

2. 代持人擅自设置房产抵押

如果代持人擅自将房产进行了抵押的，则被代持人可以依据房产代持合同向法院起诉，要求代持人就其擅自在房产上设置抵押的行为承担违约责任，并向被代持人主张赔偿。

---

① 江苏省高级人民法院民一庭：《商品房买卖合同案件审判疑难问题研究——〈商品房买卖合同司法解释〉施行十五年回顾与展望》，载《民事审判指导与参考》第70辑。

3. 代持人向善意第三人出售房产

如果代持人擅自将房产出售，且买受人是善意第三人，即与代持人无恶意串通、已支付合理对价且已完成房产变更登记的，则被代持人可以依据房产代持合同向法院起诉，要求解除合同并要求代持人就其擅自出售房产的行为承担违约责任，并向被代持人进行赔偿。

4. 代持人向非善意第三人出售房产

如果代持人出售房产的对象并不符合“善意取得”的构成要件的，则被代持人可以向法院起诉，要求确认代持人与第三人之间的买卖合同无效。法院确认该买卖合同无效后，若被代持人已经具备房产登记的条件，可以继续要求代持人配合办理房产登记。此外，被代持人也可以直接要求解除合同，并追究代持人的违约责任。

5. 代持房产已被查封或执行

代持人应当立即向法院提出复议（针对查封裁定）或执行异议（针对执行裁定），并且向法院提交房产代持的所有证据材料，如房产代持合同、出资凭证以及被代持人实际居住、控制房产的其他证据材料。同时，被代持人也可以继续依据房产代持合同向代持人追究违约责任并要求其赔偿。

（五）房产代持的认定原则

1. 仅凭口头约定难以认定房产代持关系

案例5-22 商某和商小某合同纠纷案

一审法院：北京市昌平区人民法院（2017）京0114民初15437号

二审法院：北京市第一中级人民法院（2016）京01民终6654号

再审法院：北京市高级人民法院（2017）京民申2338号

案例主旨：房产代持双方未签署书面的房产代持合同，且也无其他证据证实，双方之间的房产代持关系难以认定。

法院认为，关于双方是否存在借名买房之合意问题，商某请求之基础系其与商小某就涉案B102号房屋存在借名买房法律关系。结合全案证据，依据商某陈述，双方之间未形成书面合同，系就借名买房事宜达成口头协议，对借名买房问题，商小某予以否认。而从现有证据分析，1997 年 7 月 11 日，商小某作为委托人向受托人商某出具委托书，委托书的内容明确具体，均指向代签购买某房屋买卖合同、办理房屋所有权证书以及办理买房有关事宜。从后续的履行情况分析，商某作为受托人代商小某签订了《房屋预售合同》并履行了委托书中的相关义务。现有证据不足以认定双方之间存在借名购买 B102 号房屋之合意。

2. 合法的书面房产代持合同受法律保护

案例 5－23 谭某与雷某、深圳市 C 旅业有限责任公司房屋确权纠纷案

一审法院： 广东省深圳市中级人民法院（2007）深中法民五初字第 209 号

二审法院： 广东省高级人民法院（2009）粤高法民一终字第 158 号

再审法院： 最高人民法院（2011）民申字第 261 号

案例主旨： 双方签署合法有效的书面代持合同且有证据证明房产的房款及其他相关款项由被代持人支付，则代持关系可被认可。

最高人民法院认为，根据本案一审、二审及再审审查认定的事实，再审申请人谭某虽然与 A 公司于 2000 年 8 月 30 日签订了《深圳市房地产买卖合同》，且讼争房产经相关房产管理部门核准登记在谭某名下，但 B 公司此前于 1999 年 6 月 1 日与 A 公司签订的《购买公寓楼协议书》所购买房产中涵盖了本案讼争的房产，再审申请人谭某亦曾于 2000 年 8 月 17 日与 B 公司订立《协议书》明确约定："B 公司以谭某的名义购买涉案房产、房屋的首期款及按揭款均由 B 公司支付、房屋的产权归 B 公司所有""以乙方（谭某）的姓名所购买的房屋所有权归 B 公司所有，乙方不得以任何理由向甲方（B 公司）或 A 公司主张该房屋的所有权。"此外，本案有充分证据证明讼争房产的首期房款、按揭款以及其他相关款项等实际上由再审被申请人雷某、深圳市 C 旅业有限责任公司或者案外人 B 公司支付。因此，一、二审判决认定讼争房产登记于再审申请人谭某名下属于代持性质有事实依据。再审申请人谭某虽对再审被申请人拥有讼争房产持有异议，但其无法否认代持有的事实，其也未提供证据证明本案讼争房产的房款及其他相关款项由其本人支付，故本案讼争房产不应认定属于再审申请人谭某所有。

案例5－24 张某1等与张某2合同纠纷案

一审法院：北京市朝阳区人民法院（2018）京0105民初53627号

二审法院：北京市第三中级人民法院（2019）京03民终15819号

案例主旨：借名买房协议未违反法律、法规的强制性规则，对双方具有约束力。

法院认为，从双方约定来看，2017年3月26日《协议证明》约定涉案房屋由张某1、张某2各出资200万元购买，双方权利同等，房屋登记在张某1一人名下，房屋一半份额归张某2所有。《协议证明》文义清楚明确，由张某1、张某2签字捺印，在无相反证据推翻的情况下，《协议证明》应为双方对涉案房屋权属所作出的真实意思表示，亦未违反法律、法规的强制性规定，因此对双方具有约束力。

案例5－25 杨某、牛某所有权确认纠纷案

一审法院：山东省青岛市崂山区人民法院（2018）鲁0212民初2173号

二审法院：山东省青岛市中级人民法院（2019）鲁02民终11094号

再审法院：山东省青岛市中级人民法院（2020）鲁02民申287号

案例主旨：借名买房协议系双方真实意思表示，合法有效，对双方具有约束力。

法院认为，从《委托购买房屋协议》的内容来看，双方约定的牛某委托杨某购买涉案房屋（含地下车位）、实际购房款686,067元均由牛某出资、所购房屋（含地下车位）的所有权归牛某等事项，应系双方当事人的真实意思表示（双方有借名买房的合意），且不违反法律及行政法规的强制性规定，合法有效，对当事人均具有法律约束力，双方均应按照诚实信用的原则全面履行其合同义务。

3. 客观完整的证据可认定房产代持关系

《民法典》第四百六十九条第一款规定，当事人订立合同，可以采用书面形式、口头形式或者其他形式。

根据《民法典》的规定，对于房产代持之事实，即使当事人之间未就此签订书面协议且不能证明存在口头协议，法院仍可根据双方之间有关购房出资、房屋占用使用、证件保管等事实加以认定，并不要求双方必须签订书面的房产

代持协议。因此，即便当事人之间未签订协议，法院依旧可以凭借其他证据对房产代持事实是否存在予以认定。

案例 5-26 任某1、任某2等与王某合同纠纷案

一审法院：北京市海淀区人民法院（2015）海民初字第18255号

二审法院：北京市第一中级人民法院（2017）京01民终3187号

再审法院：北京市高级人民法院（2017）京民申4182号

案例主旨：通过房屋的来源、实际使用等证据可以认定借名买房关系。

再审法院认为，关于涉案房屋在任某4和王某之间是否形成借名买房关系问题，根据涉案房屋的来源、拍卖款的支付、房屋相关手续凭证持有、房屋实际使用、任某4和王某的往来等情况，一、二审法院确信任某4与王某之间借名买房一事具有高度可能性并认定该事实存在，具有一定的事实依据。任某1、任某2虽然对此予以反驳，但对于购房款由谁支付、任某4是否实际入住、购房手续和任某4证件为何由王某掌握等事实均不清楚，亦未提供充分有效的证据佐证。一、二审法院对其主张不予采信，并无不当。

案例 5-27 赵某章、赵某与赵某国所有权确认纠纷案

一审法院：天津市河东区人民法院（2014）东民初字第1928号

二审法院：天津市第二中级人民法院（2015）二中民四终字第173号

再审法院：天津市高级人民法院（2016）津民申1745号

案例主旨：当事人就借名买房事实已提供完整证据链的，可以认定借名买房关系存在。

再审法院认为，关于双方是否存在借名买房关系事实的问题。再审申请人赵某章与被申请人赵某国是兄弟关系，双方之间不存在借名买房的书面协议。但是根据已经查明的事实，涉诉房屋的买卖合同中“赵某国、赵某”的签名系被申请人赵某国亲笔书写，涉诉房屋的首付款、按揭贷款、物业费、取暖费等费用均由被申请人赵某国支付，涉诉房屋的买卖合同、契税发票、维修基金收据、还贷手续、原始房屋产权证等均由被申请人赵某国持有，且房屋交付后由被申请人赵某国进行装修并居住至今。综合上述因素，被申请人赵某国已经完成了举证责任，以上事实形成了完整的证据链，原审法院据此认定双方存在借

名买房关系，并无不当。

案例5－28 宋某与卢某合同纠纷案

一审法院：上海市闵行区人民法院（2018）沪0112民初30683号

二审法院：上海市第一中级人民法院（2019）沪01民终8787号

案例主旨：当事人对于借名买房的原因、动机、过程进行了详细而合理的说明，已形成完整的证据链，虽然仅有口头借名买房协议，法院认定借名买房合同成立。

法院认为，本案争议焦点为原告卢某与被告宋某间是否存在口头形式的借名买房合同关系。首先，购买系争房屋的首付款1,465,937元均系由原告直接向某b公司支付。其次，贷款办理完成后，还贷银行卡原件留存于原告处，并由原告每月偿还贷款直至全部清偿。再次，购买系争房屋过程中，前期均由原告实地看房并予以洽谈，且由原告代为签署《定金合同》《定金合同补充协议》。购房合同原件、售房发票等一系列与系争房屋有关的票证文件原件均由原告持有。甚至办理公证委托的公证费用亦由原告予以支付。最后，购买系争房屋时原告在本市已有两处房屋，属限购对象，确无法再次购买，原告陈述之借名购房原因与被告之证人证言能够相互印证。同时，证人证言也较为完整的陈述了房屋购买时之实际情况，能够反映出被告于当时并无购房之意。法院认为，原告对于其借名原因、动机、过程进行了详细而合理的说明，已形成完整的证据链，原、被告双方之间就系争房屋存在口头借名买房协议已达高度盖然性，对原告的该诉讼请求，法院予以支持。

案例5－29 卢某诉金某所有权确认纠纷案

一审法院：上海市浦东新区人民法院（2017）沪0115民初39157号

二审法院：上海市第一中级人民法院（2018）沪01民终729号

案例主旨：根据购房资金来源和走账情况，结合购房动机，当事人以其未在合同签字来否认合同真实性，未能被法院采纳。

二审法院认为，双方的争议焦点在于双方是否存在借名买房的事实。从系争房屋的购房资金来源情况来看，除了双方有争议的10万元定金之外，其余93.2万元房款均从被上诉人及原审第三人的账户中支付。结合被上诉人（一审原告，借名人）与原审第三人（被上诉人的配偶）在系争房屋购买过程中的自有房屋的情况及资金情况，则被上诉人、原审第三人有购买系争房屋的动机，更符合常理。被上诉人在一审审理中举证证明与买卖合同、收据等能够匹配的购房资金存在从上诉人账户走账的情况；反之，上诉人（一审被告、房屋的名义登记人）不能就相关资金从其账户转进转出的合理性予以解释。对上诉人以其没有在合同上签字为由否认合同之真实性的抗辩意见，法院不予采纳。一审综合目前已查明的事实及提交的证据，认定双方之间存在借名买房之事实，并无不当。

4. 强制执行不可否定实际出资人的财产权利

案例 5－30 A 公司、徐某、曾某案外人执行异议之诉案

一审法院：辽宁省沈阳市中级人民法院（2017）辽 01 民初 352 号

二审法院：辽宁省高级人民法院（2018）辽民终 211 号

案例主旨：借名买房需承担被法院强制执行的风险，但不能因此否定剥夺其对案涉房屋享有的财产权利。

法院认为，关于 A 公司主张“房产代持协议的效力无论是否真实，目的都是规避限购政策，行为目的及方式均存在不正当性，具有法律上的可非难性”。首先，限购政策为房地产市场的行政调控管理手段，非法律和行政法规的强制性规定，且徐某占用了曾某的购房资格，曾某即失去了购房资格，并不会导致本地区限购政策的落空，并不损害公共利益。其次，案涉房屋的房产代持协议及商品房买卖合同均形成于 A 公司与曾某的保证合同之前，并不存在恶意转移财产、逃避债务、损害他人利益的情形。因此，徐某因借名买房需承担被法院强制执行的风险，但不能因此否定、剥夺其对案涉房屋享有的财产权利。

5. 未经配偶同意签署的房产代持合同是否有效

《民法典》总则编第六章第三节规定了合同无效的法定情形，合同当事人的配偶未签字不属于合同无效的法定理由，因此房屋的名义登记人配偶未在借名买房协议上确认签字不会对协议的效力产生影响。

案例 5-31 胡某与杨某等合同纠纷案

一审法院：北京市丰台区人民法院（2019）京 0106 民初 1690 号

二审法院：北京市第二中级人民法院（2020）京 02 民终 5648 号

案例主旨：借名买卖合同关系未违反法律强制性规定的应为合法有效，名义登记人配偶无权主张协议无效。

法院认为，本案的争议焦点为杨某与沈某是否存在借名买房合同关系。判断借名买房合同关系是否存在，合同签订情况仅是考量因素之一，还需结合房款支付、房屋使用及房屋有关证件保管等情况综合认定。综合本案的情况，对沈某提供的关于借名买房的证据，法院经审查并结合相关事实，确信该事实存在具有高度可能性，故法院认定该事实存在。杨某与沈某之间自愿建立借名买卖合同关系，并不违反法律强制性规定。胡某（名义登记人杨某的配偶）主张协议无效，无法律依据，法院不予支持。

北京市第二中级人民法院在（2020）京 02 民终 505 号案件中也认为："涉案房屋购买于 2004 年，彼时李某、戚某尚未结婚，故《借名买房协议》无损戚某之权利，其未在协议上签字亦不影响协议效力。"

6. 事后签署的房产代持合同是否有效

《民法典》合同编并未对一般的合同应于何时签署进行规定，只要具有民事行为能力的合同各方在借名买房协议签名且不存在《民法典》规定的法定无效情形，借名买房协议即发生效力。据此，事后签署的借名买房协议原则上具有法律效力。

案例 5-32 戚某等与孙某房屋买卖合同纠纷案

一审法院：北京市丰台区人民法院（2019）京 0106 民初 26071 号

二审法院：北京市第二中级人民法院（2020）京 02 民终 505 号

案例主旨：无论房产代持协议签订于何时，均属于对双方房产代持事实以及双方权利义务的确认。

法院认为，李某（房屋的名义登记人）、戚某（李某配偶）主张因戚某未在协议上签字导致该协议为无效合同，该主张非合同无效的法定事由，法院不予采信。法院认为，本案争议焦点为李某、戚某请求解除涉案《借名买房协议》

是否应予支持。李某与孙某就购买涉案房屋签订了《借名买房协议》。李某虽主张该协议系事后补签，即使该主张成立，亦不能否认系其本人签署的事实。无论该协议签订于何时，均属于对借名买房事实以及双方权利义务的确认。涉案房屋由孙某一方占有使用，所有购房合同、房屋产权证、付款票据等均由孙某一方持有等事实，亦可佐证借名买房事实。而李某、戚某并未提供证据推翻协议所确认的上述事实。

7. 仅凭协议是否可以直接确认房产代持的事实

房产代持行为涉及购房的全过程，不仅涉及借名人与名义登记人之间达成借名买房的合意，同时还需要借名人实际支付购房款（包括首付款、剩余款项及贷款）、缴纳相关税费等。此外，由于借名人是房屋的“实际所有人”，可能还会涉及购房凭证、房产证、缴费凭证保管以及房屋的装修、占有、使用、收益等情况。因此，单纯凭借房产代持协议并不必然可以直接确认借名买房事实的存在。

案例 5-33 胡某与杨某等合同纠纷案

一审法院：北京市丰台区人民法院（2019）京 0106 民初 1690 号

二审法院：北京市第二中级人民法院（2020）京 02 民终 5648 号

案例主旨：判断借名买房合同关系是否成立，合同签订情况仅是考量因素之一，还需结合房款支付、房屋使用及房屋有关证件保管等情况综合认定。

法院认为，本案的争议焦点为杨某与沈某是否存在借名买房合同关系。判断借名买房合同关系是否存在，合同签订情况仅是考量因素之一，还需结合房款支付、房屋使用及房屋有关证件保管等情况综合认定。综合本案的情况，对沈某提供的关于借名买房的证据，法院经审查并结合相关事实，确信该事实存在具有高度可能性，故法院认定该事实存在。杨某与沈某之间自愿建立借名买卖合同关系，并不违反法律强制性规定。胡某（名义登记人杨某的配偶）主张协议无效，无法律依据，法院不予支持。

8. 房产代持属于债权关系不直接发生物权变动

由于房产代持属于债权关系，不具备物权确认效力，故不能直接请求法院确认实际出资人对涉案房屋享有物权。如果实际出资人具备购房资格的，可以请求名义登记人配合其办理房产变更手续，或者请求名义登记人支付涉案房屋的折价款。

案例5-34 喻某1、邓某房屋买卖合同纠纷案

一审法院：杭州市余杭区人民法院（2018）浙0110民初22474号

二审法院：浙江省杭州市中级人民法院（2019）浙01民终4678号

案例主旨：实际购房人要求名义购房人协助办理房屋的权属变更登记，法院予以支持。

法院认为，生效判决已明确认定双方当事人间系借名买房关系，案涉房屋实际系喻某1、曹某出资购买，现喻某1、曹某名下已无住宅房产，案涉房屋已经具备办理房屋所有权证的条件，符合现行不动产权属登记的相关规定。最终法院判决喻某2、邓某协助喻某1、曹某办理案涉房屋的权属变更登记。

二、房产代持的法律风险

（一）代持房产被擅自处分后无法追索的风险

案例5-35 骆某、严晓某与何某等案外人执行异议之诉案

一审法院：福建省福州市仓山区人民法院（2014）仓民初字第3357号

二审法院：福建省福州市中级人民法院（2015）榕民终字第3451号

案例主旨：无法证明被代持人系房产的真正权利人，故对讼争房产不享有足以排除申请执行人申请强制执行的民事权益。

二审法院认为，本案的争议焦点是上诉人对讼争房产是否享有实体的权利以及能否排除被上诉人何某对讼争房产申请的强制执行。第一，关于上诉人是否讼争房产的实体权利人问题。讼争房产现登记在原审第三人李某名下，该不动产登记具有公示公信的效力，非经法定事由和法定程序不得推翻该权属登记的权利外观。上诉人主张其为讼争房产的真正权利人，掌控着该房产的占有、使用、收益及处分的所有权权能，并提交了多份公证《委托书》、抵押合同及与案外人签订的《房地产买卖契约》等证据欲加以证明，但是综观上述证据，仅能证明上诉人通过公证委托授权等形式代李某行使对讼争房产的占有、使用、收益及处分的权利，并不足以证实上诉人对讼争房产享有直接支配和排他使用的所有权，且上诉人始终未能举证证明讼争房产的购房款系其出资，也无法提供关于讼争房产的买卖合同等合意凭证，因此上诉人提交的证据无法支持其系讼争房产的实际权利人的主张，也不足以推翻该房产权属登记彰显的外观形态。至于上诉人称存在“借名登记”“房产代持”等情形，亦于法无据，法院不予支持。第二，关于本案现有证据能否排除被上诉人何某对讼争房产申请的强制执行问题。如上所述，上诉人提交的证据不足以证明其系讼争房产的真正权利人，故其对讼争房产不享有足以排除申请执行人何某申请强制执行的民事权益，根据《最高人民法院关于适用的解释》第三百一十二条的规定：“对案外人提起的执行异议之诉，人民法院经审理，按照下列情形分别处理：……（二）案外人就执行标的不享有足以排除强制执行的民事权益的，判决驳回诉讼请求。”因此，上诉人无权要求停止强制执行。

（二）代持人占有代持房产拒绝归还的风险

案例 5－36 冯某、肖某与冯小某所有权确认纠纷案

一审法院：广东省深圳市宝安区人民法院（2016）粤0306民初21416号

案例主旨：无证据证明房产权属证书记载确有错误，房产登记人即享有该房产的所有权利。

法院认为，不动产权属证书是权利人享有该不动产物权的证明。不动产权属证书记载的事项，应当与不动产登记簿一致；记载不一致的，除有证据证明不动产登记簿确有错误外，以不动产登记簿为准。涉案房产登记在被告冯小某名下，原告冯某、肖某请求确认对涉案房产享有所有权，必须要证明不动产权属证书记载确有错误。原告作为被告的父母亲，在被告读大学时，支付房产首付款，承担按揭还款，而被告参加工作后，开始量力而行地偿还月供至今，双方的这些行为既符合个人经济行为模式，也符合家庭伦理和人之常情，不能证明双方达成了房产代持协议，不能证明原告是房屋实际所有权人。原告诉称是借名买房、代持房产，既没有明确的书面协议证实，也没有证据证明原告承担着有关涉案房产的全部义务，享受着对涉案房产占有、使用、收益、处分的一切权利。原告缺乏相反证据推翻产权证书的记载，缺乏证据证明证书记载错误，对其诉讼请求不予支持。

（三）代持人向善意第三人出售房产的风险

案例 5－37 李某与李某燕所有权确认纠纷案

一审法院：广东省深圳市宝安区人民法院（2016）粤 0306 民初 20243 号

二审法院：广东省深圳市中级人民法院（2017）粤 03 民终 1753 号

案例主旨：第三人已经善意取得房屋所有权的，代持房屋协议客观上已不能履行，由此带来的损失，可另寻法律途径解决。

一审法院认为，原告李某提交的代持房屋协议经湛江仲裁委员会确认，在没有相反的证据证实的情况下，应当予以采信。对于原告主张被告系代持涉案房产的案件事实，法院予以确认。但是，在第三人熊某与被告李某燕就涉案房产签订房屋买卖合同时，涉案房产系登记在被告李某燕名下。该房屋买卖合同经深圳市中级人民法院审理，确认合同有效，第三人熊某通过签订房屋买卖合同并支付合理对价的行为，善意取得了涉案房产的所有权。由于第三人熊某已经善意取得了涉案房屋的所有权，故原告与被告签订的代持房屋协议客观上已不能履行，由此给原告带来的损失，原告可另寻法律途径解决。对于原告提出被告将涉案房产过户至原告名下的诉讼请求，法院不予支持。

虽然二审法院因为执行异议程序撤销一审判决驳回原告起诉，但是一审法院的判决思路对处理此类案件依旧具有参考意义。

（四）代持合同不能对抗法院强制执行的风险

案例 5－38 徐某、赵某等案外人执行异议之诉案

一审法院：浙江省临海市人民法院（2014）台临执异初字第 4 号

二审法院：浙江省台州市中级人民法院（2016）浙 10 民终 351 号

案例主旨：无论基于何种考虑选择将房产产权登记在他人名下，就应当为其自愿处分行为承担相应的风险。

法院认为，本案的争议焦点在于徐某、赵某是否系涉案不动产的买受人，且徐某、赵某是否为涉案不动产的产权人，其享有的权利能否对抗法院强制执行。（1）本案的买受人应综合相关证据加以认定。根据本案现有证据，徐某、赵某确曾向涉案不动产开发商某州高速公路房产公司银行账户汇入相应款项，但这并不足以证明其系涉案不动产的买受人。因为涉案不动产的买卖合同系A公司与开发商所签，且涉案不动产销售发票载明的付款人为A公司，涉案不动产最终又登记在A公司名下。因此，应当认定A公司是涉案不动产的买受人。徐某、赵某称涉案不动产登记在A公司名下实质上仅仅是根据协议产生的代持行为，其为涉案不动产的买受人的主张，缺乏事实和法律依据，法院不予支持。(2) 徐某、赵某与A公司签订的产权代持协议系双方当事人之间的一种约定，该协议的效力仅及于协议双方，对外不能产生物权效力，也不能直接引起物权变动。根据我国法律的相关规定，对于因买卖等法律行为导致物权变动的，以登记为生效要件，本案涉案不动产的产权并未登记在徐某、赵某名下，而是根据徐某、赵某的意愿登记在A公司名下。因此，根据我国现行的不动产物权登记制度，无论徐某、赵某基于何种考虑，其既然选择了将涉案不动产产权登记在A公司名下，就应当为其自愿处分行为承担相应的风险。

三、房产代持人的法律风险

（一）代持人将丧失购房资格以及相关优惠政策

随着我国政府对房地产市场采取调控政策措施，全国各省市政府大多数出台了各自的房产限购限贷政策，希望将房价控制在合理水平。一旦代持人利用自己的购房资格帮助他人购置房产，当未来自己需要再购置房产时，将无法再享受相关的购房以及贷款优惠政策，可能会与自己心仪的房产失之交臂。同时在新购置房产时，无论是房产首付款的比例还是申请公积金或商业贷款的利率都会有所上浮，整体的购房成本将大幅提升。

（二）代持人可能会承担诚信评估的法律风险

房产代持人一般仅作为房产的权利登记人，房产的出资义务原则上应当由房产实际出资人支付。如果代持房产并非全款购置，需要进行银行贷款。由于房产的权利登记人为代持人，需要以代持人的名义申请贷款。这样一来，如果房产实际出资人由于各种原因未及时偿还银行贷款，不但银行会加收逾期还款罚息、违约金等，更为致命的是这种逾期还款的行为还会导致代持人的个人征信记录中留下不良记录，进而影响代持人的生活。

（三）代持人可能面临法院诉讼的法律风险

根据上述分析，若房产实际出资人确实因资金链断裂等原因无法支付房款或无法偿还购置房产的贷款，则代持人作为该房产的登记人以及贷款人，房产卖方、银行等贷款机构都有可能追溯其违约责任，导致代持人无端惹上官司。如果最终法院判决代持人需要承担相关的法律责任，且代持人无法履行法院的判决，将会成为失信被执行人。各级人民法院将向政府相关部门、金融监管机构、金融机构、承担行政职能的事业单位及行业协会等，通报失信被执行人名单信息，供相关单位依照法律法规和有关规定，在政府采购、招标投标、政府扶持、行政审批、市场准入、融资信贷、资质认定等方面对失信被执行人予以信用惩戒；将向征信机构通报失信被执行人名单信息，并由征信机构在其征信系统中记录。同时，还会将失信被执行人名单信息录入最高人民法院失信被执行人名单库并通过该名单库统一向社会公布。失信被执行人还将面临限制高消费、限制出入境等强制措施，最终导致个人信用的全面坍塌。

（四）代持人可能面临租赁纠纷的法律风险

如果代持的房产对外出租，可能还会发生与承租人之间的法律纠纷以及税务等问题。代持人作为名义上的房产登记人，原则上没有房产的处分权，即没有出租权。但由于房产登记人是代持人，则其必须与承租人签署相关的租赁合同。一旦发生租赁纠纷，直接被起诉的对象也将是代持人。另外，根据《中国财政部、国家税务总局关于廉租住房经济适用住房和住房租赁有关税收政策的通知》（财税〔2008〕24号）规定，对个人出租住房，不区分用途，在3%税率的基础上减半征收营业税，按4%的税率征收房产税。现实生活中，大部分房产出租人可能并不会主动申报或缴纳相关的税费，一旦未来税务机关进行核查，房产代持人既没有实际享受到该房产租赁的租金等收益，又当然地成为了税务缴纳义务人，可谓得不偿失。

（五）代持人将无法享受保障性住房的权利

国家为了大力加强保障性住房建设力度，进一步改善人民群众的居住条件，特别为中低收入住房困难家庭提供限定标准、限定价格或租金的住房，这种类型的住房有别于完全由市场形成价格的商品房。因此，购买或租赁该类型房产必须符合相关的条件，其中最基本的一项条件即申请人“无任何形式的住宅建设用地或者自有住房”。若房产代持人名下为他人持有房产则无法满足该要求，自然也无法再拥有购买或租赁保障性住房的权利。

（六）代持人可能面临违法成本的或然性风险

部分房产实际出资人是专业的炒房人士。有些炒房者为了降低购房成本、提高投资利润，通常会要求房产代持人协助配合透支信用卡、改变借款用途、虚假贷款等非法行为。更有甚者还会要求代持人隐瞒购房真实情况，伪造、变造虚假材料，这也给代持人埋下了一颗“地雷”，随时可能引发违法行为甚至会承担刑事责任。

（七）代持人可能面临第三人提出登记异议的风险

房产代持人仅仅是名义上的房产产权人，实际上并不享有房产的真正权利。代持双方往往会签署代持合同，其中有一项常见的条款就是需要在房产实际出资人要求时协助办理房产变更登记手续。此时第三人可能会对代持人转移房产给实际出资人的行为提出异议，如房产代持人并未就房产代持行为告知配偶或取得配偶的同意，一旦双方发生离婚纠纷，配偶往往以夫妻共同财产的约定提出异议，否认房产代持的事实，并要求确认该房产为夫妻共同财产。再如，房产代持人在办理房产变更登记的过程中突然死亡，其继承人并不知晓房产代持的事实并否认房产代持的事实，要求确认该房产为代持人的合法遗产等情况。

四、房产代持筹划的八大要素

对于房产代持人或实际出资人而言，虽然房产代持行为都有不同程度的风险，但房产代持筹划以其易操作性、隐蔽性等特点还是受到了普遍的青睐。正如我们上述分析的情况，只有合理、合法的房产代持筹划才能保障财产的安全。因此我们根据以往的实务经验总结了房产代持筹划中最重要的六大要素，只有紧紧抓住这些重要元素，房产代持筹划才能发挥其最大的资产保全作用。

（一）谨慎选择房产代持的人选

在房产代持的法律关系中，代持人的选择是最为重要的元素。如果代持人在代持房产的过程中产生个人债务且无法偿还，则其名下的代持房产就可能被法院查封甚至被强制执行。因此，在选择房产代持人时，应当对其进行一定的尽职调查。比如，在中国裁判文书网上查询其是否已经有涉诉的情况，以及其是否为最高人民法院公布的被失信执行人。同时，还可以要求代持人调取个人征信报告，以便了解个人征信情况，从而判断是否会有不利于房产代持的因素。如果代持人本身就从事一些高风险的工作或家庭关系不稳定的，也不要轻易挑选，以免发生意外或婚姻纠纷而造成代持纠纷。

（二）提前了解代持房产的性质

在进行房产代持筹划之前，要清楚了解欲购房产的性质。例如，该房产是否属于经济适用房等政策性房屋、借名购买是否违反国家政策性规定、对社会公共利益产生损害。只有明确所购房产的性质，才能有效防止将来因房产代持筹划产生纠纷，出现无法取得房产所有权的情形。

（三）代持双方签署书面代持合同

根据《〈民法典〉物权编解释（一）》以及结合各地法院的司法观点与案例，确认双方具有合法代持关系的首要元素就是书面代持合同。如果房产实际出资人并未与代持人事先签订内容明确的书面代持合同，一旦发生争议，房产实际出资人向法院举证其与代持人之间存在房产代持关系将较为困难，从而其享有房屋所有权的主张能否获得法院支持将存在较大的不确定性。即使房产实际出资人保留了其他证据，如其向代持人或房产出售方支付房款的凭证，代持人也可能抗辩该笔款项为其与房产实际出资人之间的其他经济来往关系，并不会必然指向房产代持的事实。

随着近年来全国各地房产价格的持续飙升，代持房产的价值一直以数倍的方式上涨，如果代持关系不能被法院认定，则房产实际出资人将会遭受巨大的损失。因此，提前签订具体而详细的房产代持合同将双方房产代持的关系固定下来就显得非常重要。结合我们的实务经验，一份合法有效的房产代持合同至少应该明确以下几点内容：

1. 明确房产实际出资人委托房产代持人以其名义购买房屋的具体地址、面积、房产价格等房产具体细节问题。

2. 明确仅以房产代持人名义登记房产产权，但该房产产权实际归属于实际出资人所有，房产代持人不得擅自占有、使用、收益及处分该代持房产。

3. 明确在房产实际出资人的要求下，房产代持人有义务协助将代持房产的产权变更登记到房产实际出资人或其指定的任何第三方名下、办理房产抵押、协助签署房产租赁合同等义务，方便房产实际出资人处理代持房产的相关事宜。

4. 明确由房产实际出资人取得保管代持房产的购房合同、相应证件、发票、资料、钥匙等相关资料与物品原件。

5. 明确由房产代持人将代持房产事宜通知其所有利害关系人（包括但不限于父母、配偶、子女等），保证其利害关系人不得主张与代持房产有关的所有权利。

6. 明确房产代持人因个人债务导致房产被查封或执行、擅自处分（转让、抵押、赠与等方式）房产、不配合办理房产变更登记等情形下，房产实际出资人有权单方解除合同。同时对于房产代持人设置并约定较为严苛的违约责任，提高其违约的成本。一旦发生纠纷，也能尽可能地挽回房产实际出资人的合理损失。

（四）代持双方签署书面出资证明

代持房产的出资情况往往也是法院审查并确认代持关系的重点要素，这主要是确认房产实际出资人和房产代持人之间的资金流转，或房产实际出资人直接向房产出售方支付款项的法律性质确实是为了建立双方之间的房产代持关系，而不是如债权债务、无偿赠与等其他法律关系。

虽然房产实际出资人可能会保留好完整的付款银行明细或相关付款凭证，但随着时间的流逝，纸质的凭证可能丢失，或在最初支付款项时并没有备注款项用途。一旦双方发生争议，仅凭这些证据还不足以认定双方之间的房产代持关系。因此，双方签署一份明确的书面出资证明也是一种保留房产代持出资证据的好方法。

书面出资证明中除了需要再次将房产代持的情况进行详细的描述以外，尤其需要着重强调购买房产出资的全过程，包括首付款的支付、贷款的申请、贷款的偿还、税费的支付、物业费等相关费用的支付等细节内容，尽可能地还原整个购房款支付的过程，以保障房产实际出资人的合法权益。

（五）代持房产可以适当设立抵押权

即使房产代持双方签署了书面的房产代持合同，但根据合同相对性以及物权公示的原则，该房产代持关系并不能对抗善意的第三人，无法最有效地防止房产代持人擅自将房产出租、转让或抵押给其他第三方用于担保其债权。

如果实际出资人与房产代持人之间产生了借款关系，则可以将该房产作为该笔借款的抵押担保物，由房产实际出资人作为抵押权人办理房产抵押权登记。办理完成房产抵押权登记后，房产实际出资人应当保留所有相关材料的原件，即使房产代持人未来企图擅自转让、抵押、租赁该房产，也会对这些行为起到一定的阻碍作用。但根据《民法典》第四百零六条的规定，目前转让有抵押权的房产已经不需要经过抵押权人的同意了，因此，最好在协议中对抵押财产的转让进行特殊的约定，否则将很难起到阻止房产代持人转移房产的作用。

（六）房产代持人应签署配偶确认函

房产实际出资人对房产代持人往往都存在一定的信赖基础，但对其家庭成员却未必有过多的认识与了解。如果房产代持人的房产代持行为发生在其婚姻存续期间，该房产从表面上看即属于其婚姻存续期间获得的资产。一旦其婚姻状况发生改变，其配偶可能会否定房产代持事实的存在，进而要求分割该房产。这样将会造成房产实际出资人的损失。因此，除了在房产代持合同中约定房产代持人有义务将代持事宜告知配偶以外，最保险的做法就是要求房产代持人的配偶一并签署一份确认函，用以表明其知晓并同意该房产代持事实的存在。这样可以在最大程度上保障房产实际出资人的合法权益。

（七）房产代持人应配置专门的遗嘱

房产代持人在代持房产的过程中如果不幸过世，且其生前并未向家人交代房产代持的事实，其代持的房产也可能会由继承人要求继承。因此，房产代持人还需要就该代持房产专门拟定遗嘱，确认该房产并非其本人的遗产，并将遗嘱的原件交由房产实际出资人保管。

（八）关注购房政策以匹配购房资格

根据司法实践中的典型案例，即便是日后法院认定房产代持关系成立，如果实际出资购房人未取得购房资格，仍可能会导致房产代持合同履行不能，无法办理房产过户登记手续。因此，建议在进行房产代持筹划之后，随时关注购房政策动态，及时匹配购房资格，以获得权利之保障与充分救济。

五、限购政策对房产代持的影响

如果实际出资购房人起诉要求房屋的名义登记人配合办理过户手续，但在法院判决时，其仍未取得当地购房资格的，法院通常不支持其诉讼请求。这样判决的理由在于，如果其在未获得当地购房资格的情形下可以通过诉讼方式将房屋变更登记至自己名下，意味着法院为地方调控楼市政策撕开一道“口子”，不利于地方政府调节楼市。

（一）房产代持合同因规避限购政策无效

案例5－39 王某与彭某案外人执行异议之诉案

一审法院：江西省赣州地区（市）中级人民法院（2014）赣中民一初字第49号

案例主旨：房产代持协议因规避限购政策而无效，房产实际出资人无权要求停止善意第三人对房产所申请的查封、扣押等强制执行措施。

法院认为，原告王某与被告彭某2007年7月1日签订的《房产代持协议书》，系原告王某为规避深圳市的限购政策而与被告彭某签订的借名购房合同，其内容扰乱了社会经济秩序，损害了社会公共利益，为无效合同。合同无效，自始不能履行，故原告要求确认案涉房屋归其所有，法院不予支持。借名购房是基于法律行为而取得物权，且权利标的是房屋所有权，不属于法律另有规定的除外情形，因此必须严格执行登记生效主义，只要借名购买的房屋还没有登记到实际出资人名下，就不能承认实际出资人享有所有权。本案中，案涉房屋登记在被告彭某的名下，已生效的（2012）赣中民二初字第32号民事调解书载明：“本协议签订后3日内彭某将其名下别墅交由原告或原告指定的人处置，处置变现价款用于清偿上述债务，剩余债务彭某不再承担责任，同时彭某在原告处的保证责任全部免除。”上述内容证明被告彭某已将案涉房屋在该案中进行了处分，且其处分行为已经生效的民事调解书确认，而本案被告某银行相对于原告而言，为善意第三人，故被告彭某对案涉房屋的处分行为有效，原告要求停止对案涉房产的强制执行，并解除查封、扣押，没有法律依据，法院不予支持。

（二）代持房产因限购政策因素无法过户

案例5－40 黄某与杨某所有权确认纠纷案

一审法院：北京市朝阳区人民法院（2015）朝民初字第02526号

案例主旨：无购房资格者要求将代持房屋确认归其所有违背国家政策。

法院认为，当事人对自己提出的诉讼请求所依据的事实或者反驳对方诉讼请求所依据的事实有责任提供证据加以证明。没有证据或者证据不足以证明当事人的事实主张的，由负有举证责任的当事人承担不利后果。因本市住房限购政策的限制，当事人约定一方以他人名义购买房屋，并将房屋登记在他人名下，借名人以其系实际买受人为由，要求确认房屋归其所有或办理房屋过户登记的，不予支持。原告自述其在本市无购房资格，故其要求涉诉房屋归其所有违背国家政策。

案例 5-41 周某某与郭某所有权确认纠纷案

一审法院：上海市长宁区人民法院（2017）沪0105民初13574号

二审法院：上海市第一中级人民法院（2018）沪01民终4716号

案例主旨：实际购房人主张权利时尚无购房资格，其要求名义购房人协助变更过户的诉讼请求，法院不予支持。

法院认为，郭某提交的证据已形成证据链，据此采信郭某主张双方之间实为借名买房关系，并无不当。由于我国目前仅允许香港居民在沪购买1套房屋，而作为香港居民的郭某名下尚有2套房屋，故对于郭某要求周某某协助变更过户的诉讼请求，法院难以准许。郭某可待条件成就时再行主张。

六、军产房代持效力的认定

案例 5-42 章某与姚某、关某返还原物纠纷案

一审法院：新疆维吾尔自治区哈密市人民法院（2012）哈市民三初字第852号

二审法院：新疆维吾尔自治区哈密地区中级人民法院（2015）哈中民一终字第30号

再审法院：新疆维吾尔自治区高级人民法院（2015）新民申字第1879号

案例主旨：因不具备购买军队经济适用房的条件而借名买房的行为，违反了国家相关规定，应属无效行为。

法院认为，国家对双方争议房屋的交易有特殊规定和限制，购买人必须满足国家规定的条件，购买资格具有专属性。本案中姚某、关某因不具备购买军队经济适用房的条件，而借用章某的名义购买军队经济适用房，该行为违反了

国家相关规定，应属无效行为。对于该行为的无效，双方均有过错，双方应当承担同等责任。故对于因房屋升值所产生的收益及公共维修基金，章某应按照过错程度给予姚某、关某相应补偿。

七、经济适用房代持效力的认定

案例5－43 罗某与S市住房和建设局收回经济适用住房纠纷案

二审法院： 广东省深圳市中级人民法院（2014）深中法行终字第367号

再审法院： 广东省高级人民法院（2016）粤行申984号

案例主旨： 住房保障管理部门认定购房者存在不符合购买经济适用住房条件的，可以作出收回经济适用住房的决定。

法院认为，《经济适用住房管理办法》第五条规定："国务院建设行政主管部门负责对全国经济适用住房工作的指导和实施监督。县级以上地方人民政府建设或房地产行政主管部门（以下简称'经济适用住房主管部门'）负责本行政区域内经济适用住房管理工作。"第四十一条规定："市、县人民政府要加强对已购经济适用住房的后续管理，经济适用住房主管部门要切实履行职责，对已购经济适用住房家庭的居住人员、房屋的使用等情况进行定期检查，发现违规行为及时纠正。"因此，S市住房和建设局在经济适用住房的建设、配售和管理中，除了与作为购房者的申请人之间发生合同关系，还包括了对申请人已购经济适用住房进行后续管理的行政管理关系。经济适用住房合同双方不仅应遵照合同约定，更应遵守法律法规的规定。罗某与S市住房和建设局签订的《经济适用住房买卖合同》第一条即明确以当时施行的《深圳市经济适用住房管理暂行办法》为规范依据，故涉案经济适用住房买卖合同双方均应遵守该暂行办法的规定。经审查，暂行办法不存在违背上位法禁止性规定的情形，可以作为S市住房和建设局作出涉案《收房决定》的依据。

《深圳市经济适用住房管理暂行办法》第四十一条第一款第一项规定：购买经济适用住房未满5年，已购买其他住房的，经住房保障管理部门审核不再符合经济适用住房申请条件的，须退出已购经济适用住房。本案证据材料显示，罗某家庭于2008年7月24日购买涉案经济适用房后，罗某又于2009年12月22日取得集建国际名园×座××产权，属于前述规定的购买经济适用住房未满5年，又购买其他住房的情形，申请人家庭应退出已购经济适用住房。

而罗某主张其不拥有涉案集建国际名园×座×××号房屋产权、其被借名买房的事实不能作为S市住房和建设局收回罗某经济适用住房的依据。虽然民事判决确认涉案集建国际名园×座×××号房产属于案外人罗松某所有，但罗某是在被诉收回决定作出之后才提起该民事诉讼的，且罗某与案外人罗松某之间关于借名买房的约定，对作为外部人的S市住房和建设局不能产生约束力。本案S市住房和建设局根据涉案集建国际名园×座×××号房屋的相关登记信息，认定罗某存在购买经济适用住房未满5年又购买其他住房的事实，并于2013年3月20日作出被诉收回经济适用住房决定，认定事实清楚，证据充分。

八、境外房产代持筹划的风险

随着高净值客户海外投资的版图越来越大，海外房产投资也倍受客户青睐。但许多境外国家或地区是禁止非当地居民购买现房的，这其中就催生了不少房产代持的需求。由于很多欧美发达国家对于房产代持行为管控要比中国更加严格，所以在境外选择房产代持筹划需要更加谨慎，同时必须提前获得法律专业人士的意见。

澳大利亚一向是热门的移民国家。2015年，澳大利亚政府强制外国投资者出售非法购买的豪宅，包括中国某地产集团董事局主席许某在悉尼黄金地段派珀角（Point Piper）价值4000万澳元的豪宅Villa Del Mare。2019年11月，根据《澳洲金融评论》报道，出售悉尼四栋临海豪宅的房产中介承认，这些房产是由澳大利亚华裔X代持，真正的拥有者并不是X。据悉，X拥有悉尼东郊Mosman的六处房产，价值3700万澳元，但他并未住在任何一处。其中四处房产的经纪人Richard Simeon确认，这些房产都是由不同的人购买的，其中三处是通过一家公司持有的，他还称在售房过程中他没有与X打过交道，也并不知道真正的房主是谁。这给澳大利亚联邦政府增加了压力，或促使其收紧对外国投资者的审查规则。①

据澳大利亚相关法律，非澳大利亚居民不能在澳大利亚购买现房，但经澳大利亚海外投资审批委员会（Foreign Investment Review Board，FIRB）批准可以购买新房。而有不少高净值客户都看好澳洲的房产发展前景，于是他们会借

① 参见澳华财经在线：《悉尼豪宅被曝“代持”，外国购房者审查压力上升》，载新浪网2019年11月4日，http://k.sina.com.cn/article_2808105537_a7604a4102000hntc.html。

用澳大利亚当地居民的名义购买澳大利亚房产，并以该居民的名义与身份登记房产所有权。这其中就会有许多法律上的问题需要特别注意。

FIRB 会设置了一系列门槛来限制境外人士直接购买澳大利亚当地的已建住房，即普通非常住澳大利亚的外籍人士不可以购买澳大利亚已建成的二手住宅用房。只能在获得 FIRB 批准后购买澳大利亚全新住宅的（如独立房屋或公寓等）。因此许多境外人士会选择采取“房产代持”的方式间接购买或投资澳大利亚的房地产。但 FIRB 是明令禁止隐瞒海外投资人身份或代为持有海外投资人的物业的行为，该种代持行为本身可能涉嫌对政府机构的隐瞒或者欺骗行为，违反者不仅会被罚款及强制出售物业，情节严重的可能会面临刑事诉讼。

如果有境外人士“侥幸”通过房产代持的方式购买了澳大利亚房产，也有可能面临一系列的法律问题。由于澳大利亚实行托伦斯登记制度（Registration of Toluns），该制度的核心为“登记生效主义”。根据该制度的原则，如果房产代持人不承担房产代持的真实性，即使房产实际出资人保留了足够充分的证据证明双方之间确实存在房产代持的事实，房产实际出资人也会将面临繁琐与漫长的法律举证程序；如果房产代持的证据并不充分，则房产实际出资人的诉求将不被澳大利亚法院支持，最终可能导致完全丧失房产的权利。另外，在托伦斯登记制度下，如果房产代持人擅自处分该房产，也并不需要获得房产实际出资人的同意，只要购房者是善意第三人且已经办理了产权变更登记手续，则房产实际出资人就无法取消该房产交易，届时只能向房产代持人追究违约责任，其维权难度将会大大增加。①

事实上，高净值人士在海外投资房产时，除了上述代持风险之外，还可能存在一系列潜在的风险和问题，需要引起重视。

首先，海外购房可能存在高额税负的问题。例如，美国的房屋每年需要缴纳房产税，每个州的税率存在差别，房产税的基数和房价挂钩并由政府进行评估。除了房产税，如果海外的房产发生继承，则可能面临十分高昂的遗产税，在有些国家，遗产税可能高达遗产价值的 50%，这就意味着境外的房产价值在继承时可能会缩水 50% 甚至更多。因此，高净值人士在购置海外房产时，事先

---

① 参见澳洲投资置业：《澳洲 FIRB 新规打击违规海外购房 可罚 13.5 万监禁 3 年》，载搜狐网 2016 年 3 月 23 日，https：//www. sohu. com/a/65188625_ 381071；林汇铭：《挂名购房？物业代持？“间接持有”海外房产的游戏法则》，载知乎网 2019 年 12 月 27 日，https：//zhuanlan. zhihu. com/p/99821298。

咨询专业人员的意见十分有必要。

其次，海外房产的管理和维护成本也不容忽视。例如，澳大利亚墨尔本规定，对于房屋门前的垃圾和积雪等，房主有责任进行清理。如果未及时清理，当地的市政部门会进行清理，但是房主须支付清理的费用。再如，美国的房屋有许多是木制的，这主要是因为美国的木材十分丰富。虽然用于建房的木材都经过了防火、防水和防虫等处理，但是木结构房屋有一个缺陷是抗风性比较差，如果是有飓风的地区需要增加水泥砖墙进行保护，房屋也应当进行定期的维护。

最后，海外置业者还存在汇率风险。由于购房一般会有贷款，且期限往往都比较长。如果汇率发生大幅的波动，置业者的贷款金额存在不确定性，这一点也应当引起置业者的注意。

除此之外，海外置业甚至还可能存在政治风险，购房者应当尽量选择与我国外交关系较好的国家进行置业。

综上，置业者在进行海外投资之前，很有必要对于投资的房产和地区进行详细和全面的了解，掌握海外房产代持以及置业过程中可能存在的风险，在这个过程中，专业人士提供的专业意见也非常重要。

九、房产代持与夫妻共有财产的处理

案例 5-44 于某与罗健某、罗金某物权确认纠纷案

一审法院： 广东省深圳市宝安区人民法院（2016）粤 0306 民初 5055 号

二审法院： 广东省深圳市中级人民法院（2017）粤 03 民终 6255 号

案例主旨： 房产客观上无法登记到被代持人名下，可待物权变动障碍消除后再另行主张权利。

法院认为，由于涉案房产购买于 2009 年，处于于某与罗金某夫妻关系存续期间，且罗健某也书面承认罗金某以自己名义购买房产的事实，故法院对于涉案房产系于某及罗金某共同出资购买、由罗健某代持的事实予以确认。本案中，于某诉请确认涉案房产系其与罗金某的共同共有财产，根据物权变动的原则，不动产所有权自变更登记后方发生物权变动的法律效力，涉案房产须转移登记至于某与罗金某名下，于某和罗金某方能成为涉案房产的共同共有权人。由于于某名下现在 S 市有两处房产，根据 S 市不动产登记的相关条件，涉案房产客观上无法登记到于某名下，致使涉案房产的物权无法发生变动，于某诉请确认

上述房产系其与罗金某的共同共有财产，因不具备客观条件，法院不予支持，其可待上述物权变动障碍消除后再另行主张权利。

虽然本案不能直接确认于某与罗金某为涉案房产的权利人，但涉案房产为于某及罗金某共同出资购买、由罗健某代持的事实已经本案查明认定，双方之间的房产代持关系对罗健某具有约束力，于某本可待上述物权变动障碍消除后请求变更权属登记，但现罗健某在本案诉讼期间将涉案房产转让给案外人，损害了于某利益，于某可另寻法律途径主张权利。

十、房产代持与遗嘱继承的区别

（一）非产权人无法以遗嘱确认房产代持关系

案例 5－45 黄细某与黄某返还原物纠纷案

一审法院：广东省深圳市宝安区人民法院（2014）深宝法民三初字第 811 号

二审法院：广东省深圳市中级人民法院（2015）深中法房终字第 671 号

案例主旨：在无法确认房产代持有效的情况下，非房产权利人在遗嘱中确认代持关系的表述不足以证明房产代持关系的存在。

法院认为，涉案房屋现登记在被告黄某名下，应首先推定该房屋的所有权人为黄某。黄细某主张其系涉案房屋真实权利人，虽然黄细某出具了法院调解书中确认过的遗嘱，但该遗嘱内容是案外人黄大某而非被告黄某确认涉案房屋为黄细某所有，在依本案现有证据无法确认案外人黄大某为涉案房屋实际权利人的情况下，不能依据非权利人在其遗嘱中所作的表示而认定涉案房屋为黄细某所有。虽然涉案房屋现由黄细某占用并由其偿还银行按揭贷款，但前述事实仅可能在黄细某与房屋权利人之间产生有关房屋使用、替代偿还贷款等债权债务关系，而并不足以证明黄细某与黄某之间存在委托“代持”的基础法律关系，既不能推翻涉案房屋的现产权登记内容，也不能据此认定黄细某系涉案房屋的真实所有权人。

（二）被继承人生前确认房产代持的文书有效

案例 5－46 马某 1、马某 2 与马某 3、马某 4、马某 5、马某 6 等合同纠纷案

一审法院：北京市东城区人民法院（2015）东民初字第 19896 号

二审法院：北京市第二中级人民法院（2016）京 02 民终 4880 号

再审法院：北京市高级人民法院（2017）京民申792号

案例主旨：被继承人生前对涉案房屋的由来、购买和产权归属情况的记述足以确认其与他人之间的房产代持关系成立。

再审法院认为，马某7就其主张的与其母亲谭某之间存在借名买房的法律关系，提交了谭某生前所写的《我的意见》为证。马某3、马某5、马某4、马某6对马某7所述事实主张及证据均予认可，马某1、马某2亦认可《我的意见》的真实性。故一、二审法院认定马某7与谭某形成借名买房合同关系，并无不当。虽然涉案房屋系房改房，但根据相关政策规定，该房屋已经可以上市交易，故马某1、马某2主张借名买房行为无效，法律依据不足。《我的意见》是谭某生前对涉案房屋的由来、购买和产权归属情况的记述，并无死后该财产如何处理的意思表示，因此马某1、马某2主张《我的意见》应是谭某的自书遗嘱，缺乏依据。因马某7与谭某之间借名买房关系成立，所以涉案房屋虽然登记在谭某名下，但已不属于谭某和马某8的夫妻共同财产，故马某1、马某2主张公证遗嘱部分有效并按此遗嘱继承的意见，缺乏法律依据。

（三）监护人或继承人能否向代持人主张权利

案例5-47 周某与王某、施某所有权确认纠纷案

一审法院：上海市虹口区人民法院（2018）沪0109民初11873号

二审法院：上海市第二中级人民法院（2019）沪02民终5430号

案例主旨：实际购房人的继承人可以向名义购房人主张权利，虽然无权直接确认房屋的所有权，但是可以主张房屋相应的折价款。

法院认为，虽然施某、王某某与周某之间系借名买房关系，但是根据王某权、施某陈述的名下产权房情况，无论是以王某权名义购房还是以周某名义购房，目的都是规避当时国家和本市的住房限购政策，该借名买房的行为事实上违反了国家房产宏观调控政策，不利于房地产市场秩序的稳定，并且施某和王某某当时对于可能面临的无法过户的风险应当有所预见，故对于王某权主张的直接确认系争房屋产权归施某和王某某共有的诉讼请求，法院难以支持。然施某、王某某与周某之间确系借名买房关系，虽然无法直接确认系争房屋产权归施某、王某某所有，但王某权要求施某、王某某取得系争房屋相应折价款的诉讼请求合法有据，该款项应由目前系争房屋登记的产权人周某负责支付，房屋

折价款金额应以本案中评估的房屋市场价值为依据。因王某某已经去世，其与施某应得利益的夫妻共同财产分割以及继承问题不属于本案纠纷的法律关系范围，本案不予处理，当事人如有争议，可另循法律途径解决。支付问题可在王某某的继承关系明确后，由各继承人向周某主张其应得继承份额。最终法院判决确认王某某与施某共同获得上海市北苏州路×××号×××室房屋折价款3,880,000元，前述款项由周某负责支付。

十一、房产代持与强制执行的处理

根据上述分析，由于各地的限购、限贷政策，当事人进行税收优化、债务规避，或基于身份关系（如父母、子女等近亲属）等原因，房产代持已经成为一种较为普遍的财富筹划方式。在借用他人名义购买房屋并办理了不动产权登记的情形下，如果代持人成为法院的被执行人，在法院对被执行人名下登记的房屋进行查封后，房产实际出资人是否可以直接提出执行异议之诉以维护自己的合法权益呢？司法实践中主要有以下两种观点：

一种观点认为，根据《民法典》物权编中规定的物权变动登记生效和公示公信原则，房产实际出资人与被执行人之间关于房产代持的约定不得对抗善意的申请执行人。因此，法院不应支持房产实际出资人停止执行的请求。

另一种观点认为，在房产代持关系确实合法成立的情况下，房产实际出资人对房产享有实际的所有权，该项权利优先于申请执行人所享有的一般债权。即使房产实际出资人出于规避各类政策的想法而以他人名义登记房产的行为存在过错，但其仅应承担行政责任，而不能直接丧失对房产的所有权。因此，对房产实际出资人主张被执行人名下的房屋归其所有，并要求停止执行的，法院应予支持。

结合相关的司法案例以及司法实践，第一种意见更加常见。在房产代持的过程中，房产实际出资人一般会与代持人通过口头约定或书面合同等方式进行约定，即以代持人的名义购买房产并办理产权登记，同时该房产的占有、使用、收益、处分权限仍归房产实际出资人享有。而双方之间关于房产代持的约定实际上仅在其内部产生债权债务关系，并没有实际发生物权变动的效果，因此不能据此认定房产实际出资人是不动产物权的所有权人。虽然房产实际出资人可以请求代持人将房产过户至自己名下，但其享有的是债权请求权，而非物权，更加不能阻却执行。另外，基于物权公示原则，只有采用法律规定的方式设立或转让物权才能取得对抗第三人的效果。因此，在房产代持情况下，房产实际出资人与代持人之间所产生的房产代持关系势必不可能对抗善意的申请执行人。

那房产实际出资人面对这样的问题究竟应该如何救济呢？针对这个问题，我国法律并没有明确的规定，但是最高人民法院以及部分省市法院在实际操作过程中已经形成了一些探索性的意见。

（一）最高人民法院的观点

2019 年 11 月 29 日最高人民法院起草了《关于审理执行异议之诉案件适用法律问题的解释（一）》（向社会公开征求意见稿）[①]，其中第十三条就隐名权利人提起的执行异议之诉的处理规定了两种处理方案：

方案一：金钱债权执行中，人民法院对登记在被执行人名下的财产实施强制执行，案外人以下列理由提起执行异议之诉，请求排除强制执行的，人民法院不予支持：（1）案外人借用被执行人名义购买不动产或者机动车等，其系被执行不动产或者机动车等的实际权利人……案外人因借名所遭受的财产损失，可以依法向被借名者另行主张权利。

方案二：金钱债权执行中，人民法院对登记在被执行人名下的财产实施强制执行，案外人以下列理由提起执行异议之诉，请求排除强制执行，经查证属实，且不违反法律、行政法规强制性规定，亦不违背公序良俗的，人民法院应予支持：（1）案外人借用被执行人名义购买不动产或者机动车等，其系被执行不动产或者机动车等的实际权利人……

截至本书截稿前，该司法解释仍在向社会公开征求意见过程中，但通过最高人民法院公布的两种方案也能窥探出该问题未来的处理方向。同时，我们从最高人民法院判决的相关案例中也可以初步看出最高人民法院的观点。

案例 5－48 康 A 与 JZ 公司、RK 公司、康 B 等案外人执行异议之诉案

二审法院： 浙江省高级人民法院（2019）浙民终 1542 号

再审法院： 最高人民法院（2020）最高法民申 5818 号

① 参见最高人民法院：《最高人民法院关于审理执行异议之诉案件适用法律问题的解释（一）（向社会公开征求意见稿）》，载中国法院网 2019 年 11 月 29 日，https：//www. chinacourt. org/article/detail/2019/11/id/4697483. shtml。

案例主旨：基于物权公示原则，设立或转让物权必须采取法律规定的方式，否则无法对抗善意第三人。在借名买房时，实际出资人与房产登记人之间关于借名登记的约定不得对抗善意的申请执行人。

最高人民法院认为，基于物权公示原则，设立或转让物权必须采用法律规定的公示方式，才能取得对抗第三人的效果。在借名买房的情况下，借名人与出名人之间的借名登记约定不得对抗善意的申请执行人。本案中，案涉房屋依法登记的物权权利人是康B，康B应是案涉房屋的真实物权权利人。康A主张其借康B名义购买案涉房屋的事实即使属实，其与康B因此签订的《委托购买房屋协议书》也仅具有债权性质，并非法律规定可以发生物权变动的法定事由，不能产生物权变动的法律后果，康A对案涉房屋仅享有依据该委托协议，要求康B将案涉房屋办理过户登记至其名下的债权请求权，依法不享有物权。因此，原审认定康A并非案涉房屋物权的真实权利人，其以借康B名义购买案涉房屋为由，请求排除对该房屋的强制执行，不予支持，适用法律亦无不当。

（二）地方人民法院的观点

2019年2月26日，江苏省高级人民法院审判委员会第3次全体委员会讨论通过《江苏省高级人民法院执行异议及执行异议之诉案件审理指南（二）》。关于“案外人基于借名买房提起的执行异议之诉案件的处理”的问题，江苏省高级人民法院认为：“金钱债权执行中，执行法院对案涉房屋采取查封措施后，案外人以其与被执行人存在借名买房关系，且系房屋实际所有权人为由提出异议的，应裁定驳回异议。由此引发的执行异议之诉案件，应驳回其诉讼请求。”“金钱债权执行中，执行法院对登记在被执行人名下的房屋采取强制执行措施，案外人与被执行人为套取银行贷款而虚构房屋买卖事实订立买卖合同的，该案外人以其系房屋实际所有权人为由，提起执行异议之诉，请求排除对该房屋执行的，不予支持。”

北京市高级人民法院于2011年7月18日印发的《关于审理执行异议之诉案件适用法律若干问题的指导意见（试行）》第十九条规定：“法院在执行生效法律文书确定的金钱债权过程中，对登记在被执行人名下的特定房屋实施强制执行，案外人以其与被执行人之间存在借名买房关系，其是房屋实际所有权人为由，要求对该房屋停止执行的，一般不予支持；申请执行人要求对该房屋许可执行的，一般应予支持。”

第四节 资金代持

一、资金代持概述

随着社会的发展，高净值客户在完成财富积累后，已经越来越注重对财产的保全和传承。中国有一句古语“打江山易，守江山难”，无论是面对日新月异的法律法规及相关政策，还是那些随时可能发生的财产利益争夺的“战争”，都使得高净值客户不断在寻求更多安全可靠的财富管理方式。除了上文介绍的股权代持以及房产代持以外，资金代持也是十分常见的一种代持筹划工具。

资金代持，是指将属于自己所有的资金登记在他人或其他机构账户的名下，由其代为持有。通常而言，若资金代持行为并未侵犯国家、社会和第三人的利益且并非以合法手段掩盖非法目的，通常只需资金代持双方之间达成合意即可。但从我国监管层面来看，对于资金代持的态度还是持有较为谨慎的态度，国务院发布并于2000年4月1日起施行的《个人存款账户实名制规定》，其中第五条第一款规定：“本规定所称实名，是指符合法律、行政法规和国家有关规定的身份证件上使用的姓名”。而《中国人民银行关于进一步落实个人人民币银行存款账户实名制的通知》则规定，各类个人人民币银行存款账户必须以实名开立，即存款人开立各类个人银行账户时，必须提供真实、合法和完整的有效证明文件，账户名称与提供的证明文件中存款人名称一致。

由上述规定可知，我国法律、行政法规及部门规章均对使用他人名称进行存款、理财等行为进行了规定。因此，资金代持筹划还是存在一定的法律风险。但如果客户已经与他人发生了资金代持的情况，则还是需要通过合法的手段加以保护。

通常情况下，由于资金的流动性比股权、房产更强，为了防范资金代持可能带来的风险，资金实际持有人更加会倾向于选择自己信任的亲属、朋友作为资产代持人，并寄托于亲情、友谊能够为资产构建起一座无坚不摧的“堡垒”。

但古人有云：“天有不测风云，人有旦夕祸福。”如果仅仅是将自己的资金代持关系构建在人与人之间的情感上而忽视了对资金代持架构自身的管控，那么，随之而来的巨大风险将会成为一枚随时可能爆炸的“炸弹”。一旦发生危险，则很可能将自己所拥有的资金“炸”得无影无踪。

二、资金代持筹划

由于资金代持所涉及的是流动性极强的资金，所以其危险性也比其他代持筹划工具更强，更需要精心的筹划。虽然资金代持的主体之间一般均具有较密切的关系，如父母子女、兄弟姐妹、关系较好的其他近亲属等。但即使是如此亲近的关系，只要涉及的金额够大、获得的利益够多，也避免不了相互之间因财失义、反目成仇的“狗血戏码”。面对巨额的资金，人性不能被高估，亲情、友情也不是“灵丹妙药”。只有在资金代持筹划方案中谨慎前行，提前把控风险，最终才能获得双赢。

（一）资金代持建议签署书面代持合同

与股权、房产代持一样，资金代持也需要一份书面代持合同，用以确认资金代持双方的法律关系。资金代持合同中，至少需要明确代持资金的本金数额以及未来所产生的利息或其他收益均约定归资金实际持有人所有。当然，其他细节问题，如收益如何结算、是否给予代持人一定比例的报酬等可以根据双方的协商进行确定。

（二）设置专门银行账户管理代持资金

为了避免代持资金与代持人自有资金产生混同进而发生所有权的争议，应当要求资金代持人专门开设独立的账户，专门用来存放以及管理代持资金，做到专款专户，最大程度地避免资金性质的混淆。

（三）保留资金流转的书面转账凭证

如果代持资金的金额较大，建议一定要采取银行转账的方式交付代持资金，并且资金实际出资人一定要保留交付代持资金的相关凭证，如现金收条、银行转账凭证等。如果采用银行转账的方式，则应当在转账时进行相关的备注，未来一旦发生争议，可以作为资金所有权归属自己所有的依据。

（四）保管代持人账户密码等原件资料

一般来说，资金代持仅仅是为了使用代持人的账户存储资金，而关于资金的管理、运用或其他投资行为还都是由资金实际持有人进行操作的，所以为了便于操作也为了更加有效地控制该账户内的资金，资金实际持有人一定要保管好账户的密码、交易使用的密码器等，能够相对有效地保障资金的安全。

（五）约定高昂的违约金提高违约成本

一旦资金代持人擅自处分代持资金或因婚姻、债务等原因导致代持资金被分割或冻结等，资金实际持有人必然会遭受经济上的巨大损失，因此需要事先对这些情况约定较为高昂的违约金，一方面是起一种警示作用，另一方面也能在风险发生后挽回一定的损失。

三、资金代持与委托理财

在实务中，资金代持与委托理财存在一定的混淆性。委托理财主要是指个人或公司接受委托，通过自己实施投资行为对受托资产进行操作与管理，遵守资金委托人的意愿，在尽可能确保受托资金安全的基础上，尽量实现资金保值增值的一项业务。

虽然两者都是将自己的资金交给他人持有的行为，但是还是有不同之处的：资金代持仅为借用他人账户作为资金保存的载体，虽然从表面上来看，资金属于他人的资产，但实际上是由资金实际持有人对于资金的使用、投资等行为进行操作；而委托理财中，委托人一旦向受托人提供资金后，就将由受托人对资金进行投资操作，根据双方的合同约定，委托人可能可以保留对投资的建议权，但通常情况下，受托人一般都会依据自己对资金投资的专业性进行投资。

其实，实践中的委托理财还常见于个人与专业金融机构之间，主要是指委托人和受托人约定，委托人将其资金、证券等金融性资产委托给受托人，由受托人在一定期限内管理、投资于证券、期货等金融市场，并按期支付给委托人一定比例收益的资产管理活动。《证券期货经营机构私募资产管理业务管理办法》《信托公司集合资金信托计划管理办法》等管理办法的出台，都是为了规范此类金融性的委托理财。而最高人民法院自 2001 年起就开始着手调研起草有关委托理财的司法解释，但由于对许多问题争议较大，至今尚未出台正式的司法解释。

四、借名签署合同的风险

在实际的商业交往关系中，部分民营企业主经常会为了帮助业务合作伙伴，通过借名签订合同用以走账的方式，解决业务伙伴不便付款的情况。这些企业主的本意是为了帮助他人“解燃眉之急”，但这种好意的行为很有可能会让自己的企业成为被追债的对象，从而陷入债务纠纷中。

案例5－49 FQ公司与YT公司、WJ公司承揽合同纠纷案

一审法院：上海市闵行区人民法院（2019）沪0112民初13735号

二审法院：上海市第一中级人民法院（2019）沪01民终12721号

案例主旨：合同上加盖公章的一方公司系被借名签订合同，且相对方明知，因此不构成债的加入，其不必承担支付款项责任。

一审法院认为，YT公司与FQ公司于2017年8月签订的《加工承揽合同》系双方真实意思表示，合法有效，双方均应按约行使权利、履行义务。根据现已查明事实，加工物早于合同签订前即2017年5月3日已完工，合同约定的付款期限均已届满，但YT公司仅收到合同款200,000元，余款179，643元应当由FQ公司继续支付。

首先，WJ公司虽然是涉案工程承包方，但工程承包方并不必然对涉案的活动板房款负有付款义务；其次，秦某确认了工程量，但YT公司并无证据证明秦某是WJ公司工作人员，相反在YT公司与FQ公司签订的合同中秦某是FQ公司指定的工程项目部人员，故并不能以此说明WJ公司负有付款义务；最后，WJ公司收取了YT公司开具的活动板房发票，但诉讼中WJ公司自认系财务错误签收，由此产生的虚假交易行为应由相关责任人承担行政法律责任，开具发票行为并不能直接作为认定交易对象的依据。相反地，YT公司于涉案工程完工后与FQ公司签订书面《加工承揽合同》的行为表明，YT公司对与其发生合同关系的交易对象为FQ公司是明知且确认的，根据合同相对性，上述付款义务理应由FQ公司承担。

但二审法院撤销了一审判决并认为，YT公司与FQ公司都自认该合同系由WJ公司安排为满足WJ公司付款流程需要由WJ公司以FQ公司名义所签订。该情形与秦某的证人证言相印证，YT公司亦认可WJ公司的合同实际相对方地

位，因此系争合同签订时YT公司与FQ公司之间并无真实缔约的意思表示。

虽然WJ公司对FQ公司与YT公司上述主张不予认可，但未提供相应反驳证据，故法院有理由相信FQ公司并非系争合同的实际主体，实际主体应为WJ公司与YT公司。由于系争合同签订前相关工程已经完工，工程价款已由秦某于验收单中确认且与系争合同记载金额一致，故法院认为，WJ公司借FQ公司名义与YT公司签订系争合同是对WJ公司与YT公司之前事实合同关系的确认，WJ公司应当依合同履行付款义务。

YT公司认为，FQ公司签订系争合同，委托付款及签收发票的行为属于债的加入。关于系争合同签订行为，如前所述，FQ公司实为借名于WJ公司，亦不具有加入债务的意思表示。对于委托付款行为，结合YT公司与FQ公司对于系争合同形成过程的一致认可，以及YT公司关于付款资金来源于WJ公司的陈述，法院认为FQ公司关于其根据WJ公司与A公司的要求出具付款委托书从而与签订系争合同的行为相匹配的主张具有一定的合理性，且能与秦某的证人证言相印证，对此法院予以认可，故亦不能表明FQ公司形式上委托付款行为构成债的加入。关于FQ公司签收YT公司开具的全额发票行为，法院认为，接收发票与对债务的认可并无必然联系，结合本案借名走账的特殊情形，FQ公司接收发票行为亦具有一定合理性，不能当然认为FQ公司相关行为构成债的加入。

虽然上述案例最终并未判决借名签署合同的一方承担相关的债务，但企业在进行此类“非常规”的经济活动时一定要谨慎，切不可“因小失大”。